Johannes Clair
Vier Tage im November

Johannes Clair

VIER TAGE IM NOVEMBER

Mein Kampfeinsatz in Afghanistan

Econ

Econ ist ein Verlag
der Ullstein Buchverlage GmbH

ISBN 978-3-430-20138-4

© der deutschsprachigen Ausgabe
Ullstein Buchverlage GmbH, Berlin 2012
© für Karten: Peter Palm, Berlin
© für Fotos: Privatbestände, Joel van Houdt
Alle Rechte vorbehalten
Gesetzt aus der Minion
Satz: LVD GmbH, Berlin
Druck und Bindearbeiten: CPI – Clausen & Bosse, Leck
Printed in Germany

INHALTSVERZEICHNIS

Für Florian und Hardy

Krieg wird von wenigen beschlossen und
auf den Schultern vieler ausgetragen.

AUF DEM WALL

Eine Windböe fegt mir ins Gesicht. Für einen Moment spüre ich sie auf meiner Haut. Wie einen warmen Atem, den der Himmel wie ein Drache ausbläst, als wollte er diesen kargen Ort noch trostloser machen. Der Sand, der mir ins Gesicht wirbelt, hat sich auf meine spröden, ausgetrockneten Lippen gelegt und in meinen Augenbrauen verfangen. Die feinen Körner fühlen sich auf der nackten Haut rau an. Wenn ich mir mit der Hand über das Gesicht wischte, würden sie in den zahlreichen Kratzern und kleinen Wunden, die sich inzwischen über das ganze Gesicht verteilen, wie Feuer brennen. Spuren der vergangenen Tage.

Unbarmherzig steht die Sonne schräg über mir, sie wird noch höher steigen. Es ist bereits jetzt so warm, dass die Kleidung wie ein nasses Handtuch am Körper hängt. Die Zunge klebt mir am Gaumen. Trocken schlucke ich herunter. Ich muss die Augen zusammenkneifen, um noch etwas erkennen zu können, so grell ist es. Dabei gelangen feine Sandkörner in meine Augen, weshalb ich sie sofort heftig öffne und schließe, ohne Erfolg. Aber das hilft wenigstens gegen die Müdigkeit.

Ich liege still. Seit zwei Stunden. Seit zwei Stunden liege ich still und warte. Es ist über eine Stunde her, dass ich das letzte Mal angesprochen wurde.

Um mich herum ist Ruhe. Der Boden unter mir ist spärlich mit Gras bedeckt, und die hellbraune Erde wirkt an manchen Stellen grau, wie in einem Garten, in dem man den Boden umgräbt und anfangs schwarze Erde hervortritt, bis sie an der Luft ihre frische Farbe verliert und blass wird.

Rechts und links von mir wachsen wild wuchernde Büsche und einige dünne Bäume. Sie rahmen die kleine Lichtung ein, in der ich mich befinde. Von dieser Lichtung aus kann ich nach vorne die Umgebung einsehen, ohne dass allzu viel Bewuchs den Ausblick stören würde. Wenige Meter vor mir befindet sich ein Graben, der sich über die gesamte Breite der Lichtung und darüber hinaus erstreckt. Unter mir verläuft ein Wall, der zu diesem Graben hin sanft abfällt. Es muss sich ein wenig Wasser darin befinden, denn ein lockerer Gürtel aus hohem Schilf wächst daraus empor, das zwischen mir und dem dahinterliegenden Feld eine natürliche Barriere bildet. Es verbirgt mich vor dem direkten Blick von jenseits des Feldes. Dort, im Schatten einer Baumreihe, befindet sich ein weiterer Graben. Die kleinen, struppigen Bäume, denen der Staub eine seltsam blasse Farbe verleiht, sind vielleicht so weit entfernt, wie ein guter Fußballer einen Ball schießen kann, wenn er ihn aus der Hand kickt, und so breit, dass man sich bei angenehmeren Temperaturen schon sehr anstrengen müsste, um das ganze Stück im Sprint zurückzulegen. Jetzt scheint es unmöglich.

Sehr weit reicht mein Blick nicht, so dass ich nur erahnen kann, was sich dort abspielt. Am linken Ende der Baumreihe beginnt eine Schonung aus zierlichen Bäumen und verdeckt das dahinterliegende Dorf. Die Häuser sind vereinzelt darüber zu sehen. Das Feld vor mir ist bereits abgeerntet worden. Die Stoppeln, die sich mal mehr, mal weniger dicht über den gesamten Acker verteilen, wurden noch nicht in den Boden eingearbeitet. Am Feldrand stehen große Säcke. Wahrscheinlich enthalten sie die Ernte oder das Stroh, das übrig geblieben ist. Man kann es auf dem Feld liegen lassen, denn es fängt hier erst kurz vor dem ersten Schneefall an zu regnen.

In der Ferne erheben sich die Ausläufer mächtiger Berge. Sie leuchten rot in der Sonne und scheinen in fahlem Grau, wo der Schatten sie bedeckt. Sie sind einige Kilometer entfernt, und doch ist es möglich, die steilen Felsgrate zu erkennen, die wie die Arme eines Kraken in meine Richtung ragen, und die dunklen Täler, die dazwischenliegen. Die Berge wirken wie eine Wand aus Fels, die das Tal begrenzt, in dem ich mich befinde. Unüberwindbar, aber doch nicht bedrohlich, mehr wie eine Kulisse, die lediglich die Szenerie begrenzt, in der sich die Handlung abspielt. Als wären die Berge schon zu lange vor uns und auch noch zu lange nach uns dort, um sich für das zu interessieren, was gerade um sie herum passiert.

Die Kühle der Nacht ist nun endgültig der Hitze eines neuen Tages gewichen. Weit entfernt höre ich ein paar Vögel und das Rumoren von Motoren. Das nun lauter werdende Brummen dringt nur sehr schwach an mein Ohr. Ich versuche es auszublenden, um konzentriert zu bleiben, und stecke den Gehörschutz ein Stück tiefer in meine Ohren.

Bäuchlings liege ich auf dem Wall, so dass der größte Teil meines Körpers gerade noch von der Wallkrone verdeckt wird. Nur der obere Teil meines Rückens, meine Schultern, mein rechter Arm und natürlich mein Kopf sind von der anderen Seite aus zu sehen. Aber auch das ist eigentlich zu viel.

Vor zwei Tagen, als es am schlimmsten war, haben wir abends angefangen, den Wall mit Gräsern und Gestrüpp zu bedecken, damit wir uns dahinter verbergen können. Nur wenige Lücken haben wir gelassen, um die Sicht nicht zu behindern, wenn man hinter dem Wall liegt und die Umgebung beobachten will. Wir haben Tarnfächer angefertigt, Geflechte aus Ästen und Gräsern, um uns dahinter zu verbergen. Außerdem haben wir tiefe Löcher in die Rückseite des Walls gegraben. Löcher, in denen man bequem stehen kann, um den Rücken zu entlasten. Es ist nicht gut, die ganze Zeit auf dem Bauch zu liegen. In die Löcher kann ich mich hineinkauern und ein wenig geborgen fühlen. Nicht sicher, aber geborgen. Geborgener, als ich mich auf oder hinter dem Wall fühle. Jetzt kauere ich in keinem der Löcher. Ich liege nicht hinter dem Wall. Ich liege oben auf ihm.

Die Sonne heizt meinen Rücken auf. Der Schweiß fängt an, von meinem Rücken und meinem Gesicht zu laufen. Er läuft mir von der Nase und tropft in den Staub. Die Tropfen werden im Dreck zu einer kleinen Kugel, die grau schimmernd auf dem Boden liegt. Als ich mir heute Morgen etwas Wasser über den Kopf laufen ließ, verwandelte es sich sofort in eine dunkle Brühe, die mir an den Schläfen herunterrann. Ich hoffe nur, dass ich keine ungebetenen Gäste habe, denn meine dunkelblonden Haare sind inzwischen so lang, dass man Mühe hätte, sie zu finden. Mein Bart ist deutlich länger, als ich ihn normalerweise trage, und fängt ab und zu schon an zu jucken. Vor allem am Kinn ist es manchmal schlimm.

Wie meine Füße aussehen, habe ich mir das letzte Mal gestern Morgen angesehen. Zwei unförmige weiße Klumpen, voller roter Stellen an und zwischen den Zehen und der Ferse. Der Inhalt kleiner Blasen, die aufgegangen sind, wurde von meinen Socken aufgesaugt. Gestern habe ich beschlossen, die Socken, die am schlimmsten stinken, zu vergraben. Die Übrigen versuche ich zu trocknen, so gut es geht. Meine Stiefel trage ich nun seit über vier Tagen fast ohne Unterbrechung. Aber sie scheinen durchzuhalten. Nur sind sie so staubig, dass ich bei jeder Bewegung eine kleine Wolke verursache. Meine Kleidung ist voll Lehm und Dreck, übersät mit Löchern und kleinen Rissen. Mein Shirt habe ich schon das zweite Mal angezogen, zuletzt vorgestern, es war heute Morgen als Einziges noch einigermaßen trocken. Es hat überall braune Flecken und fühlt sich an wie ein Putzlappen, in den ich meinen Körper gewickelt habe. Ich muss furchtbar stinken.

Dazu der schwere Helm, der jede Kopfbewegung mühsam werden lässt, aber nötig ist, um mich zu schützen. Und die Weste. Mit Kevlarplatten und Splitterschutzeinlagen. Sie wiegt über zehn Kilogramm und lässt jede Bewegung roboterartig und unbeholfen wirken. Die Hitze darunter staut sich und tritt bei jeder Bewegung wie eine kleine, warme Wolke zutage, die mir von unten ins Gesicht bläst.

Muli kam vor einer Stunde zu mir und sagte, dass ich bald herunter müsse. Ich wüsste, warum. Natürlich wusste ich, dass sie in den letzten vier Tagen fast jedes Mal um dieselbe Zeit gekommen waren. Dass wir anfingen, Wetten darauf abzuschließen, wann es wieder losgehen würde. Dass wir mit diesen Wetten fast immer richtig lagen, der eine mehr, der andere weniger. Dass ihr Kommen bedeuten könnte, dass es wieder verdammt knapp werden wird. Wie so oft in den letzten Tagen.

Aber noch habe ich ein paar Minuten. Die will ich mir selbst geben. Und sie denen nehmen, die uns in den letzten Tagen so viel genommen haben. Ich will zeigen, dass wir uns nicht abschrecken lassen. Ein Zeichen. Für die anderen. Für mich.

Vorsichtig schaue ich auf die Uhr. Ich darf meinen Kopf nicht zu stark bewegen. Denn dann könnte ich auf dem Wall entdeckt werden. Behutsam ziehe ich meinen linken Arm in Richtung Gesicht. Wo der Handschuh endet, der meine Hand schützt, beginnt ein brauner Streifen aus Sand. Das Glas meiner Uhr ist zerkratzt, eine Schicht aus Staub und Schmutz bedeckt sie. Ich betrachte die Ziffern kurz im Augenwinkel. Das genügt, um zu erkennen, dass es gleich so weit sein müsste. Sofort blicke ich wieder nach vorne. Die Zeit läuft.

In der ersten Stunde war Hardy noch bei mir. Er lag auch auf dem Wall, aber schräg hinter mir, so dass er an mir vorbeisehen konnte. Es war seine Schicht. Ich wäre jetzt nicht dran, hätte mich noch ausruhen können. Aber Hardy hatte gut beobachtet. Als er mir die Stelle zeigte, sagte er mir, dass es etwa 480 Meter seien. Dann legte er sich schräg hinter mich und wir beobachteten. So, wie wir es gelernt haben. Nach einer Stunde zog er sich zurück, auch er brauchte Ruhe. Er würde ohnehin nicht mehr viel Zeit haben, bevor es losging. Das wusste er. Ich blieb oben liegen und wartete. Würde es noch mal so weit kommen? Würde die Zeit reichen?

Als er mich weckte, war die Sonne gerade über dem Horizont erschienen, und ich lag in meinem Schlafsack hinter dem Wall in einer Mulde auf dem Boden. Ich hatte mich von der Sonne weggedreht, um ihre Strahlen nicht ins Gesicht zu bekommen. Schlaf war wichtig in den letzten Tagen. Jede Minute war bedeutend. Sie half, bei Kräften zu bleiben, nicht aufzugeben. Aufgeben wollte ich niemals. Aber ich wollte nicht mehr das ertragen, was in den letzten Tagen um uns und mit uns geschah. Als sie es wieder und wieder versuchten. Als es so aussah, als würden ihre Bemühungen zum Erfolg führen. Ich hatte mich verkrochen. Erst mit dem Kopf, dann mit dem Körper. Erst hatte ich versucht, an etwas anderes zu denken. Ich hatte versucht, mir vorzustellen, wie schön doch alles sein könnte. Wenn ich nicht hier wäre, sondern auf einer Wiese liegen würde, über mir der blaue Himmel. Ein paar Wolken vielleicht und Vögel.

Vögel sind wichtig. Ich liebe Vögel über alles. Früher habe ich oft in einer Falknerei gearbeitet. Nebenbei, so oft es eben ging. Meistens an den Wochenenden. Ich habe den Vögeln in die Augen sehen dürfen und Weisheit erkannt, Güte vielleicht. Ich gab ihnen Futter, bin mit ihnen auf dem Handschuh umhergelaufen, habe das Lächeln in den Gesichtern der Kinder gesehen, wenn sie den Falken streicheln oder selbst einmal festhalten konnten. Das Glücksgefühl in ihren Augen, an der Erhabenheit dieses majestätischen Tieres teilhaben zu dürfen. An seiner magischen Kraft. Als ob seine Flügel auf dich selbst übergingen, er sie dir gibt, damit auch du fliegen kannst. Ein Vogel verleiht dir Freiheit. Oft wünsche ich mir, auch meine Flügel ausbreiten zu können, einfach loszufliegen. Mich mit kraftvollen Schlägen vom Boden zu erheben und einfach in den Himmel zu schwingen. Ich würde über allen Dingen gleiten und langsam, ganz weit oben meine Bahnen ziehen. Ich würde frei sein.

Stattdessen bin ich hier. Kann nicht weg. Kann nur hilflos mit ansehen, wie die Dinge um mich herum passieren, dann versuchen zu reagieren. Aber das ist das Schlimmste. Das hat es zu oft gegeben. Reagieren. Nicht selbst bestimmen zu können, was wann geschieht, ist nicht deprimierend. Es ist zerstörend. Ich soll zerstört werden. Vielleicht habe ich mich wegen dieses Gefühls der Ohnmacht verkrochen. Habe mich in ein Loch gekauert. Habe mich so klein gemacht, wie es ging, und gewartet. Gewartet, dass es vorübergeht. Gewartet, dass es irgendwie schon werden würde. Es ist der falsche Weg. Es ändert nichts. Es macht alles schlimmer.

Vielleicht habe ich einfach nur Angst. Angst, nicht das Richtige zu tun. Angst, alles könnte umsonst sein. Angst, mich selbst zu verlieren. Angst, alles zu verlieren. Aber was ist alles?

EINE SCHRECKLICHE NACHRICHT

Es war ein warmer Sommertag in Deutschland und einige Monate früher. Der Reisebus fuhr gemächlich eine Allee entlang, deren große Bäume ihren Schatten auf die Straße warfen. Ich konnte die Felder dahinter sehen. Saftige, grüne Weiden wechselten sich mit dunkelgelben Kornfeldern ab. Dazwischen wiegte der Wind langsam den jungen Mais hin und her. Irgendwo am Rand eines Dorfes spielten Kinder auf einem großen Erdhaufen, der vielleicht zu einer Baustelle gehörte. Die Sonne kitzelte mich. Ich dachte daran, wie angenehm es jetzt wäre, an einem Baggersee auf dem Boden zu liegen. Unter mir den feinen Sand zu spüren, den Geruch von frischem Gras und Wasser in der Nase und dabei die Wolken zu beobachten, wie sie langsam am Himmel entlangziehen.

Joe, gib mir mal 'nen Kugelschreiber.

Ich wurde von Hardy aus meinen Gedanken gerissen. Joe war mein Spitzname in der Schulzeit. Und weil wir uns in Afghanistan nicht wie in der Bundeswehr sonst üblich beim Nachnamen nennen wollten, fand er neue Verwendung.

Weißt du, wo wir gerade sind?, wollte Hardy wissen.

Ich schaute nach draußen. Der Bus bog auf den Autobahnzubringer ein. Wir würden bald am Flughafen sein. Ich schaute an mir herunter, betrachtete den sandfarbenen Anzug mit den grünen und braunen Flecken. Sie sahen aus, als hätte jemand einen Pinsel in zwei Farbtöpfe getaucht und damit die Hose und die Bluse bespritzt. Ein unregelmäßiges Muster, die Farben ineinander verlaufend. Bequem war der Anzug. Viel bequemer als der dunkelgrüne, den wir sonst trugen. Er war luftig, aus viel dünnerem Stoff. Hatte Netzeinsätze unter den Armen für eine bessere Luftzirkulation. Mein Name prangte über der linken Brusttasche.

Fein gestickt auf einem olivfarbenen Streifen, der durch einen Klettverschluss mit der Bluse verbunden war. Ich hatte kaum etwas in den Taschen. Es war verboten worden. Wegen der Sicherheit im Flugzeug, hatten sie gesagt. Das kam mir etwas merkwürdig vor. Wenn man bedachte, wer wir waren und wohin wir reisten, sollte das eigentlich die geringste Sorge sein.

Endlich geht's los!, rief Muli von vorne.

Endlich? Wir hatten uns lange vorbereitet. Jedem von uns war die Aufregung ins Gesicht geschrieben. Diese Art von Erregung, die dich ergreift, wenn du lange auf etwas wartest, ohne genau zu wissen, was es ist. Wie früher, als Kind an Weihnachten. Du wusstest, dass du Geschenke bekommst, und trotzdem warst du so gespannt, weil du nur raten konntest, welche.

Muli war vor einem Jahr unser Gruppenführer geworden. Er war ein kleiner Mann, Anfang dreißig und hatte kurze, schwarze Haare, die vermutlich wie dicke, schwarze Wolle aussahen, wenn er sie wachsen ließe. Er trug lange Koteletten und oft einen kurz geschnittenen Bart. Die südländische Herkunft war ihm sofort anzusehen. Zierlich gebaut und schlank, hatte er meistens ein Grinsen im Gesicht, das irgendwie schelmisch wirkte. Muli war sehr kommunikativ. Die meisten fühlten sich in seiner Umgebung sofort wohl, weil er wusste, wie man Menschen für sich einnahm. So bekam er immer, was er wollte. Mit seinen sechs Auslandseinsätzen brachte er eine unglaubliche Erfahrung in die Gruppe. Er war schon mehrmals in Afghanistan gewesen und sagte, das Land sei inzwischen wie eine zweite Heimat für ihn.

Muli und ich mochten uns auf Anhieb und waren in gewissen Dingen auf einer Wellenlänge. Wir hatten gelernt, uns zu vertrauen, und führten viele Gespräche über die Gruppe, wenn die Übrigen nicht dabei waren. So versuchte ich eine Brücke zwischen ihm als Vorgesetzten und uns Untergebenen zu schlagen und ihn zu beraten. Seinen Spitznamen hatte er während eines früheren Auslandseinsatzes im Kosovo bekommen, als er auf einem Maultier geritten war, das nicht mehr anhalten wollte. Muli.

15

Gemeinsam mit Nossi hatte er jeden Einzelnen von uns ausgesucht. Nossi war sein Stellvertreter und das genaue Gegenteil von Muli. Still, und obwohl auch er häufig einen Kommentar nicht für sich behielt, viel zurückhaltender in dem, was er sagte. Er war deutlich größer als Muli und kräftiger gebaut. Er hatte breite Schultern, und trotz des Bauchansatzes konnte man sehen, dass er viel trainierte. Auch er hatte südländische Wurzeln. Seine dunklen Augen konnten blitzen wie der Teufel. Sein Wille und seine anstrengende Ausbildung waren berüchtigt. Viele aus der Gruppe hatten ihn bereits in der Grundausbildung erlebt und wussten, dass er seine Männer für gewöhnlich bis zum Äußersten forderte. Als er uns kurz vor dem Einsatz in Afghanistan das Du anbot, weil wir ein Team waren und er meinte, dass es einfacher sei, wenn wir auf einer persönlichen Ebene zusammenarbeiteten, drohte er uns gleich an, dass wir ihn wieder mit Herr Oberfeldwebel anzureden hätten, wenn wir Mist bauten. Er konnte uns gut motivieren.

Wir waren schon so oft zusammen im Einsatz, wir sind wie ein Ehepaar, hatten Muli und Nossi uns am Anfang gesagt. Und wirklich hatten sie unsere Gruppe wie eine Familie zusammengefügt. Da waren neben den Führern Muli und Nossi der hübsche Mica, der zynische Hardy, der launische TJ, der ehrgeizige Jonny, der kleine Kruschka, der fluchende Simbo, der zähe Wizo, der sanfte Dolli, der starke Butch, der schweigsame Russo und ich. Und jeder hatte seine eigene Geschichte. So wie Butch, dessen Frau schwanger war, oder Wizo, der die Einheimischen verfluchte, weil schon sein Vater als russischer Soldat in Afghanistan gekämpft hatte.

Obwohl die meisten in der Vorbereitungszeit immer wieder aus der Gruppe gerissen wurden, um Lehrgänge und Fortbildungen zu besuchen, hatten Muli und Nossi aus uns eine Einheit geformt. Eine Gruppe von dreizehn jungen Männern, die eine Hälfte des Golf Zuges. Der Golf Zug war der zweite Zug unserer Kompanie und hatte noch eine zweite Gruppe. So ist das in einem

Zug von etwa 25 Mann. Im Einsatzland wurden die Namen aller deutschen Infanteriezüge nach dem Nato-Alphabet vergeben. Unsere Kompanie hatte vier Züge, und zwar Foxtrott, Golf, Hotel und India. Der Name wurde am Einsatzende an die Nachfolger weitergegeben.

Unter den Zügen unserer Fallschirmjäger-Kompanie herrschte Konkurrenz. Wie bei einem großen Turnier waren alle bekannt oder befreundet, aber jeder war stolz, ein Mitglied seiner Mannschaft, seines Zuges zu sein. Die übrigen Züge waren die anderen Mannschaften. Das erhält den Ehrgeiz, hatte unser Zugführer einmal gesagt. Jeder will am besten dastehen, deshalb gibt jeder sein Bestes! Das hörte sich irgendwie seltsam an. Als würden wir auf einen Sportplatz fahren und nicht in den Krieg ziehen.

Viele in der Kompanie waren schon seit der Grundausbildung ganz am Anfang ihrer Militärzeit in ihren Zügen zusammen. Ich selbst war als einer der Letzten in den Golf Zug gekommen, hatte mich freiwillig gemeldet. Ich wollte es unbedingt, wollte in eine Infanterieeinheit. Schon über drei Jahre war ich in der Armee. Erst als Wehrdienstleistender, dann hatte ich freiwillig verlängert und wollte schließlich für vier Jahre Zeitsoldat werden. Hatte in der Personalabteilung gearbeitet, danach im Geschäftszimmer. Büroarbeit. Nicht das, was ich mir erträumt hatte. Aber der Job gab mir die Gelegenheit, die internen Arbeitsabläufe der Bundeswehr kennenzulernen. Büro bedeutete Verantwortung. Wenn ich etwas verlegte, konnte das Karrieren und Lebenswege zerstören. Ich habe dabei viel gelernt. Dennoch, meine Ziele sahen anders aus. Ich wollte hinaus, wollte von Anfang an in den Wald, zu den »Grünen«, also jenen Soldaten, die kämpfen müssen, wenn es drauf ankam. Grün war die Farbe der Infanterie.

Ich hatte meinen Kompaniechef so lange mit dieser Bitte aufgesucht, dass er mich vom Geschäftszimmer in einen der Rekrutenzüge steckte, die es in unserer Kompanie gab. Dort wurden die Neuankömmlinge drei Monate lang ausgebildet. Wieder ein anderer Blickwinkel. Es war eine sehr schöne Zeit für mich, denn ich habe schon immer gerne mit Menschen zusammengearbeitet. Bereits in der Schule fuhr ich als Betreuer für jüngere Klassen auf Schulfahrten mit. Diese Hilfestellung, das Anleiten und auch Führen war etwas, mit dem ich mich identifizieren konnte. Ich wollte Verantwortung übernehmen.

Mir war wichtig, die Rekruten zu fordern und zu besonderer Leistung zu motivieren. Die meisten Menschen sind in der Lage, viel mehr zu leisten, als sie sich selbst zutrauen. Das wollte ich aus den Rekruten herauskitzeln. Ich habe dabei niemals den Grundsatz vergessen, durch Vorbild zu führen. Also musste ich alles vor- und mitmachen. Mit den Rekruten zu arbeiten, sie an ihre Grenzen zu führen, sie zu fördern, ihnen den Beruf des Soldaten bei- und näherzubringen, betrachtete ich als Möglichkeit, auch mich selbst weiterzuentwickeln. Häufig dankten meine Schützlinge es mir, indem sie mir ihr Vertrauen schenkten und auch in persönlichen Anliegen das Gespräch mit mir suchten. Die Beziehung zwischen ihnen und mir baute auf gegenseitigem Respekt auf. Das wollte ich vermitteln. Ich fühlte mich dort gut aufgehoben.

Aber etwas nagte an mir. Ich sagte den jungen Männern und Frauen immer, wer sich für den Dienst in den Streitkräften entscheidet, hat sich freiwillig einen Beruf ausgesucht, der anders ist als alle anderen. Ich hob hervor, dass es ein Unterschied zu allen anderen Berufen ist, wenn man als Soldat einen Eid auf den Staat leistet. Einen Schwur, der dich an die gewählte Regierung und ihre Entscheidungen bindet. Einen Schwur, der von dir verlangt, der Bundesrepublik Deutschland treu zu dienen und das Recht und die Freiheit des deutschen Volkes tapfer zu verteidigen. Treu dienen und tapfer verteidigen, genau so stand es im Diensteid. Ich sagte den Rekruten, dass Treue bedeutete, zu seinem Schwur zu stehen, auch wenn es unbequem war. Und dass man tapfer handelte, wenn man etwas auf sich nahm, obwohl dabei die Gesundheit oder das Leben auf dem Spiel stand.

Aber im Grunde wusste ich nicht, was es wirklich bedeutete,

diesen Eid zu erfüllen. Ich wusste es nicht, weil man sich dessen nur bewusst sein kann, wenn man am eigenen Leib erfährt, was es heißt, diesen Eid erfüllen zu müssen. Ich fühlte mich wie ein Feuerwehrmann, der niemals zu einem Brand mitgenommen wurde. Fast wöchentlich sah ich Bekannte und Freunde aus meiner Kaserne in die Einsatzländer aufbrechen. Ich wollte sie nicht allein gehen lassen. Deshalb fragte ich meinen Kompaniechef, ob ich gehen dürfe. Er überlegte einen Tag und unterstützte schließlich meinen Wunsch. Ich fing an, Gesuche an meinen Bataillonskommandeur zu schreiben, denn dieser musste als nächsthöherer Vorgesetzter entscheiden. Ich wurde enttäuscht. Mein Kommandeur lehnte ab. Trotzdem nervte ich ihn ein Jahr lang. Selbst als er durch einen Nachfolger ersetzt wurde, war das Ergebnis das Gleiche. Ich war frustriert. Ich fragte mich, wie man jemandem, der in den Einsatz musste, aber nicht wollte, erklärte, dass es Soldaten gab, die wollten, aber nicht durften. Und schließlich wollte ich doch nur das Eine: selbst erleben, was es bedeutete, diese Verantwortung, diese Bürde zu tragen.

Zu dieser Zeit wurde Muli drei Monate lang als zusätzlicher Ausbilder in unsere Rekrutenkompanie versetzt. So lernte ich ihn kennen. Er sprach davon, dass seine Heimatkompanie bald nach Afghanistan gehen würde. Durch unsere Zusammenarbeit lernten wir uns schätzen und irgendwann fragte er mich, ob ich mir vorstellen könne, mit ihm in den Einsatz zu gehen. Der Rest war nur eine Formalität. Absurd, wie einfach es »hintenherum« war, wenn man bedachte, wie lange ich auf offiziellem Weg versucht hatte, ins Ausland zu kommen. Ich wurde zunächst auf Probe in die Kampfeinheit kommandiert.

Skeptische Blicke empfingen mich am ersten Tag. Ein Neuer ist immer erst einmal verdächtig. Nach einer halben Woche ging es für zwei Wochen auf einen Truppenübungsplatz. Würde ich mich dort beweisen können? Um schließlich das zu machen, was ein Soldat macht.

Als der Einsatz langsam näher rückte, hatten Muli und Nossi angefangen, uns die Wahrheit zu sagen. Ihr werdet dorthin gehen und nicht mehr auf Scheiben schießen. Ihr werdet auf Menschen schießen. Und Menschen werden auf euch schießen, hatten sie uns gleich bei der ersten Besprechung klargemacht. Auf Menschen schießen. Auf Menschen schießen.

Dieser Satz hallte mir an jenem Abend sehr lange im Kopf nach. Sie werden auf euch schießen, ihr werdet auf sie schießen. War es das, was ich wollte? War ich bereit dazu, einem Menschen das Leben zu nehmen, ihn zu töten? Wie würde ich reagieren, wenn es so weit kommen sollte? Musste es so weit kommen? Warum fand ich keine Antwort auf diese Fragen?

Jeder von uns ging anders mit dem Thema um. Einige hängten sich einfach an die Meinung derjenigen, die immer das Wort führten, immer einen Kommentar oder eine Meinung parat hatten, egal ob sinnvoll oder nicht. Einige wurden still, wenn das Thema angesprochen wurde. Und andere schienen sich viele Gedanken darüber gemacht zu haben. Eines Abends saß ich mit Jonny auf seiner Stube. Jonny war jünger als ich, hatte seine Lehre auf dem Bau gemacht und auch lange dort gearbeitet. Zur Armee sei er gegangen, um eine neue Herausforderung zu bekommen, hatte er gesagt. Er war sehr schlank, hatte aber einen wahnsinnig drahtigen Körper. Ich hatte noch niemals vorher jemanden so verbissen trainieren sehen wie ihn. Er war immer in Bewegung. Kraftraum, laufen, schwimmen. Jonny wirkte auf mich wie ein getriebener Hund. Aber dazu war er sehr lern- und wissbegierig. Wann immer er konnte, bildete er sich selbst weiter, eignete sich das Wissen an, von dem er meinte, es brauchen zu können. Er sagte immer gerade heraus, was er dachte, und das war bemerkenswert. Das machte ihn zu einem Kameraden, dem man bedingungslos vertrauen konnte, weil er nie falsch war. Auf andere mag er vielleicht primitiv gewirkt haben. Aber ich wusste um seine Fähigkeit, Situationen und Menschen zu analysieren. Unter der Oberfläche war er ein stiller Denker und trotzdem sehr impulsiv. Ein Freund. Von allen in der Gruppe war er mir der liebste. Unser Verhältnis war von großem gegenseitigem Respekt geprägt, wir hatten Achtung voreinander.

An jenem Abend auf seiner Stube sprachen wir darüber, ob es uns fertigmachen würde, einen Menschen zu erschießen.

Da sagte er Folgendes: Wenn ein Mensch mich erschießen will, ist es mir egal, ob er schwarz, weiß, dick, dünn, alt, jung oder Familienvater ist. Wenn er auf mich schießt, macht er sich zu meinem Feind. Und dann werde ich meinen Feind töten.

War es wirklich so einfach? Ich fuhr sehr nachdenklich nach Hause. Was wäre, wenn der Feind eine schwangere Frau war? Oder ein Jugendlicher oder ein Kind? Was, wenn keiner vorher auf mich geschossen hat, ich aber als Erster schießen muss, um beispielsweise einen Anschlag zu verhindern?

Ich hätte gehen können, einfach nein sagen. Ich hatte mehrmals die Chance dazu.

Ich werde niemanden dazu zwingen, mitzukommen, sagte Muli uns einmal bei einer Besprechung. Wenn einer nicht will, denke ich nicht schlechter von ihm.

So war mit der Zeit eine Gruppe entstanden, bei der klar wurde, dass sie zusammen funktionieren würde. Dass jeder sich auf den anderen würde verlassen können.

Die Einsatzausbildung war hart. Bereits frühmorgens im Dunkeln machte Nossi auf einer Wiese vor unserem Kasernengebäude mit uns Nahkampftraining. Es war unglaublich anstrengend. Faustschläge, Tritte, Liegestütze, wieder Faustschläge. Er ließ uns üben, bis wir Arme und Beine nicht mehr heben konnten. Wir hassten es. Woche für Woche, Tag für Tag. Irgendwann merkten wir, wie unser Selbstvertrauen stieg, wie sich die Leistungsfähigkeit von Körper und Geist steigerte. Wir genossen es nicht, aber wir wurden uns unserer Fähigkeiten bewusster. Anschließend übten wir bis in die späten Abendstunden all die Verfahren, die wir würden anwenden müssen, wenn es zu kritischen

Situationen kam: Unter Beschuss Verletzte bergen, zurückschießen, in Formation bleiben. Vorrücken, sichern, wieder vorrücken. Grundlagen, die wir so oft übten, bis sie uns in Fleisch und Blut übergegangen waren. Danach übten wir weiter. Das Ganze wechselte sich mit dem Trainieren von Fahrzeug- und Fußpatrouillen ab, oft über mehrere Tage, irgendwo im Gelände, um das richtige Auf- und Absitzen im Gefecht und die Fähigkeiten unserer Fahrer zu trainieren.

Wir gingen auf die Schießbahn. Wir übten und übten. Allmählich wurde uns klar, dass wir im entscheidenden Augenblick nicht nachdenken durften, sondern handeln mussten. Einen solchen Automatismus erreicht man nur mit intensiver, wiederholter Arbeit. Wir erlernten auch Techniken, die nicht zum normalen Repertoire eines deutschen Soldaten gehörten. Dinge, die sonst nur von Spezialkräften angewendet wurden. Wir hatten das große Glück, einen Zug in der Kompanie zu haben, der für Spezialaufgaben ausgebildet war. Die Kameraden hatten ein jahrelanges Training hinter sich, und wir konnten von ihnen viel lernen. Komplexe Dinge wie den Orts- und Häuserkampf. Ein Gebäude zu stürmen, sieht nur im Film einfach aus. Aber auch Dinge, die weniger auffielen, wie das sinnvolle Zusammenstellen von persönlicher Ausrüstung. Dies verdankten wir in erster Linie diesem Zug unserer Kompanie, aber auch Männern wie Nossi, die diese Spezialausbildung ebenfalls genossen hatten und sie an uns weitergaben. Und auch unserem Kompaniechef, der die normale Einsatzvorbereitung der Bundeswehr als nicht ausreichend bewertete und unser Training ergänzen ließ.

Keine Sekunde ließ er uns daran zweifeln, dass wir in einen Krieg ziehen würden. Unser Kompaniechef sprach immer offen aus, was er von uns erwartete: Das zu tun, was sonst keiner tue, dorthin zu gehen, wo sich sonst keiner hinwage, dort weiterzumachen, wo andere aufgaben. Er nannte es Treue um Treue.

Fürs Vaterland und den Kameraden neben uns. Wir waren »seine Männer«. Angriff ist die beste Verteidigung, beschrieb er seine Philosophie. Er war ein Offensivdenker. Auch dass er über die übliche Zeit hinaus fast vier Jahre lang unser Kompaniechef war, um uns im Einsatz führen zu können, und dadurch vielleicht Karrierenachteile in Kauf nahm, war kennzeichnend für seinen Charakter. Davon abgesehen, hatte unser Chef den Grundsatz, die zentrale Dienstvorschrift nicht zu wörtlich zu nehmen. Solange der Laden lief und niemand zu sehr über die Stränge schlug, ließ er uns an der langen Leine. Trotzdem genoss er innerhalb der Kompanie einen unglaublichen Respekt.

Seine Erscheinung war beeindruckend. Ein ebenmäßiges, strenges Gesicht, eine etwas zu groß geratene Nase und einen Blick, der alles durchdringen konnte. Er sprach mit einer tiefen Stimme und langsam, schien jedes Wort mit Bedacht zu wählen. Beim Sport trug er eine Hose, die etwas zu kurz geraten schien, ähnlich den Trainingshosen, die man in den siebziger Jahren trug. Dadurch kamen seine langen Beine sehr zur Geltung, was uns jedes Mal schmunzeln ließ, wenn wir ihn so sahen. Er war ganz anders als die meisten Offiziere, die wir kannten. Er vermittelte uns das Gefühl, ernst genommen zu werden, und verströmte ein Vertrauen, wie ich es bei keinem anderen Offizier erlebte. Niemals hatte ich das Gefühl, dass er einfach nur dastand, sondern dass er in seiner aufrechten Haltung, mit den auf dem Rücken verschränkten Armen, immer große Gedanken in seinem Kopf hin und her bewegte. Es war eine Feldherrenpose.

Die meiste Ehrfurcht hatten wir aber davor, dass er uns immer seine Meinung ins Gesicht sagte. Selbst vor der angetretenen Kompanie sprach er frei von der Leber weg. Er legte Wert darauf, uns zu informieren, uns nicht im Unklaren zu lassen. Durch nichts konnten wir als Kompanie mehr beeindruckt werden als durch diesen Mann. Er überblickte die Dinge wie kaum einer sonst. Sogar beim Sport konnte er uns allen davonlaufen, war überhaupt immer vorne zu finden. Für ihn schien es das Absurdeste zu sein, sich selbst als mittelmäßig wahrzunehmen. Er hatte immer das Streben, erstklassig zu sein. Diesen Gedanken verankerte er durch seine Art, uns zu führen und Präsenz zu zeigen, in unseren Herzen. Wir fühlten uns wie etwas Besonderes. Wie eine Kompanie, die dazu geschaffen war, Besonderes zu leisten. Dieser Gedanke setzte sich über die Feldwebel bis in die Köpfe der einfachen Soldaten fort. Daraus entstand eine unglaubliche Kraft. Eine Kraft, der wir uns alle fügten, eine Kraft, die uns eine Stärke verlieh, von der wir vorher nichts wussten.

Natürlich entstanden aus dieser Haltung auch Probleme: Einerseits ein arrogantes Elitedenken, das die Leistung der anderen Armeeangehörigen ausblendete. Und andererseits ein übergroßes Selbstvertrauen und ein Gefühl der Unverwundbarkeit. Kaum einer gab es offen zu, aber wir fühlten uns bereits wie Kriegshelden. Dabei saßen wir noch nicht einmal im Flugzeug in Richtung Osten.

Auch Muli ließ keinen Zweifel daran, dass er es mit uns ernst meinte. Dass er uns ausgewählt hatte, weil er mit uns, und nur mit uns, diesen Einsatz durchziehen wollte. Ein Einsatz, über dessen Qualität die meisten nichts wussten. Von dem wir nur eine vage Vorstellung hatten. Eines schärfte uns Muli immer wieder, bei jedem Training, jede Woche und jeden Tag ein: Wir, seine Gruppe, mit ihm als Gruppenführer, mussten uns darüber im Klaren sein, dass er von uns mehr erwartete als von anderen. Wir würden früher aufstehen und später ins Bett gehen als alle Übrigen. Weiter laufen und mehr tragen. Er würde ein Team führen, das sich immer als Erstes freiwillig meldete. Für uns würde es hart werden.

Wir fühlten uns geschmeichelt, er traute uns das also zu. Wie sehr sich diese Forderung, diese einfach gesprochenen Worte, als wahr herausstellen sollten, konnte keiner von uns, nicht einmal Muli selbst, zu diesem Zeitpunkt ahnen.

Wenige Monate vor Einsatzbeginn wurde jedem Einzelnen in der Gruppe seine feste Aufgabe im Team zugewiesen. Es gab den Fahrer. Es gab einen, der das schwere Maschinengewehr tragen und abfeuern musste und einen Zweiten, um die Munition des Maschinengewehrschützen zu tragen. Außerdem einen Funker, einen Medic für die Erstversorgung der Verwundeten, einen für die Panzerfaust, einen für das leichte Maschinengewehr und für die meisten Positionen noch einen Ersatzmann, der so trainierte, dass er die Rolle des Ersten mit übernehmen konnte. Schließlich war es jederzeit möglich, dass es zum Ausfall eines Kameraden kam. Ausfall eines Kameraden. Es war leicht, diese schwerwiegenden Worte leichtfertig auszusprechen. Es bedeutete, dass einer von uns fiel. Im Kampf getötet wurde. Es konnte jederzeit dazu kommen, und es konnte jeden von uns treffen.

Die Positionen in der Gruppe waren unterschiedlich beliebt. Letztendlich entschied Muli anhand der besonderen Fähigkeiten jedes Einzelnen. Nicht jeder schoss mit jeder Waffe gleich gut, nicht jeder konnte ein Fahrzeug unter Stress sicher fahren. Und dazu kam, was jedem von uns im Kopf spukte, aber keiner in Worte fassen konnte: das Ganze im Gefecht anzuwenden.

Die Position des G3-Schützen war in der Gruppe besonders beliebt. Der Schütze dieser Waffe mit Zielfernrohr sollte eine deutlich bessere Schießausbildung erhalten und so das Bindeglied zu den Scharfschützen bilden. Weil die meisten anderen auf einem Lehrgang waren, als die Ausbildung beginnen sollte, wurden Kruschka und ich dafür eingeteilt.

Kruschka war gelernter Koch und türkischer Abstammung. Klein und ein wenig introvertiert, war er jemand, den man erst kitzeln musste, um ihn aus der Reserve zu locken. Aber ein verdammt guter Freund, der einem immer treu zur Seite stand. Er war erst wenige Monate vor dem Einsatz zu uns gestoßen und damit einer der Letzten, die in die Gruppe kamen. Seine infanteristische Ausbildung war lange nicht so gut wie unsere, aber er lernte schnell dazu. Jonny nahm ihn unter seine Fittiche. Bald hatten die beiden ein so enges Verhältnis, dass man immer wusste: Sah man den einen, war der andere nicht weit entfernt.

Schließlich wurden Kruschka und ich überraschend für die Ausbildung am Gewehr G3 mit Zielfernrohr ausgewählt, weil sich alle anderen zu diesem Zeitpunkt auf Lehrgängen befanden. Wir beide waren schon mehrere Jahre Soldat und hatten genug Zeit auf der Schießbahn verbracht, um mit unseren regulären Waffen gut umgehen zu können. Pistole, Gewehr G36, Maschinengewehr. Aber was wir in den wenigen Wochen vor dem Einsatz bei der Ausbildung am G3 dazulernten, war absolutes Neuland.

Es war eine Herausforderung, das schwere Gewehr mit derselben Leichtigkeit zu führen wie das kleinere G36, das fast nur aus Plastik bestand. Und die Art der Ausbildung hatte sich auch geändert. Diese neuartige, uns bisher unbekannte und von den Amerikanern übernommene Methode vermittelte uns zum ersten Mal den Eindruck, dass das Training uns wirklich auf die Praxis vorbereitete. Es schien direkt aus der Kampferfahrung heraus zu kommen. Und je länger ich mit der Waffe trainierte, umso vertrauter wurde sie mir.

Kruschka und mir sollte es mit diesem Gewehr mit Zielfernrohr im Gefecht zukommen, einzelne Ziele auszumachen und zu bekämpfen, während der Rest der Gruppe sich eher auf das Unterstützungsfeuer konzentrierte.

Das alles war nur wenige Wochen her, und als ich wieder aus dem Fenster des Busses sah, waren wir dem Flughafen schon ein gutes Stück näher gekommen, und es würde nicht mehr lange bis zum Check-in dauern. Ich dachte an mein Zuhause, an meinen schönen Garten mit dem großen Kirschbaum. Wie gerne legte ich mich auf die Wiese in seinen Schatten. Ich würde dieses Jahr nichts von seiner reichen Ernte abbekommen. Ich dachte an meine kleinen Geschwister, denen ich versucht hatte, zu erklären, wohin meine Reise ging und was dort meine Aufgabe war. Hatten sie es verstanden? Unser letzter gemeinsamer Nachmittag fiel mir ein. Wir hatten Salate gemacht und Fleisch gegrillt. Es war unbeschwert, irgendwie leicht gewesen. Das helle Lachen meiner Geschwister hallte in meinem Kopf. Ich versuchte, mir ihre Stimmen vorzustellen, sie einzuschließen. Ich wollte sie fest in meinem Herzen bewahren. Doch je mehr ich mich anstrengte, an sie zu denken, desto weiter entfernt erschienen sie mir.

Das Bewusstsein, dass es jetzt ernst wurde, veränderte mein Empfinden. Muli hatte mich vor ein paar Tagen noch mal zur Seite genommen. Er war schon oft im Einsatz gewesen und hatte immer alle seine Männer gesund zurückgebracht. Er glaube nicht, dass es diesmal so sein würde, hatte er mir gesagt. Als ich jetzt an seine Worte dachte, lief mir ein kalter Schauer über den Rücken.

Als der Abflugtermin immer näher gerückt war, hatte unser Kompaniechef angefangen, uns mit aktuellen Informationen aus Afghanistan und besonders aus der Region um Kundus, unserem Einsatzort, zu versorgen. Dabei war fast jeden Tag die Rede von Beschuss, von Gefechten, von Anschlägen auf unsere Kameraden. Eine weitere Kompanie unseres Bataillons, die vierte, befand sich gerade dort, und viele von uns hatten Bekannte und Freunde in dieser Einheit. Außerdem führte eine weitere Fallschirmjägerkompanie aus unserer Kaserne gerade genau den Auftrag in Kundus durch, den wir in Kürze zu übernehmen hatten. Wir saugten die spärlichen Informationen auf wie Schwämme. Leider wurden uns einfachen Mannschaftsdienstgraden nicht viele Fakten und Unterlagen zugänglich gemacht, so dass uns immer einige Stücke vom Puzzle zu fehlen schienen. Ich dachte daran, wie wenig die Bevölkerung in Deutschland über diesen Einsatz wusste, und dass selbst wir, die man als Soldaten dorthin schickte, so kurz gehalten wurden.

Wir bekamen Bücher zur Landeskunde ausgehändigt. Aber das meiste erfuhren wir immer noch aus Gesprächen mit Kameraden, die schon einmal dort waren. Allerdings hatte sich die Sicherheitslage in Afghanistan den uns vorliegenden Informationen zufolge sich in den letzten Jahren so dramatisch verändert, dass wir diese Infos höchstens noch als grobe Orientierung werten konnten. Wir wussten, wir würden kämpfen müssen. Wir wussten, es würde um Leben und Tod gehen. Aber wir steuerten auf diese Wahrheit zu, die als große Ungewissheit über uns schwebte, als ob wir in einem Auto bei dichtestem Nebel ohne jede Sicht mit Tempo 150 über die Landstraße rasen würden.

Zwar hatte der neue Oberbefehlshaber der internationalen Truppen in Afghanistan, der amerikanische General McChrystal, der das Kommando 2009 übernommen hatte, einen Strategiewechsel angekündigt. Es sollte jetzt verstärkt darum gehen, die Herzen der Bevölkerung zu gewinnen. Mehr Soldaten als sonst sollten nach großen Operationen gegen die Aufständischen in die Dörfer gehen und dort auch für längere Zeit bleiben. Viele kleine Außenposten sollten geschaffen und gehalten werden, um eine Präsenz in der Fläche zu zeigen. Dies sollte den Menschen das Gefühl geben, dass wir den Gegner nicht nur schlagen, sondern auch dauerhaft für Sicherheit im Land sorgen konnten. Zwar hatten die beteiligten Politiker der Londoner Afghanistan-Konferenz im Januar 2010 die Einsatzziele neu definiert. Nach einer Aufstockung der Truppenstärke sollte der Abzug schrittweise erfolgen. Die Sicherheit sollte in die Hände der Afghanen selbst gelegt werden. Aber wir einfachen Soldaten konnten uns darunter kaum etwas vorstellen. Präsenz in der Fläche zeigen? Viele kleine Außenposten errichten und halten? Wir fragten uns, wie zum Teufel wir es schaffen sollten, die genannten Pläne umzusetzen.

Einzig unser Kompaniechef bewahrte nach außen hin die Ruhe und sagte, er werde alles in seiner Macht Stehende tun, um uns gut zu führen und alle heil nach Hause zu bringen. Er ging sogar so weit, uns das mit Humor zu vermitteln, als er einige Zeit vor unserem Abflug bei einem Kompanieantreten sagte, seine Frau habe die Karten gelegt und hätte gesehen, dass alle seine Männer am Leben bleiben würden. Solche mit einem Augenzwinkern vermittelte Information gab uns wieder die Ruhe, die wir dringend brauchten.

Die schreckliche Nachricht kam dann auch vollkommen überraschend. Niemand war darauf gefasst oder vorbereitet. Niemand hätte mit Derartigem so wenige Wochen vor unserer Abreise gerechnet. Es war ein Feiertag. Der Karfreitag 2010. Drei Kameraden aus unserer Kaserne waren im Kampf gefallen, eine große Zahl weiterer war schwer verletzt worden. In dem kleinen Dorf Isa Khel in einem Distrikt nahe Kundus war passiert, was wie ein Damoklesschwert über uns allen schwebte. Und die Kameraden kamen aus dem Zug, dessen Aufgaben wir, genau mein Zug, im Einsatz übernehmen sollten, dem Golf Zug.

An diesem Tag begriffen wir, dass das, was auf uns zukam, uns alles abfordern würde. An diesem Tag wurde uns allen klar, dass es nun ernst wurde. Es war, als ob ein Schalter in mir, in uns allen umsprang. Von diesem Tage an gingen wir noch ernsthafter, noch verbissener in die restliche Zeit der Ausbildung. Für die letzten eineinhalb Monate.

Bald darauf fand im Nachbarort unserer Kaserne die Trauerfeier statt. Wir alle standen an der Straße Spalier, um unseren Kameraden die letzte Ehre zu erweisen. Die Bundeskanzlerin und der Verteidigungsminister waren gekommen, es gab ein unglaubliches Medienecho um uns herum. Jeden schien es zu berühren, jeder schien dabei zu sein. Nach der Trauerfeier wurde einiges anders. Wir waren in Gedanken dort, bei den Kameraden. Es entstand ein wirkliches Kollektivbewusstsein, das uns half, unsere Gefühle zu kanalisieren. Und was wir fühlten, war Wut. Ohne wirklich greifen zu können, gegen wen sich unsere Wut genau richtete, wollten wir alle dorthin. Wir wollten endlich aufbrechen, um denen in den Arsch zu treten.

KUNDUS

Wie einen grellen Blitz, der kurz in mein Auge stach, nahm ich den ersten Sonnenstrahl wahr. Die alte Transall rollte noch, als sich langsam die Heckluke öffnete. Die Scharniere ächzten. Während sich die Öffnung schwerfällig erweiterte, fiel das Licht stoßweise in den Innenraum. Eine Wolke aus aufgewirbeltem Staub drang herein und segelte langsam durch die Bahnen aus Licht, die den Laderaum immer mehr ausfüllten.

Wir saßen in dem engen Flugzeug dicht gedrängt und umgeben von Taschen und Ausrüstung auf den Sitzbänken aus Segeltuch. Ich konnte durch eines der kleinen runden Fenster den Rotor sehen, der sich wie ein Kreisel drehte. Das tiefe Brummen der Motoren ließ die betagte Maschine vibrieren. Die alten Schutzwesten, die man uns für den Fall gegeben hatte, dass das Flugzeug beschossen wurde, ließen uns in der stickigen Luft noch mehr schwitzen. Der bittere Geruch von Männerschweiß mischte sich mit dem von Öl, Kerosin und altem Plastik, irgendwer hatte auch Aftershave benutzt.

Wir kannten die Maschine gut, nannten sie liebevoll Trall. Die meisten von uns waren ebenso wie ich viel öfter mit ihr gestartet als gelandet, weil wir sie vorher mit dem Fallschirm verlassen hatten. Fallschirmjägeralltag. Wir hofften auf den gleichen frischen Windhauch, der uns immer empfing, wenn sich die Heckrampe einer Trall öffnete. Doch nichts geschah. Als die Rampe komplett offen war, stand die Luft immer noch. Alle blickten gespannt in das grelle Licht. Ich versuchte, etwas zu erkennen, musste aber die Augen zusammenkneifen. Schließlich griff jeder nach seinen Sachen und beeilte sich, hinauszukommen. Es gab ein großes Gedränge, vor und hinter mir flogen Flüche durch die Luft.

Scheiße, pass doch auf!

Du Penner!

Wenn du schiebst, geht's auch nicht schneller!

Ich stolperte die Rampe herunter, weil mir während des Fluges von der Versorgungsbasis im usbekischen Termez nach Kundus die Beine eingeschlafen waren. So waren meine ersten Schritte auf afghanischem Boden sehr unsicher. Für einen kurzen Moment blieb ich hinter der Maschine stehen und blickte mich um. Da waren wir also.

Ich sah eine gelblich schimmernde, von gleißendem Weiß durchzogene Geröllmasse, die sich über das ganze Hügelplateau erstreckte. Bräunliches Gestrüpp bedeckte flach den Boden. Über den kleinen Flugplatz verteilten sich Berge aus Schrott, alten Hubschraubern und irgendwelchem Müll, was einen jämmerlich trostlosen Anblick bot. In sanften Wellen zog sich die Landschaft bis zum Horizont, wo sie langsam mit dem Himmel verschwamm, und ein paar hundert Meter weiter war das amerikanische Feldlager als schmaler grauer Streifen mit ein paar Funkmasten zu erkennen. Der Staub in der Nase kitzelte mich, ich musste niesen.

Eine Stimme riss mich aus meinen Gedanken.

Na komm, los geht's!

Es war Muli, der mich mit einem freundlichen Klaps auf die Schulter in Richtung Gebäude schob. In einer langen Schlange wurden wir zur Aufnahme geführt. Jeder musste mit den Listen abgeglichen werden.

Das ist doch nicht euer Ernst! Wir sind im Kriegsgebiet und es ist die gleiche Bürokratie wie in Deutschland. Da hätte ich auch gleich zu Hause bleiben können, bemerkte TJ launisch.

Es war TJs Art, sich über alles und jeden aufzuregen. Er war mit seinen zwei Metern Größe und seiner schlanken Gestalt jemand, der alles überblickte und immer etwas zum Beschweren fand. In sein schmales, jungenhaftes Gesicht zogen sich dabei tiefe Falten, und seine Stirn runzelte sich deutlich. Er war unser Fahrer, der Fahrer meines Fahrzeuges, und zeigte ein erstaunliches Talent. Er hatte sich in den letzten Monaten wahnsinnig ent-

31

wickelt. Wenn auch fast jeder von uns fahren konnte, so beherrschte TJ die großen gepanzerten Fahrzeuge im Gelände wirklich sicher. Ihm würde unterwegs die größte Verantwortung zufallen, denn unser Leben lag in der Hand seiner Kunst, das Fahrzeug sicher zu führen.

Keine Angst, das wird noch schlimmer, bemerkte Muli, der weiter hinten stand. Ich hab das jetzt schon so oft mitgemacht, und es gibt nichts Schlimmeres als den Einweisungsmarathon am Anfang.

Was wollen sie uns denn erzählen, dass es hier draußen gefährlich ist?

Hardy versprühte den gleichen bissigen Sarkasmus, den er in der letzten Zeit immer offensichtlicher zur Schau stellte. Mit seinem langen Gesicht, seinem schlaksigen Gang und dem dünnen Körper ähnelte er einem etwas zu gutmütig wirkenden Büroangestellten. Weil er oft seinen Mund offen stehen ließ, erinnerte er mich ein wenig an Goofy. Aber in der letzten Zeit war er immer scharfzüngiger geworden.

Hardy war einer der Wackelkandidaten gewesen. Das hatte Nossi ihm auch offen gesagt. Stressresistenz ist wichtig, und Hardy zeigte anfangs nicht viel davon. Aber weil er während der Ausbildungszeit immer strenger zu sich selbst wurde und alle mit seiner Ernsthaftigkeit überraschte, stand irgendwann fest, dass er Teil des Teams war. Während man bei TJ immer wusste, dass sein Unmut echt war, konnte man bei Hardy nie ganz sicher sein, aus welchem Grund er sarkastisch wurde. Aber mit seinen vielen bissigen Kommentaren hatte er die Gruppe mehr als einmal aus einem Stimmungstief geholt.

Ich blickte nach oben. Der Himmel war wolkenleer. Als ob jemand ein Poster ausgerollt hätte, bildete sich bis zum Horizont eine gleichförmige, blaue Fläche ab. Auf dem Flughafengelände standen die Wracks alter russischer Militärhubschrauber neben ausgebrannten Lastwagen. Jemand hatte sie zur Seite geschoben. Das Flughafengebäude, vor dem wir jetzt standen, war eine Betonruine, die in blassem Blau schimmerte und mit Einschusslöchern aus vergangenen Zeiten übersät war. Ein paar bewaffnete deutsche Soldaten standen gelangweilt herum, und ich war froh, als ich in der Schlange der Wartenden endlich in das Gebäude treten durfte.

Name? Personenkennziffer?

Ich gab die Antworten schnell, denn ich war seit dem Abflug in Usbekistan nicht auf der Toilette gewesen. Während ich in Richtung der bereits Abgefertigten ging, sprach ich einen der deutschen Soldaten an, die mit Schutzweste und Waffe in der Eingangshalle standen.

'tschuldigung, wo kann man hier pissen?

Da hinten am Ende des Ganges links, war die kurze Antwort. Mit einer Kopfbewegung wies er mir die Richtung.

Kannst du mal eben auf meine Sachen aufpassen?, fragte ich Hardy im Vorbeigehen und schlenderte zum Klo.

Die Tür war nur noch an einem Scharnier befestigt. Als ich eintrat, blieb ich verdutzt stehen. Ich hatte das Gebäude gesehen und keinen Luxus erwartet, aber trotzdem war ich auf diesen Anblick nicht vorbereitet gewesen. Die Kabinen waren nicht durch Türen abgetrennt und statt Schüsseln gab es nur Löcher im Boden. Da kann ich mich unmöglich hinhocken, dachte ich und ging zu den Pissoirs. Ein braungelb schimmerndes, von dunkelgrauen Flecken übersätes und mit tief schwarzen Rändern garniertes Keramikbecken empfing mich. So etwas hatte ich noch nicht gesehen. Überall war Dreck, Schimmel tummelte sich zentimeterdick unter dem Rand, und zwischen den zerstörten Fliesen auf dem Boden sammelte sich das Wasser in kleinen, dunkelgrünen Pfützen. Ich betrachtete den Raum, als würde ich mich auf einem anderen Stern befinden und nicht an einem Ort, an dem die gleiche Spezies lebte wie bei mir zu Hause. Trotzdem ließ die Anspannung, die ich seit dem Abflug in Termez in mir hatte, deutlich nach.

Das deutsche Feldlager und der Flughafen lagen zusammen mit einem amerikanischen Camp und einer Ausbildungseinrichtung für afghanische Polizisten auf einem Plateau außerhalb der Stadt Kundus. Die Zufahrt dorthin wurde durch einen afghanischen Armeeposten und eine Schranke gesichert. Provincial Reconstruction Team Kundus stand auf einem großen Schild am Eingangstor des Feldlagers, als wir uns vom Flughafen aus näherten.

Seht ihr, deshalb sind wir hier!, rief Mica und zeigte auf das Schild. Die Provinz wieder aufbauen.

Also, ich bin hier, um in Ärsche zu treten, zischte Jonny zurück. Wir zeigens diesen Pissern und in sechs Monaten sind wir wieder zu Hause.

Muli lachte: Sechs Monate? Schaun wir mal.

Die Zufahrt wurde von einer hohen Wand aus Hescos gesäumt. Diese mit Schutt gefüllten viereckigen Drahtkörbe waren etwas über einen Meter hoch und konnten zu einer Mauer gestapelt werden. So boten sie Schutz vor Angriffen und Geschossen. Das gesamte Feldlager war voll von ihnen. Jedes Gebäude, jeder Schuppen, jeder Bereich war von Hescos umgeben.

Als wir das Lagertor hinter uns gelassen hatten, suchte ein afghanischer Wachmann den Mungo mit einem Spiegel von unten ab, um Sprengsätze zu finden. Ein deutscher Soldat stand dabei und grüßte freundlich mit einer Handbewegung.

Als wir ins Lager einfuhren, tat sich eine vollkommen andere Welt auf: Sauber geschotterte Straßen in bestem Zustand wurden von betonierten Abwasserrinnen eingerahmt. An den Rändern waren akkurat Rosenbüsche gepflanzt worden und junge Bäume wuchsen zwischen den Gebäuden und den Wegen. Das Lager war fast schachbrettartig angelegt und staubig, wirkte aber sehr aufgeräumt. Ich sah Zelte in verschiedenen Größen sowie feste Gebäude, dazwischen Container, überall Container. Die Schornsteine der Klimaanlagen blitzten silbern in der Sonne. Ich konnte Fahrzeuglärm hören und dazwischen das gleichmäßige Brummen der Stromgeneratoren. Über den Abwasserrinnen, die staubtrocken in der Sonne lagen, waren an verschiedenen Stellen Bretter gelegt worden, um die Wege abzukürzen. Es waren nicht viele Soldaten zu sehen, aber ein paar Geländewagen und Gabelstapler fuhren herum. Dazwischen liefen Afghanen in weiten Gewändern, die Schaufeln mit sich trugen. Wir hielten an einem großen, sandfarbenen Gebäude mit einem blauen Holzschild davor: Hauptbahnhof Lummerland.

Hier ist die Betreuungseinrichtung mit Bar und Fitnessraum, rief der Fahrer nach hinten. Übrigens, im ganzen Feldlager gibt es über 70 Baustellen, die von afghanischen Baufirmen betreut werden. Das macht bei 1500 deutschen Soldaten noch mal so viele Afghanen im Lager. Euer Gepäck holt ihr dahinten ab, ich muss wieder raus, den Rest reinbringen!

Er knallte die Tür zu und brauste mit den übrigen Fahrzeugen wieder zum Flugplatz. Kein schwacher Windhauch war zu spüren. Einzig die Sonne stand über uns am Himmel. Wir schwitzten.

Den ersten Tag verbrachten wir mit der Bürokratie, die wir aus Deutschland gewohnt waren. Aufnahme ins Feldlager, Rundgang, Fotos für die Sicherheitsausweise, ohne die sich niemand im Lager bewegen durfte. Wir schwitzten und waren alle kaputt von der Reise, und es war uns anzusehen.

Jeden Freitag ist Baseday, dann haben alle den Vormittag frei. Außerdem ist dann Kuddelmarkt, berichtete der Feldwebel, der uns in Empfang nahm.

Die Kuddel waren die Einheimischen. Jeder hier nannte sie so, wie ich schnell feststellte. Für mich lag eine gewisse Respektlosigkeit darin. Es klang abschätzig und schmutzig. Doch der Kuddelmarkt war eine wichtige Institution. Einige einheimische Händler durften freitags ins Feldlager kommen, um ihre Waren zu verkaufen.

Ein Offizier wies uns in die Sicherheitsbestimmungen und die Situation vor Ort ein. Er erzählte von den vielen Sprengstoffanschlägen in der Gegend. Und Raketen, die regelmäßig über die hohe und mit dem S-Draht genannten Nato-Stacheldraht bewehrten Mauer rund um das Feldlager hinweg zu uns abgefeuert wurden. Davor war noch ein breiter, ebener Geländestreifen, vor dem sich ein Zaun mit einer Krone aus Stacheldraht befand. Wachtürme und Kameras rundeten das Ganze ab. Bewacht wurde das Lager von Afghanen, unterstützt von deutschen Soldaten. Es sollte unser ruhiger Hafen werden. Eine Kontrastwelt zu dem, was uns draußen erwarten würde. Draußen, in Afghanistan.

Nach der Einweisung durften wir endlich etwas essen gehen. Der Speisesaal war eine kleine Halle irgendwo in der Mitte des Feldlagers. Mit dem »Verticker« genannten Duty Free Shop, dem Fitnessraum und dem Lummerland bildete die Küche die zentrale Anlaufstelle für alle im Lager. Im Verticker konnte man steuerfrei Zigaretten und Geschenke kaufen, aber auch Dinge des täglichen Bedarfs wie Getränke, Shampoo oder Schokolade. Der Vorrat an steuerfreiem Red Bull sollte für die meisten aus der Kompanie ein Grund werden, oft dort aufzutauchen.

Als wir zum Speisesaal gingen, stand schon eine lange Schlange davor. Darunter belgische Soldaten, Amerikaner, ein paar Ungarn und Armenier, die sich lautstark unterhielten. Ich erfuhr, dass die Armenier mit ungefähr dreißig Soldaten die Aufgabe hatten, den Flughafen zu sichern, um die deutschen Kräfte zu entlasten. Es stellte sich heraus, dass sie ihre komplette Ausrüstung von uns hatten. Sie trugen deutsche Uniformen, Stiefel, Waffen und fuhren sogar mit unseren Mungos. Einzig ihr Nationalitätskennzeichen auf dem Ärmel war original armenisch, und ihre Dienstgradabzeichen hatten sie mit gelbem Klebeband auf die Schultern geklebt.

Unglaublich, sagte ich zu Hardy. Ob die für den ganzen Kram Miete zahlen?

Pass mal auf, am Ende zahlen wir auch noch für die, damit die Regierung sich nicht rechtfertigen muss, noch mehr Soldaten hierher zu schicken, brummte TJ.

In einem Vorraum mit mehreren Waschbecken mussten die

Hände gewaschen und desinfiziert werden, bevor es endlich ans Essen ging. Wir stürzten uns wie hungrige Löwen darauf. Das letzte Mal hatten wir nachts warme Würstchen in Termez gegessen. Das Essen war überraschend gut. Es gab jede Menge frisches Obst, Trauben, Pflaumen, Äpfel, Bananen und Kiwis. Dazu ein kaltes Buffet und am Abend zwei verschiedene warme Hauptmahlzeiten zur Auswahl. Mittags nur eine kleinere Hauptmahlzeit.

Nach dem Nachtisch sollten wir uns vor unseren Unterkünften sammeln. Für die ersten Tage würden wir in Zelten wohnen. Übergangsweise, weil unsere Vorgänger noch da waren. Dann würden wir deren Container bekommen.

Denkt dran, nachher zu denen zu gehen, um eine Containerausstattung abzugreifen. Wenn ihr könnt, besorgt euch 'nen Fernseher, Kaffeemaschine, Steckdosenleisten und einen Kühlschrank, hatte Muli uns geraten. Wenn ihr keinen Kühlschrank bekommt, habt ihr Pech gehabt, es gibt keine neuen, weil der Strom im Feldlager nicht reicht.

Er hatte wohl gerade wieder irgendwelche Insider-Infos erhalten.

Die Container sollten später unser Zuhause werden. 20 Fuß lange Standard-Container, aufgereiht als Wohneinheit für zwei oder drei Männer. In den Zelten besetzte zunächst jeder das Feldbett, das ihm am schönsten erschien. Es gab das übliche Gezanke.

Ich will nicht an der Tür schlafen! Ich will in die Mitte! Ich will neben diesen oder jenen!

Mica trat an das Bett neben mir.

Ist hier noch frei?

Klar, sagte ich.

Mica gehörte auch zu meinem Trupp. Er sollte der Richtschütze auf meinem Dingo sein, der Bediener der Waffenanlage. Etwa so groß wie ich, blond und immer braun gebrannt. Schönling, sagte Muli immer zu ihm. Und in der Tat hatte Mica ein verschmitztes Lächeln, das jeder Frau sofort den Kopf verdrehen musste. Charakterlich waren Mica und ich uns sehr ähnlich. Nur dass Micas Züge erst jetzt, mit Beginn des Einsatzes, immer deutlicher zutage traten. Wir beide waren Dickköpfe. Jeder für sich der Meinung, das Richtige zu wissen, weil wir mehr über die Dinge nachdachten als andere. Aber wir waren auch beide bereit, selbständig mehr zu arbeiten, uns einzubringen und vertraten ein sehr ähnliches Berufsverständnis. Das führte dazu, dass Mica genau wie ich eine Führungsrolle in der Gruppe beanspruchte. Erst viel später wurde mir klar, dass ich mit Mica so etwas wie einen Gegenspieler gefunden hatte, der gleichzeitig mein Vorbild war.

Aber so weit waren wir noch nicht. Da wir bisher der einzige Zug unserer Kompanie vor Ort waren, rechneten wir damit, dass es mit den Außeneinsätzen noch ein Weilchen dauern würde. Vermutlich würden sie nicht vor Eintreffen der anderen beginnen, die wir in den nächsten Tagen erwarteten. Zwar übernahmen wir bereits am ersten Tag unsere Fahrzeuge und Waffen von den Vorgängern, aber niemand glaubte daran, dass wir sie schon bald würden einsetzen müssen.

Als ich das Feldlager erkundete, fand ich nicht weit hinter unseren Containern, die noch vom Vorgängerzug besetzt waren, den Hubschrauber-Landeplatz. Dort waren ein paar Black Hawk-Hubschrauber der Amerikaner abgestellt. Zwei waren immer in Bereitschaft, einer zum Retten von Verletzten, der andere umkreiste den gelandeten Hubschrauber und schützte ihn mit der Bordwaffe. Im deutschen Feldlager waren nur wenige Amerikaner stationiert. Neben den Hubschrauber-Besatzungen noch eine Feuerwehreinheit und einige Verbindungsoffiziere.

Die Fahrzeuge, die unserem Zug zugeteilt waren, standen wie viele andere sauber aufgereiht neben diesem Landeplatz. Die drei Dingos sahen aus wie sehr hohe, aber schmale Jeeps. Sie hatten eine Station für eine ferngesteuerte Waffe auf dem Dach, was ihren Schwerpunkt auch wegen der Panzerung stark nach oben verlagerte. Zusammen mit der weichen Federung führte es dazu, dass die Dingos beim Fahren wie Schiffe auf hoher See schwankten. Wir kannten sie bereits aus Deutschland, hatten zwei Wochen Fahrausbildung mit ihnen absolviert. Der Dingo war komplett geschlossen, was den Schutz vor Sprengsätzen erhöhte, die Besatzung aber auch handlungsunfähig gegenüber der Außenwelt machte.

Außerdem bekam der Golf Zug noch zwei Transportpanzer Fuchs mit Zusatzpanzerung. Im Fuchs hatte die Besatzung eine bessere Übersicht, weil man oben durch eine Luke rausgucken konnte. Der Fuchs war definitiv das bessere Gefechtsfahrzeug, entsprach er doch eher unserer Kampfesweise. Unsere Gruppe, Golf eins, bekam einen Fuchs und einen Dingo. Die anderen Fahrzeuge wurden auf den Zugführer als Führungsfahrzeug und auf Golf zwei, also die zweite Gruppe, verteilt.

Als ich zum vereinbarten Zeitpunkt in Richtung Parkplatz schlenderte, spürte ich deutlich die angestaute Hitze des Tages. Trockene Luft ohne Wind, mit viel Staub und einer Wärme, die mich ständig schwitzen ließ. Größere Strecken zu Fuß wurden schnell zur Herausforderung.

Muli winkte schon von weitem. TJ und Mica waren dabei, das Fahrzeugmaterial auszubreiten, legten Werkzeuge, Seile, Planen und Ketten im Sand hinter dem Dingo aus.

Das ist er also, sagte ich.

Ja, rief Muli. Ich habe ihn ausgesucht, weil bei dem hier noch nie die Klimaanlage versagt hat.

Aber er hat nur 'ne Waffenanlage mit Handkurbel, brummte TJ. Die ist scheiße.

Das moderne elektrische Gegenstück hatte Golf zwei bekommen. Dank Joystick und Monitor musste man sich nicht mit ganzem Körpereinsatz abmühen, um das Maschinengewehr auf dem Dach zu bedienen.

Ja, aber Elektrik ist auch anfälliger, bemerkte Muli. Und noch etwas: Ich möchte, dass die Waffenanlage nach jeder Fahrt komplett gereinigt wird. Wenn wir draußen sind, so gut es geht mit Pinseln, hier drinnen mit dem Kompressor. Außerdem macht ihr immer eine Plane drauf, wenn wir sie nicht brauchen.

Später ging es zum Waffenempfang. Unsere Vorgänger vom alten Golf Zug mussten in der letzten Zeit jede Motivation verloren haben. Das merkte ich daran, wie sie von ihrem baldigen Rückflug sprachen und sich träge durch die Gänge schleppten. Auch mit der Ausrüstung waren sie nicht eben pfleglich umgegangen. Die für unseren Zug bestimmten Waffen waren kreuz und quer in einem der Container gestapelt worden. Beim Öffnen der Tür erschrak ich. Es sah aus, als hätte ein Kran den Container angehoben und einmal ordentlich durchgeschüttelt. Jeder von uns, der den Container mit seinen Waffen verließ, schüttelte beim Herauskommen den Kopf. Erst hatten wir Verständnis. Dachten an das schwere Gefecht in Isa Khel am Karfreitag, bei dem diese Männer drei Kameraden verloren hatten. Ihre Motivation musste auf dem Tiefpunkt sein. Aber sie hatten auch eine Verantwortung uns gegenüber, die mit dem Material jetzt arbeiten mussten. Und was wir vorfanden, glich eher einem Scherbenhaufen.

Zwei Kameraden vom alten Golf Zug schlurften an uns vorbei. Sie sahen müde und abgekämpft aus, hatten lange, zottelige Haare und unregelmäßig wuchernde Bärte. Würde es uns genauso ergehen? Wir wussten nicht, wie lange genau wir bleiben würden. Unsere Vorgänger waren vier Monate hier, für uns waren um die sechs Monate geplant. Einer blieb stehen und sagte mit einer Kopfdrehung in Richtung Waffen knapp: Viel Spaß damit.

Als ich meine Waffen zurück zum Zelt geschleppt und alles abgeladen hatte, wurden wir zum Empfang der Zusatzausrüstung gerufen. Wieder standen wir in einer Schlange, diesmal vor einem anderen Container.

Endlich hab ich mein MG4, sagte Jonny vergnügt. Mit so einem leichten Maschinengewehr lässt sich gut arbeiten, was glaubt ihr, wie viele Ideen ich schon habe, es umzubauen. Das wird ein super Ding.

Bis dich jemand ankackt, weil du gar nichts selber umbauen darfst, brummte TJ von hinten.

Ach, was muss, das muss, warf Hardy ein.

Wir müssen gut arbeiten können, das ist das Wichtigste, sagte ich kurz.

Richtig, da soll mich mal einer für anmachen, bemerkte Jonny.

Als wir später auch noch Munition erhielten, wurde ich etwas misstrauisch.

Was haben die vor?, fragte Hardy, als wir auf unseren Betten saßen.

Na das, wofür wir hier sind, Terroristen jagen, rief Mica.

Wir lachten.

Pass du nur auf, dass die dich nicht jagen, brummte TJ.

Wir lachten noch lauter.

Ich zeig dir gleich, wie gut ich jagen kann, warf Mica dazwischen.

Ohne deine Waffenanlage könntest du doch nicht mal eine Kuh treffen, wenn sie zwei Meter vor dir steht, grölte Hardy. Kurz darauf hatte er eine Boxershorts am Kopf.

Na warte, rief Hardy und zog seine Socken aus. Das war Hardys Geheimwaffe. Jedem von uns war völlig klar, dass Hardy die am übelsten stinkenden Füße in der gesamten Bundeswehr haben musste. Wenn er schwitzte, war es kaum auszuhalten. Als er ausholte, stürzten wir alle hinter unsere Feldbetten.

Am nächsten Morgen kam Muli nach dem Frühstück zu mir. Sammel die Männer zusammen. Ich will, dass alle in einer halben Stunde bei euch im Zelt sind.

Check, sagte ich schnell und beeilte mich.

Ich bog falsch ab und verlief mich bei dem Versuch, alle im Feldlager zu finden.

Als ich an einem Außenthermometer vorbeikam, das im Schatten an einer Wand hing, zeigte es 47 Grad. Ich schaute zweimal hin, bis ich glaubte, den Wert richtig abgelesen zu haben.

Russos Trupp fand ich an Nossis Fahrzeug, auf dem sie ebenfalls mitfahren sollten. Russo war uns mit seinen beiden Soldaten Butch und Dolli zugeteilt worden, um unsere Gruppe zu verstärken. Sie waren die Bedienungsmannschaft einer Granatmaschinenwaffe. Das war neben der Panzerfaust die schwerste Waffe, die wir als Infanteristen zur Verfügung hatten. Ein 90-Kilo-Ungetüm, das nur auf einem Dreibein montiert abgefeuert werden konnte. Außerdem waren einige Fahrzeuge damit ausgerüstet. Man kann mit dieser Gramawa Granaten verschießen, die einen tödlichen Splitterradius von einigen Metern haben. Sozusagen ein Maschinengewehr für Handgranaten mit hoher Durchschlagskraft. Die Handhabung ist etwas kniffelig und erfordert viel Kraft. Deshalb war jeder froh, wenn er die Gramawa nicht bedienen musste. Trotzdem wollte sie jeder wegen ihrer großen Feuerkraft dabei haben.

Russo war der Truppführer, Dolli und Butch waren die Experten für diese Waffe. Alle drei waren osteuropäischer Abstammung und ein eingespieltes Team. Drei riesig große Kerle mit gigantischen Muskeln. Sie wirkten urwüchsig, wie ausgewachsene Bären.

Aber gerade Dolli hatte auch etwas Sensibles an sich. Er sprach nicht grobschlächtig, wie man es von so einem Mannsbild vielleicht erwarten würde. Und seine Augen hatten einen sehr sanften, freundlichen Ausdruck. Butch dagegen wirkte wie ein würdevoller Wikinger, ein Krieger in den besten Jahren. Er sprach nicht viel, aber wenn er etwas sagte, hatten seine Worte Gewicht. Diese drei waren das Rückgrat unserer Gruppe. Eine Verstärkung, die uns nur allzu willkommen war.

Hey, wir sollen alle gleich in unserem Zelt sein, Besprechung mit Muli, sprach ich sie an.

Was ist denn los?, fragte Dolli mich.

Ich weiß es nicht, aber die ganze Gruppe soll da sein. Beeilt euch.

Ja, sagte Butch.

Das Zelt wurde durch die Klimaanlage halbwegs kühl gehalten. Die Holztüren am Zelteingang und die Fenster durften nicht offen stehen, um die eingestellte Temperatur halbwegs stabil zu halten. So entstand ein seltsames Klima aus verbrauchter, aber angenehm kühler Luft, die nach dem roch, was sich im Raum befand. Deo, Handtücher, zum Trocknen aufgehängte T-Shirts, Socken an verschwitzten Füßen, Kampfstiefel, die wir weit öffneten, um sie zu lüften.

Jeder hatte sich einen Platz gesucht. Ein paar spielten auf einem der Betten Karten, Mica schnitt sich die Fingernägel mit einer kleinen Schere und ließ sie auf ein Handtuch fallen, das er vor sich ausgebreitet hatte. TJ saß im Schneidersitz auf seinem Bett und schrieb etwas in ein kleines Buch, Kruschka lag auf dem Bett und spielte mit seinem Handy herum. Irgendwer hatte Musik angemacht, die ein Ipod über einen kleinen Lautsprecher ausstrahlte. Ich setzte mich auf mein Bett und zählte die Gruppe durch.

Was will er denn?, rief Jonny.

Keine Ahnung, er hat nur gesagt, dass ich euch holen soll, antwortete ich mit einem Achselzucken.

Vielleicht dürfen wir jetzt in die Container umziehen, war von Kruschkas Bett zu hören.

Glaub ich nicht, die Alten sind noch nicht raus, sagte Russo, der mit verschränkten Armen an einem Spind lehnte.

Wahrscheinlich dürfen wir noch Wochen in den scheiß Zelten aus dem Rucksack leben, brummte TJ.

Ach, halt die Fresse, mischte Simbo sich ein. Du musst schließlich nur deinen Autoschlüssel lagern. Dafür brauchst du nur 'ne Hosentasche, du Opfer.

Simbo hatte eine sehr spezielle, farbenfrohe Art sich auszudrücken. Tatsächlich fluchte er mit jedem Satz. Dabei beleidigte er immer irgendwen, meistens seinen Gesprächspartner. Viele empörten sich darüber, allen voran TJ, der mit Simbos Art nicht zurechtkam. Schon mehrfach hatte es deshalb Streit gegeben.

Simbo war der direkteste Mensch, den ich kannte. Das mochte ich. Ähnlich wie Jonny sagte er immer seine Meinung gerade heraus, wobei er oft die Formen der Höflichkeit vergaß. Es war seine Art, sich auszudrücken, ich akzeptierte das. Ich wusste, dass er es nicht persönlich meinte, und überhörte einfach den Teil, der nicht die wesentliche Information enthielt. Muli nannte ihn wegen seiner Wortwahl »unser Ghetto-Kind«. Ob seine bildhafte Aussprache an seiner serbischen Abstammung lag oder daran, dass er aus einer Stadt im Ruhrgebiet kam – jedenfalls erkannte ich auch eine gute Auffassungsgabe in ihm. Er war ein scharfer Beobachter, und wenn man über einiges hinweghörte, merkte man, dass Simbo sich viele Gedanken machte, dies aber hinter seiner groben Art zu verstecken wusste.

Was willst du von mir, sagte TJ scharf.

Halt die Fresse, wiederholte Simbo. Wir sind hier so lange, wie wir hier sind, sagte er mit Bestimmtheit. Irgendwann gehts sowieso raus in den Krieg. Solange ich hier drin 'n scheiß Bett hab, ist es mir egal, wann das sein wird.

Muli kam eilig ins Zelt. Sind alle da?

Vollzählig bis auf Nossi, sagte ich.

So, es wird ernst, fing Muli langsam an. Er sah jedem Einzelnen im Raum in die Augen, als wollte er in unseren Gesichtern lesen. Das war sonst nicht seine Art. Er sprach bei Besprechungen zwar immer etwas ernster als gewöhnlich, aber so hatte ich ihn noch nie erlebt. Ich merkte, wie die Spannung stieg. Jeder von uns wartete darauf, was nun kommen würde.

Der Grund, warum ich jetzt 'ne Besprechung mache, ist folgender:

Der Chef möchte nicht warten, bis die anderen Züge hier sind, sondern jetzt schon mit uns los. Er hat uns als Erste mit nach

Kundus genommen, weil Nossi und ich uns von früher her hier auskennen.

Seine Stimme hatte sich wieder entspannt, er lächelte.

Wir werden also auf eine Fußpatrouille gehen, zusammen mit dem Chef und einigen von unseren Vorgängern. Es geht nach Isa Khel.

Nach Isa Khel? Es wurde schlagartig still im Raum. Isa Khel. Dieser Name hatte sich in unsere Köpfe eingebrannt. Schließlich war es das Dorf, in dem am Karfreitag unsere Vorgänger in einen Hinterhalt geraten waren und so schreckliche Verluste erlitten hatten. Trotzdem sah keiner entsetzt aus, eher überrascht. Wir wussten nicht so richtig, was wir davon halten sollten.

Mit nur einem Zug?, sprach Mica das aus, was alle dachten.

Ja, aber wir gehen nicht über das Polizeihauptquartier in Chakar ..., Chanar ..., ich kann das einfach nicht aussprechen.

Chahar Darrah, sagte ich laut. Weil Muli bei Fremdsprachen oft Probleme mit der Artikulation hatte, half ich ihm.

Genau, dieser Distrikt, der in Zukunft unser Kerngebiet sein wird, setzte er fort. Wir gehen durch die Stadt, folgen einer Nebenstraße und nähern uns Isa Khel von der anderen Seite des Flusses aus, der das Dorf von der Stadt trennt.

Der Kundus-Fluss?, fragte Wizo.

Ja, genau, sagte Muli. Er fuhr fort: Davor wird, glaub ich, noch eine große Freifläche sein. Wir werden wahrscheinlich nicht weiter gehen als bis zum Rand der Freifläche, weil wir dahinter keine Deckung haben. Aber die genauen Befehle kommen noch. Ich möchte, dass die Ausrüstung bis heute Abend einsatzbereit ist. Wenn es erst übermorgen losgeht, habt ihr morgen noch Zeit. Aber macht alles so fertig, als ob wir morgen los müssten. Das Fahrzeug als Erstes.

Muli wandte sich an TJ. Du und Mica kümmert euch darum, Hardy und Joe unterstützen. Genug Wasser für drei Tage, Verpflegung kommt heute Abend noch, haltet dafür Platz frei. Die Waffenanlage muss einsatzbereit sein. Und TJ, du fährst nachher noch in die Instandsetzung und bläst den Luftfilter aus und lässt 'nen Techniker noch mal drübergucken. Russo, du kümmerst dich um das Fahrzeug von Nossi und dir. Ich will, dass alles heute Abend fertig ist. Hat noch jemand Fragen?

Es dauerte bis zum nächsten Tag, ehe bekannt wurde, dass wir am darauffolgenden Tag los mussten. Die Befehlsausgabe hatte unser Zugführer für den Nachmittag in der Festung angesetzt. So hieß der Gemeinschaftsraum der Kompanie, der an unseren zukünftigen Wohnbereich mit seinen Containern angegliedert war. Der ganze Zug, bestehend aus den beiden Gruppen Golf eins und Golf zwei, dem Trupp des Zugführers, der drei Soldaten zur Unterstützung hatte, sowie ein oder zwei zusätzliche Männer waren anwesend. Unser Zugführer richtete sich an die Gruppenführer.

Brandy, vollzählig?

Vollzählig, sagte dieser knapp.

Brandy war der Führer der zweiten Gruppe, Golf zwei. Er war Rheinländer, was ihm anzuhören war. Mit seinem runden Gesicht wirkte er gemütlich, doch seine scharfen Augen verrieten, dass deutlich mehr in ihm steckte. Er hatte die meisten von uns schon in der Grundausbildung kennengelernt. Fast immer strahlte er eine ungeheure Gelassenheit aus. Nur wenn ihm etwas mächtig gegen den Strich ging, konnte er brodeln wie ein Vulkan. Dann fingen seine Augen an zu zittern, und er leckte sich über die Lippen. Er forderte viel von uns, verlangte immer Perfektion und Fleiß. Ich habe in meiner ganzen Dienstzeit keinen Feldwebel mehr kennengelernt, der eine so hohe Fachkompetenz in den verschiedensten Bereichen hatte wie Brandy. Und der so verlässlich war. Auch nach der Dienstzeit nahm er sich viel Zeit zum Lernen, was er auch von uns verlangte.

Der erfahrene Muli hatte mich zwar in die neue Einheit geholt, war aber in der ersten Zeit lange auf Lehrgängen gewesen. Brandy hatte mich aufgebaut und in den Zug integriert. Wegen des großen Respekts, den ich vor seiner Arbeit und seinem Fachwissen als Feldwebel hatte und weil ich seinen Führungsstil schätzte, hatte ich zunächst gehofft, in seine Gruppe eingeteilt zu werden. Er geriet oft mit Muli in Konfrontation, der sehr viel extrovertierter agierte und an dessen Art ich mich erst gewöhnen musste. Aber schließlich lernte ich, bei Mulis Aussagen zwischen den Zeilen zu lesen und zu erkennen, dass er im Hintergrund viel für die Gruppe tat und eine große Übersicht über die Gesamtzusammenhänge bewies. Wenn man die beiden gegensätzlichen Charaktere von Brandy und Muli auf kluge Art zusammengeführt hätte, dann hätte sich der eine mit dem anderen perfekt ergänzt. Dies wäre die Aufgabe des Zugführers gewesen.

Unser Zugführer war ein junger Offizier. Wir nannten ihn kurz Mü. Er war groß und hatte einen Bauchansatz, dunkle Haare und ein jugendliches Gesicht. Mü kam aus Ostdeutschland, hatte aber keinen Dialekt. Seine klaren, blauen Augen vermittelten einen wachen, aufmerksamen Eindruck. Er wirkte sympathisch. Aber ich hatte immer das Gefühl, dass er dem Zug gegenüber wenig Sympathie zeigte. Er war stets sachlich, irgendwie neutral. Noch nie hatte ich erlebt, dass er einen Einzelnen oder den ganzen Zug lobte. Man konnte Soldaten nicht führen und von ihnen Respekt erwarten, wenn man sie nicht durch Lob motivierte, wenn es angebracht war, oder positive Dinge gezielt förderte. Dazu musste man auch die Zeit der Ausbildung mit den Männern teilen. Natürlich hatte Mü als Zugführer einiges an Schreibtischarbeit und sonst noch viel zu tun. Aber wenigstens ab und zu hätte er an unserem Waffentraining teilnehmen, hätte das ständige Auf- und Absitzen von den Fahrzeugen gemeinsam mit uns üben müssen. Allein die Tatsache, dass er Offizier war, machte ihn nicht zu einem besseren Schützen. Er würde mit und neben uns kämpfen müssen.

Er muss führen, nicht kämpfen, hatte Mica mal zu seiner Verteidigung gesagt. Aber in einem Gefecht wie in Isa Khel, wenn der Feind aus nächster Nähe und von jeder Seite kommt und der Zugführer sich mitten im Geschehen befindet? Was wäre dann?

Müsste er nicht eigentlich noch fitter und routinierter als wir an der Waffe sein, damit er sich aufs Führen konzentrieren kann und nicht zuerst aufs Kämpfen?, war meine Antwort gewesen.

Mü hatte nicht erkannt, dass ihn seine Sachlichkeit, sein Tadel und seine Witze über uns den Respekt der Männer kostete, die er führen sollte. Auch machte er kein Geheimnis daraus, dass er Brandy gegenüber Muli bevorzugte. Er schaffte keine Verbindungen im Zug, sondern Gräben. Ich war gespannt, wie Mü nun die Einheit im Zug zusammenhalten wollte.

Muli, vollzählig?, meinte Mü ohne aufzublicken.

Check, sagte Muli.

Mü hielt ein Klemmbrett in der linken Hand und stand unter einer Deckenlampe in der Mitte des Raumes, umringt von allen Anwesenden.

Der Chef hat die Absicht, eine Patrouille in diesem Gebiet durchzuführen, sagte Mü mit entspannter Stimme. Er strich mit der Handfläche über einen Bereich der Karte, die er vor uns aufgehängt hatte.

Er will einen Überblick über das Gelände gewinnen und vielleicht ein paar Leute vor Ort befragen. Wir halten hier am Stadtrand an und sitzen von den Fahrzeugen ab.

Dann erklärte er, welcher Trupp an welcher Position marschieren sollte und dass uns die schwach gepanzerten Wolf-Geländewagen begleiten würden.

Muli, du gehst mit deinen Jungs ganz vorne hinterm Chef, erklärte Mü. Jedes Fahrzeug lässt zwei Mann als Sicherung zurück, diese werden von einem Trupp unserer Vorgänger verstärkt. Wir marschieren circa zweieinhalb Kilometer hin und die gleiche Strecke wieder zurück. Noch irgendwelche Fragen?

Er blickte in die Runde. Ja, TJ, was gibts?

Können nicht die von der anderen Einheit die Fahrzeuge bewachen? Ich will dabei sein!

Nein, du bist Fahrer und bleibst beim Fahrzeug, war die knappe Antwort.

Wann ziehn wir in die Container?, wollte Wizo wissen.

Keine Ahnung, ist noch nicht raus, sagte Mü, und unsere Hoffnungen zerstoben, bald aus der provisorischen Unterkunft im Zelt herauszukommen.

Ach, dir gefällt's wohl nicht, wenn ich im Bett neben dir liege, sagte Hardy scherzend.

Ruhe, der Nächste, warf Mü scharf dazwischen. Jonny?

Wie lange bleiben wir draußen?

Kannst deinen Schlafsack hierlassen, meinte Mü. Noch irgendwas?

Ja, es haben noch nicht alle Männer Batterien für die Nachtsichtgeräte, kam von Nossi, der in einer Ecke stand.

Stimmt, meinte Mü. Es scheint hier gerade Batteriemangel zu geben. Der zuständige Feldwebel arbeitet daran. Helft euch erst mal untereinander, so gut es geht. Wenn keine Fragen mehr sind, Marschbereitschaft bis morgen, neun Uhr dreißig. Auffahren der Fahrzeuge um zehn. Zehn Uhr fünfzehn Funküberprüfung, zehn Uhr dreißig Abmarsch.

Cool, dann können wir ausschlafen, rief einer aus der zweiten Gruppe.

Na, ausschlafen heißt bei dir doch bis zum Abendessen, sagte Brandy lachend.

Als wir später in unserem Zelt waren und die Ausrüstung vorbereiteten, ging jeder mit Eifer daran.

Wie viel Munition nimmst du mit?, rief Hardy zu Jonny herüber.

1600 Schuss.

Meinst du, das reicht?, gab Hardy zurück.

Alter, halt's Maul, du Spast, das muss auch alles getragen werden, mischte sich Simbo ein.

TJ fuhr dazwischen. Ich würde das gerne für euch tragen, wenn ich dafür mitkommen dürfte. Aber ich muss beim Fahrzeug bleiben, das kotzt mich an.

Ich muss auch beim Fahrzeug bleiben und find's auch scheiße, sagte Hardy.

Ach, keine Angst, ihr dürft noch oft genug mit, versuchte Jonny zu besänftigen.

TJ war jetzt sauer. Ist mir scheißegal, ich will mit und dabei sein, euch unterstützen.

Denkt dran, heute schon genug zu trinken, das habt ihr dann morgen als Reserve, sagte ich.

Keiner antwortete, alle arbeiteten weiter an ihrer Ausrüstung.

Es lag eine merkwürdige Spannung in der Luft. Monatelang hatten wir uns auf diesen Moment vorbereitet. Jeder wusste, dass das auf ihn zukommen würde. Aber was genau würde auf uns zukommen? War es das Gefecht, das wir erwarteten? Das fremde Land war schon schwierig genug zu begreifen. Aber hier herrschte Krieg, auch wenn wir bisher nichts davon gesehen hatten. Ich dachte an Filme, die ich kannte, dramatisch und laut. War das der Krieg? Und was war mit meinem Bedürfnis, den Menschen in diesem Land zu helfen, das ich ganz klar spürte? Manche waren wegen des zusätzlichen Geldes hier, wegen der Suche nach Abenteuern oder wegen sonst was. Viele auch wegen der Kameraden. Aber dafür in den Krieg ziehen?

Ich sah mich um und blickte die anderen an. Wie sie da saßen und locker waren. Sie quatschten ganz entspannt und arbeiteten an ihren Westen, füllten die Taschen mit Munition, die Trinksäcke mit Wasser. Wie würde es sein, wenn der Erste verletzt wurde? Ich denke zu viel nach, dachte ich. Ich machte mir mit dem Nachdenken selbst zu viel Druck, anstatt einfach den Kopf auszuschalten. Wizo hatte mal gesagt, bei langen Märschen schalte er einfach ab und laufe. Dann könne er hundert Kilometer marschieren, ohne Problem. Ich dagegen dachte beim Marschieren nur daran, dass ich jetzt marschieren musste. Und beim Fallschirmspringen musste ich immer an meine Höhenangst denken. Ständig. Es war eine Grenzerfahrung.

Eigentlich Irrsinn, dass ich mit dieser wahnsinnigen Angst

den festen Entschluss gefasst hatte, Fallschirmjäger zu werden. Dass diese Angst mich nicht lähmte, war mir immer wieder ein Rätsel. Trotzdem kostete sie mich viel Kraft. Und was würde morgen sein? Wieder dachte ich über etwas nach, das ich nicht beeinflussen konnte. Die Ungewissheit, was kommen würde, beschäftigte mich sehr. Und der frühe Zeitpunkt. Warum musste es schon morgen so weit sein? Wir würden noch oft draußen sein, die Aussicht störte mich nicht. Aber warum schon morgen, am dritten Tag?

Ich ging nach draußen, wo es inzwischen etwas kühler geworden war. Der letzte hellblaue Schleier lag entfernt am Horizont, und über mir breitete sich eine große Weite aus wunderschönem Dunkelblau wie ein Tuch aus. Einzelne Sterne blitzten bereits daraus hervor. Ich ließ meine Gedanken kreisen und sah in den dunkler werdenden Himmel, als mich Muli rief.

Was ist los?, wollte er wissen.

Ich denke, sagte ich nachdenklich, dass ich absolut keine Angst vor der Patrouille morgen habe. Aber wir sind einfach noch nicht bereit.

57 GRAD

Ich war von Dämmerlicht umgeben. Es polterte, und ich wurde mal nach rechts oder links, mal in den Sitz gedrückt. Wir waren zur Patrouille aufgebrochen. Saßen uns gegenüber, eingepfercht in dem engen Transportpanzer. Rechts neben mir drückte sich ein Beinpaar an meine Schulter. Nossi, der durch die Luke hinten rechts herausschaute, hatte wenigstens frische Luft um sich. Weiter vorne war eine weitere Luke geöffnet, in der Russo stand.

Ich sah mich um. In dem Wechsel aus Licht und Schatten saß die ganze erste Gruppe. Ein dicht gedrängter Haufen Soldaten, mit gesenkten Köpfen, die Helme mit geöffneten Riemen. Jeder hatte seine Waffe so gut es ging zwischen die Beine geklemmt und drückte die Schulterstütze auf den Boden. Die Rucksäcke lagen in der Mitte des engen Kampfraumes oder auf unseren Füßen und Knien. Zwei Panzerfäuste hingen in schwarzen, engmaschigen Netzen von der Decke. Hinter uns befanden sich die restlichen Fahrzeuge. Die zweite Gruppe, Mü, der Chef mit den Übrigen. Und ein Jammer, der möglichst immer mitkam, wenn es nach draußen ging. Dabei handelte es sich um einen umgebauten Transportpanzer mit Abwehrausstattung, um das Zünden von handygesteuerten Straßenbomben zu verhindern. Haltet euch von seinen Antennen fern, hatte Nossi uns geraten. Die grillen euch die Eier.

Wir waren erst ein paar Meter gefahren, aber die Luft war bereits unerträglich. Abgestanden, schwer und voller Schweiß. Wie es eben roch, wenn elf Männer in der Wüste auf wenigen Metern eingesperrt waren. Dass wir wie die Ölsardinen zusammengepfercht saßen, fand ich nicht schlimm, im Gegenteil. Ein beruhigendes Gefühl, einen Kameraden so dicht neben mir zu haben. Wenn etwas passierte, waren wir zusammen, das gab Kraft. Wir waren so bereits in der Ausbildung gefahren. Mit elf Mann im Kampfraum, der eigentlich nur sechs Sitzplätze hatte. Aber jetzt war es anders. Es ging los, wir fuhren »raus«, zum ersten Mal. Wir kannten unseren Auftrag und wussten doch nicht, was uns erwarten würde.

Eben noch hatten sich alle unterhalten. Es gab Sprüche, Witze, Lachen. Da hatte der Transportpanzer noch im Feldlager gestanden. Jetzt rollte er unserem Ziel entgegen und keiner sagte ein Wort. Muli, Nossi, Simbo, Kruschka, Wizo, Jonny, Russo, Butch, Dolli, Mica, TJ, Hardy und ich. Dreizehn Männer. Die Gruppe war noch mal in zwei Trupps unterteilt. Muli führte den einen, Nossi den anderen. Mulis Trupp, dem auch ich angehörte, hatte eigentlich einen eigenen Dingo. Aber jetzt ging es darum, viele Männer für die Patrouille zur Verfügung zu haben. Manpower. Der Dingo hätte noch zusätzlich einen Fahrer gekostet, der beim Fahrzeug hätte bleiben müssen. Also saßen wir alle in dem stickigen Transportpanzer, dessen alte Klimaanlage fast nutzlos war. Inzwischen mussten wir ungefähr an der Stadtgrenze sein. Dort, wo der Weg vom Plateau herunter, auf dem sich das Feldlager befand, auf einen afghanischen Armeeposten an der Hauptstraße traf. Nossi und Russo kamen nach unten und schlossen die Luken über sich. Das war so abgesprochen, weil wir verhindern wollten, dass jemand etwas von oben hereinwarf, wenn wir am Zielpunkt ankamen. Da musste alles schnell gehen. Absitzen, Umgebung sichern, Ausrüstung aufnehmen, abmarschieren.

Die wissen sowieso, dass wir kommen, war uns erklärt worden. Die haben ihre Spitzel überall. Aber wenn wir schnell genug sind, haben wir vielleicht etwas Zeit gewonnen, bevor sie sich organisieren können. Die haben auch Handys und Ferngläser. Das hatte man uns gesagt. Also blieb uns nur, schnell zu handeln. So wie wir es unzählige Male geübt hatten.

Ich spürte, wie der Helm bereits jetzt auf meinem Kopf herumrutschte, weil ich so sehr schwitzte. Ich griff nach der kleinen Wasserflasche, die ich in meine linke Beintasche gesteckt hatte, und nahm einen großen Schluck von dem lauwarmen Wasser. Ich hielt Mica die Flasche hin, der mir gegenüber saß. Er nahm sie mit einem teilnahmslosen Ausdruck und trank. Er hatte kaum reagiert. Ich sah in die Gesichter der anderen und bemerkte ihre gesenkten Blicke. Selbst Jonny, der so voller Vorfreude unserem ersten Einsatz entgegengefiebert hatte, wirkte seltsam entrückt. Allen war jetzt klar, dass es ernst wurde. Wir waren nicht mehr in der Ausbildung. Es würde keinen zweiten Versuch geben, wenn wir es verbockten. Kein Ausbilder in der Kaserne und auf dem Übungsplatz würde uns mehr anbrüllen: Macht das noch mal! Kein Kommandeur würde uns mehr antreten lassen und sagen: Männer, ihr seid Fallschirmjäger und werdet das meistern, was auf euch zukommt! Ab jetzt würde nichts mehr auf uns zukommen, ab jetzt waren wir mittendrin.

Genau diese Anspannung spürte ich um mich herum. Die anderen waren still, und doch spürte ich, dass jeder seinen persönlichen Kampf mit dieser Situation ausfocht. Das bereitete mir Unbehagen.

Ich wollte die Situation, diese gespenstische Atmosphäre nicht hilflos hinnehmen. Der Panzer rumpelte mit einem leise brummenden Geräusch weiter und bei jeder Bodenwelle schaukelten wir ein wenig hin und her. Nach einigem Nachdenken beschloss ich, etwas zu tun, das die anderen so überraschen würde, dass sie ihre bedrückenden Gedanken vergessen und voll bei mir sein würden.

T minus fünf Minuten, war durch den Lautsprecher zu hören.

TJ, der den Transportpanzer fuhr, hatte die verbliebene Zeit bis zur Ankunft am Ziel durchgegeben. Niemand rührte sich, ich blickte in versteinerte Gesichter. In diesem Moment war klar, dass ich handeln musste. Ich holte tief Luft.

Ey, hört mal.

Ich sprach so laut ich konnte, ohne dass ich schrie. Jeder sollte mich hören können.

Wusstet ihr, dass ich mein erstes Mal mit einem Mann hatte?

Zehn Augenpaare, die zuvor stumpf vor sich hingestarrt hatten, sahen mich mit einer Mischung aus Erstaunen und Unverständnis an. Ich konnte förmlich zusehen, wie die Anspannung in den Gesichtern meiner Kameraden verschwand. Es war wie ein Schalter, der sie alle ins Hier und Jetzt zurückholte. Kurz darauf begannen die meisten zu grinsen.

Ehrlich, das is ja krass. Kruschka hatte als Erster seine Sprache wiedergefunden.

Alter, Joe, sagte Jonny. Dir hab ich ja viel zugetraut, aber das ist heftig!

Ich zuckte nur mit den Schultern und grinste. Damit war die Sache erledigt. Intime Geständnisse geschahen im Kameradenkreis öfter. Einer hatte mir mal anvertraut, dass er als Jugendlicher Zigaretten geschmuggelt hatte. Ein anderer berichtete von einer Körperverletzung. So war das nun mal. Die meisten hatten irgendwelche Jugendsünden, aber jetzt würde für jeden ein neues Kapitel aufgeschlagen werden.

Schließlich regten sich alle wieder und begannen, an der Ausrüstung oder ihrer Waffe zu hantieren.

Nossi blickte in die Runde: Waffen checken, Taschen checken. Fertigmeldung von vorne nach hinten.

Der gleiche Befehl wie kurz vor dem Fallschirmsprung: Wir kniffen uns einer nach dem anderen von vorne nach hinten durch. Ich war der Letzte vor Nossi und signalisierte ihm »Daumen hoch«.

T minus zwo Minuten, war aus dem Lautsprecher zu hören.

Okay, jeder trinkt noch was und packt eine neue Flasche in die Beintasche. Muli war sehr konzentriert, man hörte es an seiner Stimme.

Ich trank die Flasche, die ich von Mica zurückbekommen hatte, leer und stopfte sie hinter mir in ein Fach. Seit dem Vortag hatte ich mindestens sechs Liter Wasser getrunken. In Deutschland wäre mir wahrscheinlich schon speiübel gewesen.

T minus eins!

TJ war etwas lauter geworden. Als hätte er Angst, dass wir es nicht mitbekommen würden.

T minus eins, wiederholte Muli langsam ins Funkgerät und brüllte dann laut: Fertigmachen zum Absitzen!

Wir setzten unsere dunklen Schutzbrillen auf, die die Augen vor Splittern schützen sollten. Ich schloss meinen Helmriemen und umfasste mein Gewehr noch etwas fester.

Mit einem Ruck hielt der Panzer an. Ich wurde von hinten in Richtung Tür gedrückt und landete mit einem Satz auf dem harten Boden. Sofort lief ich zwei Meter weg, um den anderen Platz zu machen. Ich blieb mit dem Rücken zum Fahrzeug stehen, um die Umgebung im Auge zu haben. Alles schien noch etwas ungeordnet zu sein.

Warum sichert ihr die Straße nicht!, brüllte unser Kompaniechef von hinten.

Er schien uns alle im Blick zu haben. Ich lief die wenigen Meter bis zum Straßenrand und kniete mich neben eine Mauerecke, von wo aus ich einen guten Überblick hatte. Links von mir befand sich eine hohe Mauer aus Lehmziegeln, die die gleiche Farbe wie der staubige Boden hatten. Rechts von mir trennte ein Abwassergraben den Parkplatz von dem Feld dahinter. Direkt vor mir lag die Hauptstraße, die die Stadt Kundus mit dem nächsten Distrikt verband. Sie war asphaltiert und so breit wie unsere Bundesstraßen. Für Afghanistan enorm. Eine Menge Fahrzeuge waren unterwegs. Motorräder, kleine und große Lastwagen, die mit allerlei Sachen völlig überladen waren; dazwischen ein paar Fußgänger, die am Straßenrand entlangzogen.

Hier ist richtig was los, dachte ich. Auf dem Übungsplatz in Deutschland stand immer nur ein ziviles Auto am Checkpoint, das wir kontrollieren sollten. Meistens hatte man irgendwo eine Bombenattrappe versteckt. Es war einfach, zu erkennen, was los war, weil es nur ein Auto gab. Aber hier war alles voller Autos. Sicher wollten die meisten Menschen auf der Straße nur ihrem Alltag nachgehen, ihre Arbeit machen oder irgendjemanden besuchen. Eben das, was jeder normale Mensch tagsüber tut. Was aber, wenn nur ein Einziger es auf uns abgesehen hatte? Ich war weit davon entfernt, mich deswegen verrückt zu machen. Aber ich würde auch so schnell wie möglich lernen müssen, eine gefährliche Situation sofort einzuschätzen. Nicht jeder von denen hat eine Bombe, dachte ich. Darauf kann dich die Ausbildung nicht vorbereiten.

Weil mir keine Lösung einfiel, versuchte ich einfach nur konzentriert zu sein.

Hinter mir hörte ich Micas Stimme. Bist du fertig zum Abmarsch?

Hier Führer der Fahrzeuge, Sicherung steht, hörte ich durch Mulis Funkgerät hinter mir.

Hier Wolle, ausgezeichnet, war die prompte Antwort des Kompaniechefs.

Es war die Eigenart unseres Chefs, uns mit diesem »Ausgezeichnet« sein Wohlwollen zu zeigen, ohne in den laufenden Prozess zu sehr einzugreifen. Sein Tonfall war dabei immer freudig erregt, als hätte er großen Spaß an uns.

Hier Wolle an alle, fuhr er am Funkgerät fort. Abmarsch in befohlener Reihenfolge, Ende.

Golf eins marsch, befahl Muli.

Mit dem Gewehr in der Hand folgte ich den beiden Scharfschützen aus der Vorgängereinheit.

Hinter uns setzte sich der Rest langsam in Bewegung, immer ein wenig Abstand zum Vordermann haltend. Dies war eine der Verhaltensweisen, die uns als Infanteristen inzwischen in Fleisch und Blut übergegangen war. Bei Beschuss oder einer Explosion wurden so wenigstens nicht alle auf einmal getroffen.

Bald tat sich vor uns eine flache Senke auf. Rechts vom Weg setzte sich immer noch die hohe Mauer fort, bis sie schließlich von ein paar einfachen Lehmgebäuden abgelöst wurde. Es schienen Ställe und Schuppen zu sein, vielleicht wohnten auch Menschen darin. So genau konnte ich das nicht sagen, denn sie waren alle grob errichtet, und die wenigen Fensteröffnungen, die die Mauern aus Lehm durchbrachen, ließen keinen Blick ins Innere zu. Die Felder auf der linken Seite und die Ausläufer des Vorortes auf der Rechten, die vielen flachen Büsche und der sanft gewundene Weg vor uns erzeugten ein fast idyllisches Bild. Wie in einem Karl-May-Film. Ich ließ den Blick schweifen und versuchte, das Wesentliche zu erfassen. Menschen waren keine zu sehen. Gab es eine Gefahrenquelle, einen Ort, den ich besonders beobachten musste? Wo war die nächstbeste Deckungsmöglichkeit? Was befand sich im Graben direkt links vom Weg? Ich spürte, wie es mich anstrengte, alle Informationen im Kopf zu verarbeiten. Während ich in Deutschland wusste, dass ich auf dem Truppenübungsplatz nichts Überraschendes zu erwarten hatte, war hier die Möglichkeit allgegenwärtig, auf etwas Unvorhergesehenes, Gefährliches zu stoßen.

Die Sonne stand hoch am wolkenlosen Himmel, kein Windhauch war zu spüren, kein Laut zu hören. Nur das stapfende Geräusch unserer Stiefel auf dem Sandboden und das Klicken, wenn irgendjemand auf einen Stein trat, durchbrach die Stille. Ein paar hundert Meter den Weg hinunter waren einige Häuser zu erkennen. Ein paar Büsche rahmten die kleine Siedlung ein, und der Weg wurde am ersten Haus von einer kleinen Betonbrücke unterbrochen, die nur wenige Meter lang war. Als wir auf dieses Dorf zusteuerten, sah ich rechts zwei Männer in einem Hof arbeiten, der von einer kleinen Mauer umgeben war. Sie schienen mit einer hölzernen Mistgabel irgendetwas in große Säcke zu füllen. Sie trugen lange, weiße Gewänder und darüber dunkle Westen.

Als ich die Männer hinter mir ließ, trat ich aus dem letzten Schatten heraus, der den Weg zumindest teilweise bedeckt hatte. Die Sonne stach glühend heiß und unbarmherzig von oben, es gab keinen Schutz. Ich wischte mir mit dem Handrücken durch das Gesicht, sofort war mein Handschuh durchnässt. Die Schweißperlen liefen mir am Hals entlang ins Shirt, und mein Pistolenholster scheuerte am Oberschenkel. Die Schutzweste rutschte auf einer Lache aus Schweiß hin und her, und das durchnässte Shirt darunter fing an, unangenehme Falten zu schlagen, die auf der Haut juckten. Wir trugen lange Ärmel. Kurzärmelig ins Gefecht zu ziehen ist unklug, hatte Nossi uns geraten. Bei Stürzen schürft ihr euch auf und bei Explosionen verbrennt die Haut viel schneller. Außerdem schützen euch die langen Ärmel vor Sonnenbrand.

Nur die Hitze ist damit viel schwerer zu ertragen, dachte ich. Weil mir der Schweiß in dünnen Bahnen die Brillengläser meiner Schutzbrille hinunterlief, nahm ich sie ab und steckte sie in eine Schlaufe meiner Weste. Ich fühlte mich wie ein triefender, fetter Schmalzkringel, der gerade frittiert worden war. So etwas hatte ich noch niemals zuvor erlebt.

Alle paar Meter drehte ich den Kopf und sah Mica ins Gesicht. Er hatte einen hochroten Kopf und schnaufte, während ihm der Schweiß durchs Gesicht lief. Die drückende Luft schien mich nach unten ziehen zu wollen. Ich konzentrierte mich auf meine Füße, damit ich nicht stolperte. Endlich erreichten wir die ersten Häuser des Dorfes, das wir schon von weitem gesehen hatten. Ein paar Kinder rannten los, als wir uns näherten, und verschwanden hinter irgendeiner Tür. Links des Weges befand sich ein kleiner Brunnen. Ein alter Mann und ein kleiner Junge machten sich an der Handpumpe zu schaffen und hörten erst auf, als wir langsam an ihnen vorbeigingen. Sie sahen uns erstaunt an. Ich nickte ihnen zu, der alte Mann erwiderte.

Zwischen den Gebäuden hielten wir kurz an, weil der Chef mit den Einheimischen sprechen wollte. Dazu hatte er einen Übersetzer dabei. Ich sah mich um und konnte nichts Auffälliges entdecken. Alles war ruhig, außer den wenigen Menschen im Dorf war niemand zu sehen. Die Straße führte wieder aus dem Dorf hinaus, und in der Ferne sah ich eine Baumreihe.

Als hätte Muli meine Gedanken gelesen, sagte er von hinten:

Bis zu der Baumreihe müssen wir noch, dahinter beginnt die Freifläche, über die wir nicht so einfach drüber können.

Super, rief ich mit ironischem Tonfall, bis dahin gibt's doch auch kaum Deckung, also können wir auch gleich hierbleiben.

Ja, schnaufte Mica neben mir. Ich bin dafür.

Fucking Sonne, schimpfte Jonny von hinten, mir schmilzt der Kopf weg!

Alter, was seid ihr für Pussys, mischte Simbo sich ein. Nur die Harten komm in' Garten, ihr Opfer! Aber auch sein Kopf war krebsrot.

Ich sah Mica an. Sein Gesicht war noch stärker rot angelaufen. Er hatte sich auf die flache Mauer gesetzt und beugte sich nach vorne. Wir hatten genug Märsche in Deutschland hinter uns gebracht, um zu wissen, wie man sich die Kräfte einteilte. Waren oft dreißig, auch vierzig oder mehr Kilometer marschiert. Aber das hier war so viel anders.

Du siehst nicht gut aus, sagte ich.

Ich weiß auch nicht, mir ist irgendwie komisch, schnaufte er.

Setz den Rucksack ab und trink was, riet ich.

Mica rutschte langsam von der Mauer, bis er auf dem Boden saß. Umständlich zog er den Rucksack vom Rücken.

Ich bat Wizo, uns zu sichern und lehnte mein Gewehr an die Mauer neben mir. Dann holte ich eine Flasche aus meinem Rucksack.

Hier, trink das, sagte ich und reichte sie Mica. Da ist Nährstoffpulver drin.

Er stellte sein Maschinengewehr auf den Boden und trank gierig. Die Flüssigkeit lief ihm an den Mundwinkeln entlang und rann auf seinen Hals. Als die Flasche leer war, gab ich ihm die Wasserflasche, die ich in der Beintasche hatte. Er öffnete sie hektisch, zog den Helm vom Kopf und übergoss sich mit der klaren Flüssigkeit.

Alter, tut mir leid, sagte Mica.

Quatsch, fuhr ich ihn an, die Hitze haut uns alle um, manche halt schneller als andere. Was hast du denn heute Morgen gegessen, fragte ich ihn.

Nichts, ich hatte keinen Hunger.

Na toll, kein Wunder! Ich zog aus meiner linken Beintasche einen von den Energieriegeln, die wir aus den Notrationen hatten, und hielt ihn Mica hin.

Muli, Mica geht's nicht gut!, rief ich.

Wir müssen aber gleich weiter. Schafft er es?

Ich sah Mica an. Wir müssen los, willst du weiter nach hinten?

Nein, es geht schon, schnaufte er zurück, während er sich mühsam den Rucksack aufsetzte.

Ich setzte mir ebenfalls wieder den Rucksack auf den nassen Rücken und schickte Wizo an seine Position zurück. Er sprang los, als ob er die Hitze gar nicht spüren würde. Wir traten aus dem Schatten zurück in die Sonne, die Erleichterung war dahin. Auf den Feldern flimmerte die Luft, und die Schritte wurden schwerer und schwerer. Ungefähr zwei Kilometer waren wir bis jetzt gelaufen, und ich dachte daran, dass wir noch mindestens drei vor uns hatten.

Endlich erreichten wir die Baumreihe, die ich vom Dorf aus gesehen hatte und die wie eine Sperre quer vor uns lag. Davor befand sich ein breiter Graben, der viel Wasser führte, das mit einiger Geschwindigkeit durch die lehmige Rinne floss. Mica und ich folgten den Scharfschützen und gingen bis zum Ende der Baumreihe, wo der Weg weiter in Richtung Fluss und Isa Khel nach links abbog.

Wie geht's dir?, wandte ich mich an Mica und schnaufte selbst beim Sprechen.

Ich glaub, mir ist schlecht. Er hechelte nach Luft.

Halt durch, Mann, versuchte ich ihn zu motivieren.

Alter, ist das heiß, schnaufte Muli zu mir rüber und wischte sich den Schweiß mit einem Taschentuch aus dem Gesicht.

Mir ist heiß und kalt, sagte Mica leise.

Okay, ich nehm jetzt deine Waffe, sagte ich zu ihm und nahm ihm das Maschinengewehr aus der Hand.

Er ließ seinen Rucksack mit der Munition umständlich auf den Boden fallen.

Ich holte Wasserflaschen aus meinem Rucksack und warf sie den anderen hin. Hier, nehmt die und trinkt was, rief ich.

Ich will auch eine!, hörte ich Kruschka von der Seite rufen.

Ich warf eine weitere Flasche nach ihm, aber verfehlte ihn und sie landete im Wassergraben.

So ein Mist, schimpfte ich.

Meinen nun viel leichteren Rucksack gab ich Mica und zog seinen zu mir.

Scheiße, ist der schwer, rief ich erstaunt. Wie viel ist da drin?

Als ich 1800 Schuss MG4-Munition und drei Flaschen Wasser hörte, schluckte ich.

Zusammen mit den Rauchgranaten wiegt der doch über dreißig Kilo, schätzte ich laut. Scheiße, ey.

Mica setzte sich meinen Rucksack auf, ich wuchtete mir seinen auf den Rücken, Muli half mir dabei. Danach gab ich Mica meine Waffe und nahm sein Maschinengewehr. Ich wischte Schweiß von meiner Stirn.

Plötzlich kam der Chef mit Mü zu uns herüber. An Muli und Mü gerichtet, sagte er:

Okay, ich will noch bis zu diesen Erdhügeln da vorne.

Er deutete auf ein paar große sandige Erdhaufen in etwa 250 Metern Entfernung. Der Weg dorthin war offen und eben, ohne Deckung.

Golf zwei bleibt in dieser Stellung hier, Golf eins geht mit mir dorthin.

Der Chef wies mit dem Arm in Richtung Fluss und Isa Khel. Das Dorf war noch nicht zu sehen, dazu war die Entfernung zu groß und zu viele Bäume im Weg. Aber wir wussten, dass es sich dort befand.

Muli nahm Mü zur Seite. Die Männer sind ziemlich fertig, raunte er ihm so leise ins Ohr, dass der Chef es nicht hören konnte.

Ja, alles klar, sagte Mü und reagierte nicht weiter.

Nossi mischte sich ein: Die Männer sind kaputt. Kampfkraft nur noch bei siebzig Prozent.

Mü sagte nichts. Ich hatte den Eindruck, dass er dem Chef nicht widersprechen wollte.

Muli kam wieder zu uns. Ich will, dass ihr die Augen offen haltet. Sobald wir Feindkontakt haben, meldet ihr das, so laut ihr könnt. Jonny übernimmt Micas Position!

Ich stand auf und half Mica, mühsam kam er nach oben. Wie fühlst du dich?, fragte ich besorgt.

Keine Ahnung, sagte er.

Wenn's nicht mehr geht, sag sofort Bescheid, hörst du?

Die Scharfschützen hatten sich eine nahe Buschgruppe links von uns gesucht, in deren Nähe sie sich auf den Bauch legten. Ich konnte sie nur sehen, weil ich wusste, wo sie lagen. Einer von beiden beobachtete durch sein Fernglas, der andere lag hinter seinem Gewehr und blickte durch sein Zielfernrohr.

Ich ging langsam los. Mica war hinter mir. Dann kamen Jonny, Muli und der Rest. Ich war nun der Erste, ganz vorne. Mit zusammengekniffenen Augen spähte ich umher, um ja nichts zu übersehen. Alles war ruhig. Nur das erdrückende Gefühl, als ich aus dem Schatten der Baumgruppe wieder in die Sonne trat, wurde wieder schlimmer. Plötzlich gab es hinter mir ein dumpfes Geräusch. Ich drehte mich um und sah Mica am Boden liegen.

Muli, übernimmst du ihn, rief ich und kniete mich mit einem Bein auf den Boden.

Jonny war schon neben mir und trat noch einige Schritte nach rechts. Auch er kniete sich hin, um zu sichern.

Bevor wir einem Kameraden helfen, muss immer erst der Bereich gesichert werden, hatte Nossi uns eingebläut. Es hilft niemandem, einen Verletzten zu unterstützen, aber in dieser Zeit selbst getroffen zu werden.

Ich drehte meinen Kopf ein wenig und sah, wie die Sanitäter und Wizo Mica nach hinten schleppten.

Okay, weiter marsch, kam aus dem Funkgerät.

Ich setzte mich wieder in Bewegung und trat nun in den völlig freien Bereich hinter der Baumreihe. Wie weit wohl der Fluss noch entfernt war?

Kannst du etwas aufklären?, fragte ich Jonny leise.

Negativ, war die knappe Antwort.

Als ich die Erdhügel erreichte, stellte ich das Gewehr an einem der Hügel ab und hockte mich erschöpft auf den Boden. Verschnaufen. Der Schweiß lief mir durch das Gesicht. Die Bäume und Büsche, die ich schon aus der Entfernung gesehen hatte, verdeckten nur spärlich den Blick auf eine große Freifläche aus Äckern und niedrigen Erdwällen. Irgendwo am Ende dieser Freifläche musste der Kundus-Fluss sein – und dahinter das Dorf Isa Khel.

Sicher werden wir schon beobachtet, dachte ich.

Muli kam zu mir und hockte sich neben mich. Ich sichere dich, sagte ich erschöpft, und er begann, seinen Rucksack abzusetzen.

Ist das eine verdammte Scheiß-Hitze, sagte er schnaufend, als er seine Ausrüstung prüfte und aus einer Wasserflasche trank, die er anschließend weiterreichte.

Ich keuchte, meine Schultern schmerzten. Schweiß lief in Strömen. Verschnaufen, konzentrieren.

Ich zog das Mundstück meines Trinksacks mit der linken Hand zu meinem Gesicht, während ich mit der Rechten weiter die Waffe festhielt. Inzwischen hatten sich auch die anderen um mich herum verteilt. Als Letzte stapften Russo, Dolli und Butch von hinten heran. Sie hatten die ganze Zeit über die Gramawa getragen. Neunzig Kilo. Sie waren hochrot angelaufen.

Komm endlich, rief Dolli zu Butch.

Fick dich, Alter, schneller geht's nicht, schimpfte dieser zurück.

Ich bewunderte die drei. Sie schnauften wie die Walrosse, als sie das Monstrum aufstellten und feuerbereit machten.

Als Nossi an Mü vorbeiging, sagte er mit energischer Stimme: Kampfkraft bei vierzig Prozent.

So saßen wir nun, in der prallen Sonne Afghanistans, mit all unserer Ausrüstung und waren potentiellen Angreifern so nahe wie nie zuvor. Die Ausläufer von Isa Khel waren nur ein paar hundert Meter entfernt. Zwar lag der Fluss dazwischen, aber beim Gefecht am Karfreitag hatten die Aufständischen Verstärkung von dieser Seite aus über den Fluss gebracht. Also gab es auch hier Feinde. Und sicher wussten sie genau über uns Bescheid.

Nossi saß an den Hang gelehnt und hatte den Helm abgenommen. Er machte ein Stofftuch nass und legte es sich auf den Kopf. Seine Hand zitterte. Simbo saß mit angewinkelten Knien und gesenktem Kopf an meinen Füßen und ließ eine Wasserflasche mit der Hand hin und her pendeln. Sein Helmriemen war offen und der Schweiß tropfte daran herunter. Kruschka lag auf dem Rücken am Hang und hatte die Augen geschlossen. Ich rief nach Wizo. Ey, Wizo! Wiizo!

Was 'n los, Digger, war seine Antwort.

Stoß mal Kruschka an, der soll die Augen aufmachen!

Der Chef will noch ein paar Minuten bleiben, dann rücken wir ab, sprach Muli mich an.

Das ist gut! Die Männer sind völlig fertig, sagte ich eindringlich. Ich hoffe, es passiert nichts, das können wir jetzt nicht gebrauchen, fügte ich noch hinzu. Ich war froh, dass es bald zurückging, aber aufstehen wollte ich auch nicht.

Nimm schon mal die beiden Panzerfäuste von Simbo und deinen Rucksack mit der Munition und bring beides nach hinten, befahl Muli.

Als ich den Abhang herunterrutschte, kniff ich Simbo in die Schulter. Alles klar bei dir? Sein Anblick machte mir Sorgen.

Jaja, passt schon, presste er hervor. Aber dass ich auch noch Kruschkas Panzerfaust nehmen muss, ist übel!

Ich nehm jetzt deine Panzerfäuste und bring sie nach hinten.

Alter, nimm die scheiß Dinger, keuchte er. Ich griff nach

meinem Rucksack und zog ihn schwerfällig über meine Schultern.

Mir fiel ein, wie ich in den Sommerferien bei meinem Onkel auf dem Bauernhof das Unkraut zwischen den Zuckerrüben mit der Hacke entfernte. Machte mir die Hitze bei dieser Arbeit im Hochsommer nicht so viel aus? Oder hatte ich einfach genug getrunken? Simbo war noch weiter zusammengesackt. Kruschka lag immer noch auf dem Rücken. Nossis Hand zitterte wie zuvor, und bei Muli und Jonny hob und senkte sich der Brustkorb sichtbar bei jedem Atemzug. Nur Wizo schien unbeeindruckt von den Umständen zu sein. Er sah weiter geradeaus über die Böschung und grinste.

Ey, Digger, da draußen ist niemand, die ham Schiss, rief er herüber.

Hoffentlich blieb es dabei. Wir waren in einem jämmerlichen Zustand, an Kämpfen war nicht zu denken. Jungs, haltet durch, macht nicht schlapp, rief ich, an alle gerichtet. Kommt schon!

Ich packte die beiden schweren Panzerfäuste und setzte mich in Bewegung. Ein starker Schmerz durchzog meine Schultern, und ich versuchte, mir ein Stöhnen zu verkneifen. Ich spürte, dass ich zwar einsatzbereit, aber auch nicht mehr unbegrenzt belastbar war. Als ich die halbe Strecke zu Brandys Gruppe zurückgelegt hatte und mühsam durch den weichen Sandboden stapfte, durchbrach ein Schuss die Stille.

Ich ließ die Panzerfäuste fallen und drehte mich instinktiv um, griff nach meiner Waffe und fasste ins Leere. Für den Bruchteil einer Sekunde dachte ich: Scheiße, das Ding hab ich bei Simbo gelassen, wegen der Panzerfäuste. Und dann: Scheiße, jetzt ist es passiert. So ging es also los.

Aber dann war ich wieder voll da. Ich griff nach meiner Pistole, die ich am Oberschenkel trug, und warf mich auf den Boden. Wieder Schüsse, und zwar direkt aus der Senke. Es mussten unsere Waffen sein, denn sonst war nichts zu hören. Ich angelte mit der linken Hand nach den beiden Panzerfäusten und erwischte die beiden Trageriemen. Auf allen vieren, die Panzerfäuste hinter mir her schleifend, kroch ich zurück. Wieder fielen Schüsse. Diesmal aus mehreren Waffen. Als Erstes sah ich Nossi. Er schaute durch sein Visier und schoss. Einmal, zweimal. Plötzlich sackte er in sich zusammen. Der Kopf fiel auf seine Waffe, sein Oberkörper erschlaffte. Er rutschte ein paar Zentimeter den Hang hinunter. Ich wollte gerade aufspringen und zu ihm stürzen, als er die Augen öffnete und blitzschnell wieder Spannung in seinem Körper hatte. Sofort schoss er weiter.

Feuer einstellen, Lagebericht!, brüllte der Chef dazwischen. Ich muss wissen, was passiert ist!

Ein feindlicher Schütze voraus. Entfernung etwa hundertfünfzig, er hat eine Waffe, schrie Nossi herüber.

Ich lag immer noch auf dem Boden. Als ich hörte, dass der Feind auf der mir gegenüberliegenden Seite aufgeklärt worden war, sprang ich auf und hockte mich neben Muli. Der Chef stand aufrecht und spähte durch sein Fernglas. Will der denn nicht in Deckung gehen?, dachte ich. Er stand dort seelenruhig und absolut bewegungslos, hatte beide Hände am Fernglas und beobachtete.

Ich kann nichts aufklären, sagte er laut. Wo war das genau?

Vor meiner Stellung, bei der Baumgruppe auf ein Uhr, Entfernung hundertfünfzig, wiederholte Nossi seine Angaben mit aufgeregter Stimme.

Danach herrschte Stille. Keiner sagte ein Wort, nichts rührte sich vor uns.

Als wir uns endlich auf den Rückweg machten, nahm ich auch das Maschinengewehr mit. Jetzt musste ich die beiden Panzerfäuste in einer Hand tragen und das Gewehr in der anderen. Es schmerzte schon beim Hochheben. Ich biss mir auf die Lippe und ging zügig los. Es waren vielleicht hundert Meter bis zur zweiten Gruppe, aber es kam mir vor wie ein Kilometer. Immer noch stand die Sonne hoch über uns. Der Schweiß, der sich mit dem Sand zu einer festen Kruste auf meinem Gesicht verklebt hatte, begann wieder aus jeder Pore meines Körpers zu fließen. So quälte ich mich mit meiner schweren Last die letzten Meter zu Golf zwei und erreichte sie unter heftigem Keuchen.

Etwas weiter hinter mir lag Mica in einem trockenen Graben und wurde immer noch von den Sanitätern versorgt, sie hatten ihm eine Infusion gelegt. Einer hielt ein großes Tuch über seinen Kopf, um ihm Schatten zu spenden. Ein anderer gab ihm erst aus einer kleinen Flasche zu trinken, dann spritzte er etwas Wasser mit der Hand in sein Gesicht. Plötzlich fing Mica an zu strampeln und mit den Armen zu rudern.

Lasst den Sand weg, schüttet mir keinen Sand ins Gesicht, rief er hysterisch.

Der Sanitäter hörte auf, sein Gesicht mit Wasser zu benetzen, und hielt ihn fest. Die Hitze musste Mica schlimm erwischt haben, aber er war nicht der Einzige. Neben ihm lagen noch drei Kameraden aus der zweiten Gruppe, die ebenfalls betreut wurden. Sie hatten hochrote Gesichter und atmeten hastig.

Schließlich wurden die mit den größten Kreislaufproblemen auf die beiden per Funk herbeigerufenen Geländewagen geladen. Außerdem die schweren Waffen und fast alle Rucksäcke.

Ich sah erstaunt, dass auch Nossi auf einen der Wölfe stieg. Er war schon mehrfach in Afghanistan gewesen. Wenn sogar er solche Probleme hatte, musste es wirklich schlimm um uns stehen. Jetzt war ich mir sicher, dass die körperliche Belastung im Moment vielleicht noch gefährlicher war als der Feind. Wir waren in der absolut beschissensten Verfassung, um zu kämpfen. Hoffentlich ging auf dem Rückweg alles gut. Wenn da wirklich jemand war, konnte es gut sein, dass er uns verfolgen und aus einem Versteck heraus angreifen würde.

Dann heulten die Motoren auf. Die Wagen rumpelten langsam los und hüllten uns in eine Staubwolke. Joe, du bist noch am fittesten, sagte Muli zu mir. Du gehst ganz hinten.

Ja, ist gut, aber hast du Wizo gesehen, der ist frisch wie der Frühling, deutete ich an.

Das stimmt, aber du musst die Männer jetzt zusammenhalten. Muli schien lächeln zu wollen, aber sein angestrengtes Gesicht verzog sich nur kurz.

Kannst du das Funkgerät nehmen?, fragte er erschöpft.

Er brauchte meine Antwort nicht. Ich zog ihm den Rucksack vom Rücken, in dem das mehrere Kilo schwere, große Funkgerät verstaut war, und setzte ihn mir auf.

Als wir uns in Marsch setzten, war es kurz nach Mittag. Die Sonne brannte unerbittlich auf uns herab. Die Schritte, die mir anfangs in dem Wissen, bald zurück zu sein, leichtfielen, wurden schnell schwerer und schwerer. Während ich mich immer wieder nach hinten umdrehte, um als letzter Mann die Umgebung in unserem Rücken im Auge zu behalten, zogen wir in einer langen müden Schlange den Weg entlang, den wir gekommen waren. Mit jedem Schritt schien der Sand unter mir meine Füße widerwilliger freigeben zu wollen. Dabei noch auf die Umgebung zu achten, mich wieder und wieder umzudrehen, die Verantwortung als letzter Mann in der Reihe nicht außer Acht zu lassen, ließ meine Reserven mehr und mehr schrumpfen. Auf den nassen und dunkel gefärbten Uniformen der anderen erkannte ich weiße Flecken, dort wo der Schweiß zu schnell verdunstet war und Salz auf dem Stoff zurückgelassen hatte. Ich fühlte, wie meine nassgeschwitzten Kleider unter meiner Schutzweste und im Schritt scheuerten. Simbo vor mir schien es ähnlich zu gehen.

Verdammt, bis wir da sind, fallen meine Eier raus, weil die ganze Haut weg ist, schimpfte er.

Wir waren am Ende unserer Kräfte.

Um mich abzulenken, fing ich an, das Gewicht zu zählen, das wir hier mit uns herumschleppten. Die Stiefel wogen zweieinhalb Kilo, die Pistole mit Holster ein Kilo, die Schutzweste über zehn, die Weste mit der Kampfausrüstung darüber noch mal fünfzehn, wobei allein drei Kilo an Wasser in der Trinkblase waren, der Helm fast drei, die Waffe wiederum über sechs Kilo, das waren ohne Rucksack schon über achtunddreißig Kilo an Gewicht. Mein Rucksack war mit zehn oder fünfzehn Kilo leichter als Micas. Je nach Waffe und mitgeführter Munition konnten insgesamt bis zu sechzig Kilo an Ausrüstung zusammenkommen, die wir hier mit uns herumschleppten. Kein Wunder, dass es uns so schlecht ging.

Ich dachte ans Abendessen. Ey, Simbo, so ein kaltes Stück Ananas wäre jetzt geil, was?, rief ich nach vorne.

Oder eine Frau, die aus einem eiskalten Pool steigt und dir 'nen Eiswürfel in den Mund schiebt, kam prompt von ihm zurück.

Du siehst dir zu viele Pornos an, rief ich ihm erschöpft zu.

Ich versuchte mit meiner Zunge etwas Feuchtigkeit im Mund zu verteilen. Aber ich hatte nur eine trockene, klebrige Masse auf den Schleimhäuten, die ich hin und herschob. Mit jedem Schritt, den ich ging, nahmen die Schmerzen in meinen Armen, meinen Beinen und in meinem Rücken zu. Ich hatte Mühe, den Kopf oben zu halten, mich umzusehen. Ich wollte nicht mehr weitergehen. Wie lang konnten so ein paar scheiß Kilometer eigentlich sein?

Das Funkgerät knackte. Hier Zugtrupp, wo bleibt ihr?

Wir sind dran, es dauert halt, sagte ich keuchend.

Es ist das erste Mal, versuchte ich mir einzureden. Mit jedem Mal wird es leichter werden. Aber wie lange würden wir überhaupt hier sein? Sie hatten uns nichts Genaues gesagt. Der Chef hatte schon in Deutschland verkündet, dass wir uns auf sechs Monate einstellen müssten. Aber genau wisse selbst er das nicht. Muli hatte von Beginn an darauf getippt, dass wir nicht vor Weihnachten zu Hause wären. Wir waren am 16. Juni gelandet, am 16. Dezember wären es also genau sechs Monate.

Ich musste die Augen offen halten. Alles lag still in der Mittagshitze vor mir. Die einfachen Lehmhäuser, die wenigen Bäume, die vielen struppigen Büsche. Kein Mensch war zu sehen. Die kleinen Äcker wirkten wie aus einer anderen Zeit. Hier hatte bestimmt noch niemand einen Mähdrescher benutzt. Die Sonne brannte mit ihren Strahlen auf das Land, das hinter uns lag, und auf das Land, das vor uns lag. Es gab kein Entkommen vor ihren unbarmherzigen Strahlen. Wir waren Fremde hier, und wie Fremde behandelte uns auch die Natur. Sie schien uns ausspucken, loswerden zu wollen.

Wieder das Funkgerät. Langsam reichte es mir.

Hier Zugtrupp, wo bleibt ihr denn?, war die überflüssige Frage, denn unsere Marschreihe war intakt.

Es geht halt nicht besser, wir gehen so schnell wir können, schnauzte ich schon fast ins Funkgerät.

Die haben gut reden, dachte ich. Zwar war der Zugtrupp als Führungsgruppe genauso viel marschiert wie wir, aber sie mussten nicht die ganzen schweren Waffen tragen. Als ich mich umdrehte und wieder ein wenig schneller gehen musste, um die verlorenen Schritte zu Simbo aufzuholen, konnte ich in der Ferne die Fahrzeuge und den Straßenverkehr erkennen. Mit jedem Schritt, den wir uns auf die Transportpanzer zubewegten, spürte ich meine Beine weniger. Noch niemals zuvor war ich der körperlichen Aufgabe so nahe wie in diesem Augenblick. Nur noch wenige Meter. Die Ersten waren bereits da.

Muli stand gebeugt und stützte seine Hände auf den Knien ab. Simbo ließ sich auf den Boden fallen. Ich stolperte die letzten Schritte zu unserem Fahrzeug und ließ den Rucksack von meinen Schultern gleiten. Simbo und Jonny hatten sich bei einem anderen Fahrzeug Wasserflaschen geholt und tranken gierig. Kruschka lag auf dem Boden und schnappte nach Luft. Dolli zog mühsam seine Schutzweste aus und überschüttete sich mit Wasser. Kameraden, die zurückgefahren oder bei den Fahrzeugen geblieben waren, reichten es uns flaschenweise. Nossi übernahm die Führung und versuchte, Ordnung in den Haufen aus völlig erschöpften, klitschnassen Männern zu bringen. Bei der zweiten Gruppe sah es nicht anders aus.

Ey, denkt ihr auch an die Sicherung!, brüllte der Chef ärgerlich.

Er hatte recht. Obwohl wir um die Situation wussten, waren wir alle so froh gewesen, nicht mehr laufen zu müssen, dass wir völlig vergessen hatten, jemanden zur Sicherung abzustellen.

Dann hörte ich wieder den Chef rufen: Jetzt stellt euch nicht so an. Das bisschen Marschieren!

Dafür hasste ich ihn jetzt. Wie er da mitten unter uns stand, nur mit einem Gewehr und der Weste mit ein paar Magazinen. Kein Rucksack, keine schwere Zusatzausrüstung. Der Schmerz beflügelte meine Wut.

Endlich rumpelten wir zurück ins Feldlager. Im Transportpanzer nahm ich im Halbdunkel eine seltsame Masse aus staubigen Stiefeln, am Körper klebenden Uniformen und schmutzigen Gesichtern wahr, dazu roch es nach Schwarzpulver aus den abgefeuerten Waffen. Ich legte den Kopf in den Nacken, bis ich ihn gegen die Fahrzeugwand lehnen konnte. Alles schien vor meinen Augen zu verschwimmen. Fast alle hatten die Augen geschlossen, obwohl wir eigentlich wach bleiben mussten.

Diesmal war es Jonny, der die Stille als Erster durchbrach: Ich hab nichts gesehen, auf was habt ihr eigentlich geschossen?

Ich hab plötzlich einen Typ gesehen, der was in der Hand hatte, sagte Nossi aufgeregt. Der tauchte vor uns bei so 'ner Baumgruppe auf. Sah aus, als würde der uns beobachten.

Also ich hab 'ne Waffe gesehen, Digger, mischte sich Wizo ein.

Na, wenn du 'ne Waffe gesehen hast, war da auch eine, sagte Muli, schließlich hattest du zusammen mit Joe als Einziger keinen Hitzekollaps.

Wisst ihr, was krass war?, rief Nossi wieder. Als ich geschossen habe, wurde mir plötzlich schwarz vor Augen. Ich bin irgendwie zusammengesackt, war aber noch hinter meiner Waffe im Anschlag. Als ich die Augen wieder aufgemacht hab, hab ich sofort einfach weitergeschossen. Ich hab das gar nicht richtig realisiert.

Es ist unglaublich, dass alles gut gegangen ist, dachte ich.

Noch niemals zuvor habe ich eine Dusche so sehr genossen

wie an diesem Nachmittag. Noch nie zuvor habe ich länger geduscht als nach dieser Tortur. Und noch nie zuvor habe ich die Wassertropfen, die erst heftig aufprallten und dann langsam auf meiner Haut herunterliefen, intensiver gespürt. Obwohl jeder Teil meines Körpers auch bei der kleinsten Bewegung schmerzte, habe ich mich noch niemals zuvor so frisch gefühlt.

Abends versammelten wir uns in sauberen Uniformen in der Festung, unserem Aufenthaltsraum. Mü hatte eine gute und eine weniger gute Nachricht für uns. Erstens würden wir am nächsten Tag in die Container umziehen können, zweitens wären wir für die Notfallbereitschaft eingeteilt. So war das im Feldlager geregelt. Die Infanterieeinheiten, die gerade nicht außerhalb des Feldlagers waren, mussten immer im Wechsel zwei Züge stellen, falls die, die draußen waren, in der Klemme steckten. Für uns bedeutete es, dass wir uns am nächsten Tag nicht einmal allein irgendwo hinbewegen durften. Denn es mussten alle innerhalb von wenigen Minuten einsatzbereit sein. Als Mü uns das mitteilte, war der Raum von Brummen und Unmut erfüllt. Wir alle hatten nach diesem Tag auf etwas Ruhe gehofft.

Jemand muss es machen, sagte Mü.

Es ist ja sonst keiner da, dachte ich.

Wir sind auch froh, wenn jemand da ist, wenn wir draußen sind, sagte Mü.

Nach der Besprechung trat jemand aus der zweiten Gruppe an mich heran. Es war Purzel. Purzel war ein dürrer Kerl mit kurzen, borstigen Haaren und langen, schlaksigen Armen. Er trug seine Hosen immer ein Stück zu tief unter dem Po, was mit unseren Feldhosen zwar bequem war, aber auch etwas merkwürdig aussah. Purzel rauchte viel und drehte seine Zigaretten selbst. Er war einer der Menschen, bei denen man nie so genau wusste, was ihn wirklich bewegte. Sein Humor und seine Art passten nicht zum großen Teil des Zuges, weshalb er immer etwas außen vor war. Ich hatte mir noch nie viel Mühe gegeben, ihn näher kennenzulernen. Wohl auch, weil er viel Wert darauf legte, seine Arbeit in der Armee und sein Privatleben zu trennen. Und weil er nicht verbarg, einen bestimmten Musikgeschmack zu haben und gerne auf entsprechende Festivals ging, nannten die meisten ihn Punker, wenn sie ihn ärgern wollten.

Hey, Joe, sprach er mich an. Was hältst du davon, wenn wir uns einen Container teilen?

Ich überlegte kurz. Eigentlich hatte ich mir noch keine richtigen Gedanken darüber gemacht, mit wem ich im Einsatz zusammenwohnen wollte. Die meisten anderen hatten sich allerdings schon in Wohnteams zusammengefunden. Eigentlich hatte ich keine große Lust auf Purzel als Mitbewohner.

Ich weiß noch nicht genau, mit wem ich zusammenwohnen will, versuchte ich der Frage auszuweichen.

Überleg's dir, bohrte er nach. Ich denke, es ist gut, weil wir nicht in derselben Gruppe sind. Da können wir etwas von den Übrigen abschalten, wenn wir im Feldlager sind, versuchte er mich zu überzeugen.

Das leuchtete mir ein. Okay, sagte ich zögernd, machen wir's.

Fein. Gehst du den Container aussuchen?, fragte er mich. Ich muss noch Munition zum Fahrzeug bringen.

So begab ich mich zum ersten Container in der Reihe. Er hatte die Nummer 100 und lag günstig, weil es nur auf einer Seite Nachbarn gab. Dort wohnten noch zwei Soldaten unserer Vorgängereinheit, die als Ausgleich für die Verluste vom Karfreitag nachträglich eingeflogen worden waren. Sie sollten nach Abflug des alten Golf Zuges in eine andere Kompanie wechseln. Leider waren sie nicht bereit, den Container vorzeitig zu räumen. Nur für Purzel würde noch Platz sein, ich musste eben so lange im Zelt bleiben oder irgendwie überbrücken. Dafür wollten sie uns den Fernseher, den Wasserkocher, den Kühlschrank und die Kaffeemaschine für zusammen 100 Euro überlassen.

Nachdem ich mir und Purzel den Container gesichert hatte, spürte ich, wie sich mein Körper langsam entspannte. Aber wie ein Motor, der auf Höchstleistung lief, war ich immer noch erhitzt. Nach diesem Marsch waren wir schockakklimatisiert.

Später rief Muli uns noch zusammen. Lagebesprechung in der Festung, nur mit Golf eins. Nossi richtete sich eindringlich an uns:

Ich glaube, jeder hat gemerkt, dass wir nach nur drei Tagen hier etwas überfordert waren. Ich denke, wir haben viel dazugelernt, das schließt mich mit ein. Ich will, dass ihr in Zukunft nicht mehr so viel Munition mitschleppt, das kostet einfach zu viel Kraft.

Schließlich richtete sich Muli noch an mich:

Okay, kommst du morgen um sechs Uhr dreißig zu mir, um die Lage für die Notfallbereitschaft an den Rest weiterzugeben?, Klar, alter Mann, meinte ich grinsend und meinte dann noch: Weiß jemand, wie warm es heute bei der Patrouille war?

In einem der Fahrzeuge war 'n Thermometer, sagte TJ. 57 Grad im Schatten.

Am Abend beeilten wir uns, zu einem der im Lager aufgebauten Bildschirme zu gelangen. In vielen Betreuungseinrichtungen waren Fernseher aufgestellt, manche hatten sogar eine Leinwand für einen Projektor. Es war gerade Fußballweltmeisterschaft, und unsere Jungs spielten klasse. Wegen des Abflugs aus Deutschland hatten wir nicht alle Vorrundenspiele ansehen können. An diesem Abend wollte niemand das Spiel Deutschland gegen Serbien verpassen.

Nach dem Spiel saß ich auf meinem Feldbett, das Handy in der Hand. Die meisten hatten schon eine Anmeldung für einen besonderen Telefonvertrag ausgefüllt, so auch ich. Er wurde von einem Vertragspartner der Bundeswehr angeboten und sollte den Soldaten den Kontakt nach Hause ermöglichen. Die Preise waren trotzdem unverschämt hoch. Aber da wir noch ein paar Tage auf die Freischaltung warten mussten, wollte ich über meinen deutschen Handyanbieter zu Hause anrufen. Muli hatte mir geraten, drei verschiedene Telefonkarten fürs Handy zu benutzen. Meine deutsche, um Textnachrichten zu empfangen, die Karte des Bundeswehrpartners zum Telefonieren nach Hause und eine afghanische Karte, um Textnachrichten zu verschicken. Das war ein Geheimtipp. In diesem Moment ärgerte ich mich wahnsinnig darüber, wie schlecht die Bundeswehr die Verbindung nach Hause gewährleistete. Und wie teuer es war.

Ich hatte meiner Freundin gesagt, dass ich mich melde, sobald es möglich wäre. Beide waren wir mit den gleichen sorgenvollen Gedanken auseinandergegangen, die unsere Beziehung betrafen. Ich war schon vor Monaten nicht sicher gewesen, wie ich ihr meine Entscheidung für den Einsatz erklären sollte. Hatte es erst vor mir hergeschoben, es hinausgezögert, mich scheiße gefühlt. Und ihr damit sehr wehgetan. Es war wie bei einem frisch Verliebten, der es seiner Liebsten endlich gestehen will. Den aber vor ihrer Tür wieder der Mut verlässt. Er will es auf den nächsten Tag verschieben und ist auch irgendwie froh darüber. Denn es ihr zu sagen, hätte auch die Möglichkeit des Scheiterns beinhaltet. Davor haben Menschen Angst. Davor hatte ich Angst. Meine eigene Unsicherheit manifestierte sich jetzt auf dieser Liege in Afghanistan in meiner zitternden rechten Hand und dem Kloß, den ich im Hals spürte. Langsam fuhr ich mit den feuchten Fingern über die Tasten. Wie ein mahnendes Bild betrachtete ich den Hintergrund, der uns beide lachend zeigte, und öffnete schnell ein Menü, um es zu verdecken. Was sollte ich ihr sagen?

Unser Abschied war sehr schwierig gewesen. Wir hatten eine letzte Nacht miteinander verbracht. Wir hätten dabei glücklich sein sollen, uns dieses schöne Gefühl bewahren müssen. Aber ein schwerer Schatten hing die ganze Zeit über uns. Ein Gedanke, flüchtig und unfassbar, aber dennoch gefährlich und endgültig. Er bohrte sich in unsere Herzen, das spürte ich genau. Würden wir uns wiedersehen? Würde es eine gesunde Rückkehr für mich geben? In der letzten Zeit hatte ich mit ihr viel über den Karfreitag gesprochen. Hatte von den Kameraden erzählt, die dort gefallen waren. Hatte wahrheitsgemäß berichtet, dass wir die direkten Nachfolger wären. Und nicht wussten, wie lange wir würden bleiben müssen. Vier Monate. Das war die Information, mit der wir auf den Einsatz vorbereitet worden waren. Ob es überhaupt bei den inzwischen veranschlagten sechs Monaten blieb, konnte niemand sagen.

Wir beide hatten immer wieder geweint, mal mehr und mal weniger. Und selbst jetzt, auf dieser Liege in diesem Feldlager, verrieten meine feuchten Augen, wie aufgewühlt ich war. Ich war noch niemals zuvor so lange von zu Hause weg gewesen. Und der Ort, den ich als mein Zuhause bezeichnete, war über fünftausend Kilometer entfernt. Uns trennten dabei mehr als nur Gebirge, Meere oder Grenzübergänge. Ich schluckte. Uns trennte die Gewissheit, dass diese kurze und zärtliche Nacht die letzte gemeinsame unseres Lebens gewesen sein könnte.

Ich dachte an das Leben, das ich geführt, an die vielen Entscheidungen, die ich getroffen und die mich bis hierher gebracht hatten. Ihr war das alles sehr egoistisch vorgekommen. Ich konnte es verstehen. Erst das viele Training, die Übungen, weit weg, irgendwo in Deutschland. Die wenige Freizeit. Jetzt der Einsatz, über Monate und mit ungewissem Ausgang. Sie hatte gesagt, dass sie sich im Stich gelassen fühle. Dass sie es nicht verstehen könne. Ich würde sie alleine zurücklassen. Das hatte mich wütend gemacht. Ich bemühte ihr gegenüber wieder mein Bild vom Feuerwehrmann: Wenn das Haus brennt und ich drinnen liege, würdest du ihn niemals aufhalten, obwohl auch er wahrscheinlich eine Familie hat.

War das meine Rechtfertigung für meinen Einsatz? Ich musste an das glauben, was ich sagte, und wusste doch die Antwort auf die Frage nicht. Was suchte ich hier, wo ich doch zu Hause sein könnte. Und bei ihr. Sicher, ich hatte diesen Job schon, bevor ich sie kennenlernte. Aber damals ging es nicht ums Kämpfen. Ich war noch Ausbilder. Und erzählte von einem Krieg, den ich selbst nicht kannte.

Ich fasste das Handy mit beiden Händen und drückte nacheinander die Tasten herunter. Die Nummer erschien auf dem Display. Ich hielt inne. Die Nummern begannen zu tanzen und verschwammen, gingen in dem Flimmern meiner Augen unter. Ich wischte mir durchs Gesicht. Eine neue Idee: Es folgten Buchstaben, die sich zu einer kurzen Nachricht verbanden. Nachdem ich auf Senden gedrückt hatte, las ich es noch einmal: Ich wünsche dir eine gute Nacht, ich denk an dich!

TALOQAN-EXPRESS

Ich blinzelte verschlafen, nachdem mich das Klingeln des Weckers am nächsten Morgen aus meinen Träumen gerissen hatte. Durch einen Fensterspalt in der Zeltwand drang schwaches Sonnenlicht herein, während mich auf meiner Liege der Schleier der Nacht noch wie ein Tuch zu bedecken schien. Ich kniff die Augen zusammen. Trotzdem konnte ich mich noch nicht dazu überwinden, aufzustehen. Das Läuten des Weckers war gerade eben noch nicht unangenehm genug, um aus der weichen und kuscheligen Bettdeckenhöhle zu fliehen. Ich war wirklich kein Langschläfer. Aber ich spürte den gestrigen Tag mit seinem Fußmarsch und all den Aufregungen dieser neuen und spannenden, aber auch gefährlichen Situation in jedem Muskel.

Weil die anderen schon gestern Abend mit den meisten ihrer Sachen in Container umgezogen waren, hatte ich allein im Zelt geschlafen. Nur noch ein paar große Taschen und Kisten standen in den Ecken herum und warteten darauf, abgeholt zu werden. Als ich ins Freie trat, empfing mich die sich anbahnende Hitze mit der gleichen Wand aus stehender, staubiger Luft wie an den Tagen zuvor. Langsam gewöhnte ich mich an die ständigen Wechsel aus kalter Klimaanlagenluft im Inneren und drückender Schwüle draußen. Ich zog das zweite Paar Stiefel an, weil das erste immer noch den gestrigen Marsch verdaute, und machte mich auf den Weg zu den Containern.

Immer noch schmerzten meine Beine. Zwischen den Containern und Zelten, Fahrzeugen und Funkmasten waren ein paar andere Frühaufsteher zu sehen. Auch ein paar Jogger zogen ihre Bahnen an der Außenmauer entlang. Dafür war es jetzt noch kühl genug. Ein Radlader mit einer Palette Wasserflaschen kreuzte meinen Weg, und in der Ferne nahm ich das Brummen eines

Flugzeugs auf dem Rollfeld wahr. Hier prallten die verschiedensten Welten aufeinander. Zum einen die alten Hasen, die schon mehrere Monate Einsatz hinter sich gebracht hatten. Dann Neuankömmlinge wie wir, die in einem steten Strom alle paar Tage den Flugplatz erreichten. Dazu die belgischen, amerikanischen und armenischen Soldaten im Feldlager und schließlich der krasseste Gegensatz, der wie eine Schlucht unsere Lebenswelten für die nächsten Monate trennen sollte: die kleine, deutsch geordnete Welt hier drinnen und das große, wüste und andersartige Unbekannte vor den Toren des Feldlagers.

Als ich den schmalen Flur aus grauen und fleckigen Holzbohlen erreichte, der unsere beiden Wohncontainerreihen voneinander trennte, lag dieser still und verlassen vor mir. In dem langen, schummerigen Raum war allerlei Gerümpel und Müll verteilt. Die trostlose Stimmung, in der unsere Vorgänger hier in der letzten Zeit gehaust haben mussten, war mit Händen zu greifen. Vermutlich hatten ihre Vorgesetzten sie nach den Erlebnissen vom Karfreitag komplett in Ruhe gelassen.

Ich ging langsam den Flur entlang und näherte mich Mulis Tür, als ein Brett unter dem Gewicht meines Körpers etwas mehr nachgab als die Übrigen. Während es laut knarzte, konnte ich einen Schatten erkennen. Vermutlich eine große Maus oder eine Ratte. Als ich mit meiner Stirnlampe, die ich immer in der linken Beintasche trug, zwischen die Bretter leuchtete, erkannte ich ein dichtes Gewühl an Batterien, leeren Schokoriegel-Verpackungen, Gummibärchen und tennisballgroßen Staubflusen.

Als Muli seinen Container öffnete, wirkte er übermüdet. Heute haben wir doch keine Notfallbereitschaft, sagte er langsam, die ist erst morgen. Wir müssen aber irgendwann nach Taloqan fahren. Sag den anderen, dass wir uns in zwei Stunden in der Festung treffen.

Nach der Erledigung meines Auftrags ging ich frühstücken. Dort erwartete mich eine reichhaltigere Auswahl als in der Kaserne in Deutschland. Während ich mir zwei Brötchen auf das

Tablett legte und gemütlich zum Käse schlenderte, wurde ich von hinten angesprochen.

Clair? Was machst du denn hier?

Eine freundliche Frauenstimme ließ mich herumfahren. Das bekannte Gesicht einer Kameradin war eine schöne Überraschung.

Hey, ich bin hier mit einer Fallschirmjägerkompanie, wir stellen die erste Infanteriekompanie des Feldlagers, erklärte ich auf ihre Frage hin.

Zu welchem Zug gehört ihr?, hakte sie nach.

Wir ersetzen den Golf Zug.

Ihr Gesicht veränderte den Ausdruck. Es war kaum wahrnehmbar, trotzdem wirkte sie plötzlich bedrückt.

Ich bin als Sani hier und war am Karfreitag mit denen draußen. Das war kein Spaß. Sie sah mir in die Augen.

Das glaub ich dir, war das Einzige, was ich antworten konnte.

Wir steuerten mit unseren Tabletts einen leeren Tisch an, um in Ruhe gemeinsam frühstücken zu können. Doch im Grunde redeten wir nur über das Gefecht vom Karfreitag. Sie berichtete von den Umständen, erzählte von den Verwundeten, dem Feuerkampf, den Explosionen. Dabei klang sie, als ob sie aus einer Zeitung vorlesen würde und nicht selbst dabei gewesen war. Sehr sachlich.

Gehen welche von euch zum Psychologen?, fragte ich direkt.

Klar, die meisten, war die direkte Antwort. Für mich ist das irgendwie noch zu frisch. Aber in Deutschland gehe ich auf jeden Fall. So was steckst du nicht so einfach weg.

Ich erzählte von mir. Für mich ist das alles noch total neu. Wir waren gestern draußen, unsere erste Fußpatrouille.

Ja, ich weiß, überraschte sie mich. Die haben gestern den ganzen Sanitätsbereich hochgefahren, höchste Alarmbereitschaft. Die sind alle noch nervös vom Karfreitag. Da war wohl etwas Panik mit im Spiel, weil ihr so schnell so weit vorrücken musstet. Wie lange seid ihr hier, drei Tage?

Ich überlegte kurz. Heute ist der vierte.

Und dann macht ihr schon solche Dinger, ihr seid ja bekloppt!, rief sie erregt. Naja, ihr werdet schon noch ruhiger, das gibt sich mit der Zeit.

Dann senkte sie ihre Stimme. Einen von uns hätte es vorgestern fast erwischt, meinte sie trocken. Einer unserer Transportpanzer ist auf einen Sprengsatz gefahren und sein Platz war völlig zerstört.

Und er?, fragte ich eindringlich.

Er hatte sich für eine Videokonferenz mit seiner Freundin angemeldet, aber keinen Platz mehr bekommen. Erst eine halbe Stunde vor der Abfahrt kam unser Einheitsführer an und sagte, er könne doch hin ...

Dann wechselte sie blitzartig das Thema.

Wenn du was brauchst, meld dich, bot sie an, während wir unsere Tabletts wegbrachten.

Habt ihr noch 'n paar Batterien für uns?, nutzte ich die Chance. Wir ham nicht genug für alle Nachtsichtgeräte.

Sie wies mir den Weg zu einer Lagerhalle in der Nähe, wo ich nachfragen solle.

Dort schob ich eine schwere Metalltür auf und betrat einen kühlen und abgedunkelten Raum in der beschriebenen Lagerhalle. In der Mitte stand ein Tresen, und weiter hinten standen einige Regale und viele große Paletten. Ein kleiner Mann mit dickem Bauch und Hosenträgern begrüßte mich mit einem freundlichen, aber reservierten: Ja, bitte?

Ich erzählte ihm, wer mich geschickt hatte und dass ich Batterien bräuchte.

Er musterte mich. Normalerweise geht das nicht. Wir haben im Moment im ganzen Feldlager zu wenige Batterien und ich weiß nicht, wann neue kommen. Und ohne unterschriebenen Anforderungszettel sowieso nicht.

Ich wunderte mich nicht darüber, dass ich vor den gleichen bürokratischen Herausforderungen stand wie in Deutschland.

Zum Glück fragte er noch etwas: Von welcher Einheit kommst du denn?

Ähm, Erste Infanteriekompanie, Golf Zug, antwortete ich wahrheitsgemäß.

Sofort wechselte sein Gesichtsausdruck. Golf Zug? Kein Problem! Die Kampfeinheiten bekommen von mir alles als Erste. Wie viele willst du haben?

Ich war überrascht, geduzt zu werden, aber nannte schnell die Zahl und Größe. Er legte etwa doppelt so viele, in kleinen Packungen steckende Batterien auf den Tresen.

Braucht ihr sonst noch was?

Ich hatte vorher schon aus dem Augenwinkel in die Regale gespäht. Panzertape wär super, bemerkte ich forsch.

Wenn sich in der Bundeswehr die Gelegenheit bot, wurde ich zum Sammler. Haben ist besser als brauchen, sagte Muli dazu.

Mit einem großen Gefühl der Dankbarkeit und der Ahnung, dass er mich wahrscheinlich für ein Mitglied des alten Golf Zuges gehalten hatte und mir das Mitgefühl mit unseren Vorgängern Tür und Tor zu öffnen schien, kehrte ich mit meiner Beute zurück.

Der ganze Zug saß bereits in der Festung zur Einsatzbesprechung und wartete auf die Einweisung von Mü.

Wir werden also heute den Taloqan-Express fahren, begann er.

Er meinte die Versorgungsfahrt nach Taloqan, eine große Stadt östlich von Kundus. Dort war ein Zug der Schutzkompanie des Feldlagers in einem Gebäude mitten in der Stadt untergebracht, um den Kontakt zur Bevölkerung an diesem entfernten Ort sicherzustellen.

Mü setzte seine Ausführungen fort: Eine Strecke sind fünfundsiebzig Kilometer, alles asphaltiert. Sobald wir vor Ort sind, laden wir das Material ab und sehen zu, dass wir zurückkommen, damit wir vor Einbruch der Dunkelheit wieder da sind.

Aber pissen dürfen wir dort, oder?, fragte Jonny besorgt.

Kennen Sie die Lage?, fragte Mü scharf. Ich nehme als Erstes mit dem Führer vor Ort Verbindung auf, dann sehen wir weiter …

Ich konnte es nicht ausstehen, dass Mü uns fast immer duzte, aber wenn ihm etwas nicht passte, uns mit diesem distanzierten Sie ansprach. Das schuf unnötig Verwirrung.

TJ hatte noch eine Frage und brummte in den Raum: Ist der Taloqan-Express nicht eigentlich eine Aufgabe der Schutzkompanie des Feldlagers? Warum müssen wir das machen?

Weil die Schutz gerade Übergabe an ihre Nachfolger macht, meinte Mü knapp. Die fliegen in zwei Wochen nach Hause. Dieses Problem wird uns noch öfter begegnen. In zwei Monaten wechselt die andere Infanteriekompanie, dann gibts wieder doppelte Arbeit für uns, sagte unser Zugführer mit einem Tonfall, der erkennen ließ, dass sich die Anzahl der schlaflosen Stunden beim Wachdienst dabei eher für uns als für ihn erhöhte.

Die Fahrt nach Taloqan war die erste lange Fahrt für uns. Die Straße, die von Kundus dorthin führte, war nagelneu und als Highway eingestuft, obwohl sie eher einer deutschen Bundesstraße glich. Um sie zu erreichen, mussten wir quer durch die Stadt Kundus fahren. Denn selbst in unmittelbarer Nähe des Lagers gab es Straßen und Wege, die wir entweder nicht befahren konnten, weil sie zu uneben waren, oder nicht befahren durften, weil es zu gefährlich war. Ich dachte mir, dass man kein ausgebildeter Militärstratege sein musste, um zu erkennen, wie verwundbar wir dadurch waren.

Mü hatte unsere Gruppe an die Spitze des Zuges gesetzt. Wir waren mit unserem Dingo ganz vorne, Nossis Transportpanzer Fuchs direkt dahinter. Da wir noch einen LKW mit Nachschubmaterial dabei hatten, mussten wir langsamer fahren.

Ich saß auf meinem Platz hinten rechts und sah aus dem Fenster, Hardy war auf der linken Seite, Mica in der Mitte an der Waffenanlage. TJ fuhr, und Muli neben ihm war der Boss. Meine Aufgabe war es, den rechten Bereich zu beobachten, Auffälligkeiten zu melden und abzusitzen, wenn Muli es für nötig hielt.

So, ab jetzt wird's ernst, volle Aufmerksamkeit!, mahnte Muli.

Während wir auf die Stadt zurollten, ließ ich meinen Blick schweifen. Kornfelder standen gelb leuchtend in der Sonne und bedeckten das Land. Dazwischen immer wieder die kleinen Wälle und Gräben aus Lehm und die vielen Büsche und Bauminseln mit ihren kurzen, dünnen Stämmen. Ich dachte an Deutschland und sein sattes, durchdringendes Grün, das alles umgab. Selbst in den Städten, mit ihren Wiesen, Parks und Grünstreifen. Und immer hing diese gewisse Feuchtigkeit in der Luft, die vom Wind getragen wurde, der alles mit sanfter Hand in Bewegung hielt.

Hier in Afghanistan gab es auch viel Grün. Viel mehr, als ich erwartet hatte. Aber immer wirkte es blass, fast kränklich. Die Blätter schienen ihre Farbe an die Wüste zu verlieren. Ein verblasster Rahmen um ein trostloses Bild. Aber hoch oben darüber breitete sich der tiefblaue Himmel wie ein seidenes Tuch über der lehmigen Erde aus, die wie ein abgewetzter Teppich zerklüftet darunterlag. Und dazwischen der Sand in der Luft, der wie eine Brücke den Himmel mit der Erde verband. Ein Schleier aus feinen Körnern, der sich über den ganzen Horizont erstreckte und das ganze Land in loser Umklammerung hielt.

Während wir in Richtung Taloqan fuhren, war ich froh, nicht auf Micas Platz zu sitzen. Die Optik der Waffenanlage, die wie ein Periskop vor ihm in der Mitte an der Fahrzeugdecke hing und über Kurbeln gedreht werden konnte, hatte zwar Gummiabdeckungen an den beiden Okularen. Aber wenn man durchsehen wollte, musste man die Augen daranpressen. Es brauchte nur ein kleines Schlagloch oder eine Bodenwelle und Mica hatte ein blaues Auge. Überhaupt wäre die Arbeit des Richtschützen nichts für mich. Ich wollte lieber absitzen, auf der Straße sein und nicht das schwere Maschinengewehr auf dem Dach bedienen.

Wir waren gut drauf. TJ fuhr in der Mitte der asphaltierten Straße, um uns vor Sprengsätzen am Rand zu schützen, wodurch der Gegenverkehr ausweichen musste. Die Menschen schienen aber daran gewöhnt zu sein, weil jedes Fahrzeug, vom Lastwagen bis zum Motorrad, freiwillig Platz machte.

Wir rollen jetzt in die Stadt Kundus ein, meldete Muli über das Funkgerät nach hinten weiter.

Überall konnte man geschäftige Menschen sehen. Auffällig war nur, dass es ausschließlich Männer waren. Sie trugen meist lange weiße oder braune Gewänder und darüber dunkle Westen, manche gingen barfuß, andere hatten Sandalen an den Füßen. Aber fast alle hatten etwas auf dem Kopf. Während ich auf den Feldern vor allem Tücher und kleine runde Kappen gesehen hatte, trugen einige auch Schirmmützen, je mehr wir uns der Stadt näherten. Ich beobachtete sie durch meine dunkle Schutzbrille.

Schaut euch die beiden Typen mal an, rief Hardy plötzlich von links. Die halten sich an den Händen.

Das ist hier ganz normal, sagte Muli. Das ist ein Zeichen von Freundschaft, die machen das zum Beispiel, wenn sie einen Menschen in ihr Haus führen und ihm zeigen wollen, dass sie ihm vertrauen. Ihr wisst ja, dass ich früher öfter Kontakt mit Afghanen hatte, weil ich als HumInt-Feldwebel solche Aufklärungsmissionen mit Einheimischen gemacht hab.

HumInt stand für Human Intelligence und bedeutete, Informationen aus menschlichen Quellen zu bekommen, sprich: die Bevölkerung zu befragen.

Es kann also dazu kommen, dass ich mit Afghanen spreche und einer mich an der Hand nimmt, erzählte Muli weiter. Wenn ihr dann anfangt zu lachen, lauft ihr auf der nächsten Mission neben dem Auto her.

Wir beantworteten seine Drohung mit lautem Gelächter.

Zwischen den Menschen war die Straße voll mit Müll und Gerümpel. Kleine Stände und Buden, die den Straßenrand säumten und in denen alles Mögliche zum Verkauf angeboten wurde, wechselten mit Unrat wie Fahrradgerippen, ganzen LKW-Fahrgestellen, alten Handwagen und Bergen aus Hausabfall neben Plastiksäcken. Sogar mit Rost überzogene Reste von offenbar russischen Flugabwehrgeschützen lagen im Graben herum.

Die Menschen zwängten sich an Engstellen zwischen uns und den Häusern durch, als würden sie uns gar nicht wahrnehmen. Andere schauten uns mit einer merkwürdigen Mischung aus Verachtung und Mitleid an. Einige blickten ganz unverhohlen zornig. Aber vor allem jüngere Männer winkten uns zu, viele Kinder hielten den Daumen nach oben. Die Gräben, die die Gesellschaft teilten, schienen keine oberflächliche Unebenheit, sondern sehr tief zu sein. Wir waren nicht nur in ein Kriegsgebiet gefahren, sondern auch in eine neue, exotische Welt. Sie tat sich mit voller Wucht um uns auf, wirkte weder willkommen heißend, noch ablehnend, schien uns einfach nur zur Kenntnis zu nehmen.

Hey, Muli, rief ich nach vorne. Ich glaube irgendwie nicht so richtig, dass wir zwischen dem ganzen Dreck eine Bombe rechtzeitig erkennen.

Ja, das hab ich euch ja gesagt. Es ist fast unmöglich, irgendetwas zu sehen, bevor es knallt. Aber wenn wir eine Weile hier sind, entwickelt ihr irgendwann einen gewissen Instinkt dafür, in welcher Situation wir gerade sind. Und achtet immer auf die Einheimischen. Vorsichtig müssen wir vor allem sein, wenn sie plötzlich alle weg sind.

Die ham hier ja fast nur Toyota Corollas, fiel mir bei der Beobachtung des dichten Verkehrs auf.

Ja, das stimmt, fast jedes Auto in Afghanistan ist 'n Corolla, meinte Muli. Aber jeder versucht, sein Auto irgendwie individuell zu gestalten. Das ist genau wie in Deutschland mit den Fuchsschwänzen an den Antennen oder diesem Wackel-Elvis-Teil.

Fuchsschwänze? Wackel-Elvis? Was hast du denn geraucht, quatschte Hardy dazwischen.

Damit ham wir unsere Trabbis getunt. Die gingen dann ab wie 'ne Rakete, berichtete Muli.

Von 'nem Fuchsschwanz?, fragte Hardy ungläubig. Wahrscheinlich habt ihr auch noch Beschleunigungsstreifen an die Türen geklebt und die Zweitakter aufgebohrt, damit sie schneller als fünfundzwanzig liefen, legte er nach.

Muli konterte: Ey, mit so 'nem Fuchsschwanz war der Trabbi das ostdeutsche Gegenprodukt zu Herby, dem Käfer.

Solche Diskussionen gab es bei uns am laufenden Band. Vor allem wenn Muli anfing, von der DDR und seiner Heimatstadt Jena zu schwärmen.

Als wir den Innenstadtbereich erreichten, ermahnte Muli uns zu erhöhter Wachsamkeit. Die Stadt ist zwar relativ sicher, aber immer wieder gibt es schwere Anschläge, deshalb wurde ja auch das Feldlager von hier nach oben auf das Plateau verlegt, erklärte er. Aus Sicherheitsgründen, außerdem war's zu klein.

Aber wäre es nicht sinnvoller gewesen, dort wenigstens einen Außenposten zu lassen, um den Kontakt zur Bevölkerung in der Stadt nicht zu verlieren?, hakte ich nach.

Du weißt doch, was hier die Taktik in den letzten Jahren war, entgegnete Muli. Verpissen und verkriechen. Und weil sie die komplette Kontrolle über den Norden verloren haben, haben wir jetzt solche Gefechte wie am Karfreitag. Warte mal eben, stoppte Muli die Unterhaltung.

Uns kam ein PKW entgegen, dessen Fahrer nicht ausweichen wollte. Wir blieben in der Fahrbahnmitte.

Egal was passiert, du hältst die Spur, wies Muli TJ an. Wir sind sozusagen der Stoßfänger und müssen den Rest hinter uns schützen, auch wenn der Typ seinen Wagen voller Sprengstoff hat.

Der weiße Toyota Corolla kam weiter auf uns zu. Er wurde auch nicht langsamer.

Bleib auf dem Gas, du darfst nicht an Tempo verlieren, wenn du dich hier im Verkehr durchsetzen willst. Und ISAF hat immer Vorfahrt, die Leute wissen das auch, rief Muli hastig.

Mica, richte die Waffenanlage auf den weißen Wagen, befahl Muli.

Check, quittierte Mica den Befehl und fing an zu kurbeln.

Das Maschinengewehr auf dem Dach drehte sich und der Toyota war nur noch ein kurzes Stück entfernt. Es dauerte nur den

Bruchteil einer Sekunde, bis er plötzlich auswich und uns Platz machte.

Im Vorbeifahren sahen wir, wer in dem Auto saß. Drei Männer und eine verschleierte Frau.

Wenn der Wagen voll besetzt ist, ist es kein Attentäter, rief Muli.

Ich kann nicht sagen, dass ich mich erleichtert fühlte. Wir hatten begonnen, unsere Arbeit zu machen. Seit ich während der Hitze-Patrouille am Straßenrand gestanden hatte und nicht wusste, wie ich mich angesichts der vielen Menschen auf der Straße verhalten sollte, wurde mir langsam bewusst, dass wir hier Regeln unterlagen, auf die wir nur sehr begrenzten Einfluss hatten.

In der Innenstadt, wo sich bröckelnde Fassaden und Einschusslöcher in den Wänden abwechselten, rollten wir an einem Schlachter vorbei, der die gehäuteten Hühner und Schafshälften direkt an der Straße an einem Stahlgestell aufgehängt hatte. Ein Stück weiter arbeitete ein Mann vor einer Fahrradwerkstatt, während ein anderer gestikulierend danebenstand. Einige Gebäude waren blassgrün oder türkis gestrichen, aber von allen Gebäuden zeugten der sich lösende Putz oder die abblätternde Farbe von einer schöneren Vergangenheit.

Dazwischen mussten unsere großen, groben Fahrzeugkolosse wie aus einer anderen Welt wirken. Eine andere Welt, aus der sie und wir als Insassen ja auch kamen. Wie ein Rudel Drachen, das sich seinen Weg durch diese andersartige Kultur bahnte, mächtig und ängstlich zugleich.

Als wir um die nächste Ecke bogen, sah ich die erste afghanische Frau seit unserer Ankunft. Sie hatte eine kornblumenblaue Burka an, die bis zu ihren Schuhen reichte. Nur ein Netz verriet, wo sich ihr Gesicht befinden musste. Sie ging die Häuserreihe entlang und hielt an einem Stand an, der irgendetwas in gelben Plastikkanistern verkaufte. Nur wenige Meter weiter gingen zwei junge Frauen in langen, einfachen Gewändern nebeneinander, die sich angeregt unterhielten und nur ein einfaches Kopftuch trugen.

Ihr werdet sehen, dass es auf dem Land meistens sehr streng ist, ergänzte Muli. Dort sieht man nur Burkas.

Schade, dabei ist doch Wetter für Miniröcke, witzelte Hardy.

Inzwischen waren wir am Stadtrand angelangt. Wir fuhren eine Anhöhe hinauf, und die Landschaft änderte sich schlagartig. Eine gelbe Geröllwüste öffnete sich bis zum Horizont, und die Luft flimmerte in der Mittagshitze.

Schaut mal raus, sagte ich. Obwohl es so trostlos ist, ist es irgendwie auch schön, oder?

Was glaubst du, warum ich mich hier so wohl fühle, antwortete Muli. Irgendwann zieh ich hierher und kauf mir 'n schönes kleines Haus.

Obwohl ich wusste, dass er das sicher nicht ernst meinte, erkannte ich doch die tiefe Verbundenheit, die er mit den Jahren zu diesem Land aufgebaut haben musste. Einen Respekt für diese Mission, dieses Land und seine Bewohner, den ich fast schon als Zuneigung bezeichnet hätte.

Bald tauchte in der Ferne eine Ansammlung von Hütten auf, die ärmlich und karg in der Wüste lagen. Wir hatten noch dreißig Kilometer vor uns.

Also hier möchte ich nicht leben, durchbrach ich die Stille im Fahrzeug, worauf Muli entgegnete: Und vermutlich hat hier in zehn Jahren kein ISAF-Soldat seinen Fuß reingesetzt.

Und was läuft in solchen Dörfern, wo nie ein Soldat von uns hinkommt?, fragte ich

Na, dafür gibt es ja die afghanische Polizei, erklärte Muli. Die sollen da regelmäßig hinfahren und sich um die Leute kümmern.

Und das soll funktionieren?, fragte ich misstrauisch.

Das Problem ist, dass die Polizisten meistens nur da eingesetzt werden, wo sie auch wohnen, fuhr Muli fort. Und die sind immer irgendwem verpflichtet. Und wenn's die eigene Familie ist. Oder 'n Stammesführer oder der Dorfmullah. Und bei der beschissenen Bezahlung, die die hier bekommen, kannst du dir vorstellen, wie loyal sie gegenüber der Regierung sind, wenn der Taliban mit im Dorf wohnt. Für die Aufständischen sind diese Dörfer also der ideale Rückzugsort.

Hey, dann isses doch ganz einfach, rief Mica mit gespieltem Ernst. Wir fahren einfach nacheinander in alle Dörfer, wo noch nie ein deutscher Soldat war, und räumen da mal richtig auf. Dann erwischen wir immer die Richtigen.

Das wurde ja unter anderem den Russen hier zum Verhängnis, bemerkte TJ.

Stimmt, sagte Muli. Wenn du die Einheimischen gegen dich aufbringst, wie es hier die Russen oder die Amis in Vietnam gemacht haben, dann kannst du nicht gewinnen, erklärte Muli.

Also machen wir gar nichts und verkriechen uns, ist mal wieder typisch deutsch, schimpfte TJ.

Am Rande der Straße taten sich gewaltige Felsformationen auf. Der Highway durchschnitt sie wie eine Schlange, die sich in den Boden eingegraben hatte. Struppige, grüne Bäumchen wuchsen in jeder Spalte, und wenn wir nicht genau gewusst hätten, wo wir uns befanden, hätte ich auf eine Alpenstraße getippt. Ich begann, die Schönheit dieses Landes zu bewundern.

Die starke Abwechslung der Landschaft spiegelt sich auch in den Köpfen der Menschen wider, erklärte Muli. Die Menschen in den Wüstendörfern sind vollkommen anders als in den Bergen. Die Nomaden anders als die Dorfbewohner, die Leute aus Dorf A hassen die Leute aus Dorf B und so weiter. Am krassesten ist aber der Unterschied zwischen der Stadt- und der Landbevölkerung.

Als wir Taloqan erreichten, sah es dort sehr viel schöner als in Kundus aus. Den Straßenrand säumten zahlreiche Bäume, die die breite Hauptstraße wie eine Allee eingrenzten, und es lag deutlich weniger Müll herum. Hier herrschte kein Durcheinander wie in Kundus, es waren aber auch nicht so viele Menschen auf der Straße. Und obwohl sich auch in dieser Stadt der Eindruck bestätigte, dass alle Afghanen ihr Eigentum hinter oft meterhohen Mauern versteckten, egal ob in der Stadt oder auf dem Land, wirkte es in Taloqan freundlicher. Viele Gebäude waren neu verputzt und bunt bemalt worden, ich sah grässliches Türkis und grelles Gelb, und sogar rosafarbene Häuser waren darunter. Der freundliche Eindruck der mehrfarbigen Dächer und Balkone zeigte sich auch in den unzerstörten Fenstern. Auch sah ich nirgends Einschusslöcher in den Wänden.

Die Menschen auf der Straße nickten häufiger als in Kundus, wenn sie uns sahen. Schauten verwundert von ihrer Arbeit auf und auch Ältere grüßten uns mit einem ausgestreckten Daumen, der nach oben zeigte. Als wir an einer Tankstelle vorbeikamen, sah ich einen alten Mercedes Reisebus neben einigen Autowracks stehen. Auf dem altmodischen bordeauxroten und weißen Bus, der sicher schon seine besten Jahre hinter sich hatte, stand auf der vollen Länge von vorne bis hinten in roten Buchstaben das Wort Hettenbach.

Jetzt wissen wir, wo unsere alten Autos landen, rief ich erstaunt.

Plötzlich erregte ein Toyota Corolla, der einsam am Straßenrand abgestellt war, unsere Aufmerksamkeit.

Muli war misstrauisch und befahl TJ, kurz vor dem Wagen Vollgas zu geben und ihn in weitem Bogen zu umfahren. TJ trat aufs Gas. Der Dingo neigte sich erst nach rechts und dann nach links und wir waren vorbei. Dann verlangsamte TJ die Fahrt, damit die anderen aufschließen konnten.

So was ist immer verdächtig, erklärte Muli. Ein einzelnes Auto am Straßenrand und kein Mensch in der Nähe. Oft wissen die Einwohner, wenn irgendwo 'ne Bombe versteckt ist, und halten sich davon fern. An Stelle der Aufständischen würde ich übrigens so'n Auto nur zum Schein dahinstellen und die Bombe gegenüber platzieren. Beim Ausweichen würdest du unsere Fahrzeuge dann richtig erwischen.

Wir ahnten nicht, wie sehr er damit noch ins Schwarze treffen sollte.

Der deutsche Außenposten kam in Sicht. Wir sahen eine hohe Mauer mit einer breiten Betonkrone, auf der Stacheldraht verteilt worden war. Die Mauer wurde von einem hohen, gelben Metalltor unterbrochen, vor dem einige afghanische Wachleute mit Kalaschnikows standen. Sie trugen die gleichen blassblauen Anzüge wie die Wachen im Feldlager in Kundus. Als wir uns näherten, wurde das Tor geöffnet, und ein enger Innenhof mit Sandsackstellungen und einem kleinen Wachturm tat sich vor uns auf. Der winzige Stützpunkt lag mitten in der Stadt und wurde nur durch eine hohe Mauer von den Nachbargrundstücken getrennt, auf denen hohe Gebäude standen. Als sich unsere Fahrzeugkolonne mit Mühe in den Hof gezwängt hatte, gab Mü über Funk den Befehl zum Wenden, was eine echte Herausforderung wurde.

Ihr bleibt sitzen. Joe, du bist Führer vor Ort, sagte Muli bestimmt und kletterte aus dem Dingo.

Das ist wieder typisch, schimpfte TJ. Wir müssen sitzenbleiben und er vertritt sich die Beine. Bestimmt labert er schon wieder irgendjemanden voll.

Jetzt bleib mal ruhig, beschwichtigte ich ihn. Er als Gruppenführer muss doch wissen, was Mü als Nächstes vorhat. Vielleicht kommen wir so sogar schneller vom Fahrzeug.

Wie so oft musste ich zwischen Muli und den Jungs vermitteln und wie so oft hatte ich das Gefühl, dass es nicht richtig bei ihnen ankam. Als wir ein paar Minuten später immer noch keine Lageinformation hatten, beschloss ich nachzufragen. Ich hatte kein Problem damit, unsere Vorgesetzten zu nerven. Oft hatte ich einen früheren Dienstschluss oder eine zusätzliche Pause erwirkt, einfach nur, weil ich vernünftig nachfragte anstatt zu meckern, wie es die meisten machten.

Und tatsächlich gestattete Mü uns, abzusitzen. Als ich von Fahrzeug zu Fahrzeug ging und den Befehl weitergab, war die Freude groß. Im Speiseraum traf ich auf Jonny und Simbo, die sich auf Einladung der Ansässigen ein zweites Frühstück genehmigten.

Ich hab gerade 'nen Freund aus einer anderen Kompanie getroffen, berichtete Jonny.

Tja, manchmal muss man halt fünftausend Kilometer fahren, um Freunde wiederzusehen, sagte ich lachend. Wie lange bist du schon hier?, wollte ich von Jonnys Bekannten wissen.

Fast vier Monate, bald geht's nach Hause.

Oh, schön für euch. Und was habt ihr den ganzen Tag gemacht, mit vierzig Mann?

Also anfangs haben wir noch Patrouillen zu Fuß in die Stadt gemacht, das ist aber verboten worden, weil's angeblich zu gefährlich ist, sagte er frustriert. Dabei hatten wir in vier Monaten keinen einzigen relevanten Zwischenfall, berichtete er.

Ich fragte mich, wie ich es monatelang mit vierzig Männern in einem so eng umgrenzten Bereich aushalten würde. Mal abgesehen von der abgeschnittenen Lage, falls doch etwas passierte. Ein Hubschrauber konnte hier nicht landen, und aus Kundus brauchten wir mindestens eine Stunde.

Auf dem Rückweg ins Feldlager Kundus erzählte Muli uns, was er über die Situation in Taloqan noch vom letzten Mal her wusste:

Hier an der Straße nach Kundus wohnt irgend so ein hoher Regierungsbeamter, der wohl früher ein Warlord war oder noch ist oder beides. Der hat ein total schickes Haus an der Straße. Da kommen wir nachher wieder dran vorbei. Der will vor seiner Haustür Ruhe haben und sorgt dafür, dass es auf der Straße nach Taloqan mit Bomben relativ ruhig ist.

Wir glitten auf der vor Hitze flirrenden Straße mit lautem Dröhnen dahin und hofften, die Fahrt bald hinter uns zu haben, bevor unsere Hintern und Beine abgestorben wären. Am Rand tauchten alte russische Panzerwracks auf. Überbleibsel des zehn Jahre dauernden Krieges gegen die Sowjetunion. Sie lagen einfach dort herum, wo sie zerstört worden waren, niemand machte sich die Mühe, sie wegzuräumen. Liegengelassen und unnütz rosteten sie der ungewissen Zukunft dieses Landes entgegen.

Schneller als gedacht tauchte das alte kleine Metallschild mit der Aufschrift »Provincial Reconstruction Team Kundus« neben meinem Fenster auf. TJ hielt den Dingo an, und ein Wachmann untersuchte den Fahrzeugboden mit einem Spiegel, der an einem langen Stiel befestigt war.

Könnte ja sein, dass sich ein Taliban unter dem Fahrzeug festhält, witzelte Hardy.

Auf dem Ehrenhain angekommen, der großen freien Fläche hinter dem Haupttor, die zum Auffahren aller ein- und ausfahrenden Fahrzeuge diente und wo sich auch das Ehrenmal für die in Kundus gefallenen Deutschen befand, erreichte uns ein Funkspruch von Mü.

Mü an alle, Lageinformation: Wir sind ab sofort die Notfallbereitschaft des Feldlagers.

Wir bräuchten hier nur eine beschissene Infanteriekompanie mehr, um den Betrieb vernünftig aufrechtzuerhalten und den anderen genug Pausen zu gönnen, motzte TJ. Die hier im Feldlager haben es da besser, die haben diesen Stress nicht. Aber wenn Übergabe der Schutzkompanie oder einer der beiden Infanteriekompanien ist, geht der Rest auf dem Zahnfleisch.

Hey, wir sind erst zwei Tage hier und du gehst schon auf dem Zahnfleisch?, fragte ich lachend.

Nein, aber so was kotzt mich einfach an. Nur weil die in Deutschland Schiss haben, den Leuten zu verklickern, dass wir hier noch eine Kampfeinheit von hundert Mann mehr brauchen, müssen wir so 'nen Scheiß mitmachen. Wie kann man so schlecht organisiert sein, ich versteh das nicht.

Jetzt ist mal gut, unterbrach ihn Muli, du kriegst sonst noch 'nen Herzinfarkt. Also, du und ein Freiwilliger, ihr bereitet jetzt das Fahrzeug nach. Schnell den Luftfilter ausblasen, dann kommt ihr sofort wieder. Ich geb euch ein Funkgerät mit. Ab sofort seid ihr abrufbereit im Bereich, niemand geht irgendwo hin, ohne sich abzumelden.

Was ist mit Duschen, wollte Mica wissen.

Duschen könnt ihr morgen Mittag, wenn die vierundzwanzig Stunden Bereitschaft um sind. Ach ja, Abendessen nur gemeinsam und nur, wenn ein Funkgerät dabei ist. Ihr geht geschlossen zum Essen und kommt ohne Umweg geschlossen zurück. Und deckt die Waffenanlage ab.

Jetzt? Mit einer Plane?, hakte Mica nach.

Ja, genau, belehrte Muli ihn. Ihr seht doch, dass der scheiß Sand in jede Ritze gerät.

Als Muli fertig war, hatte er ziemlich genau beschrieben, was es bedeutete, Notfallbereitschaft zu haben. Als der Rest des Zuges ebenfalls von den Fahrzeugen stieg, konnte ich an den Gesichtern erkennen, dass die übrigen Feldwebel eine ähnliche Ansprache gehalten haben mussten.

Als TJ und Hardy mit dem Dingo davonbrausten, rannte ich zum Zelt, um meine Sachen zu holen. Ich wollte die Zeit nutzen, um in der Zwischenzeit mein provisorisches Lager bei Butch und Dolli zu beziehen.

Das willst du aber nicht alles in unsere Bude tun, oder?, brummte Butch, als ich vor seinem Container auftauchte.

Nein, nein, versuchte ich ihn zu beruhigen, obwohl ich es eigentlich doch vorgehabt hatte.

Er nickte und ging wieder, als Mü plötzlich aus seinem Container stürmte.

Wir müssen raus!, rief er mir zu. Alarmiere die anderen.

Check, rief ich zurück und lief von einem Container zum nächsten.

Ich riss die Türen auf, hinter denen mich Dunkelheit empfing. Die meisten hatten sich wahrscheinlich gerade hingelegt. In jeder freien Minute zu schlafen, scheint eine typische Eigenschaft jedes Soldaten zu sein. So war es schon mit den Rekruten gewesen, die ich ausgebildet hatte. Und so war es auch mit den Jungs aus diesem Zug. Wenn man jemanden tagsüber während der Freizeit suchte, musste man zuerst in seinem Bett nachsehen. Danach im Kraftraum.

Alarm, alles aufstehen!, brüllte ich über den Flur. Abmarsch-bereitschaft herstellen!

Während ich mir die Weste anzog und den Gürtel mit der Pistole umschnallte, stürmten die anderen auf den Flur.

Nach vierzehn Minuten war der ganze Zug auf dem Ehrenhain aufgefahren. Wir saßen in voller Gefechtsausrüstung auf unserem Dingo und warteten auf die Befehle.

Das Funkgerät knackte und Mü meldete sich. Muli hatte den Lautsprecher so ausgerichtet, dass alle im Fahrzeug mithören konnten.

Mü an alle, Lageinformation: Vermuteter Bombenfund durch afghanische Polizei. Die übergeordnete Führung will Kampfmittelbeseitiger rausschicken, um das vor Ort zu untersuchen. Unser Auftrag lautet, den Begleitschutz zu stellen.

Als sich der Jammer in die Reihe eingliederte, dachte ich daran, dass er unser wichtigstes Fahrzeug war. Denn er sollte mit seinen Antennen die Auslösung der Sprengsätze per Handy verhindern. Jedem von uns war klar, was eine solche Alarmierung bedeuten konnte. Der Karfreitag kam mir wieder in den Sinn. An diesem Tag war ebenfalls die Notbereitschaft rausgerufen worden und hatte neben zahlreichen Verletzten auch einen Mann verloren. Wir waren in einer merkwürdigen Stimmung aus Unruhe und Spannung gefangen, erwarteten jederzeit das scheinbar Unvermeidbare: das erste Gefecht. Wir konnten nichts weiter tun als darauf warten.

Ich fasste mein Gewehr wieder fester, als müsste ich mich versichern, dass es wirklich da war. Diese Waffe, die ich in der Ausbildung beim Schießen auf sich bewegende Scheiben und Tafeln zu beherrschen gelernt hatte, war alles, woran ich mich jetzt klammern konnte. Ich setzte mein entschlossenstes Gesicht auf, was wegen der breiten, getönten Schutzbrille sowieso niemand sehen konnte, und wartete ab.

Hier Mü, Lageinformation, kam über das Funkgerät. Die afghanische Polizei hat das wohl eigenständig geklärt. Wir fahren zurück zu den Unterkünften und bleiben weiter in normaler Bereitschaft, Ende.

Sag mal, wann kam diese erste Alarmierung?, fragte ich in die Runde.

Fünfunddreißig Minuten nach unserer Rückkehr aus Taloqan, antwortete TJ missmutig.

SALAM ALEIKUM

Das erste Kompanieantreten fand statt, als schließlich alle Kameraden aus Deutschland eingetroffen waren.

Guten Tag, zwote Kompanie.

Die tiefe, Autorität ausstrahlende Stimme unseres Kompaniechefs hallte uns entgegen.

Tag, Herr Hauptmann, schmetterten wir im Chor zurück.

Wir standen im Karree mit einer offenen Seite, die durch unseren Chef ausgefüllt wurde. Kein Soldat ging gerne zu einem Antreten. Es bedeutete warten, still stehen, zuhören. Und besonders hier im Feldlager, wo jeder versuchte, den Tag in einem klimatisierten Container oder wenigstens im Schatten zu verbringen, war so ein Antreten in der prallen Sonne ziemlich unerträglich. Aber bei unserem Chef war es anders. Als er sich jetzt vor uns hinstellte, konnte ich die Ehrfurcht spüren, die wir alle ihm entgegenbrachten. Während bei anderen Vorgesetzten schon mal geflüstert wurde, war es bei ihm so still, dass jede Bewegung, jede Kopfdrehung sofort auffiel. Groß und gerade stand er vor uns, schien jeden Einzelnen anzublicken. Solchen Respekt verdient sich ein Vorgesetzter nur mit dem eigenen Vorbild. Und dem Versprechen, immer für seine Männer da zu sein. Nach einer erwartungsvollen Pause begann er mit tiefer, ruhiger Stimme zu sprechen.

Ich habe Sie antreten lassen, weil ich Sie alle, nachdem jetzt auch die Letzten mit dem Flugzeug angekommen sind, gemeinsam hier begrüßen möchte. Wir treten heute zum ersten Mal seit unserem Abflug aus der Heimat an. Der eine oder andere, der mit mir und dem Golf Zug draußen war, hat ja bereits seine persönliche Schnellakklimatisierung hinter sich. Das mag zwar nach so kurzer Zeit überraschend gewesen sein, war aber notwendig, um unsere Leistungsfähigkeit unter den Bedingungen hier in Kundus einschätzen zu können. Unser Auftrag ist klar: Wir müssen in den nächsten Wochen so viel wie möglich über Gegner, Bevölkerung und unser Gelände erfahren. Dazu werden wir zunächst viele Patrouillen durchführen, auch jenseits der Hauptstraßen, dort wo die Sache weniger einfach ist.

Er hielt einen Moment inne.

Wir sind hier in guter Fallschirmjägertradition, fügte er dann hinzu. Wir machen eine sehr wichtige Arbeit und werden dies in den nächsten Monaten fortführen. Wir sind hier, weil wir uns diese Arbeit ausgesucht haben, jeder Einzelne von uns. Hier und jetzt in Kundus wird eingefordert, worüber wir immer gesprochen haben. Und ich bin fest davon überzeugt, dass wir für unsere Aufgabe bereit sind. Treue um Treue!

Die drei letzten Worte sagte er laut und mit fester Stimme, aber vollkommen ruhig. So als würde er über die Aufstellung der Fahrzeuge auf dem Parkplatz und nicht über den Krieg in Afghanistan, über unseren Kampfeinsatz sprechen.

Meine Gedanken begannen, um das gerade Gehörte zu kreisen. Ich fühlte mich in diesem großen Team sehr stark. Ich war Teil einer Gemeinschaft, in der jeder Einzelne von dem betroffen war, was auf uns zukommen würde. Ich hatte mir von Anfang an diesen einen, wichtigen Grund vor Augen gehalten, hier zu sein: wegen des Kameraden neben mir. Wegen des Teams, das nur funktionieren konnte, wenn alle am gleichen Strang zogen. Freiwilliger Gruppenzwang, sozusagen. Und wie eine Entschuldigung mir selbst gegenüber kamen mir die anderen Gründe in den Sinn, über die ich schon viel nachgedacht hatte. Dass ich schon so lange wissen wollte, was es bedeutete, als Soldat auch eingesetzt zu werden. Dass mir der Einsatz in einer Kampfeinheit dieses Gefühl möglicherweise am ehesten vermitteln könnte. Dass ich der Realität dieses Afghanistaneinsatzes nur würde auf den Grund gehen können, wenn ich wirklich hier wäre.

Kurz vor dem Abflug hatte sich ein weiteres Gefühl in meinen

Kopf geschlichen. Der Tod der Kameraden am Karfreitag hatte in mir den Wunsch entfacht, die Aufständischen für ihre Tat zu bestrafen. Ich wollte Gerechtigkeit für deren Grausamkeit. Diesem Urinstinkt nachgeben. Aber war es vernünftig gewesen, so kurz vor dem Einsatz an Rache zu denken? Rache nehmen bedeutete höchstens, einen emotionalen Ausgleich zu bekommen. Aber wie sinnvoll war Rache als Ausgleich für ein Menschenleben? Es nagte an mir, dass meinen Kameraden so übel mitgespielt worden war. Es nagte an uns allen.

Wohl aus diesem Grund fühlte ich mich mit meinem Team der Aufgabe verpflichtet, sie für ihre Taten büßen zu lassen und gleichzeitig das zu versuchen, was niemand in den letzten Jahren hier geschafft hatte: eine Verbesserung der Lage herbeizuführen.

Der Chef fing wieder an zu sprechen, in dem gleichen ruhigen Tonfall wie eben, so als wäre das vorher Gesagte nichts Besonderes gewesen: Der Golf Zug hat bis morgen immer noch Notfallbereitschaft. Die übrigen Züge kümmern sich um ihre Ausrüstung und um den Umzug in die Container. Ziel ist es, die gesamte Kompanie so schnell wie möglich voll einsatzbereit zu haben. Ich möchte alle Führer heute Abend um 19 Uhr in der Festung sehen. Noch irgendwelche Fragen an mich?

Als keine Antwort kam, schloss er mit einem lauten »Wegtreten«.

Während sich die Kompanie in alle Richtungen zerstreute, befahl uns Mü stehenzubleiben. Wir lockerten uns etwas und warteten schwitzend auf seine Anweisungen.

Unser Zugführer zückte einen kleinen Zettel mit handschriftlichen Notizen und begann: Wir sind immer noch in der Notfallbereitschaft gebunden. Also bleiben alle in Hörweite bei den Containern. Zum Essen nur mit Funkgerät und in der Gruppe.

Dann wandte er sich an Nossi. Was macht die Munition?, fragte er, weil er Nossi zuvor die Organisation über den Munitionscontainer des Zuges übertragen hatte.

Ich arbeite mich immer noch durch das Chaos, das unsere Vorgänger hinterlassen haben, antwortete dieser.

Sobald du fertig bist, benötige ich die Zahlen, was wir im Bestand haben, befahl Mü. Dann richtete er sich wieder an alle. Ich weise noch einmal auf das Lariam hin.

Leises Stöhnen war unter den Männern zu hören.

Wenn es keine Fragen mehr gibt, wegtreten.

Drecks-Lariam, hörte ich Simbo von hinten fluchen.

Nimmst du den Scheiß etwa immer noch?, wollte Mica wissen.

Lariam war der Name eines Malariamittels. Alle Soldaten, die das Feldlager verließen, waren zur Einnahme verpflichtet. Es handelte sich um eine Tablette, die einmal in der Woche eingenommen werden musste. Wir hatten schon wenige Wochen vor Einsatzbeginn mit der Behandlung begonnen, um einen wirksamen Schutz aufzubauen. Natürlich durften wir uns weigern, das Mittel zu nehmen, aber das hätte auch bedeutet, nicht mitfliegen zu dürfen. Auch vor Ort mussten wir weiter Lariam schlucken, damit die Prophylaxe erhalten blieb. Um dies sicherzustellen, hatte Brandy einen Lariamtag eingeführt. An diesem Tag trat der ganze Zug an und nahm die Tablette gemeinsam. So konnte es keiner vergessen oder sich drücken. Die Nebenwirkungen hatten es in sich. Die harmlosen konnten Durchfall und Erbrechen sein. Es konnte aber auch zu dramatischeren Nebenwirkungen wie Verwirrtheit, Angstzuständen, Depression und Psychosen kommen.

Eine Horrorvorstellung für Menschen, die in einen Kampfeinsatz geschickt werden, dachte ich, als ich davon das erste Mal hörte. Muli hatte uns noch in Deutschland dazu geraten, den Truppenarzt aufzusuchen und eine Unverträglichkeit zu melden, um das Alternativmittel zu bekommen. Aber die letzten Wochen vor dem Einsatz waren mit Training und Organisatorischem derart voll gewesen, dass wir das vernachlässigten. Nur am Lariamtag wurden uns die Tabletten wieder ins Gedächtnis gerufen.

Klar nehm ich das Zeug noch, du Depp, antwortete Simbo, an Mica gerichtet.

Am Nachmittag hatte Muli die ganze Gruppe noch einmal in die Festung gerufen. Gruppenbesprechung für Golf eins.

Wir haben immer noch Notbereitschaft, geht also nicht weg, erklärte er wieder, als hätten wir das jetzt nicht schon zur Genüge gehört. Außerdem müssen wir die Ausrüstung in Zukunft verringern. Es darf nicht noch mal passieren, dass wir bei den Fußpatrouillen so zusammenbrechen.

Nossi ergänzte: Und wenn wir einen Verwundeten schleppen müssen, haben wir keine Chance, wenn wir zu schwer beladen sind. Oberste Priorität haben in Zukunft Wasser und Munition, aber in kleineren Mengen als letztes Mal.

Also ich glaube, Mica hat in Zukunft noch mehr Wasser nötig, Digger, witzelte Wizo.

Alle lachten.

Muli setzte die Besprechung fort und sprach über den geplanten Umbau an Nossis Transportpanzer: Denkt dran, dass ihr mindestens zwei Lagen Sandsäcke hintereinander auf dem Dach stapelt, durch eine Lage gehen die Geschosse durch.

Mir fiel auf, dass wir mittlerweile so locker von Kampfhandlungen sprachen, als ob sie schon Alltag für uns wären. Es erschreckte mich auch nicht. Schließlich waren wir genau deshalb hierhergeschickt worden. Um zu kämpfen. Muli hatte in Deutschland gesagt, dass die Fallschirmjäger in der Vergangenheit immer als Erste dorthin geschickt worden waren, wo es besonders brenzlig schien. Am Anfang ins Kosovo. Als es dort ruhiger wurde, kamen dann andere Kräfte des Heeres, um die Fallschirmjäger abzulösen. Auch in Afghanistan waren wir die Ersten gewesen. Und für die kommenden Herausforderungen waren wir Fallschirmjäger sicher auch bestens geeignet. Sicher lag das an unserer guten infanteristischen Ausbildung. Die bekamen aber auch Gebirgsjäger oder Panzergrenadiere, mit denen wir hier ja auch zusammenarbeiteten. Vielleicht lag es an der Fallschirmsprung-ausbildung, die uns sehr stark prägte und zusammenschweißte, weil sie nicht ohne weiteres zu bewältigen war. Vielleicht lag es aber auch an der Tradition tapferer Soldaten, in der wir standen.

Ich hatte mit Muli am Anfang unserer Bekanntschaft einmal darüber gesprochen, was es bedeutete, in der heutigen Bundes-wehr ein Fallschirmjäger zu sein. Muli sagte, dass er sich der Fallschirmjägertradition verpflichtet fühlte. Zu wissen, immer als Erstes in die besonders heiklen Missionen geschickt zu wer-den. Und er hatte ergänzt: Das fing schon im Zweiten Weltkrieg an, als es in Deutschland die ersten Fallschirmjäger gab.

Mir war nicht wohl bei diesem Vergleich.

Naja, die heutige Bundeswehr kann man wohl kaum mit der Wehrmacht von damals vergleichen, hatte ich argumentiert.

Ich spreche nicht von Nazis, erklärte Muli, die waren schlimm. Aber was man bei allem Reden über die Nazis allzu leicht ver-gisst, ist, dass es viele tapfere Menschen gab, die einfach nur ih-rem Land dienen wollten. Die sich ihren Kameraden und ihrem Land verpflichtet fühlten. Damals ging es für Tausende Männer um Leben und Tod. Und in dem Wissen, dass im Zweifel der Ka-merad neben dir der Einzige ist, auf den du dich verlassen kannst, wächst man zusammen. Und jetzt überleg dir mal Folgendes: Damals ist viel passiert, was absolut schrecklich war. Und wir dürfen das niemals vergessen. Aber du und ich können nichts da-für, was unsere Großväter vor über siebzig Jahren gemacht ha-ben. Aber ich glaube an etwas, was es heutzutage fast nicht mehr gibt. Treue zum Kameraden und Treue zu meinem Land. Und diese Werte gibt es schon viel länger als die Nazis.

Irgendwie war ich von seiner Sichtweise beeindruckt. Es ging mir nicht darum, seine Meinung zu teilen. Es ging mir vor allem darum zu wissen, woran ich bei meinem Vorgesetzten war. Er hatte Prinzipien, die für ihn unverrückbar galten und sicher nicht die schlechtesten waren. Über andere Dinge hatte er kritisch nachgedacht. Vielleicht kam ich deshalb nicht so gut mit meinem

Zugführer Mü klar. Ich konnte ihn nicht einschätzen, weil bei ihm keine klaren Prinzipien zu erkennen waren. An jenem Tag in der Kaserne war mir klar geworden, dass ich mich immer hundertprozentig auf Muli würde verlassen können. Und dass ich deshalb mit ihm in diesen Einsatz gehen konnte. Es war nicht das Kriegerische, das Muli und auch der Kompaniechef uns zu lehren versuchten. Vielmehr wollten sie uns eine professionelle Auffassung unserer Arbeit vermitteln. Und sie waren stolz, etwas für ihr Land und ihre Kameraden zu tun.

Während der Foxtrott, Hotel und India Zug noch mit der Übernahme ihrer Ausrüstung beschäftigt waren, hatte für uns aus dem Golf Zug der Einsatz inzwischen begonnen. Auch, weil unsere Vorgänger wenige Tage vor dem Abflug nicht mehr eingesetzt wurden und wir aus diesem Grund dringend gebraucht wurden. Ich erinnerte mich an TJs Worte, der so bissig bemerkt hatte, wie viel einfacher unsere Arbeit hier allein organisatorisch wäre, wenn es drei anstatt zwei Infanteriekompanien im Feldlager gäbe. Ich rechnete mir die Situation im Kopf aus. Die Schutzkompanie war zwar auch eine Kampfeinheit, war aber eigentlich nur für die Sicherheit des Feldlagers zuständig. Zusätzlich hatte sie immer einen von vier Zügen für den Außenposten in Taloqan abzustellen und war für den Schutz des Versorgungskonvois Taloqan-Express verantwortlich, der einmal pro Woche fuhr. Von den beiden weiteren Kampfeinheiten, zu denen auch wir zählten, war immer eine draußen unterwegs, meistens über eine Woche am Stück. Dieser Auftrag wurde »Raumverantwortung« genannt, weil die Kompanie während dieser Zeit die Verantwortung für den Raum außerhalb des Feldlagers innehatte. Die letzte Kompanie blieb im Feldlager, um sich zu erholen, weil sie die Kompanie draußen nach deren Raumverantwortung wieder ablösen musste, was immer im Wechsel geschah.

Aber parallel zur Erholungszeit im Lager hatte sie sogenannte Standardaufträge zu verrichten. Dazu gehörte das Eskortieren von hohen Offizieren zu irgendwelchen Treffen mit wichtigen

Afghanen, der Materialtransport zu den anderen draußen oder eben das Bereitstehen für Notfälle, wofür wir gerade eingeteilt waren. Haarig würde es werden, wenn eine der drei Kompanien einen Kontingentwechsel hatte. Dann nämlich, wenn die alte Kompanie sich auf den Rückflug nach Deutschland vorbereitete und die Neue noch nicht einsatzbereit war, mussten die Aufgaben von eigentlich drei Kompanien von zweien erledigt werden.

Ich brauchte nicht lange, um auszurechnen, wie viele Tage wir dadurch länger würden draußen bleiben müssen. Und wie stark die ohnehin knapp bemessenen freien Tage weiter reduziert werden würden. Wenn man dann noch die Größe des zu betreuenden Gebietes berücksichtigte, lag klar auf der Hand, warum den Soldaten die Arbeit hier so schwerfiel. Der deutsche Verantwortungsbereich umfasste neun afghanische Provinzen im Norden des Landes, ein Gebiet, das etwa halb so groß war wie die Bundesrepublik Deutschland. Hier waren ein paar tausend deutsche Soldaten stationiert, wovon die meisten für die umfangreiche Logistik zuständig waren und quasi nie das Lager verließen. Eine Kompanie für den Lagerschutz. Zwei Infanteriekompanien für den Kernauftrag. Zusammen vielleicht dreihundertfünfzig Mann. Dazu noch die Unterstützer für die Arbeit draußen. Kampfmittelbeseitiger, Aufklärer und CIMIC, für den Kontakt zur Bevölkerung.

Das Ungleichgewicht zwischen den sogenannten »Drinnies« und den draußen operierenden Kampftruppen hatten wir in der Gruppe schon oft besprochen und nicht verstanden, warum nicht eine zusätzliche Kampfkompanie zur Entlastung nach Kundus geschickt wurde. Nicht allein wegen der Kämpfe oder der Größe des Gebiets, sondern vor allem, um die Kameraden zu entlasten. Aber Muli hatte unseren Diskussionseifer stets ausgebremst und erklärt, dass dies weder von der Politik noch von der militärischen Führung gewollt wäre. Uns allen war klar, dass wir das nicht würden ändern können und trotzdem unsere Aufträge zu erledigen hätten, so gut es eben ging. Und zumindest die Motivation dafür war in diesen Tagen unbeschreiblich hoch.

Etwas später, die Gruppenbesprechung war längst vorbei, saß ich im Schneidersitz auf den wackeligen Holzbohlen im Flur. Ich war gerade dabei, meine Sachen in einen Spind zu räumen, den ich auf den Flur geschafft hatte.

Plötzlich stürzte Mü aufgeregt aus seinem Container und meldete einen Alarm. Kurze Zeit darauf saßen wir auf den Fahrzeugen. Das Sammeln hatte schon erheblich weniger Zeit gekostet als bei der letzten Alarmierung.

Wir haben einen vermuteten Sprengsatz in einem Culvert auf folgender Position, schilderte Muli auf dem Fahrzeug die Lage. Die Pioniere kommen als Kampfmittelbeseitiger mit, wir stellen den Geleitschutz.

Er zeigte uns die Karte und gab sie nach hinten weiter, damit wir auch einen Blick darauf werfen konnten. Während Mica sich die Position ansah, musste ich mir kurz klarmachen, dass mit einem Culvert eine Unterführung gemeint war. Wir mussten viel Neues dazulernen, was die Orientierung anfangs erschwerte. Ein Blick auf die Karte bestätigte Mulis Beschreibung, dass es von diesen Culverts hier Hunderte geben musste. Und jeder einzelne war ein möglicher Ort für einen Anschlag auf uns.

Eine Unterführung bot sich glänzend dafür an, eine Bombe darunter zu platzieren, um ein darüberfahrendes Fahrzeug in die Luft zu sprengen. Sie ersparte dem Attentäter das Aufgraben der Straße und verbarg ihn vor unserer Aufklärung, weil er sich im Graben der Unterführung nähern konnte. Somit war jede Brücke, jeder Tunnel und jede noch so kleine Röhre von hier bis zur afghanischen Grenze ein brandgefährlicher Ort.

Es komme nicht in Frage, jeden einzelnen Culvert zu überprüfen, hatte Muli uns erklärt. Das würde Wochen dauern. Und wenn man am einen Ende der Straße fertig wäre, könne man am anderen Ende gerade wieder von vorne anfangen.

Trotz der Aufklärungsdrohnen in der Luft konnten wir mit unseren schwachen Kräften nur eine unzulängliche Überwachung gewährleisten. Das Gebiet war zu groß.

Hinter uns hatten sich mittlerweile neben dem Rest des Golf Zuges auch die Kampfmittelbeseitiger und ein zum Jammer umgebauter Transportpanzer eingereiht, der verhindern sollte, dass Straßenbomben per Handy ausgelöst wurden. Die Kampfmittelbeseitiger sollten den Culvert überprüfen, wir kamen zu deren Schutz mit. Nach kurzer Zeit näherten wir uns im dichten Getümmel der Hauptstraße nach Kundus einer kleinen Seitenstraße – eigentlich nur wenig mehr als ein sandiger Feldweg und trotzdem unsere wichtigste Verbindung in den angrenzenden Distrikt. Gleich zu Beginn befand sich eine Baustelle, und Muli ermahnte uns zur Vorsicht.

Hier hat's in letzter Zeit öfter geknallt!, rief er und meinte damit die Straßenbomben, die schon einige unserer Fahrzeuge erwischt hatten. Eine Baustelle mit ihren Erdhaufen und dem Schutt bot sich dafür genauso an wie ein Culvert.

Aber das ist unser einziger Weg zum Polizeihauptquartier vom Distrikt Chaha ... Chaka ...

Chahar Darrah, unterbrach ich ihn.

Genau, setzte Muli seine Ausführungen fort, dort, wo wir während der Raumverantwortung untergebracht sein werden. Muli erklärte weiter: Alle Engstellen, Baustellen und Culverts, überall wo wir langsamer fahren müssen und die Umgebung unübersichtlich ist, müsst ihr gut aufpassen!

Kurz nach der Abzweigung waren die Häuser schnell weniger geworden, und die Sicht öffnete sich auf ein breites Tal, das zum Horizont sanft abfiel. Die vielen Buschreihen und das Grün auf den Feldern erweckten den Eindruck eines sehr fruchtbaren Landstrichs. Die sandige Straße wurde bald immer breiter und mir fiel auf, wie viele Kinder auf der Straße waren. Muli befahl TJ langsamer zu fahren, weil der viele Staub die Sicht der Fahrzeuge hinter uns behinderte.

Nach ein paar hundert Metern lag der Culvert in der Sonne vor uns. Es musste sich um eine große Betonröhre unter der Straße handeln, weil der Sand wie eine halbrunde Wurst auf der Straße aufgetürmt war. Man hatte sich offenbar nicht viel Zeit genommen, um die Röhre tief genug zu vergraben oder eine entsprechend lange Rampe vor und hinter der Röhre aufzuschütten. Wir hielten in einiger Entfernung quer auf der Straße an. Muli sah durch sein Fernglas und Mica drehte hektisch an den Kurbeln der Waffenanlage. Er presste die Augen an die Optik, um den Blick über die Umgebung schweifen lassen zu können.

Muli ließ Hardy und mich absitzen. Wir gingen vor, wie wir es gelernt hatten. Zunächst suchten wir die direkte Umgebung um das Fahrzeug nach Auffälligkeiten ab, dann musste die Straße blockiert werden, damit kein Zivilist in Gefahr geraten und sich kein Attentäter nähern konnte. Am Ende der Kolonne war das einfach. Das letzte Fahrzeug stand quer und blockierte die Durchfahrt. Für uns ganz vorne war es ungleich schwieriger. Denn bei einem Bombenverdacht durfte niemand über den Culvert fahren. Darüber hinaus musste bis zur Entwarnung ein großer Sicherheitsabstand zum Verdachtsort eingehalten werden. Trotzdem musste der Verkehr auf der anderen Seite zum Stehen gebracht werden. Schon oft hatten wir von Situationen gehört, in denen Verkehrsteilnehmer nicht auf die Signale der Soldaten reagierten. Es waren Attentäter dabei gewesen, die sich und die Soldaten in die Luft gesprengt hatten. Aber auch unschuldige Zivilisten waren schon erschossen worden. Jede Situation schien genug Zündstoff zu enthalten, um einen Flächenbrand auslösen zu können. Diese Undurchschaubarkeit wurde für uns mehr und mehr zum bestimmenden Faktor. Mir wurde klar, dass fast jede Handlung in diesem Land über Leben und Tod entscheiden konnte.

Muli lud die Signalpistole, die er in seiner Ausrüstung hatte. Er blickte mich mit ernstem Ausdruck an. Wenn ich versuche, jemanden zum Stehen zu bringen und er auf den Warnschuss mit der Signalpistole nicht reagiert, will ich, dass du schießt.

Sein Befehl erschreckte mich nicht. Er machte mich in diesem Moment zum Verantwortlichen für den Schutz der anderen, meiner Kameraden. Während der Ausbildung hatten wir verschiedene unübersichtliche Situationen geübt. Szenarien, in denen wir scharf hatten nachdenken müssen, wie wir die Gefährdung stoppen konnten. Viele von uns, auch ich, waren zu einem Entschluss gekommen, und wir wiederholten es oft: Lieber gehe ich in Deutschland in den Knast, als in Afghanistan für den Tod eines Kameraden verantwortlich zu sein. Das befreite uns nicht vom Nachdenken. Von der kritischen Analyse einer Situation. Aber jetzt, auf dieser Straße in Afghanistan erschien es mir ganz klar. Ich hatte in diesem Augenblick nur ein Ziel. Meine Kameraden zu schützen. Ich schaute ihn an und nickte deutlich.

Die Kampfmittelbeseitiger waren schon länger im Einsatz und gingen routiniert vor. Zwei näherten sich dem Culvert von der Seite. Ich sollte gemeinsam mit Kruschka von der Straße aus beobachten, da unsere Gewehre Zielfernrohre hatten und die Straße etwas erhöht lag. Langsam näherten sich die Männer dem Culvert. Sie gingen überlegt und vorsichtig vor. Zu oft schon hatte eine solche Straßenbombe Kameraden das Leben gekostet. Ich beobachtete aufmerksam die Umgebung, die still in der Mittagssonne vor uns lag. Jederzeit rechnete ich mit einer Explosion, einem großen Knall, irgendetwas Lautem, Furchtbarem. Nichts geschah. Schwitzen. Stille. Nach einer endlos wirkenden Zeit kehrten die Männer zu den Fahrzeugen zurück.

Fehlanzeige, bemerkten die Kampfmittelbeseitiger knapp.

Auf dem Rückweg ins Feldlager sprach Muli noch über einige Dinge, die ihm wichtig waren.

Ich will, dass ihr euch die Karte nehmt und die Codenamen der Straßen lernt, fing er an. Das hilft euch beim Orientieren. Und ihr wisst so immer, wo ihr euch ungefähr befindet. Das ist im Gefecht besonders wichtig, aber auch, wenn wir aus irgendeinem Grund getrennt werden sollten.

Trotz des Motorenlärms war im Dingo ein leichtes Murren zu hören.

Mulis Tonfall wurde etwas schärfer: Hey, hört auf damit. Die anderen machen so etwas vermutlich nicht. Aber ich habe euch gesagt, bei mir müsst ihr mehr arbeiten. Ich will, dass ihr über alles gut Bescheid wisst.

Auch ich spürte nach den ohnehin schon anstrengenden ersten Tagen keine Lust, abends noch Straßennamen auswendig zu lernen. Trotzdem gefiel mir Mulis Herangehensweise. Sie stärkte mein Vertrauen in seine Führung.

Im Feldlager kehrte ich zu meinem Spind zurück, den ich noch fertig sortieren musste, die anderen legten sich entweder ins Bett oder bastelten an ihrer Ausrüstung herum. Fast alle ließen ihre Türen offen stehen. Jonny betrat den Flur und schleppte einen großen Haufen Draht hinter sich her. Ich konnte sofort erkennen, dass es sich um die Seitenwände von Hescos handelte. Diese waren sehr stabil und trotzdem mit dem Bolzenschneider gut zu bearbeiten. Er machte sich mit dem gleichen Eifer ans Werk, den er immer zeigte, wenn er etwas an der Ausrüstung veränderte. Interessiert beobachtete ich, wie er die Drahtelemente zerschnitt und wieder zusammenfügte, bis er schließlich einen rechteckigen Kasten daraus geformt hatte. Kruschka, der mit Jonny in einen Container gezogen war, gesellte sich dazu. Als die beiden den großen Kasten aus Drahtmaschen schließlich aufrichteten, konnte ich langsam erahnen, was die beiden dort zusammenbauten.

Ihr solltet den Schrank an Ikea verkaufen, bemerkte ich scherzhaft, als sie aus zwei weiteren Drahtstücken bewegliche Türen montierten.

Der Container ist eh schon so eng, erklärte Jonny. Und wenn wir die verschwitzte Ausrüstung da drin ausbreiten, stinkt es bestialisch. Aber du weißt doch, wie es ist: Sobald du eine Sache auf'm Flur aufhängst, hast du am nächsten Morgen zwei davon.

Er sagte es mit einem sarkastischen Tonfall, der das Problem des Diebstahls in der Bundeswehr harmloser wirken ließ, als es tatsächlich war.

Jetzt habe ich einen stabilen Schrank für den Flur, der durch den Draht durchlässig ist, so dass alles auslüften kann. Und abschließen kann ich ihn auch, erklärte er noch, während er die beiden Drahttüren mit einem Vorhängeschloss verband.

Nachmittags lag ich auf dem Bett in Butchs und Dollis Container. Die beiden schnarchten und ich ließ meine Gedanken kreisen. Der Fernseher war eingeschaltet, polnisches Viva. Lieder, die ich inzwischen fast auswendig kannte. Absurde Geschichten in den Musikvideos. Puppen, die gemeinsam mit Menschen in ein Mikrofon sangen, zwei Verliebte in einer orientalischen Stadt, ein Baby mit einem dicken Schnurrbart. Ich schlief ein.

Ein furchtbarer Knall riss mich in der Dunkelheit aus dem Schlaf, der Container zitterte kurz.

Was war das, rief ich erschreckt, noch schlaftrunken.

Butch brummte nur: Beruhig dich, Mann, das war die Drohne.

Ich erinnerte mich an die großen und kleinen Überwachungsdrohnen. Die größte wurde meistens spätabends über einen Raketenantrieb von einem Lastwagen aus gestartet. Die Zündung verursachte einen ohrenbetäubenden Knall. Der Startbereich lag genau neben unseren Schlafcontainern.

In der Dunkelheit der beginnenden Nacht brachte mir der Blick auf mein Handy ein Gänsehautgefühl ein. Ich las die Worte »Ich vermisse dich« ganz deutlich auf dem Display. Als ich mir sicher war, in einer ruhigen Ecke neben den Containern ungestört zu sein, nahm ich endlich allen Mut zusammen und drückte die Tasten in der Reihenfolge, die mich nach Hause führte. Ich musste schlucken, als ich die vertraute und trotzdem so ferne Stimme hörte.

Wie war dein Tag, war das Erste, was ich mit Mühe herausbrachte und das mir sofort ziemlich dämlich vorkam, um solch ein Gespräch zu eröffnen.

Ich vermisse dich, hörte ich, und die Worte hinterließen ein wärmendes Gefühl, das sich tief in mir ausbreitete.

Meine Antwort war kurz, trotzdem brauchte ich einen Moment, um sie auszusprechen: Ich dich auch, sagte ich mit zitternder Stimme.

Danach erzählte sie mir tatsächlich von ihrem Tag, wie sie mittags nach Hause gekommen war, welche Menschen sie in der Stadt getroffen und was sie gegessen hatte. Vertraute Banalitäten. Heimat.

Ich wusste in diesem Moment nicht genau, warum es mir so schwerfiel, das Gespräch zu eröffnen, mit ihr zu sprechen. Ich wusste aber, dass es mir unendlich viel bedeutete, ihre Stimme zu hören. Während wir sprachen, dachte ich an die langen Abende, an denen ich versucht hatte, mit ihr über den bevorstehenden Einsatz zu reden. Sie hatte das Gespräch immer wieder von diesem Thema weggelenkt. Mir war dabei nur in den Sinn gekommen, dass sie mich und meine Arbeit, meine Aufgabe, die ich mir selbst gegeben hatte, nicht unterstützen wollte. Oft genug war ich darüber sauer geworden, hatte manchmal sogar das Zimmer verlassen. Ich hatte einen geraden Fokus auf meine Arbeit, meinen Beruf, den ich als Berufung empfand. Aber vielleicht hatte ich einen verstellten Blick auf mein Umfeld, auf das, was dieser Beruf für die Menschen in meinem Leben mit sich brachte.

Ich weiß doch, wie wichtig dir dieser Einsatz ist, sagte sie mit zärtlichem Ausdruck in der Stimme. Aber du hast mich allein gelassen.

Dieser zweite Satz klang weniger zärtlich. Ich sie allein gelassen? Ich unterdrückte die aufkeimende Wut über das Gesagte und begann ihr etwas über die Notwendigkeit zu erzählen, solche Dinge zu tun, wenn man Soldat ist. Das Gleiche, was ich auch anderen erzählte, wenn ich auf den Einsatz angesprochen wurde. Sicherlich war es begründet und nicht falsch, was ich sagte. Aber es half ihr, half uns in dieser Situation keinen Zentimeter weiter. Sie mochte die Bundeswehr nicht. Sie sagte immer, dass sie meine Entscheidung respektiere, aber nicht gutheiße. Aber jetzt verhallten meine Argumente im Telefonhörer aus einem anderen Grund. Ich hörte auf, mich zu erklären. Sie sagte etwas, das mich stutzig machte.

Du hast dich dazu entschieden, ohne dir den kleinsten Raum für eine andere Option zu lassen. Du hattest von Anfang an vor, mich nur darüber zu informieren, dass du in den Einsatz gehst. Weißt du, wie ich mich zu Beginn dabei gefühlt habe, als du es mir erzählt hast? Du hast sogar davon gesprochen, dass wir uns trennen, weil du deine Probleme nicht auf mich abwälzen wolltest. Das war die falsche Möglichkeit, diesen Weg zu gehen. In einer Beziehung gibt es nur gemeinsame Probleme.

Ihre Stimme hatte viel weniger Schärfe, als man es von solch einer Ansprache vielleicht erwarten würde. Ich musste nicht darauf antworten. Wir beide wussten, dass ich mit der Situation überfordert gewesen war. Die Entscheidung, als Soldat in den Einsatz zu gehen, war mir unendlich leichter gefallen, als mit den privaten Konsequenzen umzugehen. Ihr vorzuschlagen, dass wir uns trennen, hatte sicherlich den größten Spalt zwischen uns aufgerissen. In einer Beziehung gibt es nur gemeinsame Probleme – ich betrachtete diesen Satz auf einmal aus einem ganz anderen Blickwinkel. Ich musste erst fünftausend Kilometer weit weg sein, um zu verstehen, was sie so sehr belastete.

Nach dem Telefonat saß ich noch lange in der stärker werdenden Dunkelheit. Die Luft kühlte sich langsam ab, und mein Kopf schien besser arbeiten zu können. Wie schwer musste es für all die Menschen sein, die zu Hause zurückgelassen wurden. All die Soldaten, Tausende von Familien, Beziehungen, Freundschaften.

Sie hatten uns davor gewarnt, dass es problematisch sein könnte, wenn die Ehefrau alles Handwerkliche im Haus übernehmen musste oder sich um die Steuererklärung kümmerte. Der

Ehemann könnte sich nach seiner Rückkehr nutzlos fühlen, hatten sie uns gesagt. Über dieses offensichtliche Klischee hinaus glaubte ich, dass es ein Problem gab, das schwerer wog als Werkzeugkästen und Steuerformulare. Es war die Tatsache, dass unser Beruf sich deutlich von dem anderer Menschen unterschied. Wir mussten in ein Land gehen, um dort Krieg zu führen. Und wir taten das, weil wir einen Eid geleistet hatten. Einen Eid auch gegenüber all den Menschen, die das ablehnten, was wir taten. Und die dabei vergaßen, dass wir es uns nicht aussuchen konnten, auf welche Art wir diesen Eid erfüllen. Dies war die Verpflichtung, die wir eingegangen waren. Eine Verpflichtung, die keinen Raum für Möglichkeiten oder Diskussionen übrig ließ. Auch nicht dem Partner gegenüber. Unsere Arbeit konnte uns jederzeit das Leben kosten. Ein Polizist hatte die staatliche Ordnung und das Gewaltmonopol notfalls gegen die Bürger durchzusetzen. Nur wir Soldaten taten unseren Dienst einzig und allein zum Schutz der Menschen vor physischer Gewalt. Ich wiederholte die bekannten Worte fast unbewusst: »… der Bundesrepublik Deutschland treu zu dienen und das Recht und die Freiheit des deutschen Volkes tapfer zu verteidigen.«

Ich dachte daran, dass gerade dieser Tatsache zu Hause keine Rechnung getragen wurde. Weder von mir selbst noch von meinem Umfeld. Meiner Freundin war sicher klar gewesen, dass ich als Soldat auch im Ausland eingesetzt werden konnte. Aber um zu begreifen, was das für den Partner bedeutete, war ich bisher zu egoistisch gewesen. Und auch jetzt, wo ich mir darüber im Klaren war, hatte ich immer noch keine Ahnung, wie ich damit umgehen sollte. Vielleicht war es ein Anfang und vielleicht würde uns diese Erkenntnis helfen, diese Zeit zu überstehen. Solange sie auch dauerte. Denn wann der Einsatz beendet sein würde, wussten wir immer noch nicht. Ich dachte an den Brief, den ich ihr zum Abschied geschrieben hatte. In diesem Augenblick wurden meine Augen feucht.

Am folgenden Freitag konnten wir endlich ausschlafen. Es stand keine Notfallbereitschaft mehr an. Diese übernahm nun ein anderer Zug. Und weil wir in keinen anderen Aufträgen gebunden waren, hatten wir ausnahmsweise den ganzen Tag zur freien Verfügung. Außerdem war im Feldlager Baseday. Nossi hatte mir am Vortag erklärt, dass der Freitag für Muslime in etwa das darstellte, was für uns der Sonntag war. An diesem Tag ruhte alle Arbeit. Weil sich deshalb kein afghanischer Arbeiter im Feldlager aufhielt, hatte das deutsche Kommando entschieden, den deutschen Soldaten den Freitagvormittag frei zu geben. Es gab für die Soldaten im Einsatz kein Wochenende, weshalb diese Regelung getroffen wurde, um wenigstens ein wenig Abstand vom Alltag zu ermöglichen. Natürlich betraf das nicht alle, denn ein gewisser Grundbetrieb musste immer aufrechterhalten werden. Und uns betraf diese Regelung ebenfalls nicht, da unsere Aufträge ganz anders waren als die der zahlreichen Handwerker, Köche, Verwaltungsmitarbeiter, Tankwarte, Mechaniker oder Lageristen, die hier im Feldlager stationiert waren. All diese Soldaten hatten natürlich ebenfalls sehr wichtige Aufgaben in den verschiedensten Bereichen. Aber sie unterschieden sich in einem wichtigen Punkt von uns. Sie waren für den Betrieb des Feldlagers verantwortlich und in dieser Funktion unerlässlich. Wir führten den eigentlichen Auftrag in diesem Land durch, der diesem Einsatz zugrunde lag. So entstanden zwei Parallelwelten, die mehr zu kollidieren als gemeinsam zu funktionieren schienen.

An meinem ersten Baseday genoss ich das lange Ausschlafen, auch wenn mir dafür nur das zum Sofa umfunktionierte dritte Bett von Butch und Dolli zur Verfügung stand. Als ich am Vormittag die Augen aufschlug, sprang ich sofort auf. Der Rest von dem, was ich unter normalen Umständen als Atemluft bezeichnet hätte, ließ mir keine Wahl, als den Container zügig zu verlassen. Das laute Schnarchen der beiden stämmigen Kerle trug sein Übriges dazu bei. Schnell schlüpfte ich in den Feldanzug, ohne den sich niemand im Feldlager bewegen durfte, es sei denn, er wollte zum Sport. Auf dem Flur traf ich Purzel, der mich gleich ansprach.

Willst du noch essen gehen?, fragte er mich.

Nee, ich glaub, dafür ist es zu spät.

Was hältst du davon, wenn wir zum Kuddelmarkt gehen?, schlug er vor.

Mit dem Kuddelmarkt meinte er den afghanischen Markt, der jeden Freitagvormittag im Feldlager abgehalten wurde und von dem wir schon viel gehört hatten.

Auf dem Weg zum Kuddelmarkt mussten wir uns ein paarmal durchfragen. Er lag in einer Ecke hinter dem Haupttor, etwas abseits vom Rest des Feldlagers. Ich stellte später fest, dass es eine direkte Verbindung zum Wachgebäude am Tor gab. So konnten die Händler beim Ein- und Ausgehen schneller abgefertigt und besser überwacht werden.

Der Kuddelmarkt war in einem Gebäude mit mehreren kleinen Räumen untergebracht. Als wir ankamen, hatten die Händler vor dem kleinen Holzhaus Tische aufgestellt, auf denen sie ihre Waren ausgebreitet hatten. Es herrschte dichtes Gedränge, der Markt war gut besucht. Neben deutschen sah ich auch amerikanische, belgische und armenische Soldaten vor den Tischen stehen und die Auslagen begutachten. Einige schienen mit den Händlern um Preise zu feilschen. Zu meiner Überraschung entdeckte ich Muli gleich am ersten Stand. Er unterhielt sich angeregt mit einem schmalen, kleinen Mann, der weite afghanische Gewänder unter einer dünnen, schwarzen Weste und eine Brille trug. Ich schätzte ihn auf Mitte dreißig, er hatte eine hohe Stirn und lichtes Haar auf dem braungebrannten Kopf.

Muli lachte, gestikulierte wild mit Händen und Füßen und winkte mich freudig herbei, als er mich sah.

Das ist mein guter Freund Ajmal, stellte er den Mann vor. Ich kenne ihn seit meinem ersten Einsatz hier. Er arbeitet als Schneider im Feldlager und hat sich selbst Deutsch beigebracht.

117

Salam aleikum, sagte ich und beugte den Kopf. Ich hatte mir vorgenommen, alle Einheimischen in der muslimischen Weise anzusprechen. Zum einen wollte ich dadurch von vorneherein meinen Respekt bekunden, zum anderen Vertrauen schaffen, da mir Muli schon in Deutschland erklärt hatte, welche große Rolle Höflichkeit in dieser Kultur spielte. Und besonders Höflichkeit zwischen Gastgeber und Gast sei in dieser Kultur so tief verwurzelt, dass ein Gast immer unter dem Schutz des Gastgebers stand. Er durfte nicht angegriffen werden, auch wenn es sich um einen Todfeind handelte.

Guten Tag, entgegnete Herr Ajmal fast akzentfrei auf Deutsch und lächelte mich an. Das Eis war gebrochen.

Ich stellte schnell fest, dass es sich bei dem Kuddelmarkt um einen typischen Touristenmarkt handelte. Es wurden Teppiche, Holzfiguren, Schachbretter, Messer und haufenweise nachgemachte Elektronik aus Fernost angeboten. Ich entdeckte Kopfhörer mit der Aufschrift Zony und Turnschuhe mit den Namen Adidos oder Reebuck. Herr Ajmal verkaufte Kleidung, die er selbst genäht hatte, und Patches, die er auf großen Stofftafeln angebracht und vor seinem Geschäft aufgestellt hatte. Bei diesen Patches handelte es sich um kleine Stoffabzeichen, die man mit einer Klettfläche auf der Uniform anbringen konnte. Ich sah die Wappen verschiedener Einheiten, aber auch Karikaturen mit der Aufschrift »Hello Kitty Club Kundus« oder markige Sprüche wie zum Beispiel »Klagt nicht, kämpft« oder »Taliban Hunter Camp Kundus«. Viele neugierige Soldaten umringten die Ware.

Muli nahm mich zur Seite: Offiziell dürfen wir diese Patches nicht tragen, draußen wird es vom Chef geduldet. Aber nur, wenn die Patches nicht die Würde von irgendjemandem angreifen.

Auf dem Rückweg meinte Purzel: Ich schlage vor, dass wir direkt zum Mittagessen gehen.

Klar, sagte ich, für Essen bin ich immer zu haben.

Mir gefiel seine Art. Er sagte immer, dass er etwas vorschlug.

Das war mir bisher gar nicht so genau aufgefallen. Aber diese Höflichkeit mochte ich sehr, und es deutete sich an, dass die Entscheidung für Purzel als Wohnpartner nicht die Schlechteste gewesen war.

Auf dem Weg zur Küche kreisten meine Gedanken um den Kuddelmarkt. Die Ware ist überwiegend Schund, sagte ich zu Purzel.

Hast du die schlechten Imitate gesehen?, witzelte er.

In Deutschland würde so etwas sofort dichtgemacht, bemerkte ich.

Dann sagte er etwas Interessantes:

Aber überleg mal, in welcher Situation wir hier sind. Die meisten hier verlassen niemals das Feldlager. Die Soldaten sind froh, wenn sie sich mal für fünf Minuten wie ein Tourist fühlen können. Scheißegal, was die da anbieten, das ist Kopfentspannung.

Als wir nach dem Essen wieder zu den Containern zurückkehrten, sahen wir, dass sich viele von uns bereits mit den Klettpatches eingedeckt hatten. Aber nur mit den Spaßigen. Einer aus der zweiten Gruppe hatte sich einen Berliner Bären auf dem Oberarm befestigt. Der Schriftzug »Berlin« zeugte mit großen Buchstaben von seiner Herkunft. Ein anderer hatte einen sandfarbenen Patch mit der bissigen Aufschrift »I fight for Merkel«. Jemand aus der zweiten Gruppe kam auf mich zu. Er hielt mir einen Patch hin, ein Krieger mit Rüstung war darauf zu sehen. Schweinefleisch essender Kreuzritter stand auf Englisch darauf.

Herr Ajmal muss einen Galgenhumor haben, dachte ich.

An diesem ruhigen Tag bekam ich noch Besuch von Mü. Er hatte einigen aus dem Zug befohlen, eine Abwesenheitstafel anzufertigen. Dazu war eine Metalltafel organisiert worden, die jetzt im Flur an der Wand hing. Alle Namen des Golf Zuges standen darauf und in verschiedenen Spalten waren die Orte notiert, an denen man sich im Feldlager aufhalten konnte. Wörter wie Küche, Kraftraum, Instandsetzung, Technischer Service, Kompanieführung, Kuddelmarkt und einige mehr waren dort zu lesen. Mü beauftragte mich, Magnete zu besorgen, damit sich jeder an der Metalltafel in die entsprechende Zeile eintragen konnte.

Ich hielt die Idee für sehr gut, hatte aber zunächst keine Ahnung, wo ich im Feldlager Magnete herbekommen sollte. Auf dem ziellosen Weg durchs Feldlager hielt ich bei der kleinen Halle an, in der ich schon einmal Batterien bekommen hatte. Der freundliche Feldwebel war nicht da, aber ein Untergebener von ihm schickte mich zu einer anderen Halle. Dort wäre die Feldlagerverwaltung untergebracht. Beim Blick über den langen Flur war ich erstaunt, wie viele Zivilisten auch hier in Afghanistan mit Verwaltungsaufgaben betraut zu sein schienen. Ich wurde sehr freundlich von einem Büro zum nächsten geschickt und hatte die Hoffnung, dass mir all die neuen Kontakte in Zukunft noch nützlich sein könnten.

Nach einigem Durchfragen landete ich schließlich in der Schlosserei. Ein freundlicher Herr mittleren Alters drückte mir einen ganzen Haufen Magnete in die Hand und ergänzte augenzwinkernd: Wir wissen ja, wie sehr ihr da draußen zu kämpfen habt. Da sollt ihr hier drin nicht auch noch den ganzen Tag mit dem Papier kämpfen.

Auf dem Rückweg besuchte ich das Geschäftszimmer der Kompanie in dem Containerbau, in dem auch das Büro des Kompaniechefs lag. Ich versuchte immer, Informationen aufzuschnappen und über alles auf dem Laufenden zu bleiben. Mir war einfach wohler, wenn ich wusste, was wann auf mich zukam. Ich glaube, dass dieser Wunsch nach Sicherheit eine urmenschliche Eigenschaft ist. Noch dazu war ich sehr neugierig. Im Geschäftszimmer waren außerdem zwei Computer aufgestellt, über die wir kostenlos das Internet nutzen durften. Eine große Erleichterung, angesichts der Preise für Telefon und Internet, die wir in der Betreuungseinrichtung des Feldlagers bezahlen mussten. Eigentlich durften wir im Geschäftszimmer nur E-Mails lesen und verschicken. Aber sehr schnell hatten alle Soldaten der Kompanie ihre Chance zu nutzen verstanden, wenn man im Geschäftszimmer ungestört war, und waren nicht nur für das Kontrollieren von Mails im Internet unterwegs. Ich erwischte einen günstigen Moment. Während ich in einer Ecke des Raumes am Computer saß, kamen der Zugführer und ein Feldwebel des Hotel Zuges herein.

Ich spitzte die Ohren, als der Zugführer zu dem Feldwebel sagte, die Kompanie würde übermorgen zur ersten Raumverantwortung aufbrechen. Dies war eine wichtige und brandneue Information. Ich beeilte mich, zurück zu den Containern zu kommen.

Natürlich wollte ich nicht alles, was ich irgendwo aufschnappte, gleich an jeden weitergeben. Ich war keine Tratschtante und empfand das schlechte Gerede über andere hinter deren Rücken als nervig und feige und hielt mich davon bewusst fern. Aber ich fand es in Ordnung, Informationen gezielt weiterzugeben, wenn es den anderen im Zug nutzen konnte.

Der Erste, den ich auf dem dunklen Flur zwischen den Containern traf, war Jonny.

Ist bisher nur 'n Gerücht, aber übermorgen gehts wahrscheinlich los, hab ich grad vom Zugführer von Hotel erfahren, erste Raumverantwortung.

Danke für die Info, entgegnete Jonny dankbar und sagte dann noch: Ich glaube, du kannst irgendwelche Pakete von der Post abholen, hab ich vorhin mitgekriegt.

Ich hatte mir kurz vor Einsatzbeginn noch in Deutschland in einem Online-Shop zusätzliche Ausrüstung bestellt und wegen des bevorstehenden Abflugs direkt ins Feldlager liefern lassen. Ich setzte den Magnet in der Zeile »Joe« in die Spalte »Poststelle«, machte mich auf den Weg und kam kurze Zeit später schwitzend und keuchend mit zwei schweren Paketen unter dem Arm zurück. Ich war an einem Außenthermometer vorbeigekommen.

Siebenundvierzig Grad, die spinnen doch, schimpfte ich.

Ich konnte es kaum erwarten, den Container von Butch und Dolli zu erreichen – nicht nur, um die Last loszuwerden und der Sonne zu entfliehen. Wenn ich mir etwas bestellte, war ich wie ein kleines Kind, das sich auf ein Geburtstagsgeschenk freute und das Auspacken kaum erwarten konnte. Mit meinem Messer trennte ich das Klebeband von der Verpackung und klappte erwartungsvoll den Deckel zur Seite. Endlich war mein neuer Helm angekommen.

Eigentlich war es verboten, im Einsatz nicht dienstlich gestellte Ausrüstung zu tragen.

Die Bundeswehr will sich damit schützen, hatte Muli mir erklärt. Wenn einem Soldaten etwas passiert und er dabei keine durch den Dienstherrn geprüfte Ausrüstung trägt, gibt es keinen Versicherungsschutz, sagte er.

Trotzdem wurde das Tragen solcher Ausrüstung geduldet, es oblag der Entscheidung des Kompaniechefs, der es vor unserem Bataillonskommandeur zu vertreten hatte. Unser Chef hatte die Tatsache erkannt, dass nicht alles, was die Bundeswehr lieferte, ausreichend war. Und so ließ er uns in bestimmten Bereichen Handlungsfreiheit. Ich hatte lange über das Problem der Ausrüstung in der Bundeswehr nachgedacht und konnte verstehen, dass die Bundeswehr aus Versicherungsgründen nicht alles genehmigen konnte, wenn es nicht geprüft war. Und dass es viel zu teuer wäre, immer das Allerneueste und Beste zu beschaffen. Was ich nicht verstand, war die Haltung der meisten Offiziere, die das Tragen selbstbeschaffter Ausrüstung grundsätzlich mit der Begründung untersagten, dass es der Einheitlichkeit des Erscheinungsbildes widersprach. Das wirkte auf mich unflexibel und nicht bedarfsgerecht.

Die dienstlich gestellte Ausrüstung war nicht schlecht. Man konnte mit ihr arbeiten und notfalls auch kämpfen. Aber sie war nicht optimal, wenn es galt, unseren Einsatz sinnvoll durchzuführen. Mein Gefechtshelm für Fallschirmjäger behinderte die freie Sicht, wenn ich auf dem Boden lag, weil die Schutzweste ihn in die Stirn drückte. Der Gefechtshelm, den die meisten anderen Bundeswehrsoldaten bekamen, war sogar noch ungünstiger geschnitten. Der Kevlarhelm, den ich nun aus dem Päckchen holte, wurde von der US-Armee verwendet und bot im Nacken etwas weniger Schutz, ermöglichte mir aber absolute Bewegungsfreiheit. Und wie wichtig diese Bewegungsfreiheit gerade für den Kopf war, hatte ich schon bei der extremen Patrouille in Richtung Isa Khel festgestellt. Als ich aus dem anderen Karton das Zubehör für mein Gewehr holte, freute ich mich über die Verbesserungen, die ich an meinem G3 vornehmen konnte. Zum Beispiel ein Zweibein als Waffenauflage. Seufzend dachte ich plötzlich an mein schrumpfendes Bankkonto. Ich hatte inzwischen weit über tausend Euro für selbstbeschaffte Ausrüstung ausgegeben. Aber ich war nun mal der Meinung, dass ich mit auf meine Bedürfnisse abgestimmter Ausrüstung effektiver arbeiten konnte.

So wie die meisten in der Kompanie verzichtete ich auch auf die neue Schutzweste der Bundeswehr. Das ältere Modell, das fast alle in der Kompanie hatten, schützte den lebenswichtigen Bereich des Körpers genauso effektiv und bot deutlich mehr Bewegungsfreiheit. In der Kriegsgeschichte hatte der Wettlauf zwischen Panzerung und Angriffswaffe schon immer eine wichtige Rolle gespielt. Vor Jahrhunderten benutzten die Ritterheere immer stärkere Rüstungen, bis die Bewegungsfreiheit schließlich so eingeschränkt war, dass die Männer nicht mehr allein auf ein Pferd steigen konnten. Und trotz dieser Panzerung verlor das übermächtige Heer der Ritter zu Pferde gegen wenige, aber bewegliche und aus der Entfernung zielende Langbogenschützen. Heute panzerten wir die Soldaten wiederum bis zur Unbeweglichkeit. Gerade angesichts der vielen Sprengstoffanschläge war eine starke Panzerung sicherlich sinnvoll. Aber so, wie wir ausgebildet waren und was wir über die Gefechte hier wussten, war Beweglichkeit mindestens genauso wichtig.

Wie sich die Geschichte doch stets zu wiederholen scheint, stellte ich erstaunt fest. Aber warum begeisterten wir uns so sehr für einen Einsatz, über den wir eigentlich so wenig wussten?

An der frischen Luft sprühte ich Helm, Gewehr und Magazine in einem sandfarbenen Muster an. Ich hatte mir infrarotresistente Farbe gekauft, die beim Blick durch ein Nachtsichtgerät nicht reflektierte. Wir hatten gehört, dass die Aufständischen bereits Nachtsichtgeräte erbeutet hatten, und man konnte ja nie wissen. Darüber, wie ich die Farbe am Ende wieder von der Waffe abbekommen sollte, machte ich mir in diesem Moment keine Gedanken.

Der nächste Morgen brachte die Erkenntnis mit sich, dass wir am folgenden Tag tatsächlich unsere erste Raumverantwortung übernehmen sollten. Und dass wir oft erst sehr spät über die weitere Planung informiert wurden. Die Raumverantwortung war eine unserer wichtigsten Aufgaben. Verantwortung für einen bestimmten Bereich außerhalb des Feldlagers wahrnehmen. Im Wechsel mit der zweiten Infanteriekompanie des Feldlagers das Gebiet um das Feldlager Kundus herum schützen und dort operieren. Und während dieser Zeit in diesem Gebiet bleiben. Draußen, im Feindesland.

Es wurde sehr hektisch, da noch nicht alle Umbaumaßnahmen an den Fahrzeugen abgeschlossen waren. Und es musste die Ausrüstung für eine Woche außerhalb des Feldlagers gepackt und verladen werden. Natürlich konnten wir nicht das erforderliche Wasser für sieben oder mehr Tage mitnehmen. Wir sollten mindestens für drei Tage autark, also ohne Nachschub, überlebensfähig sein. Aber zumindest die gesamte Nahrung für sieben Tage musste mitgenommen werden. Sie bestand aus militärischen Notrationen. Es würde also draußen kein normales Essen geben. Dazu die Munition, alle Waffen, Schlafsäcke, Rucksäcke mit Wechselkleidung, Rucksäcke mit Ausrüstung. Funkgeräte, Nachtsichtgeräte, alle Batterien, die wir finden konnten und die wir für die elektrischen Einrichtungen dringend brauchten. Jeder Spalt, jede freie Fläche in den Fahrzeugen wurde bis oben vollgepackt. Der Bereich vor den Containern, wo wir die Fahrzeuge zum Beladen hingefahren hatten, glich eher einem Trödelmarkt als einem militärischen Feldlager.

Schnell kam es zu Reibereien, als wir anfingen, uns gegenseitig auf die Füße zu treten. Die Scherze der vergangenen Tage waren einem tiefen Ernst gewichen. Wir sahen uns einer gewaltigen Herausforderung gegenüber. Im Gegensatz zu den meisten anderen war ich jedoch gelassener. Die letzten Tage hatten gezeigt, dass ich gut zurechtkam und mich dem neuen Umfeld angepasst hatte. Die Sorgen der letzten Tage verflogen wie ein Windhauch angesichts der Vorfreude, die mich mehr und mehr ergriff. Vorfreude darauf, dass ich Neues sehen würde und meine Fähigkeiten endlich anwenden konnte. Dass dies auch bedeutete, dem Krieg sehr nahe zu kommen, ja ihn selbst führen zu müssen, beunruhigte mich immer weniger. Und wie jeder Mensch, der ein neues Spielzeug besaß, war ich in großer freudiger Erwartung, meine ganze neue Ausrüstung auszuprobieren. Ich fühlte mich wie ein Kind an Weihnachten.

RAUMVERANTWORTUNG

Alle Züge der Kompanie waren frühmorgens auf dem Ehrenhain aufgefahren. Es war bereits taghell, während die Sonne langsam über dem Horizont erschien. Der Golf Zug sollte als Erster abfahren, hinter uns hatten sich Foxtrott, Hotel und India angegliedert. Da die Panzergrenadiere vom India Zug noch immer keine Schützenpanzer zur Verfügung hatten, sollten sie die beiden Höhen 431 und 432 besetzen. Der Rest der Kompanie sollte ins Polizeihauptquartier des Distrikts Chahar Darrah fahren, um die zweite Infanteriekompanie des Feldlagers abzulösen, die seit zwei Wochen draußen war, und von dort aus operieren. So hatte Mü es uns während der Befehlsausgabe mitgeteilt.

Die Höhen waren zwei Hügel, die ich bisher nur von Bildern kannte. Zwei steile Kegel mitten in dem flachen Tal mit der Stadt Kundus als Zentrum. Ein paar hundert Meter vom Polizeihauptquartier entfernt, das unser Ziel sein sollte. Das Dorf Isa Khel lag ebenfalls in nächster Nähe. Dies alles im Distrikt Chahar Darrah, jener unruhigen Gegend, die seit langem eine Hochburg der Aufständischen war.

Die beiden Höhen hatten ihre Namen 431 und 432 von der Nato bekommen, die alle militärisch relevanten Punkte durchnummeriert. Die Höhen waren wichtig, weil man von dort die gefährliche und unruhige Gegend überwachen wollte. Von einer vollständigen Kontrolle des Distrikts waren wir jedoch weit entfernt.

Oben auf den Höhen war ein Zug, aufgeteilt in zwei Besatzungen, eingesetzt. Deutsche Soldaten hatten mit Sandsäcken und Hescos befestigte Stellungen angelegt. Auch die Russen waren schon hier oben gewesen. Vor einigen Tagen hatte es wieder einen Sprengstoffanschlag gegeben, niemand war ernsthaft verletzt worden. Mit dieser Lage sahen wir uns konfrontiert, als wir an diesem Morgen die Fahrzeuge bestiegen.

Ich setzte meinen neuen Helm auf.

Was haste da hinten draufgeschrieben?, fragte Hardy mich, als er zu mir herüberschaute.

Ich hatte gestern nach der Befehlsausgabe auf dem Bett gesessen und nachgedacht. Mir waren die amerikanischen Soldaten in Vietnam in den Sinn gekommen, die Sprüche auf ihre Helme geschrieben hatten, um ihre Stimmung zum Ausdruck zu bringen. Dieser Einsatz war kein Job wie jeder andere. Ich wollte meiner Entschlossenheit Ausdruck verleihen. Als ich den schwarzen Stift wieder absetzte, standen die wenigen Worte in dicken schwarzen Buchstaben auf der Rückseite meines Helmes: We've come to kick some tail. »Wir sind gekommen, um in Ärsche zu treten.«

Kurz vor der Abfahrt aus dem Feldlager gab es noch Abstimmungsschwierigkeiten. Eine Kompanie, vier Züge, einhundertfünfzig Soldaten. Es dauerte eine ganze Weile, ehe die einzelnen Zahnräder ineinandergriffen und zu einem Uhrwerk verschmolzen, das tadellos lief. Von überall her wurden Befehle gebrüllt, weil die Motoren der Dingos, Transportpanzer, des Jammers und der Lastwagen laut rumorten. Eilig liefen Soldaten zwischen den Fahrzeugen hin und her. Ein paar lagen demonstrativ auf dem Dach ihres Fahrzeuges in der Sonne, die Gesichter von den Sonnenbrillen verdeckt. Der Chef stand mitten auf dem Platz, umringt von den meisten der Feldwebel. Immer, wenn er mit der Hand irgendwo hindeutete, eilte einer der Umstehenden in diese Richtung.

Als wir auf der Hauptstraße nach Kundus waren, drehte sich Muli nach hinten.

Hört mal, ich will, dass wir uns einen Spruch überlegen, wenn wir rausfahren. Irgendwas zur Motivation. Fällt euch was ein?

Wie wärs mit Ehre und Stärke, das ham die römischen Legionen gesagt, schlug Mica vor.

Nee, das mit dieser Ehre klingt irgendwie zu abgedroschen, bemerkte ich zweifelnd.

Was ist denn mit unserem Treue um Treue?

Der Vorschlag von TJ gefiel allen.

Okay, rief Muli begeistert. Dann ruft das immer einer, wenn wir losfahren. Wer ist der Erste?

Mica, mach du das, sagte ich schnell.

Treue um Treue!, brüllte Mica ins Fahrzeug.

Wie aus einem Mund antwortete jeder von uns, schrie ein lautes »Aauuh«, das sich wie das Brüllen eines Gorillas anhörte. Es war ganz spontan gekommen. Es hörte sich stark an. Ich fühlte mich stark. Unser Teamgeist hatte das bewirkt.

Die Klimaanlage brummte und die Lüftung rauschte. Trotzdem schwitzten wir in der stickigen Luft im Fahrzeug. Als wir aus der Stadt heraus in den Distrikt Chahar Darrah abbogen und ich ständig mit dem Knall einer Explosion rechnete, wurde jeder Meter zu einem unbekannten Abenteuer.

Fahr langsamer, befahl Muli TJ, der die Fahrzeuge hinter uns in eine Staubwolke hüllte.

Wir fuhren holpernd über den Culvert, den wir vor kurzem noch überprüft hatten, und befanden uns jetzt in der Raumüberwachung. Präsenz im Raum zeigen, Verantwortung wahrnehmen. Das war unser eigentlicher Job hier.

Das Polizeihauptquartier lag nur wenige Kilometer außerhalb der Stadt Kundus. Zwei Dörfer und einige Armeeposten der Afghanen säumten den staubigen Weg dorthin. Am heikelsten erschien mir die Passage der Brücke über den Kundus-Fluss. Eine lange Stahlkonstruktion, die an den steilen Ufern nur locker auf dem Boden zu liegen schien. Die Fahrbahn glich einer großen Tischplatte, die im Regen wellig geworden war. Muli wies uns an, den Blick nach Norden zu wenden, wo die feindlichen Stellungen nur wenige hundert Meter entfernt lagen. Aber genau wusste man das wohl nicht. Afghanische Polizisten sicherten die beiden Zufahrten zur Brücke und hielten für uns den Verkehr der Einheimischen an. Für den Moment fürchtete ich mich allerdings weniger vor irgendeinem unsichtbaren Feind als davor, die baufällige Brücke könnte unter der Last der schweren Gefechtsfahrzeuge zusammenbrechen.

Unser Ziel tauchte als graugelber Klotz vor uns auf. Die grob errichtete Außenmauer des Polizeihauptquartiers von Chahar Darrah war mit Sandsäcken und Nato-Stacheldraht bekrönt. Neben den Wachtürmen waren nur einige Antennen zu erkennen. Gegenüber vom Haupttor waren einige Läden aufgebaut, die eher baufälligen Bretterbuden glichen, viele Zivilisten tummelten sich davor. Eine Panzerkette war quer in den Sand der Straße eingelassen worden, um den Verkehr zu verlangsamen. Bestimmt aus einem russischen Panzerwrack, dachte ich im Stillen.

Ein afghanischer Polizist öffnete das große Tor. Im Innenhof herrschte eine gelöste Atmosphäre. Die Infanteriekompanie, die wir aus der Raumverantwortung ablösen sollten, war abmarschbereit im Hof versammelt. Nach fast vier Monaten näherte sich ihr Einsatz dem Ende. Die wuchernden Bärte und zerzausten Haare der Kameraden zeugten davon, wie viel Zeit vergangen war.

Sauber und frisch rasiert fuhren wir durch das Tor, und ich begann, den Innenhof zu betrachten. In der Mitte befanden sich zwei große Gebäude. Das Rechte hatte zwei sandsackbewerte Türme, war grau und wirkte unfertig. Das Linke war sandfarben angestrichen und hatte Glasfenster. Eine Handvoll afghanischer Polizisten saß gelangweilt im Schatten davor und beobachtete das Treiben im Hof. Es war ihre Station, und wir sollten hier mit ihnen zusammenarbeiten. Grober, weißer Kies bedeckte den Boden, und ein paar beschädigte Nebengebäude und rostige Container standen herum. Das Polizeihauptquartier erweckte eher den Eindruck eines baufälligen Fabrikgeländes. Zu meiner Überraschung entdeckte ich auch amerikanische Soldaten auf dem Gelände.

Nach kurzer Zeit waren alle Fahrzeuge versammelt. Im nun entstehenden Trubel musste eine neue, unerfahrene Kompanie in das Polizeihauptquartier eingewiesen und eine alte, erfahrene Kompanie herausgelöst werden. Jeder versuchte sich in dem Gewühl zurechtzufinden.

Für den Augenblick erschien es uns am wichtigsten, nicht als Letzte einen Raum zugewiesen zu bekommen. Wir hatten inzwischen herausgefunden, dass das große, graue Gebäude als Unterkunft für die deutschen Soldaten diente. Auch die Amerikaner hatten hier ihren Schlafraum, allerdings etwas abseits und getrennt vom Rest des Gebäudes. Über hundert Soldaten strömten nun in das Innere. Die Offiziere, um sich einen Überblick zu verschaffen, die Mannschaften, um einen guten Schlafplatz zu finden.

Gemeinsam mit vielen anderen schleppte ich meine Sachen in den sehr geräumigen Innenhof, an den eine Reihe von Türen mit Aufschriften wie »Arzt« oder »Gefechtsstand« angrenzten. Weil der Innenhof kein Dach hatte, wirkte er fast wie ein antikes römisches Atrium. Je weiter ich vordrang, desto klarer wurde mir aber, dass diese Ruine nichts mit einem komfortablen römischen Haus gemeinsam hatte. Auf einer Seite standen ein paar wackelige Plastikstühle und eine Bierzeltgarnitur. Dort war ein Flachbildfernseher mitten im Dreck aufgestellt, auf dem wie immer polnisches Viva lief. Auch hier wohl der einzige europäische Fernsehsender. Auf den grauen, unverputzten Betonwänden blühte der Schimmel. In den meisten Räumen bedeckte eine dicke Sandschicht den Boden, Geröll und Schutt lagen dazwischen. Es war stockdunkel und es gab keine Fenster. Die Öffnungen in der Mauer waren stattdessen mit Müllsäcken oder durchsichtiger Folie verhängt. Die Türen zu den Räumen waren aus schief sitzendem Hesco-Draht errichtet worden, der mit Müllsäcken verkleidet war und bezeugte, dass die Soldaten auch hier zum Basteln gezwungen waren. Das komfortable deutsche Feldlager schien mir Jahrhunderte entfernt zu sein.

In den Gängen herrschte großes Gedränge. In einem Punkt unterschied sich ein Haufen Soldaten nicht von den Teilnehmern einer Klassenfahrt: Wenn es um die Schlafplätze ging, konnte jede kleine Diskussion im Nu eskalieren. Jeder wollte den vermeintlich besten Schlafraum ergattern, jeder den größten Komfort genießen. Aber als wir endlich in den dunklen, schimmeligen Tiefen des Gebäudes angekommen waren, hingen an den meisten Türen bereits schnell dahingekritzelte Zettel.

Hotel oder Foxtrott, erste Gruppe, war darauf zu lesen.

Mü winkte uns heran. Alle zu mir, rief er. Diesen Raum habe ich für den Golf Zug reserviert.

Er wies uns den größten Raum im Gebäude zu. Zwei Klimaanlagen brummten laut vor sich hin, und ein Kühlschrank stand als einziger Gegenstand an einer Wand des ansonsten nackten Betonraums. Von draußen war das Notstromaggregat laut knatternd zu hören, ohne das die Klimaanlagen und der Kühlschrank nicht funktionierten. Dicke graue Schläuche lagen quer über dem Boden und beförderten die heiße Luft aus den Klimaanlagen durch ein Loch im Müllsackfenster nach draußen.

Wir schleppten unsere Ausrüstung in den Raum und jede Gruppe beeilte sich, eine Ecke für sich zu reservieren. Die Bereiche wurden wie Goldgräber-Claims abgesteckt. Und genauso verbissen verteidigt.

Als endlich alle Feldbetten aufgestellt waren, sah ich mich um. Jemand hatte Wäscheleinen quer durch den Raum gespannt. Daran waren Mückennetze befestigt, die über den Betten hingen. In den Ecken und unter den Betten stapelten sich Rucksäcke. Verlängerungskabel und Steckdosenverteiler waren wild durch den Raum verlegt. Waffen lagen überall herum. Seit dem Einsatzbeginn hatten die beiden Gruppen des Golf-Zuges ihre Zeit nicht mehr so eng beieinander verbracht. So würden wir in den Wochen unserer Raumverantwortung hausen müssen.

Ich geh mal eben pinkeln, sagte ich zu Muli und verschwand.

15 Dixie-Toiletten standen an einer Außenmauer unseres grauen Gebäudes in der prallen Sonne. Schon aus einiger Entfernung wehte mir eine kräftige Mischung aus Fäkalien, Urin und

Chemikalien entgegen. Das Klo war fast randvoll gefüllt. Eine leere Flasche Desinfektionsmittel lag auf der Brille, die Reste der blauen Flüssigkeit tropften in die Toilette. Zwei weitere Versuche brachten ein ähnliches Ergebnis. Während ich unschlüssig dastand, rief eine Stimme von hinten.

Die sind schon seit Tagen nicht mehr geleert worden. Ein Lastwagen der afghanischen Firma, die das normalerweise macht, ist entführt worden. Die Mitarbeiter vermutlich getötet. Jetzt versuchen die, eine neue Firma zu finden, die die Klos leerpumpt, klärte mich ein Kamerad auf.

Ab sofort mussten die drei Züge im Polizeihauptquartier im Wechsel Wache auf dem Dach halten und mit mehreren Fahrzeugen die Hauptstraße entlangpatrouillieren. Dazu wurde immer eine Gruppe eingesetzt, so dass Golf eins und Golf zwei getrennt voneinander arbeiteten. Gemäß Wachplan waren wir drei Stunden lang dran, dann folgten sechs Stunden Pause. Als wir unsere erste Wache auf dem Dach antraten, mussten wir unsere Ausrüstung über eine wackelige Metalltreppe nach oben schleppen. Ein Feldwebel erklärte Muli und uns, worauf wir achten sollten.

Dort hinten beginnt Feindesland, erklärte er. Ab der Baumreihe da vorne wurden wir schon beschossen. In das Dorf rechts davon gehen immer die Amerikaner rein und bleiben ein bis zwei Tage. Das ist höllisch da.

Er streckte den Arm in verschiedene Richtungen und wir hörten aufmerksam zu.

Als der Feldwebel schließlich gegangen war, versuchte ich mir einen Überblick zu verschaffen, wichtige Punkte im Gelände einzuprägen. Ich kippelte auf dem verbogenen Plastikstuhl herum, den jemand hier aufgestellt hatte. Blickte durch mein Zielfernrohr. Hitzeflimmern am Horizont. Ein Auto in der Ferne. Alles lag so still vor mir.

Also, bis jetzt war es ja eher ruhig, sagte ich zu TJ, der neben mir saß und in eine andere Richtung spähte.

Stimmt, pflichtete er mir bei. Was die anderen alles erzählt haben, ergänzte er. Von den ganzen Angriffen, die hier ständig passieren sollen, ham wir ja noch nicht so viel mitbekommen.

Vielleicht verstecken sie sich und warten auf den besten Moment, um zuzuschlagen, sagte ich nachdenklich.

Der Chef wollte auch den anderen Zügen die Gelegenheit geben, sich an das Gelände zu gewöhnen, allerdings in sanfterer Weise als bei unserer Hitzepatrouille vor ein paar Tagen. Also unternahmen wir unter der Führung des Hotel Zuges eine erste Patrouille entlang der Hauptstraße vor dem Polizeihauptquartier, die uns wieder viel Schweiß kostete.

Am frühen Abend wurden wir von Muli zusammengetrommelt. Der Chef will heute noch zur Erkundung aufbrechen, begann er seine Einweisung.

Ich glaube, der kann's nicht abwarten, stichelte Hardy.

Jedenfalls will er den Golf Zug um achtzehn Uhr marschbereit haben, setzte Muli nach. Es soll nur zur Höhe 432 gehen. Aber die Straße ist schlecht, da müssen wir aufpassen.

Es dauerte eine Weile, bis wir die Nachtausrüstung fertig hatten. Muli wollte, dass wir alle Batterien tauschten, die Nachtsichtgeräte und die Laser an den Waffen prüften. Er gab uns das Gefühl, dass es noch ernster wurde.

Auf der Straße zur Höhe 432 klappte ich mein Nachtsichtgerät über meine Augen. Sogleich verschwamm die Welt um mich in einem dunklen Grünton. TJ hatte sehr mit den tiefen Löchern auf dem Weg zu kämpfen, der sich schmal und holprig durch die Felder schlängelte. Keines unserer Fahrzeuge fuhr mit Beleuchtung, damit man uns nicht gleich aufklären konnte. Ich hatte in Deutschland schon mit Nachtsichtgerät am Steuer gesessen und wusste, wie ungünstig das war.

Anhalten, hatte Muli befohlen, und TJ brachte den schweren Dingo irgendwo auf einem Feldweg zum Stehen. Draußen waren nur schemenhaft einige Umrisse zu erkennen.

Der Chef biegt mit dem Rest hinter uns zur Höhe ab, wir bleiben hier und sichern in Richtung Isa Khel, teilte Muli mit.

Ausgerechnet Isa Khel. Ich hatte ein mulmiges Gefühl. Wir hatten das Gelände noch nicht bei Licht gesehen, und die Nähe zu den berüchtigten Feinden empfand ich als problematisch. Außerdem fühlte ich mich in der Dunkelheit stets unwohl, obwohl wir mit den Nachtsichtgeräten im Vorteil waren.

Sag mal, siehst du die Höhe 432?, fragte ich Muli, der vor mir saß.

Nee, ich seh nichts, gab er so leise zurück, als könnte uns draußen jemand hören.

Die Nacht war stockdunkel und die Minuten zogen sich zäh dahin. Ich versuchte krampfhaft, durch das Fenster etwas zu erkennen, gab aber schließlich auf. Jemand könnte zwei Meter neben dem Dingo stehen und würde doch in der Nacht verborgen bleiben. Ich hasste die Dunkelheit.

Nach einer guten halben Stunde hörten wir die Motoren der übrigen Fahrzeuge. Ein Funkspruch bestätigte den Beginn ihrer Rückfahrt, wenig später gefolgt von einer weiteren Information: Einer der Transportpanzer war von dem schmalen Pfad abgekommen und steckengeblieben.

Können die nicht fahren?, schimpfte TJ laut.

Über Funk verfolgten wir, wie die anderen versuchten, den schweren Transportpanzer freizuschleppen.

Die Bergungsaktion war langwierig. Schließlich befahl uns der Chef über Funk, in Richtung Isa Khel weiterzufahren und einen alternativen Weg für die anderen zu suchen. Das war ein Befehl, den wir nicht gut aufnahmen, aber was sollten wir tun? Wir hatten Glück, schon nach wenigen Metern kam die Entwarnung: Wir sind wieder frei, fertigmachen zum Rückmarsch.

Ich atmete tief durch. Das war noch mal gut gegangen.

Die Erleichterung war im ganzen Fahrzeug zu spüren. Doch als TJ wendete, war plötzlich ein knirschendes Geräusch zu hören.

Halt an!, brüllte Muli. Hardy, Joe, fertigmachen zum Absitzen. Die Nachtluft umfing mich, als ich auf den Boden sprang. Ich sah mich um und hielt meine Waffe immer in Blickrichtung. Schwarz. Außer ein paar Büschen konnte ich nichts erkennen. Ich hörte das Drehen der Waffenanlage, Mica blickte über die Optik in Richtung Isa Khel. Während Hardy und ich durch den Sand stapften, machten sich TJ und Muli am Fahrzeug zu schaffen. Es stellte sich heraus, dass TJ rückwärts in den Stacheldraht geraten war, der am Wegrand auslag. Vermutlich von unseren eigenen Leuten dort platziert.

Muli rief uns zu sich. Seht ihr da vorne die Stellung aus Hescos?, fragte er mich.

Ich versuchte, etwas zu erkennen, nickte schließlich.

Geht dort rein und sichert uns ab. Der Zug auf der Höhe schickt uns drei Mann zur Unterstützung.

Er deutete mir an, aus welcher Richtung sie vermutlich kommen würden.

Hardy und ich gingen zur Stellung, während TJ unter unserem Dingo lag und versuchte, den Stacheldraht zu lösen, der sich mehrmals um die Achse gewickelt hatte. Ich hörte das Scheppern von Metall, das Klingen von Werkzeug.

Muli fluchte. Ich finde den Bolzenschneider nicht!, hörte ich ihn rufen.

Hardy und ich leuchteten vorsichtig in die Stellung aus Hescos und bezogen schließlich im Innern Position. Plötzlich hörten wir Schritte. Männer, die sich näherten. Wir versuchten in der Dunkelheit etwas zu erkennen. Mit den Kameraden von Höhe 432 war kein Codewort vereinbart worden. Als ich schließlich ein paar schemenhafte Gestalten ausmachte, waren diese bereits bis auf wenige Meter herangekommen. Ich hielt meine Waffe bereit. Stille, nur Schritte waren zu hören. Ich hörte genauer hin. Stiefel, keine Sandalen.

Wir sollen euch hier unterstützen, sagte schließlich einer der drei.

Prima, dass ihr da seid, gab ich zurück und senkte die Waffe. Wir sind in euren Stacheldraht gefahren, müssen den jetzt wieder von der Achse abkriegen.

Es dauerte eine Weile, bis wir den Rückweg antreten konnten, beide Hinterreifen unseres Dingos waren platt. Bilanz unseres ersten Nachteinsatzes. Ich freute mich auf mein hartes Feldbett.

Nach zwei Stunden Schlaf wurden wir zur Wache geweckt. TJ und ich übernahmen die eine, Mica und Hardy die andere Seite auf dem Dach des Polizeihauptquartieres. Muli setzte sich zu uns. Während die Welt um uns wieder einmal grün wurde, fing TJ leise an zu sprechen.

Ist doch 'n Witz, dass wir hier im Polizeihauptquartier sind und trotz der ganzen Polizisten selbst Wache halten müssen.

Ich sah zum Tor herüber. Dort sitzt doch 'ne Wache, bemerkte ich grinsend und deutete zu dem afghanischen Polizisten, der dort saß und in seinem Stuhl schlief.

Ja, aber willst du dich auf den verlassen?, fragte Muli zweifelnd.

Im Moment würde ich mich auf fast alles verlassen, wenn ich nur schlafen könnte, gab ich bissig zurück.

Mit Schlafmangel kam ich überhaupt nicht gut klar. Tagsüber fiel es mir schwer, den versäumten Schlaf nachzuholen. Ich war einfach kein Nachtmensch.

Plötzlich riss mich eine gewaltige Detonation aus meinen Gedanken. Das Gebäude vibrierte, dann Stille. Adrenalinschub. Sofort war ich hellwach.

Hat jemand gesehen, wo das herkam?, rief Mica herüber. Anspannung lag in der Luft. Horchen in die Dunkelheit. Nichts.

Das kam aus der Stadt!, rief Muli.

Noch über Stunden hörten wir Schüsse. Gewehrfeuer aus Richtung Kundus. Die ganze Zeit über fragten wir uns, was dort passierte und ob wir wohl dorthin geschickt werden würden. Wir hatten schließlich Raumverantwortung. Nichts geschah.

Später hörten wir, dass sich in einem Hotel in der Stadt ein Selbstmordattentäter in die Luft gesprengt hatte. Eine Autobombe war gezündet worden, eine lange Schießerei die Folge. Ein Deutscher sollte unter den Opfern sein, ein privater Wachmann. In dem Hotel war das Büro einer Hilfsorganisation untergebracht.

Die ersten Tage draußen waren eine gewaltige Umstellung. Die Hitze und der Staub machten uns allen zu schaffen, obwohl wir die rumpelnden Klimaanlagen hatten. Durch die fehlenden Fenster waren die Räume einfach nicht dicht zu kriegen. Durch jeden Spalt drangen Sand und Hitze ein. Ständig gab es Streit, weil wieder einmal jemand die Drahttüren nicht geschlossen hatte. Weil die beiden Hinterreifen wegen des Stacheldrahts immer noch platt waren, wurden wir nicht zur Fahrzeugpatrouille auf der Straße eingeteilt und mussten dafür umso öfter die Turmwache übernehmen. Die Ersatzreifen aus dem Feldlager sollten durch einen Konvoi hergebracht werden. Ich dachte an die Kameraden aus der anderen Kompanie, die dafür ihre Freizeit opfern mussten.

Fast alle von uns stellten sich schnell auf die neue Situation ein. Dixie-Toiletten, Notrationen, Hitze, Staub. Aber manchen konnte man deutlich ansehen, dass sie durch die neue Umgebung mehr belastet wurden als andere. Ich zog bei jeder Gelegenheit die schwitzigen Kampfstiefel aus, andere liefen nur noch mit freiem Oberkörper herum. Die meisten traf man tagsüber entweder vor dem Fernseher oder in den Feldbetten an, jede Minute wurde zum Schlaf genutzt.

Einer meiner ersten Wege hatte mich zu den Amerikanern geführt, die neben uns untergebracht waren. Da ich nicht so richtig wusste, wie ich das Gespräch eröffnen sollte, nahm ich zwei meiner Bundeswehr-T-Shirts mit. Schon in Deutschland hatte ich bei einem gemeinsamen Fallschirmspringen festgestellt, dass man mit ausländischen Soldaten am einfachsten ins Gespräch kam, wenn man etwas zum Tauschen mitbrachte. Damals waren die Amerikaner ganz versessen auf Kleidung mit den Farben Schwarz, Rot und Gold auf den Ärmeln gewesen.

Als ich den Raum betrat, saßen oder lagen fast alle auf ihren Feldbetten, ein paar putzten ihre Waffen, wieder andere hörten Musik oder unterhielten sich. Ein großer Flachbildfernseher schimmerte an der Wand. Als ich mit einem lauten »hey guys« auf mich aufmerksam machte, wurde es schlagartig still. Sie schienen überrascht zu sein, von einem deutschen Soldaten besucht zu werden. Die Stille hielt nur einen Moment, bis mich ein kräftiger Soldat mit südamerikanischen Gesichtszügen fragte, wie es mir ginge und was ich wollte.

Ich erklärte, dass ich gerne T-Shirts tauschen würde, und schnell waren ein paar gefunden, die für meine beiden gerne ihre Sport-T-Shirts hergaben. Dann luden sie mich ein, mich zu setzen, und wir kamen schnell ins Gespräch.

Sie erklärten mir, dass sie hier als Infanteristen eingesetzt waren und fast jeden Tag zu Fuß in die Dörfer gingen. Sie hätten auch schon zusammen mit den Deutschen operiert. Spätabends saß ich noch mit einigen Amerikanern am Lagerfeuer zusammen. Einer holte eine Gitarre hervor und spielte darauf. Ich selbst übte noch nicht sehr lange, konnte aber trotzdem schon einige Akkorde auswendig spielen. So wechselten wir uns ab und sangen dazu. Es war ein toller Abend, an dem ich die Widersprüchlichkeit dieser Situation kaum spürte. Auf der einen Seite der Krieg, die Zerstörung und das Leid. Und auf der anderen Seite neue Freunde, Entspannung und Musik unter freiem Himmel.

Während das Eis zu den Amerikanern gebrochen war, gestaltete sich der Kontakt zu den verbündeten afghanischen Polizisten schwieriger. Etwa zwei Dutzend von ihnen waren im Polizeihauptquartier stationiert. Aber unser Verhältnis war reserviert, wir beäugten uns gegenseitig. Unsere Übersetzer berichteten, dass einige der Polizisten bereits fünf oder mehr Sprengstoffanschläge erlebt hätten. Andere würden jede unserer Bewegungen mit dem Handy an die Dörfer im Umkreis verraten. Ich fragte mich, wie das Partnering, die Zusammenarbeit mit den einheimischen Sicherheitskräften, wohl aussehen würde.

Zu den Zivilisten vor dem Tor hatten wir dagegen schnell Kontakt geknüpft. Die vielen kleinen Buden waren nicht zufällig gerade hier errichtet worden. In bunten Farben lockten die Getränkedosen, versprachen eine Erfrischung. Als einer der Ersten stand ich am Tor und rief einen der Händler zu mir. Meine Schutzweste lastete auf meinen Schultern, und weiter als ein paar Schritte ging ich nicht hinaus. Ein freundlich grinsender Mann kam auf mich zu.

Ich neigte meinen Kopf zu einer leichten Verbeugung und begrüßte ihn mit Salam aleikum.

Der schmale Mann redete auf mich ein, obwohl ich ihm klarzumachen versuchte, dass ich kein Wort verstand. Mit Händen und Füßen verdeutlichte ich ihm, dass ich eine Palette Fanta und eine Palette Cola kaufen wollte. 15 Dollar wollte er jeweils dafür haben. Sobald es um die Bezahlung ging, schien der Mann mich deutlich besser zu verstehen. Nach einigem Feilschen besiegelten wir den Kauf mit einem Handschlag. Sollte er künftig auch Red Bull im Angebot haben, das er mir zu besorgen versprach, wäre unsere Getränkeversorgung gesichert.

Es dauerte noch ein paar weitere Tage, dann endlich war eine Firma gefunden worden, die die Dixie-Toiletten leerte und der die Bezahlung durch die Bundeswehr wichtiger war als die Sorge, dadurch zur Zielscheibe der Aufständischen zu werden. Die Männer kamen mit ihrem kleinen Lastwagen auf den Hof gefahren, als ich mit TJ Wache auf dem Turm hielt. Unsere Vorgänger hatten uns erklärt, dass die Dixie-Toiletten vor Ort leergepumpt und anschließend desinfiziert würden. Stattdessen versuchten diese Männer nun, die Toiletten auf ihren japanischen Kleinlaster aufzuladen. Als eine der Toiletten umkippte und der Inhalt sich über den Hof ergoss, fiel es mir schwer, meinen Wachauftrag weiter wahrzunehmen. Der kleine braune See breitete sich fünf Meter unter mir aus und verursachte nach wenigen Sekunden einen beißenden Geruch in der Mittagssonne.

Als endlich alle Toiletten aufgeladen waren und die Arbeiter durch das Tor rumpelten, dachte ich darüber nach, ob wir die Dixie-Häuschen bei ihrer Rückkehr nach Bomben durchsuchen müssten.

Du, schau dir das an!, rief TJ und riss mich aus meinen Gedanken.

Ich blickte durch ein Fernglas in die gezeigte Richtung und sah, wie die Arbeiter die Toiletten in einiger Entfernung in einem Graben leerten.

Einige Stunden später verursachte eine Meldung helle Aufregung unter allen Anwesenden. Ein Informant hatte sich im Feldlager gemeldet und einen bevorstehenden Angriff auf die Höhen oder das Polizeihauptquartier angekündigt, und zwar binnen der nächsten achtundvierzig Stunden. Ab sofort waren alle in ständiger Alarmbereitschaft. Muli ließ uns nur noch mit Helm Wache auf dem Turm halten. Das ständige Beobachten war ermüdend. Hinlegen, Augen schließen, Wecker und aufstehen. Wache halten. Hitze ertragen. Dunkelheit meistern.

Mit jeder Fußpatrouille ließ der Chef uns weiter vom Polizeihauptquartier weggehen. Mit jeder Patrouille legten wir mehr von unserer Scheu ab, mit jedem Stiefeltritt wurden wir sicherer. Unser Kompaniechef war immer dabei, wollte sich selbst ein Bild verschaffen. Meistens schickte er den Golf Zug an die Spitze, Mü wiederum schickte Golf eins an die Spitze des Zuges und Muli mich an die Spitze von Golf eins. So war ich oft der Erste, der irgendwo hinging. Mich freute das, ich hatte damit absolut kein Problem. Einerseits hasste ich es, mich auf einem Marsch in eine lange Schlange von Soldaten einzureihen; andererseits war ich stolz darauf, dass Muli mir diese Aufgabe zutraute. Die Augen offen halten, überlegen, was gemeldet werden sollte und was nicht. Mica, Hardy, Muli und TJ waren dicht hinter mir, Nossi, Jonny, Simbo, Wizo, Dolli, Butch und Russo gleich im Anschluss. Oft wollte sich der Chef einen Überblick verschaffen, wollte Menschen ansprechen, die wir unterwegs trafen. Viele waren es nicht, und auch immer nur Jungen oder ältere Männer. Einmal sah ich eine verschleierte Frau, die bei unserem Anblick ihre Kinder eilig hinter eine Tür schob und diese verschloss.

Die kleinen Dörfer entlang der sandigen Hauptstraße wurden schnell zum gewohnten Bild für uns. Lehmhütten, Arbeiter auf den Feldern, die nur kurz aufschauten, wenn sie uns sahen. Kinder, die uns zuwinkten, Männer auf der Straße, die uns misstrauisch beäugten. Müll am Straßenrand, frisch aufgewühlte Erde, Misstrauen auf beiden Seiten. Die Augen offen halten. Immer konzentriert sein. Ich rechnete ständig mit einem Angriff. Oder einem Sprengsatz. Nichts geschah. Anschläge schienen immer nur woanders zu passieren.

Trotzdem verließen wir uns nicht auf die scheinbar sicheren Straßen. Regelmäßig musste die Sandpiste vor dem Polizeihauptquartier nach Sprengsätzen abgesucht werden. Unsere Vorgänger hatten uns irre Geschichten von tagelangen Suchaktionen erzählt, wobei die deutschen Kampfmittelbeseitiger den Boden Stück für Stück mit der Harke und dem Metalldetektor absuchen mussten. Wir hatten deutlich günstigere Umstände, da wir von amerikanischen Kampfmittelbeseitigern unterstützt wurden. Diese hatten ein paar gewaltige Fahrzeuge zur Verfügung, die mit Sensoren und Walzen ausgestattet waren und die Arbeit erheblich schneller erledigten.

An diesem Abend fing ich an, jeden Tag SMS zu verschicken, meistens an meine Freundin. Fünfzig Cent und ein kleiner Gruß. Papier hatte ich auch dabei. Ich schrieb gerne. Ein handgeschriebener Brief erschien mir als etwas Besonderes. Manchmal legte ich noch eine kleine Zeichnung dazu, Landschaft, Karikatur, irgendwas. Es war mir wichtig, mein Leben mit den zu Hause Gebliebenen zu teilen. Ich betrachtete den Brief, den ich von meiner Freundin bekommen hatte und den ich immer bei mir trug. So als könnte ich die Heimat greifen, wenn ich einen Brief in den Händen hielt. Ich bekam jedes Mal einen Kloß im Hals.

Am nächsten Tag sollten wir mit frisch reparierten Hinterreifen einen Trupp deutscher Kampfmittelbeseitiger ins Feldlager begleiten. Die Verbindung zwischen dem Feldlager und dem Polizeihauptquartier wurde selten unterbrochen, fast immer wurden Fahrzeuge unserer Kompanie als Begleitschutz für andere Kräfte abgestellt. Kampfmittelbeseitiger, hohe Offiziere, CIMIC-Teams, die Projekte mit der Bevölkerung betreuten. Solche Fahrten bedeuteten zusätzliche Arbeit, denn unsere Wach- und Patrouillendienste wurden dafür nicht unterbrochen.

Am Morgen dieses Tages hatte es wieder eine Explosion gegeben, irgendwo am Stadtrand. Trotzdem freuten wir uns auf die Fahrt ins Feldlager, denn dort war das Leben ein Luxus im Vergleich zu hier.

Wir haben etwa eine Stunde Aufenthalt, informierte uns Muli. Dann schaffen wir es noch rechtzeitig zu unserer nächsten Wache.

Wir jubelten innerlich und freuten uns auf eine schnell eingeschobene heiße Dusche in einem sauberen Container. Der dünne, kalte Wasserstrahl im Duschraum des Polizeihauptquartiers reichte nur für eine grobe Reinigung.

Unterwegs zum Feldlager erreichte uns ein Funkspruch.

Anruf eines Informanten. Eine Straßenbombe ist morgens am Stadtrand detoniert, wir sollen das vor Ort prüfen.

Gut, dass wir zufällig Kampfmittelbeseitiger dabeihaben, dachte ich.

Es war nur ein kleiner Umweg in eine Seitenstraße direkt am Stadtrand von Kundus. Viele Leute waren in der Nähe der Häuser zu sehen, Kinder auf der Straße.

Dann kann's eigentlich nicht gefährlich sein, sagte Muli. Die wissen, wo die Bomben sind. Auch wenn sie meistens nichts verraten, kann man sicher sein, dass es wenig Gefahr gibt, wenn die Leute entspannt bleiben.

Kurz darauf begannen die Spezialisten, am Culvert zu suchen. Muli wandte sich den Afghanen zu, die vor den Gebäuden saßen, und winkte mich heran.

Joe, du musst übersetzen. Ich will wissen, was passiert ist und was die gesehen haben.

Ich fing an, dem ältesten Mann, den ich entdecken konnte, Fragen zu stellen. So hatte Muli es mir beigebracht. Der Älteste ist immer die Respektsperson, der erste Ansprechpartner. Nach den ersten Worten winkte der Alte einen jungen Mann heran. Dieser sprach mich auf Englisch an. Ein Attentäter habe in der Nacht versucht, eine Bombe scharf zu machen. Dabei sei sie explodiert. Sie hätten seine Leiche gleich weggebracht.

Ich fragte ihn, ob er ihn gekannt hätte, wer es genau gewesen war und ob er sonst etwas wüsste.

Der Mann schüttelte den Kopf. Das war alles, was er uns zu dem Thema sagen wollte. Dann stellte er uns seinen Sohn vor. Ein kleiner Junge von vielleicht vier Jahren – eines von vielen Kindern, die uns inzwischen umringt hatten. Auch ein deutlich älterer Junge drängelte sich dazu und sprach mich keck an.

Muselmann?, fragte er sehr interessiert.

Von der Frage überrascht, schüttelte ich zunächst den Kopf und überlegte, wie ich ihm erklären konnte, dass wir Christen waren. Ich benutzte wenige Worte.

Germany, christians. Jesus, not Allah. Dabei deutete ich auf Muli und mich.

Der Junge schien zu verstehen und nickte immer wieder. Und obwohl er über die Antwort enttäuscht zu sein schien, lächelte er freundlich. Aber das offene Gespräch schien eine Wirkung auf den Vater des kleinen Jungen zu haben, denn plötzlich sprach er überraschend freimütig über die Aufständischen und Verbrecherbanden, die hier ihr Unwesen trieben.

Nicht nur Taliban?, fragte ich.

Alle möglichen Leute, war die Antwort.

Muli bestätigte das. Taliban, Clanchefs, Warlords, korrupte Politiker. Jeder verfolge seine eigenen Interessen. Wenn die Deutschen dazwischenfunkten, gab es Anschläge.

Dem Mann war aufgefallen, dass wir in den letzten Tagen sehr stark patrouilliert hatten. Das hätte die Taliban wohl sauer gemacht.

Das Gespräch war herzlich und sehr aufschlussreich, aber im Grunde hätte der Mann genauso gut selbst ein Aufständischer, Dieb oder Selbstmordattentäter sein können. Wer konnte das schon wissen, bei dieser unübersichtlichen Lage?

Alle redeten durcheinander, die Kinder rückten immer näher an uns heran. Plötzlich griff der kleine Junge nach meiner Pistole, die ich am Oberschenkel trug. Reflexartig hielt ich seine Hand fest. Die Kinder wichen zurück, Schrecken in ihren Gesichtern. Angst machte sich breit. Ich ließ die Hand des Jungen los und beugte mich zu ihm herunter. Dann sah ich ihn freundlich an und schüttelte deutlich den Kopf. Der Mann nahm seinen Sohn auf den Arm und schimpfte. Die Lage entspannte sich sichtbar, und der Mann fragte, ob wir nicht einen Fußball hätten. Als Spielzeug für die Kinder. Leider hatten wir nichts dabei, was wir ihnen hätten geben können.

Sag ihnen, wir bringen einen vorbei, wenn wir das nächste Mal in der Nähe sind, bat mich Muli.

Ich war erstaunt. In Deutschland hatte er uns eingeschärft, keine Versprechungen zu machen. Man schaffe damit Verpflichtungen, die man vielleicht nicht einhalten konnte. Außerdem war mir schleierhaft, woher wir einen Fußball nehmen sollten.

Durch diese Verzögerung wurde nichts aus unserer heißen Dusche im Feldlager, die Zeit war zu knapp geworden.

Aber ich konnte ein Paket in Empfang nehmen. Meine Freundin hatte mir ein Einsatz-Unterstützungs-Paket zur Motivation gepackt, wie sie schrieb. Ich war gerührt. Nachdem sie von unserem Leben mit den Notrationen gehört hatte, kaufte sie haltbare Lebensmittel und Süßigkeiten. Dazu Feuchttücher, Deo und Seife, die ich ohne Wasser benutzen konnte. Ich musste schmunzeln, als ich daran dachte, wie sehr sie Schweißgeruch verabscheute. Sie würde es jetzt keine zwei Minuten mit mir aushalten. In einer kleinen Papiertüte befand sich ein brauner, zotteliger Schlüsselanhänger. Ein kleines Wildschwein mit Namen Trüffel. Damit du nicht so allein bist, stand auf einem kleinen Zettel.

Als Muli rief, steckte ich ihn schnell ein und rannte los.

Unterwegs erreichte uns eine Warnung vor einem Selbstmordattentäter. Nichts passierte. Dafür war ein Trupp Belgier am Rand des Dorfes Qara Yatim angegriffen worden, an dem auch wir vorbeifahren mussten.

Zurück im Polizeihauptquartier, wurden wir gleich zum nächsten Auftrag geschickt.

Alles für die Mission, bemerkte Mica seufzend.

Genau, für die Regierung auf die Körperpflege verzichten und Hardys Füße ertragen, scherzte ich.

Am meisten behinderte uns, dass wir zusätzlich zu unseren eigentlichen Aufträgen auch immer die Wache mit übernehmen mussten. Dass wir uns in einem Distrikthauptquartier der afghanischen Polizei selbst bewachen mussten, weil das Vertrauen in die Polizei fehlte. Natürlich hatten wir die moderne Technik auf unserer Seite. Hatten Zielfernrohre, gute Optiken und Drohnen in der Luft. Aber dieses Land kam mir so undurchdringlich vor. Wie ein Dickicht aus Meinungen und Zielen, aus Interessen und Vorstellungen. Verwoben und getrennt, verlockend und abstoßend.

An das ständig surrende Geräusch der Drohnen über uns hatten wir uns dagegen inzwischen gewöhnt. Diese kleinen, unbemannten Fluggeräte mit Kameras wurden vom nahen Feldlager aus gesteuert. Sie sollten uns helfen, das zu erspähen, was das Auge vom Boden aus nicht sehen konnte: Männer, die sich in Gräben versteckten, mit ihren Waffen hinter Mauern saßen oder eine Bombe vergruben. Mit Hilfe einer Infrarotkamera konnten diese Drohnen sogar nachts filmen.

Kurz vor Ende unserer ersten Raumverantwortung erreichte uns eine Meldung aus dem Feldlager. Eine Drohne habe aufgeklärt, wie sich vierzehn bewaffnete Männer in der Nähe der Straße zum Polizeihauptquartier versteckt hätten, um uns anzugreifen. Wir zogen zusammen mit dem Foxtrott Zug los. Einige Fahrzeuge mit schweren Waffen und Infanterie fuhren mit, wir dagegen mussten zu Fuß gehen. Nossis Trupp voran, marschierten wir in Richtung des Plateaus, das das Kundus-Tal begrenzt. Fast bis zur steilen Zufahrt zu dieser wenige Kilometer breiten Westplatte, wie wir den erhöhten Abschnitt bis zu den Gebirgsausläufern nannten. Dort ragte eine abweisende Steilwand aus zerklüftetem Fels empor. Durch sie wirkte das Tal mit der Stadt und dem Distrikt Chahar Darrah wie ein riesiger Suppenteller. Dort oben gab es nicht nur Dörfer, im nahen Gebirge wurden Steine abgebaut, die in der Stadt dringend als Baumaterial benötigt wurden. Deshalb fuhren hier auch viele schwerbeladene, aber altersschwache Lastwagen entlang. Mit dem plätschernden Wassergraben neben uns und den dünnen Bäumen am Straßenrand wirkte die Landschaft fast idyllisch, als wir auf die vierzehn feindlichen Kämpfer zumarschierten.

Augen auf. Alle Richtungen beobachten. Wenige hundert Meter links von uns feindliches Gebiet. Wenige hundert Meter rechts von uns feindliches Gebiet. Die Straße durchschnitt es wie mit einem Lineal gezogen. Hinter uns rumpelten die Fahrzeuge.

Als wir nur noch zweihundert Meter von der Westplatte entfernt waren, gingen wir in Stellung und beobachteten die Umgebung in alle Richtungen. Die nassgeschwitzten Hosen saugten den feinen Sand sofort auf und verschmolzen ihn zu einer klebrigen Masse, die nach kurzer Zeit zu einer Kruste erstarrte. Nun lagen wir erst einmal hier und warteten.

Manchmal war die Befehlskette schon umständlich, dachte ich. Der Chef gab einen Befehl an den Zugführer, der wiederum an die Gruppenführer, die dann den Truppführer oder die Männer einzeln informierten. Der Chef wiederum wartete auf Informationen von der Drohne, die er aus dem Feldlager über Funk bekam. So dauerte es manchmal ewig, bis sich irgendetwas in Gang setzte. Und als einfache Soldaten erfuhren wir meistens nichts von den Absprachen in den oberen Führungsebenen. Das machte manche Entscheidung für uns wenig nachvollziehbar. Ich verstand plötzlich, wie schwerfällig dieses System in der Praxis war. Und ich dachte daran, was wohl passieren würde, wenn das Durcheinander eines schweren Gefechts dazukommen würde. Irgendwo hier warteten vierzehn Feinde auf uns. Wir standen ihnen gegenüber wie ein mächtiger und starker, aber behäbiger Elefant, der mit seiner ganzen Körperkraft versuchte, eine kleine Maus zu zertreten, die ständig zwischen seinen Beinen hindurchzuschlüpfen verstand.

Hey, hört mal her, rief Muli, weil wir mit einigen Metern Abstand zueinander lagen. Die Drohne hat aufgeklärt, dass die noch immer da drüben liegen. Etwa zwohundert Meter entfernt, hinter dem Feld auf der anderen Straßenseite.

Ich wischte mir den Schweiß von den Augen und blickte angestrengt durch mein Zielfernrohr, konnte aber nichts entdecken.

Dann soll'n die doch einfach 'nen Flieger anfordern und 'ne Bombe draufschmeißen, rief Mica gereizt.

Das geht nicht, war von Muli zu hören. Die verstecken sich zu dicht an den Wohnhäusern!

Insgeheim fand ich das sehr bedauerlich. Immerhin hatte der Chef die Möglichkeit, Luftunterstützung durch die Amerikaner anzufordern. Damit hätten wir ihnen schnell den Garaus machen können.

Gegenüber die Feinde, über uns die Sonne und ich fragte mich, ob und wann einer den ersten Schritt befehlen würde. Dann ging alles ganz schnell. Über die Drohne wurde gemeldet, dass der Feind ausgewichen war. Für den Rückweg wurden wir alle auf die vorhandenen Fahrzeuge verteilt, bis sie völlig überfüllt waren. Mir war völlig egal, dass wir ohne Sitz und Gurt bei einer Straßenbombe schwer verletzt werden könnten. Ich wollte nur nicht zurücklaufen müssen.

In den letzten Tagen der Raumverantwortung hatten wir noch eine Menge zu tun. Unsere Arbeit beschränkte sich hauptsächlich auf die Hauptstraße durch den Distrikt. Der Chef wollte erst einmal vor der eigenen Haustür des Polizeihauptquartiers für möglichst hohe Sicherheit sorgen, was er durch die Fahrzeugpatrouillen zwischen der Stadt und der Westplatte erreichen wollte. Es kam mir paradox vor, dass wir mit unserer großen Kriegsmaschinerie nicht in der Lage waren, eine einzige Straße komplett zu sichern.

Bei unserer Rückkehr ins Polizeihauptquartier standen einige unserer Kameraden im Innenhof und unterhielten sich angeregt. Sie hatten ein kleines Radio dabei, das durch Batterien mit Strom versorgt wurde.

Hey, wir kriegen einen deutschen Radiosender rein, riefen sie uns zu. Die übertragen das Spiel Deutschland gegen Argentinien!

Sofort rannten wir hin, und schnell war der kleine Plastikkasten von Soldaten umringt. Wir hörten nur Wortfetzen, die von ständigem Rauschen unterbrochen wurden.

Vermutlich ist das Radio Andernach, der Soldatensender, rief Mica, als wir kurz einen deutschen Sprecher hörten.

Plötzlich waren alle wie verwandelt. Ich spürte Aufregung und eine wahnsinnig positive Emotion. Etwas aus der Heimat, das fast alle verband. Die Liebe zum Fußball vermischte sich mit den Erinnerungen an die ersten Spiele der Weltmeisterschaft, die wir noch zu Hause hatten sehen können. Aber die Freude hielt nur kurz an. Obwohl wir auf der Suche nach der richtigen Einstellung an den Reglern herumdrehten, wurde der Empfang eher schlechter als besser. Da hatte TJ eine Idee.

Gebt mir mal das Radio, sagte er und stieg über die hohe Motorhaube hastig auf das Dach unseres Dingos. Es schien zu funktionieren.

Jubel, Schreie, Pfiffe. Absolute Begeisterung! Wir waren tatsächlich im Stadion und konnten das Spiel verfolgen. Die Sprechchöre der Fans, die Pfiffe des Schiedsrichters. Plötzlich riss die Verbindung ab. TJ hielt das Radio nach oben, nichts. Ich hob ein Stück Draht vom Boden auf.

Ob das funktioniert?, fragte Hardy misstrauisch.

Ich stieg zu TJ aufs Dach und hielt den Draht gegen die Antenne. Kurze Störungen, deutlicher Empfang. Wir jubelten wieder und drehten die Lautstärke voll auf. TJ saß im Schneidersitz auf dem Dach und hielt das Radio. Ich stand daneben und hielt das eine Ende des Drahtes an die Antenne und das andere so weit nach oben wie ich konnte. Vielleicht wäre es umgekehrt besser gewesen, TJ war viel größer als ich. Wir dachten nicht daran. Wir dachten an Fußball. Deutschland gegen Argentinien. Viertelfinale. Die Geräusche hallten in jede Ecke der Polizeistation. Der Hof füllte sich. Sogar die Wachposten auf dem Turm mussten ermahnt werden. Es war ein schönes Gefühl. Ein Heimatgefühl.

FEIGHEIT VOR DEM FEIND

Je mehr sich unsere erste Raumverantwortung ihrem Ende näherte, umso mehr freute ich mich darauf, bald wieder in einem richtigen Bett liegen zu können. Mir machte die Arbeit hier draußen Spaß. Die Fußmärsche, das Schwitzen, der Staub. Das alles konnte meine Motivation nicht im Geringsten zügeln. Aber ein weiches Bett fehlte mir. Dem einen oder anderen Kameraden ging es mit der Umstellung an die Bedingungen nicht so gut. In der zweiten Gruppe hatten wir einen begeisterten Kraftsportler. Ich persönlich mochte seine Muskelberge nicht, die ich für übertrieben hielt. Aber es war sein Hobby und seine Leidenschaft, das respektierte ich. Außerdem fiel es ihm leicht, das schwere Maschinengewehr zu tragen. Es wirkte in seinen kräftigen Händen wie ein Spielzeug, was mich sehr beeindruckte. In Deutschland fand man ihn fast jeden Abend im Kraftraum der Kaserne. Ich fragte mich allerdings, ob man wirklich solch gewaltige Muskeln bekommen konnte, ohne besondere Mittel einzunehmen. Manche Kraftsportler nahmen dafür sogar schlimme Hautprobleme in Kauf. Eines Morgens musste er zurück ins Feldlager gebracht werden. Sein Rücken, an dem er sich in den letzten Tagen auffällig gekratzt hatte, sah furchtbar aus. Der Schweiß und die enge Schutzweste hatten die Pickel auf seinem Rücken nach und nach immer zahlreicher werden lassen und eine schlimme Entzündung der gesamten Haut verursacht. Er musste mit Antibiotika behandelt werden und fiel für einige Tage aus. Es war für das ganze Team äußerst bitter zu wissen, dass von nun an einer von uns nicht mehr dabei war. Obwohl wir wussten, dass er wohl bald zurückkommen würde. Währenddessen warteten wir immer noch auf den ersten richtigen Angriff.

Einen Tag später hatten wir erneut den Auftrag, einen Trupp Kampfmittelbeseitiger zu eskortieren. Diesmal auf die Westplatte. Dort sollten sie von den Amerikanern aus dem Polizeihauptquartier übernommen werden und ein paar Orte untersuchen, an denen Sprengsätze vermutet wurden.

Als wir auf der Zufahrt zur Westplatte waren, konnten wir die Fahrzeuge der Amerikaner schon von weitem erkennen. Sie funkten uns mit ihrem Rufnamen an, um die Funkverbindung zu prüfen.

»Golf one, this is dagger, radio check!«, hörten wir aus dem Lautsprecher.

Und Muli, der nicht wusste, dass »radio« mit Funkgerät übersetzt wurde, ließ entnervt den Hörer fallen und rief hysterisch:

Radio? Was für 'n Radio? Ich hab kein Radio!

Mica, der sich vor Lachen kaum halten konnte, reichte mir das Funkgerät, damit ich den Funkspruch beantworten konnte.

Am Tag, bevor es zurück ins Feldlager gehen sollte, erlebte ich meinen ersten Sandsturm. Es war ein unbeschreiblicher Augenblick, als sich die Sonne verdunkelte und der Himmel komplett gelb färbte. Nicht lange und die Sicht war auf wenige Meter beschränkt. Von Staub und Sand erfüllt, glich die Umgebung einer riesigen Sanduhr. Allerdings tobte der Sturm nicht, wie ich es in Filmen gesehen hatte. Die gewaltigen Sandmassen wälzten sich eher gemächlich durch das Polizeihauptquartier. Nach wenigen Minuten endete der Sandsturm so unvermittelt, wie er begonnen hatte.

Als wir am nächsten Morgen unsere Ausrüstung packten, fuhr unsere Ablösung auf den Hof. Bevor wir wieder ins Feldlager zurückkehren konnten, mussten aber noch der India Zug von den Höhen 431 und 432 ausgelöst und das Polizeihauptquartier übergeben werden. Feldbetten abbauen, die Räume und Flure fegen und die Küchenstelle reinigen, an der wir mit Hilfe von zwei Gasflaschen die Notrationen aufgewärmt hatten.

Für das erste Mal hat die Raumverantwortung ganz gut geklappt, sagte ich zu Mica, als wir mit dem Dingo in Richtung Feldlager rollten. Aber komisch, dass noch nichts passiert ist. Die haben ja erzählt, dass man hier ständig angegriffen wird.

Mica nickte. Kein Angriff. Keine Straßenbombe, nichts.

Ich fühlte mich großartig, war stolz auf unsere Arbeit. Ich hatte einen Stapel Briefe in der Tasche, die ich gleich zur Poststelle bringen wollte.

Zurück im Feldlager musste die gesamte Ausrüstung vom Sand befreit und gereinigt werden. Wir wussten nicht, wann es wieder rausgehen würde, stellten uns aber auf neue Aufträge während unserer Freizeit und nur wenige Tage im Feldlager ein. Alle Waffen mussten zerlegt und geputzt, Taschen und Hosen genäht und die durchgeschwitzten und dreckigen Klamotten zur Sammelstelle gebracht werden. Dort holte eine Firma die Wäsche ab und brachte sie sauber und frisch duftend zurück.

Ich begleitete TJ zur Werkstatthalle, um den Luftfilter unseres Dingos auszublasen. Eigentlich musste das wegen des Wüstensands jeden Tag gemacht werden, draußen konnten wir ihn nur ausklopfen. Niemand war vor Ort.

Dann lass uns doch erst mal zum Tanken fahren, schlug ich vor.

Auch dort war niemand zu sehen.

Scheiße, heute ist Freitag, rief TJ plötzlich aus.

Freitag, Baseday. Vormittags waren die meisten Abteilungen unbesetzt. Wütend fuhren wir zurück. Zum ersten Mal wurde mir der Graben, der zwischen der Welt hier drinnen und den Soldaten draußen verlief, sehr deutlich bewusst.

Die müssen doch für uns Infanteristen da sein, schnaubte TJ. Sollen die ihren scheiß freien Tag doch machen, während wir draußen sind, und nicht, wenn wir wieder reinkommen.

Am nächsten Morgen versammelte Muli uns in der Festung.

Wir müssen heute eine Tour machen, begann er seine Einleitung. Wir stellen den Schutz für ein CIMIC-Team, also für Kameraden, die den Kontakt zur Bevölkerung pflegen und vor allem von Deutschen durchgeführte Projekte betreuen, berichtete er.

Wenn die so guten Kontakt zur Bevölkerung haben, sollen die doch allein rausfahren, Digger.

Wizos Missmut sprach uns aus dem Herzen. Keiner hatte Lust, nach einer Nacht Pause schon wieder seine kostbare freie Zeit zu opfern.

Echt mal, ist doch wahr, stimmte Hardy mit ein.

Schluss damit, unterbrach Nossi wütend. Ihr wisst genau, dass wir erst wieder Freizeit haben, wenn wir in Deutschland sind. Hier führen wir unsere Aufträge durch.

Wir sollten zusammen mit dem CIMIC-Team und einem Jammer drei unterschiedliche Dörfer anfahren, alle im unmittelbaren Umkreis des Feldlagers. Das erste Dorf lag kurz hinter Kundus, aber auf der anderen Seite der Stadt, die wir bislang noch nicht erkundet hatten. Neues Gebiet, volle Aufmerksamkeit. Zum Glück war die Straße asphaltiert, das gab etwas Sicherheit.

Wie heißt die Straße, auf der wir uns gerade befinden?, fragte Muli in die Runde.

Keine Antwort.

Hardy, wo sind wir gerade?

Schweigen.

Mica und ich versuchten zu raten und lagen daneben.

Ey, ich hab euch gesagt, ihr sollt das lernen, verdammt noch mal!, schnauzte Muli uns an. Ich will, dass ihr immer wisst, wo wir gerade sind.

Der Rest der Fahrt verlief ungewöhnlich still. Kein Gespräch. Wie Schuljungen, die ihre Hausaufgaben vergessen hatten und deshalb abgekanzelt wurden, saßen wir auf unseren Plätzen.

Wir sind gleich da, unterbrach Muli die Stille. Das CIMIC-Team will 'ne Schule besuchen, die mit Hilfe von deutschem Geld gebaut wurde. Wir gingen in Sicherungsposition und ließen die CIMICs ihre Arbeit machen. Nach wenigen Minuten ein Funkspruch. Die haben seit zwei Tagen Ferien, verkündete Mü.

Oh Mann, wer macht hier eigentlich die Pläne, schimpfte TJ.

Im nächsten Dorf war der Dorfälteste nicht da. Kein Ansprechpartner. Also weiter. Das letzte Dorf befand sich entlegen auf dem Plateau, auf dem auch das Feldlager lag. Nur einige Reifenspuren gaben die Richtung an. Das Dorf glich einer Szene aus einem Italo-Western. Es lag auf einem steilen Hügel, umgeben von hohen Felsen, die rot in der Sonne leuchteten, und wirkte wie eine Festung. Am Fuß des Hügels hüteten kleine Jungen riesige Ziegenherden. Für die Transportpanzer war der Weg hinauf zu schmal. Also mussten diese Schlachtschiffe unten auf der Straße bleiben, während der Rest sich langsam mit den Dingos nach oben quälte – zur Rechten steile Felswände, zur Linken eine abfallende Schlucht. Auf dem breiten, von Lehmhütten umgebenen Dorfplatz war niemand zu sehen. Wir blieben auf dem Fahrzeug sitzen, während das CIMIC-Team versuchte, Kontakt aufzunehmen. Mü und ein paar Männer von Golf zwei waren zur Sicherung dabei. Doch keiner der Dorfbewohner schien mit ihnen sprechen zu wollen. Über Funk bekamen wir mit, dass die CIMICs von einem zum Nächsten weitergereicht wurden. Nach einer halben Stunde wurde die Aktion abgebrochen.

Verdammt, wir wollen euch doch nur helfen, dachte ich.

Während wir langsam den steilen Pfad herunterrollten, versammelten sich plötzlich immer mehr Menschen rufend und gestikulierend um unsere Fahrzeuge. Kinder, junge Männer, alte Männer. Der Lärm wurde lauter. Die Kinder machten Zeichen, schienen etwas haben zu wollen, Wasser vielleicht. Auch auf den Häusern über uns erschienen viele Menschen. Sie riefen und schrien. Vielleicht waren sie sauer, dass wir unverrichteter Dinge wegfuhren.

Verdammte Bande, rief Hardy ärgerlich. Wollen sich nicht helfen lassen und sind dann sauer.

Auch zwischen den Fahrzeugen waren Menschen, wir kamen nur langsam vorwärts. TJ hupte. Plötzlich knallte es. Scheppern, das Schlagen von Metall.

Was war das?, riefen TJ und ich durcheinander.

Habt ihr irgendwas gesehen?, fragte Muli.

Nichts zu sehen, gab Mica zur Auskunft. Er kurbelte hektisch an seiner Waffenanlage, blickte durch die Optik.

Ich habe keinen Schuss gehört, meldete sich Hardy.

Ich sortierte meine Gedanken. Okay, ist jemand verletzt?, fragte ich laut und deutlich.

Nein, kam von Hardy und Mica.

Hinten alles klar, meldete ich an Muli.

Meine Scheibe ist kaputt, rief TJ dazwischen.

Und tatsächlich, ein großer Riss quer über das Seitenfenster war zu sehen.

Ich hab auch 'nen Schaden, an der Optik, meldete sich Mica. Die ham einen der Winkelspiegel auf dem Dach getroffen. Ich bin nach links blind.

Hier Muli, Kontakt links! Wir sind angegriffen worden, meldete unser Gruppenführer über Funk.

Wir waren immer noch nicht sicher, was da gerade passiert war. Normalerweise würden wir in einer solchen Situation mit Vollgas durchbrechen, um aus der Gefahrenzone herauszukommen. Stattdessen rumpelten wir langsam hinter den anderen her, weil es auf dem schmalen, steilen Weg nicht anders ging. Unten auf der Straße angekommen, begutachteten wir den Schaden.

Das war 'ne Steinschleuder, bemerkte Muli. Die benutzt hier jeder, der sich kein Gewehr leisten kann. Wahrscheinlich ham die Kugeln aus Kugellagern oder 'ne Schraubenmutter benutzt.

Auf dem Rückweg rätselten wir immer noch, ob es sich tatsächlich um einen Angriff oder nicht eher um einen Streich gehandelt hatte. Ungewissheit. Einfach alles hier bedeutete Ungewissheit. Gewiss war nur, dass hier Krieg herrschte. Auch wenn wir bis jetzt noch davongekommen waren.

Abends im Feldlager versuchte ich, in der Heimat anzurufen. Verbindungsprobleme. Ich sah viele andere, die in der Dunkelheit saßen und ebenfalls telefonierten. Offenbar war das Netz, das man uns Soldaten zur Verfügung stellte, diesem Ansturm nicht gewachsen. Es dauerte eine ganze Weile, bis ich durchkam. Eine vertraute Stimme, Sehnsucht, Heimatgefühle. Verständnis auf beiden Seiten. Es war ein sehr zärtliches Gespräch, so dass ich eine ruhige Ecke suchte, um es ungestört fortsetzen zu können. Nach dem Gespräch schloss ich die Tür von Dollis und Butchs Container von innen ab ...

Einen Tag vor der nächsten Raumverantwortung gab es wieder ein Kompanieantreten. Der Chef spannte uns nicht lange auf die Folter. Seine tiefe Stimme erfüllte den Platz, langsam und deutlich sprach er zu uns:

Wir haben nun die erste Raumverantwortung hinter uns gebracht. Nicht nur der Raum musste erkundet werden, vor allem mussten wir uns an die Umstände und die Umgebung gewöhnen. Der eine oder andere mag angespannt gewesen sein, aber das ist gut und richtig so. Wer keine Demut vor der Aufgabe aufbringt, wird nachlässig und riskiert zu viel. Wir lernen jeden Tag dazu und werden jeden Tag sicherer. Ich bin sehr zufrieden mit Ihnen.

Dann machte er eine Pause.

Ich will Ihnen einen kleinen Ausblick auf die nächste Zeit geben: Wir haben mit Präsenzpatrouillen auf der Hauptstraße in Chahar Darrah angefangen. Hauptsächlich mit Fahrzeugen, aber auch zu Fuß. Der Feind hat es bisher vorgezogen, uns auszuweichen, sich nicht zum Kampf zu stellen. Diese Ruhe ist jedoch mehr als trügerisch, da der Feind uns aus seinen Rückzugsräumen jederzeit und an jedem von ihm bestimmten Ort angreifen kann. Wir werden daher verstärkt in die Rückzugsräume des Gegners eindringen, uns langsam vortasten und den Gegner zu eigenen Absicherungsmaßnahmen zwingen. Für uns gilt es jetzt, aus der Defensive herauszukommen.

Er hielt erneut inne.

Leider kann ich Ihnen noch nicht sagen, wie lange unser Einsatz dauern wird. Aber ich stehe mit dem Kommandeur in Kontakt und dränge darauf, endlich eine Entscheidung zu bekommen. Bis dahin arbeiten wir sauber weiter. Treue um Treue!

Den Abend vor der zweiten Raumverantwortung verbrachten wir vor einer der großen Leinwände, die überall aufgebaut worden waren und wo sich fast das gesamte Feldlager versammelt hatte. So konnten wir live mitverfolgen, wie sich die deutsche Nationalmannschaft von Spanien bezwingen ließ. Die Enttäuschung war groß. Hatten die Jungs bis dahin doch eine großartige Leistung gezeigt. Manchmal lief es einfach nicht gut. Aber wir hatten ganz deutlich gespürt, dass die Mannschaft aus Angst vor dem Gegner ihr befreites Spiel aufgab. Ich war darüber sehr wütend. Warum machte man seine bisher exzellente Arbeit aus Angst so leichtfertig zunichte?

Die letzte Nacht in einem richtigen Bett war früh beendet. Weniger Unordnung als beim letzten Mal führte uns rascher aus dem Feldlager.

Treue um Treue, aauuh!, Motivation.

Muli fragte uns ab. Da wir immer wussten, auf welcher Straße wir gerade waren und welchen Geländepunkt wir erreichten, herrschte schnell gute Stimmung im Trupp. Wir sprachen über das Spiel von gestern Abend. Immer noch warteten wir auf den ersten Angriff. Er würde irgendwann kommen, dessen waren wir uns sicher.

Das Polizeihauptquartier lag still in der Sonne da. Der India Zug befand sich wieder auf dem Weg zu den beiden Höhen. Bereits für den nächsten Tag hatte der Chef eine größere Patrouille angesetzt. Unser Zug sollte zusammen mit dem Hotel Zug von der Höhe 432 aus losmarschieren. In Richtung Isa Khel und das Nachbardorf Quatliam. Zur Höhe 432 fuhren wir alle mit den Fahrzeugen. Von oben konnten wir weit in die Richtung blicken, in die wir marschieren sollten. Bis auf ein paar in der Mittagshitze arbeitende Bauern war nichts zu sehen. Wir waren schwer beladen.

Nehmt volle Gefechtsausrüstung mit, hatte Mü befohlen.

Panzerfaust, das Maschinengewehr, beides etwa dreizehn Kilogramm schwer, Munition, Nachtsichtgeräte, Funkgeräte, Wasser und Leitern. Leitern waren sehr wichtig, um über tiefe, breite Wassergräben zu gelangen oder hohe Mauern zu überwinden. Sie waren sperrig und behinderten den Umgang mit der Waffe. Muli musste befehlen, wer sie zu tragen hatte.

Bereits auf den ersten Metern schmerzten meine Schultern, ließ der Schweiß die Kleidung auf der Haut scheuern. Wir gingen auf schmalen Wegen, geradewegs in die Felder. Die Männer dort schauten kurz auf, manche grüßten oder winkten. Dann schlugen sie ihre primitiven Holzhacken wieder in den lehmigen Boden.

Das Getreide stand goldgelb auf dem Halm.

Seid wachsam, ermahnte Nossi uns. Normalerweise greifen sie über die Felder nicht an, damit die Bauern ihre Ernte nicht verlieren und weiter die Steuern an die Aufständischen zahlen können. Aber eine Mine oder ein Scharfschütze hinterlassen nicht viele Spuren!, rief er uns zu.

Am Rand einer Freifläche ließ uns der Chef anhalten und erkundete die Lage. Als er den Weitermarsch befahl, nahm jeder schnell seine Position ein.

Wir liefen weiter. Schwankend und Halt suchend stolperten wir über die kleinen Wälle neben den Feldern. Wieder und wieder trank ich gierig aus meinem Wassersack, den ich auf dem Rücken trug. Ich wischte mit dem Handschuh durchs Gesicht. Langsam wurde das Wasser knapp. Irgendwer hatte Halt befohlen, und wir sahen uns nach einer Möglichkeit um, in Deckung zu gehen. Schließlich überwanden wir einen kleinen Graben und kauerten uns an die Böschung eines riesigen Erdwalls, der dahinter aufgeschüttet war. Wir konnten nicht darübersehen und hatten auch keine gute Sicht nach hinten. Dafür hatten wir Schatten.

Auf einmal wurde es hektisch. Funksprüche, Muli befahl uns aufmerksam zu sein.

Ich zog hastig wieder den Helmriemen zu, nahm meine Waffe in die Hand.

Bei Hotel sind Feinde in Stellung gegangen. Ham die gerade gemeldet!, rief Muli.

Ich wartete auf einen Schuss, einen Knall, irgendwas. Nichts geschah.

Wieder ein Funkspruch.

Wir sollen den Hotel Zug in deren Stellung ablösen, befahl Muli.

Als wir bei unseren Kameraden ankamen, waren einige in heller Aufregung, andere saßen gespannt herum und warteten. Wir wussten nicht, was los war. Aber wir übernahmen die Stellung, hockten uns in einen Graben. Es war niemand zu sehen. Keine Feinde, die in Stellung gegangen waren, nichts.

Als der Hotel Zug verschwunden war, sagte Muli zu mir: Ich kann von hier aus nicht genug sehen. Ich möchte, dass du vor die Buschreihe vor uns gehst und mein Auge bist.

Bin schon weg, war meine Antwort, aber Muli hielt mich zurück.

Du wirst da vorne keine Deckung haben. Machst du das trotzdem?

Ja, sagte ich mit fester Stimme und ohne Angst.

Ich sprang über den Graben und fiel auf den Boden. Kriechend zwängte ich mich durch eine Lücke zwischen den Ästen.

Auf der rechten Seite tauchte eine Staubwolke auf. Ein weißer Toyota Corolla raste nach links über einen Weg, den ich nicht einsehen konnte. Kopf nach hinten drehen, Muli fixieren. Er gab mir ein Zeichen, dass er den Wagen auch bemerkt hatte. Gespannt blickte ich wieder durchs Zielfernrohr.

Der Wagen ist voller Männer, meldete ich ihm.

Seine Antwort war kurz. Wenn du Waffen siehst, schießt du sofort auf sie.

Ich presste das Auge gegen das Zielfernrohr und spähte gespannt. Dichter Staub hüllte den Wagen ein. Ich konnte nur die Motorhaube erkennen, schwarze Gestalten. Sie spähten herüber.

Hatten sie mich erkannt? Ich wischte mir über die Augen. Plötzlich riss die Staubwolke für einen Moment auseinander. Mein rechter Zeigefinger war am Abzug der Waffe. Noch immer konnte ich nichts erkennen. Ich wartete. Schließlich verschwand das Auto in einer Staubwolke hinter einer Biegung. Die Sonne lag tief über dem Horizont und kündigte die nahende Dunkelheit an.

Fertigmachen zum Abmarsch, hörte ich Muli sagen.

Ich kroch zurück.

Das waren mit Sicherheit welche von denen, erklärte Muli. Die waren im nächsten Dorf und irgendjemand hat angerufen, dass wir kommen. Also sind die, so schnell es ging, zurückgefahren. Die normalen Bauern fahren nicht so schnell, dafür sind die Autos zu teuer.

Blöd, dass ich keine Waffen erkannt habe, bemerkte ich kurz.

Wir marschierten im Dunkeln zurück, erst zur Höhe 432, dann fuhren wir mit den Fahrzeugen ins Polizeihauptquartier. Völlig erschöpft schleppte ich mich zur Wache auf dem Turm. Danach ins Feldbett, umdrehen, Augen zu.

Am nächsten Morgen befand sich vor der Dusche eine Schlange. Wir mussten uns beeilen, denn nach kurzer Zeit brachen wir mit den Fahrzeugen zur Patrouille auf. Einmal zur Stadt, dann zur Westplatte und wieder zurück. TJ war unkonzentriert. Muli musste seine Befehle mehrfach wiederholen und fuhr ihn an.

TJ, guck auf die Straße und hör zu, schnauzte er.

Bei einem kurzen Beobachtungshalt wandte sich Muli an uns.

Ich muss euch noch über etwas Wichtiges informieren, fing er an. Gestern gab es beim Hotel Zug Unstimmigkeiten, weshalb wir deren Stellung übernehmen sollten. Einer der Gruppenführer vom Hotel Zug hat einen Befehl vom Chef verweigert, es gab Tumult und Streit.

Wir stutzten und schauten Muli an, als hätten wir nicht verstanden, was er gesagt hatte.

Muli wollte nicht zu sehr ins Detail gehen: Das kam alles noch gestern Abend bei der anschließenden Lagebesprechung heraus. Der Gruppenführer hat da vorne in der Stellung gesagt, dass er jederzeit bereit ist, Standardaufträge zu übernehmen, aber keinen Bock hat, seinen Kopf für die Abenteuerlust vom Chef hinzuhalten, bloß weil der so offensiv vorgehen will.

Aber der Chef hat den Führern doch vor dem Einsatz ganz klar gesagt, was er vorhat und wie er das umsetzen will, wunderte ich mich.

Und vor allem hätte er doch dann nicht mitzukommen brauchen, ergänzte TJ.

Überlegt euch mal, was das gestern für den Rest des Hotel Zuges bedeutet hat. So was in so 'ner Situation loszutreten, wo wir jederzeit mit Feindkontakt rechnen müssen, war Micas sachlicher Kommentar.

Ja, sagte Muli ernst. Für mich ist das ganz klar Feigheit vor dem Feind. Ich sag euch nicht, wer es war, solange wir noch draußen sind. Ihr werdet es sowieso mitbekommen, weil derjenige jetzt nach Hause fliegt.

Ob der Chef das veranlasst oder der betreffende Gruppenführer dies selbst entschieden hatte, konnte Muli nicht beantworten.

Im Polizeihauptquartier nahm ich TJ zur Seite.

Was is los, fragte ich auffordernd, weil ich spürte, dass er etwas mit sich herumtrug. Er wirkte angespannt und hätte auf dem Rückweg aus Unachtsamkeit sogar beinahe einen Jungen überfahren.

Ach, Scheiße is los, fing er an zu erzählen. Vor ein paar Tagen hab ich bei Facebook gelesen, dass mein Bruder mit meiner Freundin zum Shoppen gegangen ist. Das lässt mich seitdem nicht mehr los.

Vertraust du ihr?, fragte ich und blickte ihn dabei forschend an.

Er überlegte kurz. Ja, tue ich. Eigentlich auch bedingungslos.

Aber die haben früher nie was miteinander zu tun gehabt. Und jetzt bin ich weg. Das fühlt sich einfach total komisch an. Und gestern auf der Patrouille hab ich auch noch meine Halskette verloren. Da waren der Ring und der Schutzengel-Anhänger von ihr dran.

Scheiße, sagte ich ruhig. Ich verstehe dich. Aber trotzdem musst du dich auf deine Arbeit konzentrieren. Wenn du fährst, bist du für uns alle verantwortlich. Sei ehrlich, wenn du 'ne Pause brauchst, dann fährt so lange einer von uns, sagte ich mit beruhigender Stimme, aber eindringlich.

Schließlich nickte er und sagte: Es geht schon.

Weißt du, TJ, der Chef jagt uns bestimmt noch öfter in diese Richtung. Wir sammeln die Kette einfach beim nächsten Mal wieder ein, grinste ich und schlug ihm auf die Schulter.

Abends besuchte ich die Amerikaner, die mich inzwischen schon wie einen guten Freund begrüßten. Ich mochte die herzliche Art dieser Männer sehr, die so entspannt und locker wirkten, während sie sich in einem Kampfeinsatz befanden. Im Gegensatz zu uns mussten sie fast ein Jahr in Afghanistan bleiben. Nur für zwei oder drei Wochen durften sie in dieser Zeit nach Hause fliegen. Trotzdem nahmen sie alles mit Humor.

Besonderen Spaß hatte ich mit Rico. Dies war nicht sein tatsächlicher Name, aber er stammte aus Puerto Rico und alle nannten ihn so. Er war fast zwei Köpfe kleiner als ich. Seine gute Laune war richtig ansteckend, und während die Amerikaner mich zum Abendessen einluden, scherzten wir über die Situation, in der wir uns befanden.

Sie hatten aus einem alten Kühlergrill und Steinen eine Feuerstelle für ein zünftiges Barbecue improvisiert. Einer von ihnen schwenkte eine kleine rote Flasche herum. »Extra-extra hot« stand auf dem Etikett der Grillsauce. Er forderte mich tatsächlich auf, einen Tropfen davon durch die Nase zu ziehen. Ich zeigte ihm grinsend einen Vogel und beobachtete fasziniert, wie er selbst die Flasche ansetzte. Wir konnten den armen Mann schließlich eine halbe Stunde mit Tränen in den Augen durch das Polizeihauptquartier rennen sehen.

Die nächsten Tage vergingen mit einer besonderen Form des Wartens. Für einen Soldaten bestand die Hälfte der Arbeitszeit aus Warten. Warten aufs Essen, Warten aufs Antreten, Warten auf den Dienstschluss. Je mehr Personen an etwas beteiligt waren, umso länger musste man warten. Die Bundeswehr bestand aus Hunderttausenden Personen. Befehle mussten von den Führungsebenen weitergeleitet, Soldaten eingewiesen, Kolonnen in Marsch gesetzt werden. Ständig waren wir damit konfrontiert, Wartezeit hinter uns bringen zu müssen. Vielleicht lagen Soldaten deshalb so gerne in jeder freien Minute im Bett.

Wir warteten immer noch auf das erste Gefecht. Der Gegner war irgendwo da draußen. Als Taliban, Räuber oder unzufriedener Dorfbewohner. Die Frage, gegen wen wir hier eigentlich antreten sollten, war genauso schwer zu beantworten wie die Frage nach dem Ort, an dem er zuschlagen würde. Wir waren zum Reagieren verdammt, zum Abwarten verflucht. Zum Abwarten auf einen Kampf, der uns als selbstverständlich und unausweichlich schien. Die Aufständischen würden uns irgendwann angreifen, niemand hatte den geringsten Zweifel daran. Aber wann würde es passieren? Die Ungewissheit über den Zeitpunkt machte uns mürbe. Zu wissen, dass wir würden kämpfen müssen, war nicht so schlimm wie die Ungewissheit, wann es endlich dazu kam.

Ich sehnte mich nach dem ersten Kampf. Aber nicht, weil ich mich so auf das Gefecht freute, sondern weil ich die quälende Warterei, diese Ungewissheit, endlich hinter mich bringen wollte.

Die Welt kam mir in diesem Moment sehr kompliziert vor. Wir waren in einem Verteidigungsbündnis. Und ich erinnerte mich, dass es die Vereinten Nationen waren, die am 12. September 2001 Amerika das Recht zur Verteidigung zugesprochen hatten. Nur aufgrund dieser Entscheidung hatte die Nato den Bünd-

163

nisfall ausgerufen und damit den Krieg in Afghanistan gebilligt. Hatten wir uns nicht fünfzig Jahre lang im bequemen Schutz dieses Bündnisses befunden?, fiel mir ein. Vielleicht war der Ansatz, mit dem wir nach Afghanistan geschickt worden waren, ein falscher. Vielleicht stimmte es ja, dass die Amerikaner anfangs nur Terroristen töten wollten, und wir Deutsche es waren, die einen Wiederaufbau versprochen hatten. Aber inzwischen war so viel passiert. Zehn Jahre Krieg. Als er ausbrach, waren die meisten von uns Soldaten noch Kinder.

Wir können nichts für die Entscheidungen von 2001, dachte ich trotzig. Aber nun sind wir in dieser Situation und haben eine Verantwortung zu tragen. Und es hatte sogar Angriffe auf Deutschland gegeben. Die Kofferbomber von Köln, die Sauerlandgruppe, schließlich die Al-Qaida-Terroristen in Düsseldorf. Sie waren im afghanisch-pakistanischen Grenzland ausgebildet worden, um in Deutschland möglichst viele Menschen zu töten. Sie versteckten sich hier mit ihren Kalaschnikows und US-Dollars hinter der armen Bevölkerung. War es dann nicht unsere Pflicht, hierherzukommen, um die Basis für solche Anschläge zu zerstören? War es dann nicht unsere Pflicht, in dieses Land zu gehen und den Menschen hier eine bessere Zukunft zu bereiten, damit der Nährboden für die Verbrecher schwand?

Als ich mich mit Jonny vor dem Einsatz einmal über das Töten von Menschen unterhalten hatte, wollte er wissen, ob ich Angst vor dem Tod hätte.

Was meinst du?, fragte ich zurück. Meinen Tod oder den Tod eines Menschen, den ich umbringe?

Fang erst mal mit deinem Tod an, sagte Jonny.

Das ist für mich das Gleiche, sagte ich voller Überzeugung. Ich habe keine Angst vor dem Tod. Aber ich habe Angst vor dem Sterben.

BOMBEN AUF DEM FRIEDHOF

Der ständige Wechsel aus Hitze und Schatten, das hastige Anziehen während der Nacht kurz vor der Wache, die holprigen Fahrten während der Patrouillen bestimmten unseren Tagesablauf im Polizeihauptquartier. Dazu das Schwitzen. Die kleinen Klimaanlagen schafften es nicht, den großen Schlafraum des Golf Zuges komplett zu kühlen. Immer wieder brach Streit aus, wenn Golf zwei während unserer Wache die Klimaanlagen in Richtung ihrer Betten gedreht hatte und umgekehrt. Da wir nur die Fußpatrouillen gemeinsam durchführten, unterstützte der Wachplan die Spaltung, die sich zusehends in unserem Zug zeigte. Golf eins, von Muli geführt, Golf zwei von Brandy geführt. Und weil sich Mü bei der Wache oder den Patrouillenfahrten mit seinem Zugtrupp ausschließlich Golf zwei anschloss, kamen wir uns bald wie eine eigenständige, kleine Einheit vor. Eine Gemeinschaft aus dreizehn Männern, die von Muli geführt wurde.

Ich war darüber nicht unglücklich, stand ich Mü doch kritisch gegenüber. Aber mir war trotzdem nicht sehr wohl dabei, denn im Kampfeinsatz konnte die Spaltung viel Schaden anrichten. Für den Moment jedenfalls schien der Zugführer nichts dafür zu tun, etwas an der Situation zu ändern. Der Einkauf der Getränkedosen wurde inzwischen auch nur noch von den einzelnen Gruppen und nicht mehr für den ganzen Zug gemacht. Ständig hatten wir uns gestritten, weil die einen der Meinung waren, die anderen hätten zu viel aus dem Kühlschrank im Schlafraum genommen. Unter normalen Umständen hätten wir vielleicht ein klärendes Gespräch geführt. Aber angesichts der ständigen Hitze, des Schlafmangels und der belastenden Aufgaben fehlte uns während der wenigen Freizeit einfach die Kraft dazu. Nach der Rückkehr in den Schlafraum sanken die meisten sofort ins

Bett, wollten wenigstens für ein paar Stunden ihre Ruhe haben. Jedes kleine Wort konnte wie ein Funke ein Feuer entfachen.

Solche Dinge führten dazu, dass der Teamgeist innerhalb der Gruppe Golf eins noch weiter gestärkt wurde. Je mehr wir uns von den anderen entfernten, umso enger schlossen wir uns zusammen.

Seit ein paar Tagen begleitete uns ein junger Mann bei allen unseren Aufträgen. Er arbeitete als freier Fotograf und kam aus Holland. Joel war schon mehrfach in Afghanistan gewesen, um aus diesem Krisenland zu berichten. Über seiner Zivilkleidung trug er eine schwarze Schutzweste und einen schwarzen Helm und unterschied sich dadurch deutlich von den Soldaten, die ihn umgaben. Wir hatten ihm eindringlich erklärt, wie er sich verhalten sollte und wann er welche Dinge tun durfte, wenn wir unterwegs waren. Dies war sehr wichtig, um uns und ihn nicht in Gefahr zu bringen. Seine Anwesenheit war eine willkommene Abwechslung für uns, auch wenn wir uns nur auf Englisch mit ihm unterhalten konnten. Während einer Fahrzeugpatrouille erzählte er von einem seiner Afghanistan-Besuche.

Wisst ihr eigentlich, dass die Bundeswehr vor einigen Jahren noch im offenen Geländewagen durch Kundus gefahren ist? Ungepanzert. Das hatte fast etwas von einer Spritztour mit dem Cabrio. Heute seid ihr hochgerüstet, bewegt euch nur noch mit Helm aus dem Fahrzeug. Das war echt ein anderes Gefühl, damals.

Und fahrlässig gefährlich, ergänzte Muli und erklärte den Hintergrund. Früher musste das Barett getragen werden, weil die militärische Führung der Meinung war, dass ein Helm auf dem Kopf die Afghanen erschreckt. Dieser wurde nur im Notfall aufgesetzt.

Nach einer kurzen Pause sagte Muli verbittert: Aber weil die deutsche Führung viel zu lange die Gefahr nicht erkannte, die sich hier im Norden langsam aufgebaut hat, haben wir viele gute Soldaten verloren.

Von allen Aufgaben, die wir zu erledigen hatten, waren die Fußpatrouillen am kraftraubendsten. Und sie machten mir am meisten Spaß. Zu Fuß in ein Dorf zu gehen, bot immer wieder neue Einblicke in den afghanischen Alltag. Keine Hüttensammlung glich der anderen, immer war es unvorhersehbar, wie die Bewohner auf uns reagieren würden. Kurzes Grüßen, Abwenden, offene Feindseligkeit. Ich war neugierig, grüßte die Männer, übersah die Frauen, genau wie Muli es mir geraten hatte. Das Verhalten der Menschen respektieren, auch wenn ich sie nicht verstand. Manchmal waren wir schnell von einer Schar Kinder umringt, manchmal wurde uns ganz offen für unsere Hilfe gedankt, manchmal wirkten die Gehöfte verlassen, fast geisterhaft. War es Furcht, die die Menschen bei unserer Annäherung vertrieb? Furcht vor Repressalien, wenn sie mit uns gesehen wurden, oder Furcht, erwischt zu werden, weil sie Waffen versteckten oder einsetzen wollten? Manchmal schienen die Menschen richtig erfreut zu sein, dass wir uns zeigten, den Kontakt zu ihnen suchten.

Immer war es unser Chef, der durch Gespräche Kontakte knüpfte und so versuchte, Ansprechpartner zu gewinnen, Informationen zu erhalten. Gesprächsaufklärung mit Hilfe der jungen Übersetzer, die uns begleiteten. Diese Männer waren im Englischen unterrichtet worden und hatten für afghanische Verhältnisse eine hochwertige Ausbildung erhalten. Sie waren sehr wichtig für uns. Und sie hatten sich freiwillig dazu entschieden. Sicherlich war der ordentliche Monatsverdienst von siebenhundert Dollar verlockend. Der afghanische Durchschnittslohn soll bei etwa fünfzig Dollar liegen. Aber sie waren auch Idealisten, hatten eine Vorstellung im Kopf. Das spürte ich jedes Mal, wenn ich sie sah. Sie waren begeistert bei der Arbeit, es machte ihnen sichtlich Spaß. Und das, obwohl sie sich wie wir hinter dicken Schutzwesten und einer Sonnenbrille verbargen. Einer trug trotz der Hitze immer einen Kapuzenpullover, tief in die Stirn gezogen.

Als ich eines Mittags im Polizeihauptquartier gegen die wackelige, weiße Plastiktür zum Raum der afghanischen Übersetzer klopfte, wurde ich freundlich hereingerufen. Nach meinem höflichen Salam aleikum kam ich sehr schnell mit den drei jungen Männern ins Gespräch. Sie waren unglaublich aufgeschlossen und gut gelaunt. Besonders ein junger Mann mit breiten Schultern, der sich mit dem Namen Shukoor vorstellte, grinste schelmisch und fing sofort an, Späße auf meine Kosten zu machen. Wir verstanden uns auf Anhieb.

Ich erzählte, zu welchem der vier Züge ich gehörte, und sie berichteten von ihrer Arbeit als Sprachmittler für die Bundeswehr. Ich hatte so viele Fragen zu diesem fremdartigen Land und wollte die Gelegenheit nutzen, mehr zu erfahren. Aber an diesem Abend wollte ich zuallererst mehr über diese eigenartige Sprache mit ihrem fremdartigen Klang erfahren, die ich noch niemals zuvor gehört hatte. Meine Hoffnung war, ein paar Brocken Dari aufschnappen zu können, um mich auf der Straße verständlich zu machen. Ich wollte wenige Schlüsselsätze, die ich als wichtig empfand, kennen und aussprechen lernen. Die drei waren von meiner Idee begeistert.

Ich zog ein Blatt Papier aus der Tasche und begann, ihnen auf Englisch zu erklären, was ich sagen wollte. Halt, Stehenbleiben! Wir sind Deutsche! Und zwei Sätze, die mir besonders wichtig erschienen: Keine Angst! Und: Wir sind Freunde!, empfand ich als guten Einstieg. Schließlich wollte ich noch wissen, auf welche Weise ich fragen könnte, ob sich in der Straße eine Bombe befand. Dass ich auf diese Frage jemals eine ehrliche Antwort erhalten würde, war unwahrscheinlich. Trotzdem wollte ich zumindest die Chance haben, es zu erfahren.

Shukoor und die anderen sprachen mir geduldig immer wieder die Sätze vor, und ich schrieb sie dem Klang nach mit deutschen Buchstaben auf das Blatt Papier, darunter die englische Bedeutung. Dies wurde mein kleines Projekt. Meine Art, mich dieser fremden Kultur zu nähern und mich in der freien Zeit zu beschäftigen. Als ich aufbrach, äußerten sie noch eine Bitte. Ob ich ihnen ein paar deutsche Notrationen besorgen könnte, in denen kein Schweinefleisch enthalten war? Gern sagte ich zu und grübelte darüber, warum es diesem Land so schlecht ging, wenn es hier so positive Menschen gab.

Am nächsten Tag kam mit einem Konvoi aus dem Feldlager ein Haufen Post für uns an. Sobald über Funk eine Postlieferung angekündigt wurde, verbreitete sich diese Nachricht in Windeseile im ganzen Polizeihauptquartier. Die Spannung war immer groß, viele versammelten sich erwartungsvoll im Hof. Die Briefe waren schnell verteilt, und wie jedes Mal beobachtete ich, dass gestandene Männer zu kleinen Jungen wurden, wenn sie einen Brief von zu Hause erhielten. Die kindliche Freude der einen mischte sich mit der Enttäuschung der anderen, die leer ausgegangen waren. So schnell sich der Platz füllte, so schnell war er wieder leergefegt. Ein dicker Batzen war in meinen Händen gelandet.

Schnell rannte ich in den Schlafraum und setzte mich auf mein Feldbett. Ich war in den letzten Wochen selbst zum eifrigen Schreiber geworden und hatte jeden Abend Briefe in die Heimat geschickt. Erzählte, dass es mir gutging und von der Hitze in diesem staubigen Land. Heute bekam ich viele Antwortbriefe. Einen solchen Umschlag in den Händen zu halten, war ein ganz besonderes Gefühl. Ich schaute nie auf den Absender, um mich überraschen zu lassen, und riss den Umschlag eilig auf.

Lieber Johannes, meinen letzten Feldpostbrief habe ich 1943 geschrieben, das war in der 4. Klasse. Kannst Du Dir das vorstellen?

Die darauf folgenden Worte meiner Großmutter berührten mich tief. Erreichten sie mich doch in einer Situation, in der ich mir die Frage stellte, was dieser Einsatz für mich bedeutete. Ich saß einen Moment lang da und konnte mich nicht bewegen. Hardy trat an mich heran und stieß mir gegen die Schulter.

Ey, wir sollen los, Post zu den Höhen 431 und 432 bringen.

Ich steckte den Brief in meinen Schlafsack und stand auf.

Muli kam auf mich zu. Du hast doch deinen Fußball dabei, oder? Auf dem Rückweg halten wir bei dem Gehöft, das auf halber Strecke zu den Höhen liegt. Dort kannst du den Kindern den Fußball geben. Vielleicht können wir die Leute so dazu bringen, uns Infos zu geben, weil auf dieser Straße schon öfter Straßenbomben gelegt wurden.

Ich nickte.

Nach der Situation mit der Familie am Stadtrand hatte ich meinen eigenen Fußball eingepackt, den ich aus Deutschland mitgebracht hatte. Ich schnappte mir mein Gewehr und ging zum Fahrzeug.

Auf dem Rückweg von Höhe 432, der uns wieder über die schmale und schlecht einsehbare Straße führte, befahl Muli anzuhalten. Als Führer der Fahrzeuge hatte er einen gewissen Handlungsspielraum und nutzte es aus, nur mit zwei Fahrzeugen unterwegs zu sein.

Sobald wir standen, wandte sich Muli an Joel und mich.

Joe, du nimmst den Fußball mit, und Joel kann ein paar Fotos schießen. Nicht länger als fünf Minuten, verstanden?

Während Mica die Waffenanlage hin und her drehte, ging ich mit Joel im Schlepptau auf das Tor des Gehöfts zu. Dort steckten schon ein paar Jungen neugierig ihre Köpfe hindurch. Durch einen Spalt sah ich einen geräumigen Innenhof und ein paar Hühner, die herumliefen. Keine Gefahr.

Salam aleikum.

Ich wollte außerdem gleich meine neu erworbenen Sprachkenntnisse anwenden und hoffte, dass ich alles einigermaßen richtig aussprach.

Wir sind Deutsche, wir sind Freunde, sagte ich etwas unbeholfen.

Das Tor öffnete sich. Fünf Jungen traten heraus, der älteste vielleicht sechzehn oder siebzehn Jahre alt.

Salam, wiederholte ich laut.

Der Älteste trat auf mich zu und sagte etwas, was ich nicht verstand. Joel stand in der Nähe und machte Fotos, Muli blickte sich um.

I don't understand you, sagte ich zu dem Jungen, woraufhin alle auf mich einredeten und laut lachten.

Sie schienen sich ehrlich zu freuen, dass wir bei ihnen angehalten hatten. Ich blickte in fröhliche Gesichter, sah grinsende Jungen, entspannte Menschen. Als sich ein junger Mann mit einem Fahrrad näherte und Muli mir erst misstrauisch ein Zeichen gab, dieser dann aber die Hände hob und von den anderen herbeigewinkt wurde, schien das Eis endgültig gebrochen zu sein. Der junge Mann gesellte sich zu uns und lachte.

Wir hatten auch ein paar Drachen dabei, die man an einer Schnur steigen lassen konnte. Sie trugen das ISAF-Emblem der internationalen Schutztruppe und waren als offizielles Geschenk für die Kinder gedacht. Mit Händen und Füßen versuchte ich den Jungen zu erklären, wie man die Drachen benutzte. Sie deuteten mir schnell an, dass sie es wussten. Einer der Jungen hatte die ganze Zeit über nichts gesagt. Er war fast der Kleinste und stand schüchtern etwas hinter den anderen. Ich machte einen Schritt auf ihn zu und ging in die Hocke, um ihn nicht einzuschüchtern. Dann streckte ich den Arm mit dem Ball aus und lächelte freundlich. Sofort wollte einer der größeren nach dem Ball greifen, aber ich hielt ihn zurück und gab ihn dem kleinen Jungen. Als sie ihn alle friedlich lachend umringten und die Geschenke bestaunten, zog ich mich zurück und nickte Muli zu, dass wir aufbrechen konnten.

Als wir losfuhren, blieben die Jungen noch einen Moment an der Straße stehen und winkten uns hinterher. Die Zusammenkunft berührte mich, und ich kam mir etwas komisch vor, dabei die ganze Zeit mein Gewehr in der Hand gehabt zu haben.

Muli befahl TJ, sehr langsam durch die Dörfer zu fahren, damit wir mit dem aufgewirbelten Staub nicht die Menschen verärgerten. Es war ein Balanceakt, der zwischen unserer Gefährdung auf der einen und dem Gewinnen der Bevölkerung auf der anderen Seite hin und her wogte. Je langsamer wir fuhren, umso mehr machten wir uns zur Zielscheibe, umso mehr mussten wir die Augen offen halten. Aber die Menschen konnten uns dadurch auch wahrnehmen. Konnten sehen, dass in den großen, bewaffneten Ungetümen, die an ihnen vorbeifuhren, ebenfalls Menschen saßen.

Die Rückkehr ins Polizeihauptquartier verlief ohne Zwischenfälle. Beim Absitzen sagte ich scherzhaft zu Joel, dessen Zeit bei uns sich dem Ende zuneigte: Wir freuen uns natürlich, dass wir nicht kämpfen müssen, aber für dich ist es schon irgendwie blöd, weil du ja hinter spektakulären Bildern her bist.

Er lachte kurz über meinen Scherz. Dann wurde sein Gesicht wieder ernst. Aber spektakuläre Bilder bedeuten in der Regel, dass es Verwundete und Tote gibt, sagte er und schaute mich an.

Ich sagte nichts. Was hätte ich auch sagen sollen? Das Ganze schien mir sehr weit weg zu sein.

Nach einer Nacht Schlaf gab es Alarm. Mal wieder. Blick auf die Uhr, kurz nach fünf. Ich blendete den Lärm der anderen um mich herum aus und arbeitete mich mit ruhigen Bewegungen aus meinem Schlafsack. Aufrichten, Blick durch den Raum. Die einen schon in hektischer Betriebsamkeit, die anderen noch verschlafen.

Hose an, Gürtel mit Pistole umschnallen. Schutzweste, Helm, Gewehr, alles griffbereit.

Joel schnappte seine Kamera-Ausrüstung und folgte uns zügig in den Innenhof, wo Muli uns bereits erwartete und in die Lage einwies.

Der Hotel Zug wurde angesprengt, oben auf der Westplatte, direkt hinter der Zufahrt zum Plateau. Wir müssen da so schnell wie möglich zur Verstärkung hin, alles aufsitzen!

Wir stürzten zum Fahrzeug. Alles ging schnell, niemand war

nervös. Fahrzeug fertigmachen, Plane von der Waffenanlage nehmen, Auffahren der Fahrzeuge im Innenhof, alles lief ab wie automatisch. Letzte Befehle per Funk. Dann fuhren Golf eins, Mü und sein Zugtrupp los, gefolgt von Jammer, Sanitäter und dem Chef mit seinem Fahrzeug. Die Sonne über dem Horizont hatte den neuen Tag bereits eingeleitet. Wir hatten kaum Zeit, ihr glühendes Gelb zu betrachten.

Gab es Verwundete?, fragte Mica.

Leichtverwundete, antwortete Muli knapp. Er drehte sich zu uns um, blickte uns an, als würde er etwas spüren. Treue um Treue!, brüllte er.

Aauuh!, brüllten wir zurück.

Ich will, dass ihr nach dem Anhalten sofort absitzt und die Umgebung nach Sprengsätzen absucht, befahl Muli, seid gründlich.

Wo steht das angesprengte Fahrzeug?, war meine erste Frage.

Auf dem Friedhof, der direkt neben der Straße ist, auf der rechten Seite.

Gab's da nicht 'ne Anschlagswarnung?, fragte ich verwundert.

Ja, fuhr Muli fort. Nachdem wir zur Beobachtung immer auf das Friedhofsgelände gefahren sind, hat ein Anwohner uns mitgeteilt, dass etwas passiert, wenn wir das weiterhin tun.

Ich wurde stutzig. Das besagte Gelände war von einem ordentlichen, fein geharkten deutschen Friedhof Lichtjahre entfernt. Es lag mitten auf der Westplatte, direkt neben der Zufahrt zum Plateau. Ein winziges blaues Gebäude mit rundem Dach befand sich in der Mitte des Gräberfeldes. Von den Patrouillen in die kargen Dörfer her wussten wir, dass die meisten Gebäude mit bunter Farbe religiöse Orte waren. Meistens die Moschee. Ein paar einfache Stöcke mit bunten Tüchern waren das Einzige, was auf der Westplatte eindeutig auf einen Friedhof hindeutete. Sie steckten locker im Boden, neben Mulden oder winzigen Erdhaufen. Die Gräber waren kaum zu erahnen, denn die gesamte Westplatte war von Bodenwellen überzogen.

Wir hatten unsere Gründe, weshalb wir genau hier an den

Rand des Plateaus fuhren: Nur von dieser Stelle aus, an der die Westplatte einen natürlichen Vorsprung hatte, konnten wir das ganze Tal überblicken. Es gab auch andere Orte mit guter Sichtweite, aber sie waren für uns unerreichbar, weil sie in feindlichem Gebiet lagen. Wir wussten, wer die Warnung ausgesprochen hatte. Trotzdem hatten wir keine Handhabe gegen ihn. Aufgrund mangelnder Beweise entlassen, hätte man in Deutschland gesagt. Es war kompliziert, eine Zwickmühle, wir wussten das. Und bedeutete Lebensgefahr für uns. Mü hatte Muli und Brandy befohlen, nicht mehr auf den Friedhof zu fahren. Offenbar hatte der Hotel Zug es weiterhin getan.

Nach kurzer Zeit sahen wir die Zufahrt zum Plateau in der Morgensonne vor uns liegen. Zwei Fahrzeuge der ersten Gruppe des Hotel Zuges waren am Straßenrand zu erkennen, ein paar Männer liefen dazwischen herum.

Während wir über die kleine Brücke vor der Zufahrt zur Westplatte rumpelten, sahen wir das dritte Fahrzeug. Ein Dingo. Seine Front ragte steil nach oben, als wäre er mit den vorderen Rädern auf eine Rampe gefahren. Wir fuhren die Auffahrt hinauf und wurden noch langsamer. TJ lenkte unseren Dingo genau zwischen die beiden Fahrzeuge des Hotel Zuges, die mit einigem Abstand zu uns auf der Straße standen.

Ich hatte keine Zeit, beim Absitzen auf die Kameraden zu achten, die gerade von einer Straßenbombe in die Luft gesprengt worden waren. Es gab nur eine schmale Durchfahrt zu der etwa hundertfünfzig Meter entfernten Stelle, wo der angesprengte Dingo mit dem Heck tief in einen Krater versunken da lag. Die Türen waren aufgerissen, ansonsten war nichts zu sehen.

Nachdem ich den Straßenrand abgesucht hatte, stellte ich mich auf die Zufahrt zum Friedhof. Genau dort waren die Kameraden mit dem Dingo durchgefahren. Der weiche Sand ließ meine Stiefel einsinken. Ich trampelte ein paar Mal locker auf den Boden, einerseits um den Sand loszuwerden, andererseits, um den Boden zu prüfen. Nichts Auffälliges.

Inzwischen hatten auch die übrigen Fahrzeuge unsere Position erreicht und verteilten sich in einem weiten Bogen rechts und links. Rundumsicherung. Der Chef war bereits zu sehen und beriet mit Mü und einem belgischen Kampfmittelbeseitiger das weitere Vorgehen. Nach wenigen Minuten war der Auftrag klar. Muli kam, um uns einzuweisen. Zwei Belgier würden mit dem Metalldetektor den Weg zum Dingo absuchen, um eine eventuelle Gefährdung auszuschließen. Muli, Hardy und ich sollten dicht in ihrer Nähe bleiben, um sie im Falle eines Angriffes zu verteidigen. Sie hatten zwar ihre Gewehre dabei, waren aber durch die Metalldetektoren behindert. Sobald der Weg von ihnen freigegeben wäre, könne die Bergung des Dingos beginnen.

Zwischenzeitlich mussten die Verwundeten versorgt werden. Am schlimmsten hatte es ausgerechnet den Zugführer des Hotel Zuges erwischt. Als ich mich umdrehte, sah ich, dass er von den Sanitätern auf eine Trage gelegt worden war. Dort behandelten sie ihn weiter.

Es ist offenbar nichts Lebensbedrohliches, aber der Rücken vom Zugführer macht den Sanis Sorgen, erklärte Muli, vorsichtshalber hat der Chef einen Medevac-Hubschrauber angefordert, um ihn abholen zu lassen. Und dann fügte Muli noch leise hinzu: Der Chef hat gesagt, wenn er einen Hubschrauber anfordert, gibt er über Funk im Feldlager die höchste Verletzungskategorie an, damit wir auf der sicheren Seite sind, falls es doch schlimmer ist als zunächst erkennbar. Und damit sie gleich kommen.

Ich verstand sofort und nickte zustimmend. Gott sei Dank hatte dieser Anschlag keine schlimmeren Auswirkungen gehabt.

Hardy und ich standen auf der Zufahrt zum Friedhof, scharrten mit unseren Stiefeln im weichen Boden herum und warteten auf den Befehl zum Losgehen. Ich hatte den Horizont im Blick, schaute ab und zu durch mein Zielfernrohr und suchte auffällige Geländepunkte ab. Es war nichts zu sehen.

Was meinst du, was das für 'ne Bombe war?, fragte Hardy.

Ich überlegte kurz. Ich schätze eine mit Druckplatte. Wenn es eine ferngezündete gewesen wäre, egal ob per Draht oder per Handy, darf der Attentäter nicht sehr weit weg gewesen sein, und hier gibts wenig Verstecke.

Hardy nickte.

Eine Bombe mit Druckplatte funktionierte so: Durch ein Gewicht wurden zwei Metallplatten aneinandergedrückt. Bei deren Berührung wurde ein elektrischer Kontakt geschlossen und die Bombe gezündet. Man konnte die Vorrichtung so bauen, dass sie vom Gewicht eines Fahrzeuges ausgelöst oder schon vom Gewicht eines Menschen zur Detonation gebracht wurde.

Muli und die beiden Belgier kamen zu uns. Es waren zwei gemütliche Männer mit Bärten, die so aussahen, als würden sie in ihrer Freizeit hinter dem Tresen einer Kneipe stehen. Muli nahm einen dicken Stein und fing an, Linien in den weichen Sand zu ziehen.

So, wir gehen folgendermaßen vor, erklärte er. Die beiden Belgier gehen vorne. Dahinter bilden wir ein Dreieck. Joe geht links, ich geh rechts, Hardy geht hinten. Wir halten zu den Belgiern zehn Meter Abstand. Das ist nicht viel, aber reicht vielleicht zum Überleben, falls die doch noch auf eine Bombe stoßen. Hinter uns wird noch der Jammer sein, nur für alle Fälle.

Er sagte das alles sehr ruhig und sachlich. Ich nickte und übersetzte es ins Englische. Die beiden Belgier hatten verstanden und gingen schon mal ein paar Meter nach vorne, aufs Friedhofsgelände. Nachdem die übrigen Fahrzeuge ihren Abstand zu uns vergrößert hatten, gab der Chef über Funk den Marschbefehl, und die Belgier setzten sich langsam in Bewegung. Sie wirkten sehr gelassen und gaben mir keinen Grund zur Sorge. Sie waren deutlich länger in Afghanistan als ich und hatten schon ihre Erfahrungen mit Straßenbomben gesammelt.

Die beiden Männer ließen den Metalldetektor kreisen, einer drehte sich um und sah sich in Ruhe um. Die Sonne war inzwischen am Himmel aufgestiegen und entfachte ihr heißes und gleißendes Licht. Muli und ich nickten uns zu und gingen gemächlich los, bei jedem Schritt eine kleine Staubwolke hinterlassend. Als ich mich zu Hardy umdrehte, war der schon zügig weitergegangen.

Ey, Hardy, rief ich ihm zu. Geh noch 'n Stück zurück und halt mehr Abstand zu uns beiden. Wenn hier was passiert, steckst du nicht gleich mit drin.

Er nickte, rief dann aber noch zurück: Du willst bloß, dass ich näher am Jammer bin, damit ich später nicht mehr für Nachwuchs sorgen kann.

Ich drehte mich grinsend um und sah den Himmel in einem breiten, hellblauen Band über uns liegen. Es schien ein weiterer heißer, nicht besonders ungewöhnlicher Tag in Afghanistan zu werden. Die Sonne stieg und hinterließ die weite Ebene unter sich in ihrer sandigen Trostlosigkeit. Im Augenwinkel glaubte ich einen Vogel zu erkennen, der über den entfernten Bergen seine Kreise zog.

Über das Funkgerät hörte ich, dass der Medevac-Hubschrauber für den Verwundetentransport in Kürze im Feldlager starten würde. Dann befahl der Chef per Funk, den Jammer einzuschalten. Damit war der Funkverkehr unterbrochen, denn der Jammer blockierte nicht nur feindliche Handys, sondern auch unsere Funkgeräte. Der Motor des Jammers heulte hinter mir auf. Er musste wohl etwas Gas geben, um die kleine Steigung auf der Zufahrt zum Friedhof hinaufzukommen und hinter uns Position beziehen zu können.

WUUUUUMMM!

Ich verlor den Boden unter den Füßen. Schleuderte herum. Schlug hart auf. Staub, überall Staub. Es piepte laut in meinem Ohr. Benommenheit, keine Orientierung. Das Gesicht im Sand. Die Zeit stand für eine Sekunde still. Mein Herz raste. Es schlug! Augen auf. Augen zu. Ich öffnete sie wieder, konnte aber nichts erkennen. Ich tastete mit den Händen nach der Erde unter mir.

Bewegte meine Arme, dann meine Beine. Suchte nach meinem Gewehr. Fand es. Drehte den Kopf nach rechts, dann nach links. Ich erkannte nichts. War in einer riesigen gelben Wolke gefangen. Musste husten. Sand auf der Zunge, zwischen den Zähnen, einfach überall. Ich drehte mich unendlich langsam auf den Rücken, tastete meinen Oberkörper ab. Kein Blut, keine Verletzung. Ich richtete mich auf. Immer noch Sand. Überall. Er schien in der Luft zu stehen, es gab keinen Wind, der ihn hätte forttragen können. Langsam entglitt ich der Schwebe, die Zeit lief weiter, gab mich schließlich wieder frei. Ich musste weg. Scheiße, wohin laufen?

Ich lief instinktiv in die Richtung, in der ich mit dem Gesicht gelandet war. Nach wenigen Metern Blau. Der Himmel! Ich war immer noch benommen. Drehte mich um. Verdammt, wo ist Muli, wo Hardy? Die Sandwolke war riesig. Breitete sich langsam weiter aus. Verschlang alles, was ihr begegnete.

Ich sah die Belgier, war erleichtert. Sie waren weit genug weg. Aber scheiße, wo sind Muli und Hardy? Plötzlich ein Schatten. Er trat langsam aus der Wolke heraus, drehte unsicher den Kopf, suchend. Ich sah ihn unendlich langsam auftauchen. Er war vielleicht zehn Meter entfernt. Ein Helm tauchte auf, eine Hand entglitt dem Staub, tastete sich vorwärts, weiter.

Muli!

Er taumelte aus der Wolke.

Ich blieb wie angewurzelt stehen. Konnte keinen Muskel bewegen, war wie festgewachsen. Mein Mund stand offen, als Muli mir langsam den Kopf zudrehte. Ich musste husten, hatte Staub und Sand geschluckt. Muli öffnete die Augen. Wir sahen uns an, schrien es gleichzeitig heraus: Hardy!

Nichts. Ich drehte mich nach hinten, in die Richtung, in der er irgendwo sein musste. Schrie wieder.

Hardy!

Die Zeit schien ein Spiel mit uns zu spielen. Fand es amüsant, uns in der Ungewissheit schweben zu lassen. Ich hörte nichts, konnte mich nicht bewegen. Jede Sekunde eine kleine Ewigkeit. Kein Laut von Hardy, kein anderes Geräusch.

Ich versuchte, mich zu konzentrieren. Sah wieder Muli an, dann die Staubwolke. Was, wenn Hardy nicht antworten würde? Ich wollte in seine Richtung laufen, kam aber keinen Zentimeter vom Fleck. Blickte in diese unwirkliche Wirklichkeit. Den Sand, der alles, was darin lag, verbarg. So als wollte er meinen Freund für die Ewigkeit bewahren. Hardy schien für immer gefangen zu sein. Und ich hoffte, ihn mit meiner Stimme zu erreichen, hoffte, diese gelbgraue pulverige Wand durchdringen zu können.

Hardy!

Noch immer keine Antwort. Ich überlegte, wie weit weg er vom Jammer gestanden hätte. Als ob es jetzt wichtig wäre, darüber nachzudenken, dass es wohl ziemlich genau schlappe fünf Meter gewesen waren. Wir waren immerhin fast zehn Meter entfernt gewesen.

Muli und ich schrien jetzt abwechselnd, dann wieder gleichzeitig seinen Namen.

Hardy!, Hardy!

Wir standen allein in der Wüste und kümmerten uns nicht darum, dass uns eine riesige Sandwand vom Rest der Kompanie trennte. Achteten nicht mehr auf das, was hinter uns sein könnte, waren für einen unerträglichen Moment zu zweit allein.

Hardy! Hardy!

Hier!

Eine leise Antwort. Es war Hardys Stimme. Ich hatte ihn gehört. Nur schwach. Aber gehört. Die Ewigkeit dieses Augenblicks zog an uns vorüber und entließ uns wieder in die Wirklichkeit. Aufatmen.

Hardy, komm rüber!

Ich hatte nicht gefragt, ob er überhaupt dazu in der Lage war, so absurd kam es mir vor, dass er verletzt sein könnte.

Wieder keine Antwort. Wieder eine kleine Ewigkeit. Die Augenblicke schienen zu tanzen, mal unendlich langsam und dann wieder schnell vorüberzugehen. Der Sand war immer noch dicht wie eine Wand, tobte vor unseren Augen mit seiner gewaltigen Kraft. Wieder Hardys Stimme.

Wohin?

Lauf meiner Stimme nach!, brüllte ich jetzt aus Leibeskräften.

Gespanntes Warten. Auf Hardy, auf meinen Freund. Warten auf den Schatten, den ich auch von Muli gesehen hatte. Gespenstische Stille. Die Wand aus Sand sank nun zu Boden, löste sich wie ein Nebelschleier langsam auf. Hardys Gestalt brach dazwischen hervor. Er durchstieß die Wand aus Staub, kam schwankend auf mich zu. Er ging geduckt. Als er nur noch einen Schritt entfernt war, löste sich meine Starre, gab mir mein Körper die Kontrolle zurück. Ich streckte den Arm nach ihm aus.

Bist du verletzt?, rief ich erregt und sah ihn an.

Nee, ich bin nur hart gefallen, sprudelte es aus ihm hervor.

Wie ein sich lösender Bann verschwand die Wolke langsam. Wir hatten sie bezwungen. Ich packte Hardy an der Schulter, schickte ihn zu Muli, wies ihm mit der Hand den Weg. Wir standen mitten auf dem Friedhof, wir waren genau in die entgegengesetzte Richtung der Explosion aus der Wolke gelaufen.

Was war passiert? Ich konnte bereits die Umrisse des Jammers erkennen, seine Konturen wurden schärfer. Der Jammer war zerstört. Vollkommen zerstört. Er stand in einem Krater, die Front steil aufgerichtet, genau wie der Dingo. Die Antennen waren abgeknickt oder gebrochen. Ein Reifen hing zerfetzt auf der Felge, überall lag Metall auf dem Boden verstreut. Ein Panzer, dessen einzige Aufgabe es war, die Explosion von Bomben zu verhindern, war von einer Bombe vollkommen zerstört worden. Ich versuchte, ein Zeichen der Besatzung zu erkennen.

Nichts.

Ohne zu zögern, rannte ich in Richtung des Panzers, der wie ein erlegtes Tier abgekämpft in dem Loch lag.

Ich dachte in diesem Moment nicht nach. Hätte ich es getan, wäre ich vielleicht nicht hingelaufen – direkt an den Ort, der gerade von einer gewaltigen Detonation erschüttert worden war und an dem womöglich noch eine dritte Bombe versteckt war. Als ich ankam, konnte ich den kompletten Krater sehen. Er war riesig. Die Bombe hatte eine unvorstellbare, zerstörerische Kraft entfesselt.

Ich betrachtete den Panzer. Hinten war fast nichts mehr von seinem Aufbau übrig. Die gewaltigen hinteren Panzertüren, jede fünfhundert Kilo schwer, waren wie Papier auf die Straße geschleudert worden. Vorne waren die Scheiben gesprungen, aber intakt. Nichts rührte sich. Ich schlug mit der Faust auf die Beifahrertür.

Nichts. Aber die Panzerung dämpfte stark. Unsicher stieg ich auf die Stufe und hielt mich irgendwie am Türriegel fest. Rutschte erst ab, fand dann doch wieder Halt. Öffnete nicht die Tür, sondern wollte mir zunächst einen Überblick verschaffen. Ich war bis zum Zerreißen gespannt. Was würde mich erwarten?

Mit dem Handschuh wischte ich den Staub von der Scheibe. Blickte sogleich in ein völlig verängstigtes Augenpaar. Der Soldat zitterte am ganzen Leib, war kreidebleich. Der Schrecken hatte Besitz von seinem Gesicht ergriffen, aber er war am Leben.

Mit deutlichen Handbewegungen fragte ich die zweiköpfige Besatzung nach ihrem Zustand.

Mit ebenso deutlichen, aber zitternden Bewegungen deuteten sie mir an, unverletzt zu sein.

Wir alle mussten der Katastrophe unglaublich knapp entronnen sein. Wahrscheinlich war die Bombe unter der hintersten Achse hochgegangen. Deshalb hatte niemand von uns etwas abbekommen. Wir verdankten diesem Koloss aus Stahl unser Leben. Ich streckte meinen Daumen hoch, wandte mich ab und rannte zu Muli.

Die beiden sind okay., rief ich atemlos und hockte mich neben ihm auf den Boden.

Alter, war das ein Knall, sagte Muli, völlig außer sich. Ich hab sofort nichts mehr gesehen. Und weißt du, was mein erster Gedanke war?, fragte er erschüttert. Warum habe ich das als Einziger überlebt?

Ich war nicht imstande, etwas dazu zu sagen.

Langsam schlug mein Herz wieder in normaler Geschwindigkeit, beruhigte sich meine Atmung. Hardy war bleich, lächelte aber schon wieder. Die Belgier waren in Ordnung, lagen neben uns auf dem Boden. Wir richteten die Waffen in Richtung des Friedhofs, wir wollten vorsichtig bleiben.

Als ich mich umdrehte, sah ich Mü auf der Straße in unsere Richtung rennen. Er wirkte völlig aufgelöst. Ich sprang auf und winkte ihm zu, er blieb stehen und hob den Arm, streckte den Daumen aus. Ich erwiderte seine Geste zum Zeichen, dass wir unverletzt waren. Erst jetzt fiel mir ein, dass wir ja Funkgeräte dabei hatten und sie aufgrund des kaputten Jammers wieder funktionierten. Ich hockte mich hin und drückte die Sprechtaste.

Mü, hier Joe, kommen, sagte ich mit zitternder Stimme.

Hier Mü, kommen, war die kurze, aber aufgeregte Antwort.

Hier Joe, setzte ich wieder an. Golf eins, Belgier und Jammer-Besatzung sind am Leben. Wir sind unverletzt. Ich wiederhole, unverletzt.

Vielleicht war es nur die jahrelange Übung, dass ich in der Lage war, diesen Funkspruch so klar zu formulieren.

Mü antwortete kurz und hörbar erleichtert: Mü verstanden, Ende.

Muli befahl uns, die Umgebung im Auge zu behalten. Wir gingen hinter einem Grab in Deckung, legten uns auf den Boden. Die Anspannung war von mir gewichen, und ich überprüfte, ob meine Waffe noch funktionierte. Nach ein paar Minuten führte Muli uns zu einem Wall, der vielleicht zwanzig Meter vor uns war und sich neben dem kleinen blauen Gebäude auf dem Friedhof befand.

Ist das nicht gefährlich, fragte ich. Was ist, wenn hier noch mehr Bomben vergraben sind?

Wir müssen von der freien Fläche runter, gab Muli zu bedenken. Hier haben wir viel zu wenig Deckung. Hinter dem Wall können wir uns aufrichten, die Arme und Beine ein wenig lockern. Ich trank gierig von dem lauwarmen Wasser in meinem Trinksack.

Ein bekanntes Brummen näherte sich am Himmel. Die Hubschrauber kamen. Endlich. Einer kreiste mit einem Maschinengewehr in der Luft, der andere ging in den Sinkflug über. Der Landeplatz war mit einer gelben Rauchgranate markiert worden. Während der Landung verursachte der amerikanische Hubschrauber eine Staubwolke, die mindestens ebenso groß war wie die der Explosion. Aber sie war nicht so statisch und furchteinflößend. Während der Verwundete abtransportiert wurde und wir immer noch ganz vorne an unserem Wall standen, begannen die belgischen Kampfmittelbeseitiger wieder damit, den Weg zum angesprengten Dingo abzusuchen. Während sie zuvor scheinbar beinahe lässig vorgegangen waren, setzten sie nun jeden Schritt langsam, genau und übervorsichtig. Penibel suchten sie jeden Stein und jeden Strauch, jede Vertiefung im Boden ab und markierten den bereits kontrollierten Weg mit bunten Fähnchen.

Ich machte ihnen keinen Vorwurf, weil sie die Zufahrt nicht verdächtigt hatten. Wir selbst waren genau an dieser Stelle vom Fahrzeug abgesessen. Wir selbst hatten diesen Bereich abgesucht, ja sogar genau mitten auf der Bombe gestanden, mit den Stiefeln im weichen Sandboden gescharrt. Und nicht die geringste verdächtige Spur bemerkt. Für mich war diese Tatsache immer noch so unwirklich, als hätte ich im Fernsehen davon gehört und es nicht gerade am eigenen Leib erlebt. Ich spürte keine Angst, keine Panik. Im Gegenteil, ich war sogar freudig erregt. Wir waren gerade dem Tod von der Klinge gesprungen, und es fühlte sich großartig an.

Also, die Bombe auszulösen ging auf jeden Fall schneller, als sie auszugraben und dann zu räumen, bemerkte Hardy beiläufig und grinste.

Ihm war das Herumstehen zu anstrengend geworden und er setzte sich entspannt und auffällig auf den Wall, der uns eigentlich Deckung bieten sollte. Zwei weitere Belgier hatten angefangen, den Jammer und den Krater zu untersuchen und gaben ihn nach wenigen Minuten zur Bergung frei.

Über Funk befahl der Chef den beiden Männern im zerstörten Jammer abzusitzen. Sie sollten herauskommen und sich von den Sanis untersuchen lassen.

Sie weigerten sich, herauszukommen. An der Stimme erkannte ich, dass sie ziemlich am Ende sein mussten. Ich hatte Verständnis dafür, aber es verzögerte unsere Arbeit. Schließlich sollten sie versuchen, aus eigener Kraft aus dem Krater zu fahren. Der Motor sprang tatsächlich auf Anhieb an. Aber erst beim vierten Versuch schaffte es der Fahrer, genug Gas zu geben, um den Panzer rückwärts aus dem Krater herauszufahren. Der zerstörte Reifen, die verbogenen Achsen, all das war nun auf der Straße sichtbar.

Die Belgier arbeiteten sich in der Mittagshitze langsam vorwärts. Sie waren schon einige Stunden dabei, den Weg zum zerstörten Dingo freizuräumen. Niemand wollte mehr ein Risiko eingehen. Die Sonne brannte unerbittlich auf uns nieder. Wir saßen immer noch am Wall fest. Der Chef kam von hinten zu uns.

Ist der Bereich zwischen dem Weg zum Dingo und eurem Wall geräumt?, fragte er laut rufend.

Mulis Antwort klang nach Galgenhumor: Nein, aber Sie können ja in unseren Fußspuren laufen. Wenn Sie noch eine Bombe finden, landen Sie vielleicht schneller bei uns.

Wir grinsten. Als der Chef uns erreichte, lehnte er sich gegen den Wall.

Puh, ganz schön heiß hier, sagte er und blickte uns an. Männer, wie gehts euch? Alles klar?

Von der Hitze mal abgesehen, bemerkte ich, den Blick geradeaus gerichtet.

Mann, war das 'n Ding, wandte er sich an Muli. Damit hätte

keiner gerechnet. Ich stand ja genau hinter dem Jammer, als die Bombe hochging. Ihr seid alle tot, hab ich sofort gedacht, als ich auf den Boden geschleudert wurde. Und mich dann gewundert, dass ich selbst noch lebe.

Er machte eine Pause, atmete laut aus. Als wir hierherkamen, hab ich mich schon gewundert, dass der Dingo am Rand der Steilkante angesprengt wurde. Aber dass die bereits in der Zufahrt über eine Bombe gefahren sind … Der Chef schüttelte ungläubig den Kopf.

Wahrscheinlich hätten wir die an der Steilkante gar nicht gefunden, wäre nicht zuerst die Bombe in der Zufahrt ausgelöst worden, meinte Muli.

Ich war mir nicht sicher, ob ich froh sein sollte, dass wir auf unfreiwillige Weise zwei Bomben an einem Tag »entschärft« hatten. Aber andererseits hätte es uns sonst noch mal erwischen können.

Ein Funkspruch aus dem Feldlager unterbrach das Gespräch. Es konnte oder sollte kein Bergepanzer geschickt werden, um den Dingo aus dem Krater zu ziehen. Stattdessen wollte man einen Kran schicken. Der Chef wurde wütend.

Ein Kran, auf dem unebenen Gelände? Völliger Schwachsinn, schimpfte er.

Als der Kran schließlich zusammen mit einem Tieflader und einem Schutzkonvoi aus dem Feldlager eintraf, waren weitere Stunden verstrichen. Die Hitze machte uns zu schaffen. Wir harrten die ganze Zeit in der prallen Sonne aus, konnten uns keinen Meter vom Fleck rühren.

Kurz bevor die Belgier am Dingo angekommen waren, gingen ihnen die bunten Markierungsfähnchen aus. Einer der Kampfmittelbeseitiger schien einen Einfall zu haben. Er lief zum belgischen Fahrzeug und kam wieder, die Hände voller Wasserflaschen. Sie waren gekühlt, wie an der Kondensation auf dem Plastik deutlich erkennen war. Er warf die Flaschen auf den Boden und die Belgier begannen, den restlichen Pfad zum Wrack damit zu markieren. Mir fiel die Kinnlade herunter. Dort hinten lagen kalte, frische Wasserflaschen im Sand. Ich stellte mir vor, wie ich eine öffnen und den kostbaren kühlen Inhalt auf meiner Zunge spüren würde. Wie die Flüssigkeit meinen Hals hinunter, unter meine enge Schutzweste und über meinen Kopf fließen würde.

Das ist jetzt nicht deren Ernst, rief Hardy laut.

So 'ne Scheiße, schimpfte ich.

Ungläubig blickte ich auf die kleinen Flaschen. Nach Stunden in dieser Gluthitze konnte ich es nicht fassen. Aber sie waren unerreichbar. Schließlich nahm ich einen großen Schluck von dem lauwarmen Wasser aus meinem Trinksack.

Die Besatzung des Krans untersuchte die Anschlagstelle und befand, die Zufahrt sei für ihr Gefährt nicht breit genug. Die Belgier sollten zuerst einen noch breiteren Streifen absuchen. Wieder schauten wir fassungslos dem Treiben zu.

Ey, langsam reicht's mir, keifte Hardy.

Ich schnaubte. Keiner von uns beobachtete mehr den Horizont, wir waren zornig und unkonzentriert.

Joe, komm mit.

Muli nahm mich beiseite und stapfte mir voraus über den Friedhof. Beim Kran angekommen, entbrannte eine heftige Diskussion. Die Bergungsmannschaft hatte den Krater an der Zufahrt gesehen und wollte kein Risiko eingehen. Wir dagegen wollten hier endlich verschwinden. Schließlich wurde es Muli zu bunt. Entschlossen trat er neben die Wasserflaschen außerhalb der geräumten Spur und stampfte so lange heftig auf dem Boden herum, bis die Kranbesatzung schließlich überzeugt war. Mir war es egal, ob er damit eine weitere Bombe hätte auslösen können. Die Hitze hatte uns inzwischen so stark zugesetzt, dass wir diese Sache hier endlich zu einem Abschluss bringen wollten.

Nach ein paar Minuten hockten wir wieder an dem Wall in der Sonne. Hardy war hochrot im Gesicht, und Muli lief der Schweiß in Strömen über den Körper. Ich sah sicher nicht besser aus und begann langsam, mich elend zu fühlen. Schließlich funkte Muli unser Fahrzeug an. Mica meldete sich und wurde mit Nossis Trupp zu unserer Ablösung befohlen.

Und was ist mit dir?, wollte ich von Muli wissen.

Ich muss hier bleiben, um die Übersicht zu behalten und die Gruppe zu führen, schnaufte er erschöpft.

Mir war nicht wohl dabei, aber er ließ sich nicht davon abbringen. Ich schnappte mir Hardy und wankte mit ihm in Richtung der Fahrzeuge. Am Krater hielten wir kurz inne, betrachteten die Szene. Die Straße war übersät von Metallteilen, Stoffresten und Plastikgeschirr. Der gesamte Inhalt des Jammers war mit unglaublicher Gewalt einfach fortgeschleudert worden. Die riesigen Türen lagen wie Streichholzschachteln auf der Straße. Und uns war nichts passiert. Wir sahen uns ungläubig an.

Hardy ging zu Nossis Transportpanzer, Ich ließ mich erschöpft auf den Sitz im Dingo fallen und zog die Tür zu. Ich konnte keine Sekunde verschnaufen, denn in diesem Moment knallte es wieder. Es klang gedämpft, nicht so laut wie vorhin. Ich erschrak nicht, sondern schaute verwundert aus dem Fenster.

Hast du das gehört?, fragte ich TJ, der auf dem Fahrersitz saß.

Ja, aber ich hab auch nichts gesehen, meinte er.

Ich setzte mich an Micas Waffenanlage und begann, das Maschinengewehr auf dem Dach zu drehen. Vielleicht konnte ich durch die Optik etwas erkennen. Dann wieder ein Knall, diesmal stärker als vorher. Begleitet von lautem Tak Tak Tak.

Kontakt!, brüllte ich und meldete damit TJ den Angriff.

Ich drehte die Waffenanlage mit den Handkurbeln hektisch hin und her und konnte nichts erkennen. Der Kran hatte den Dingo gerade angehoben. Sie hatten sich den Zeitpunkt des Angriffs gut überlegt. Wieder ein Knall.

Die schießen mit Panzerabwehrraketen!, schrie TJ.

Eine Stimme drang aus dem Funkgerät. Hier Muli. Kontakt auf elf und auf zwei Uhr. Angriff von zwei Seiten.

Obwohl ich das System kannte, musste ich mir im Kopf eine

Uhr vorstellen, um seine Richtungsangabe zu verstehen. Ich drehte die Waffenanlage und erkannte in der Ferne kleine, schwarze Punkte. Ich schätzte die Entfernung auf mindestens zweitausend Meter. Winzige aufzuckende Blitze zeigten mir an, dass sie auf uns schossen. Ich zielte genau und drückte ab. Eine glühende Salve aus heißem Blei flog in ihre Richtung. Wieder und wieder drückte ich ab und spuckte die tödliche Ladung in ihre Richtung. Dann ließ ich den Abzug los und beobachtete den Horizont. Es knallte wieder. Als ich rechts aus dem Fenster sah, konnte ich noch die Reste einer dünnen Rauchsäule erkennen.

Wie können die uns auf die Entfernung treffen, rief TJ.

Ich glaube, die schießen so steil in die Luft, dass die Dinger bei uns aufschlagen. Aber dann ist das Feuer wenigstens sehr ungenau.

Ich wunderte mich eine Sekunde, wie gelassen ich meine Ferndiagnose formuliert hatte, da hörte ich wieder ein lautes Tak Tak Tak.

Der Feind befindet sich etwa zweihundert Meter vor uns, meldete sich Nossi über Funk. Wir können die Stellung halten, Ende.

Also kommen sie wirklich aus zwei Richtungen, sagte ich.

Naja, wir haben hier ja auch lange genug auf dem Präsentierteller gestanden, meinte TJ und lag damit vollkommen richtig. Die stundenlange Bergung hatte uns verwundbar gemacht. Wir waren mit Sicherheit schon lange beobachtet worden, bevor der Angriff losging.

Wieder knallte es. Ich presste die Augen gegen die Optik. Drückte ab. Dann schwenkte ich das Maschinengewehr leicht von oben nach unten, weil ich die Einschläge nicht sehen konnte, und hoffte, den Gegner so besser zu erreichen.

Ey, mach mal langsamer!, brüllte TJ mich an. Du verschießt viel zu viel Munition.

Ja, aber anders kann ich die nicht bekämpfen, weil die Entfernung zu groß ist.

Ich ärgerte mich über ihn. Er konnte nicht sehen, was ich

durch die Optik sah. Die kleinen Menschen am Horizont waren nur von meiner erhöhten Position aus richtig erkennbar. Und ich musste das Maschinengewehr beim Schießen schwenken, um mit einer Salve einen großen Bereich abzudecken. Anders würde ich sie nicht treffen können. Mir war klar, dass ich dabei viel Munition verschoss. Auch die anderen Fahrzeuge schossen auf den Gegner. So ging es eine Weile hin und her, dem Tak Tak Tak des Feindes setzten wir ein wütendes Rattern und Knallen entgegen. Dadurch trauten sie sich auf unserer linken Seite nicht näher heran, auf der rechten Seite versuchten Muli und Nossi vom Wall aus die Bergung des Dingos zu schützen. Diese ging mit einigen Unterbrechungen weiter. Wir kamen hier nicht weg.

Unsere Fahrzeuge standen nebeneinander und schossen weiter in Richtung Feind. Leider mit Aussetzern, denn das Tak Tak Tak neben uns verstummte immer wieder. Über Funk meldeten die Kameraden neben uns den Ausfall ihrer Waffen. Unsere Anlage funktionierte als Einzige fehlerfrei.

Das kommt davon, weil Muli immer befiehlt, dass wir sie abdecken sollen, bemerkte ich.

Nach dem nächsten Schuss war der Munitionskasten leergeschossen. Ich öffnete die Dachluke und wollte einen neuen Munitionsgurt einlegen. Plötzlich pfiff es in meiner Nähe. Ein eigenartiges, zischendes Geräusch, begleitet von einem starken Luftzug. Verwundert blickte ich mich um. Wieder zischte es.

Verdammt, die schießen auf mich, wurde mir schlagartig bewusst.

Ich war wie auf dem Übungsplatz völlig entspannt über der Luke aufgetaucht. Jetzt zog ich hastig den Kopf ein und arbeitete weiter an der Waffenanlage. Schlagartig war mir bewusst geworden, dass ich mich in einem Gefecht befand. Zum ersten Mal hörte und spürte ich den Krieg in unmittelbarer Nähe.

Als ich die Luke wieder schließen wollte, fiel mir auf, dass es kein Fahrzeug mehr gab, das uns den Rücken freihielt. Alle standen in Feindrichtung zum Friedhof. Ich funkte Mü an und leitete die Info weiter, worauf er uns sofort befahl, das Fahrzeug zu wenden.

Na toll, schimpfte TJ, das ist jetzt die Belohnung dafür, dass wir den Fehler erkannt haben.

Auch ich ärgerte mich. Aber ärgerte ich mich, weil ich den Feind nicht mehr sehen konnte oder weil ich nicht mehr auf ihn schießen durfte?

Wieder ergriff mich diese großartige Erregung, ein unbeschreiblich positives Gefühl. Ähnlich wie beim Fallschirmspringen war ich voller Adrenalin. Aber die Kehrseite, die Angst abzustürzen, fehlte völlig. Wir waren in die Luft gesprengt worden und hatten überlebt. Jetzt kämpften wir gegen den Gegner und waren stark. Ich fühlte mich unglaublich stark. Mich durchströmte eine Kraft, die ich vorher nicht kannte. Ich freute mich irrsinnig.

Durch das Seitenfenster konnte ich beobachten, wie sich der Kran zu dem zerstörten Dingo vorarbeitete. Ein Stück weiter lagen Muli und ein paar andere hinter einem Wall und schossen. Rechts von ihnen bemerkte ich weitere Soldaten. Erst bei genauem Hinsehen erkannte ich Nossi, Kruschka und Wizo. Sie standen auf der Freifläche und schossen. Dann duckten sie sich plötzlich und warfen eine Rauchgranate. Dichter weißer Qualm stieg auf, und sie rannten zurück. Jonnys Maschinengewehr spuckte Feuer und gab ihnen Deckung. Schließlich sanken sie hinter einem Wall zu Boden. Der Feind musste ihnen sehr nahe gekommen sein.

Wieder eine Meldung über Funk. Waffenanlage ausgefallen.

Ich beugte mich zu TJ nach vorne. Pass auf, wenn jetzt noch mal 'ne Anlage ausfällt, drehst du das Fahrzeug und stellst dich wieder in Feindrichtung.

Und der Befehl von Mü?, warf TJ ein.

Ich bin Fahrzeugführer und befehle, dass wir die Stellung von einem Fahrzeug übernehmen, das nicht mehr weiterkämpfen kann. Beim Training war das auch nicht anders, antwortete ich zornig.

Als wieder eine Meldung über Funk kam, rief ich: Los, wir übernehmen für die!

TJ zögerte.

Ich fahre nach hinten, ich muss erst den Schaden beheben, hörten wir über Funk von einem der anderen Dingos.

TJ funkte Mü an. Sollen wir für dieses Fahrzeug übernehmen? Erst als die Bestätigung kam, fuhr er los. Ich war sauer, fühlte mich hintergangen. Ich hatte die richtige Entscheidung getroffen und TJ hatte es nicht anerkannt. Ich fühlte mich in diesem Moment so stark, fast unverwundbar. Ich vergaß, dass es für uns alle das erste Feuergefecht war.

Schließlich verstummten die meisten Waffen. Nur ab und zu wurde geschossen, wenn sich ein Kopf am Horizont zeigte.

Das Funkgerät knackte, der Chef meldete sich: In Kürze steht uns Artillerie zur Verfügung. Diese wird für uns Unterstützungsfeuer schießen.

TJ und ich jubelten. Wir waren voller Euphorie, klatschten in die Hände, als wäre dies ein Fußballspiel. Erst vor kurzem hatte die deutsche Führung zwei nagelneue Panzerhaubitzen nach Afghanistan geschickt. Es waren sehr große Geschütze, die in ein mächtiges Panzerfahrzeug eingebaut waren. Ihre Schussreichweite war riesig, betrug über vierzig Kilometer. Wir alle hatten uns gefragt, ob es überhaupt jemals zu einem Einsatz dieser offensiven Waffen kommen würde. Nun schien es so weit zu sein. Zum ersten Mal seit dem Zweiten Weltkrieg würden deutsche Soldaten im Kampf Artilleriegeschütze einsetzen. Aber dieser historisch bedeutsame Moment war mir in diesem Augenblick egal.

Hoffentlich treten die denen da drüben richtig in den Arsch, rief ich TJ euphorisch zu.

Zunächst sollten einige Übungsgeschosse abgefeuert werden, um die Haubitze einzuschießen. Das Feldlager war etwa zehn Kilometer entfernt und die Geschosse würden einige Sekunden brauchen, um hier anzukommen. Dazu musste der Chef die Zielkoordinaten ans Feldlager melden. Diese wurden dann in den Computer der Haubitze eingegeben. Der Abschuss wurde über Funk gemeldet, alle Augen waren gespannt auf den Horizont gerichtet. Wir hörten ein leises Pfeifen. Es wurde lauter und verstummte schließlich, als das Geschoss auf den Boden prallte. Der Aufschlag war weniger spektakulär, als ich erwartet hatte. Ich war fast ein wenig enttäuscht.

Schließlich sollte doch noch eine scharfe Granate in Richtung Feind geschossen werden. Ich erkannte den Aufschlag an einer riesigen Staubwolke.

Hoffentlich haben wir welche erwischt!, jubelte TJ.

Am späten Nachmittag war der Dingo endlich geborgen, der stark beschädigte Jammer stand auf der Straße und wir waren abmarschbereit. Muli hatte sich auf seinen Sitz geschleppt und schnaufte schwer.

Du siehst echt beschissen aus, sagte ich und grinste ein wenig.

Es war keine bedrohliche Situation, und ich versuchte, ihn aufzumuntern. Er drehte den Kopf in meine Richtung.

Joe, ich bin nicht mehr in der Lage zu führen. Du übernimmst das Fahrzeug und bringst uns heil zurück.

Natürlich, sagte ich und wandte mich mit nun ernster Miene an Mica, TJ und Hardy in dem Wissen, dass ich nicht viel zu tun brauchte, weil wir ein eingespieltes Team waren.

Jeder weiß, was zu tun ist, auf geht's, forderte ich.

Der Foxtrott Zug löste uns ab und sollte auf der Westplatte bleiben, um die Stellung zu halten und unseren Rückmarsch zu überwachen. Es stand zu befürchten, dass der Feind unsere Position übernehmen und neue Bomben legen würde, sobald wir weg waren. Als wir am Schluss der langen Kolonne losrumpelten, hatten sich auch einige Fahrzeuge der herbeigerufenen afghanischen Polizei eingegliedert, ungepanzerte Geländewagen, mit Polizisten hinten auf der offenen Ladefläche. Als wir das Tal erreicht hatten, meldeten die ersten Fahrzeuge einen Angriff von links. Wir richteten unsere Aufmerksamkeit auf die Büsche, Gräben und Häuser, als es wieder losging.

Tak Tak Tak.

Sie feuerten aus mehreren Richtungen. Es wurde lauter, sie mussten sehr nahe sein. Mica schoss mit der Waffenanlage auf dem Dach nach links. Auch die Fahrzeuge vor uns schossen aus allen Rohren. Ein lautes Tosen und Krachen, Trommeln und Hämmern setzte ein.

Ein Funkspruch. Feuer einstellen. Die afghanische Polizei hat Beschuss durch uns gemeldet. Ihr müsst aufpassen, wohin ihr schießt.

Es stellte sich heraus, dass die afghanische Polizei vom Polizeihauptquartier in unsere Richtung aufgebrochen war, um uns zu decken. Dabei waren sie in die Nähe der Aufständischen geraten und wurden so zur Zielscheibe unserer Waffen. Eine gefährliche Situation. Wie leicht konnte so die Zusammenarbeit beschädigt werden.

Schließlich erreichten wir verschwitzt und erschöpft das Polizeihauptquartier. Als wir vom Fahrzeug stiegen, wurde auf dem Dach des großen Gebäudes geschossen. Jenseits der Mauer, hinter dem Polizeihauptquartier, hörten wir ebenfalls Schüsse.

Hardy, Mica, kommt mit, TJ, kümmer dich um Muli, rief ich.

Wir rannten um das große Gebäude herum und sprangen mit unseren Gewehren auf die Stellungen an der Außenmauer, doch es war schon vorbei. Irgendwer erzählte uns, dass ein Auto an der Rückseite vorbeigefahren wäre und die Insassen auf das Polizeihauptquartier geschossen hätten. Aber der Hotel Zug hatte den Angriff abgewehrt. Wir blickten uns an. Die Gegner hatten uns auf der gesamten Strecke zwischen der Westplatte und hier aufgelauert. Weil die Bergung so lange dauerte, konnten sie den Angriff gut vorbereiten. Wir hatten zwei Fahrzeuge verloren, ein Zugführer war verletzt und einige hatten einen Schock erlitten. Außerdem stellte sich heraus, dass es noch einen weiteren Verletzten gab. Einer unserer Feldwebel war gerade dabei gewesen, von seinem Dingo zu steigen, als der zweite Sprengsatz explodierte. Obwohl dreißig Meter entfernt, war er von der Druckwelle zu Boden geschleudert worden und hatte sich den Rücken verletzt. Für ihn war der Einsatz beendet und für uns ein weiterer herber Verlust entstanden.

Sie hatten uns wirkungsvoll getroffen und Joel hatte die Fotos seines Lebens bekommen, eines wurde im nächsten *STERN* als »Bild der Woche« abgedruckt. Die Bilanz unseres ersten Gefechtes in Afghanistan.

Mica legte seine Hand auf meine Schulter. Wenn du es noch mal bedauerst, dass Joel bisher keine guten Fotos machen konnte, trete ich dir in den Hintern. Ich bin übrigens immer noch sauer, dass du meine Waffenanlage eingeweiht hast. Er grinste.

Später lief ich Mü über den Weg. Das war gute Arbeit heute, sagte er und schaute mich kurz an.

Danke, sagte ich und hatte das erste Mal ein echtes Lob aus seinem Mund gehört.

Am Abend fiel es mir schwer, einzuschlafen. Zu viele Gedanken kreisten in meinem Kopf. Ich arbeitete die Erlebnisse durch und fühlte mich nicht schlecht dabei. Es gab hier Menschen, die uns bekämpften, mit versteckten Bomben und mit Maschinengewehren. Ich war heute knapp dem Tod entkommen. Das alles fühlte sich fast normal an, denn immerhin befand ich mich im Krieg. An diesem Tag war er greifbar geworden. Ich schmeckte ihn in dem Sand, den ich bei der Explosion geschluckt hatte, und roch ihn in dem Schießpulver beim Abfeuern der Waffen.

Ich stand auf und ging in den Hof. Der Chef stand mit einigen Feldwebeln herum und blickte aufs Dach. Dort wurde gerade ein Leuchtgeschoss vorbereitet, um den Nachthimmel zu beleuchten. Er schien ebenfalls noch sehr aufgekratzt zu sein, hatte die Explosion des zweiten Sprengsatzes schließlich aus unmittelbarer Nähe mitbekommen.

Die haben mich heute angesprengt. Und jetzt zeige ich ihnen, dass wir sie beobachten, sagte er trotzig.

Mit einem gewaltigen Knall wurde das Leuchtgeschoss mit einer Panzerfaust abgefeuert. Langsam sank es an einem kleinen Fallschirm über den Dörfern zu Boden. Ein zweites wurde abgefeuert, ich hielt mir die Ohren zu. Als auch das dritte den Horizont für einen kurzen Augenblick taghell erleuchtete, hörte ich, wie der Chef herausfordernd sagte: Schmutzfuß, wir wissen, wo du wohnst!

Der nächste Tag brachte die dringend benötigte Ruhe mit sich. Muli hatte dafür gesorgt, dass wir erst wieder in den späten Abendstunden zur Wache eingeteilt wurden. Wir konnten uns den ganzen Tag lang ausruhen, Kräfte sammeln. An richtige Erholung war nicht zu denken. Wieder und wieder mussten wir unseren Kameraden von Golf zwei unsere Erlebnisse schildern. Sie waren sehr besorgt gewesen. Ich konnte mir vorstellen, wie schlimm es sein musste, das Gefecht der Freunde am Funkgerät zu verfolgen und tatenlos im Polizeihauptquartier ausharren zu müssen.

Wir waren immer noch voller Euphorie. Sogar Muli erzählte ununterbrochen vom gestrigen Tag. Es war seine Art, das Ganze zu verarbeiten.

Wir hatten uns gut behauptet und waren sehr stolz auf unsere Leistung. Und, was mit Abstand das Wichtigste für mich war: Wir hatten es geschafft. Richtig gekämpft, es hinter uns gebracht. Die Last der Ungewissheit fiel endlich von mir ab, ich fühlte mich enorm erleichtert. Nicht, weil mir nichts passiert war. Sondern weil ich nun nicht mehr überrascht werden konnte. Ich war in die Luft gesprengt und beschossen worden. Hatte selbst geschossen und den Überblick behalten. Hatte mich in die Führung eingemischt und recht behalten. Ich hatte wirklich gute Arbeit geleistet. Mein Selbstvertrauen war grenzenlos. Natürlich war mir bewusst, dass es sehr knapp gewesen war. Aber das quälende Warten war schlimmer als diese Erkenntnis gewesen. Ab jetzt würde es mich nicht mehr unvorbereitet treffen. Denn ab jetzt hatte ich Kampferfahrung. Der Tag gestern war unser Tag!

Ab sofort musste das Gelände neben dem Friedhof auf der Westplatte rund um die Uhr bewacht werden. Der Chef entschied, die Patrouillen auf der Hauptstraße einzuschränken und stattdessen jede Gruppe dort oben für drei Stunden stehen zu lassen.

Die dreistündige Wache war eine große Geduldsprobe. In voller Ausrüstung dort oben stehen zu müssen, in die Ferne zu blicken und ständig wachsam zu sein. Die Selbstverpflichtung, immer hundert Prozent geben zu müssen, nicht eine Minute an Wachsamkeit nachlassen zu dürfen, zehrte stark an meinen Kräften. Es fiel mir sehr schwer, während der Nachtstunden wach zu bleiben. In uns allen hatte sich die Erkenntnis durchgesetzt, dass wir dem Zeitpunkt eines Angriffs machtlos gegenüberstanden. Nicht wir entschieden, wann auf uns geschossen, wann wir in die Luft gesprengt werden sollten. Wir waren zum Reagieren verdammt und wussten erst jetzt so richtig, was das bedeutete.

Die Aktionen gingen vom Gegner aus. Einem Gegner, den wir nicht sehen konnten, der sich nur bemerkbar machte, wenn er zuschlug. Und dabei schien er hart und unerbittlich zu sein. Dabei wussten wir noch nicht einmal, wer dieser Gegner war. Wer hatte uns auf der Westplatte und auf dem Rückweg angegriffen? Waren es überhaupt Taliban? Hatte es mit der Drohung zu tun, nicht mehr auf den Friedhof zu fahren? Waren es vielleicht aufgebrachte Dorfbewohner?

Ich saß bei den Sprachmittlern am Tisch und unterhielt mich angeregt. Ich hatte so viele Fragen.

Weißt du, sagten sie, der Präsident sitzt in Kabul. Und vollkommen egal, was für Gesetze er erlässt, sie erreichen den Bauern im Dorf nicht. Hier in Afghanistan ist jeder Mensch nur seinem Stamm oder seinem Dorf oder seinem Kriegsführer verpflichtet. Wenn sein Dorf oder sein Führer gegen den Präsidenten sind, ist er es auch. Denn wenn er sich weigert, wird er erschossen oder, noch schlimmer, ausgestoßen. In den letzten Jahren hat sich einfach zu wenig geändert.

Aber es gibt doch Fortschritte, warf ich dazwischen.

Natürlich gibt es Fortschritte. Aber sie sind so minimal, weil die meiste Unterstützung, das meiste Geld unterwegs verschwindet. Die Straße hier ins Chahar Darrah – die Straße, die ihr jeden Tag benutzt – sollte schon vor Jahren asphaltiert werden. Aber das ganze dafür bereitgestellte Geld ist wegen der Korruption verschwunden. Wenn die Menschen, die an dieser Straße leben, euch einmal am Tag vorbeifahren sehen, ist das 'ne Menge. Aber sie sehen euch eben nur vorbeifahren. Und was ist mit den Dörfern abseits der Hauptstraße? Da kommt niemand hin. Ist doch klar, dass sie lieber mit den Taliban oder irgendeinem Clanchef zusammenarbeiten, der ihnen entweder eine Kalaschnikow an den Kopf hält oder wenigstens zwanzig Dollar gibt. Und diesen ganzen Clanchefs und Warlords seid ihr auch egal. Sie handeln nur, wenn ihr ihnen zufällig in die Quere kommt, weil ihr eine Waffenlieferung abgefangen oder eines ihrer Häuser durchsucht habt. Dann liegt halt am nächsten Tag eine Bombe in der Straße.

Oder weil wir sie verärgert haben, sagte ich nachdenklich und dachte an die Situation am Friedhof.

Genau, pflichteten sie mir bei. Sicher haben euch gestern nicht irgendwelche Dorfbewohner einfach beschossen. Da haben die Aufständischen einfach nur eine Möglichkeit gesehen, aus der Situation einen Gewinn zu schlagen. Denn eines muss euch klar sein. Ihr wisst gar nichts, aber die wissen alles. Die wissen, wann ihr wohin fahrt, wie viele ihr seid und ob sich ein Angriff lohnt. So wie gestern.

Ich hatte große Augen bekommen, mir waren diese Zusammenhänge bisher völlig unbekannt gewesen.

Noch Stunden später dachte ich im Feldbett über diese Dinge nach und konnte langsam verstehen, warum wir es hier so schwer hatten. In Deutschland konnte jeder Mensch unabhängig von seiner gesellschaftlichen Stellung seine Stimme einbringen. Bei der Wahl oder einer Demonstration, jede Stimme zählte. Aber hier in Afghanistan waren es wenige Machthaber, deren Stimme Gewicht hatte. Und bei den einfachen Menschen ging der Einfluss nicht über das Dorf oder den Stamm hinaus. Der Dorfälteste und mit ihm das ganze Dorf vertraten eine Meinung. Aber wenn das ganze Land zwischen Hunderten Dörfern, Stämmen, Volksgruppen und Banden zersplittert war, machte eine Parlamentswahl im Grunde gar keinen Sinn. Außerdem waren die Menschen einfach zu arm. Wenn man nicht wusste, wie man den nächsten Tag überleben sollte, wie man etwas zu essen auf den Tisch bekam, interessierte man sich herzlich wenig für Politik. Und ohne Bildung würden die Menschen hier niemals die Möglichkeit erhalten, etwas an ihrer Situation zu ändern. Sogar die Selbstmordattentäter erschienen mir nicht länger so schrecklich absurd. Sie waren durch religiöse Versprechen geködert worden, ähnlich wie die katholische Kirche den Menschen lange Zeit predigte, dass sie nur in den Himmel kommen, wenn sie Opfer brachten oder im Heiligen Land kämpften.

Die Taliban waren vermutlich nur eine von vielen Gruppen, die ihre Machtbasis erhalten wollten, und dafür jedes Mittel zu nutzen bereit waren. Am schlimmsten erschien mir, dass wir zwischen all den verschiedenen Fronten gefangen waren und bloß reagieren konnten. Was brachte es, in einem Dorf einen Brunnen zu bauen, wenn wir damit gleichzeitig ein anderes Dorf erzürnten, weil es mit dem ersten Dorf verfeindet war. Welchen Sinn ergab es, eine Mädchenschule zu eröffnen, wenn sie nach kurzer Zeit wieder schließen musste, weil wir sie nicht ständig schützen konnten. Ein grundlegender Aufbau in diesem Land würde Jahrzehnte dauern, und wir waren dafür viel zu wenige. Hatte unsere Mission dann überhaupt Sinn? War es tatsächlich unsere Verantwortung, uns um diese armen Menschen zu kümmern? In dieser Nacht schlief ich lange nicht ein.

Als wir nach einigen Tagen unsere zweite Raumverantwortung beendet hatten und wieder ins Feldlager kamen, erwartete mich eine freudige Überraschung. Die beiden Kameraden, die den Platz in meinem Container besetzt hatten, waren endlich ausgezogen. Und obwohl ich mich nach Erholung sehnte, räumte ich bereitwillig Möbel um, schleppte Spinde und Kisten, wischte Staub und sortierte Klamotten. Auch Butch und Dolli waren froh, mich endlich los zu sein. Ich fühlte mich in meinem Container zum ersten Mal richtig wohl. Am ersten Abend nach unserer Rückkehr ins Feldlager fand ein großes Grillfest statt. Ich hatte überhaupt keine Lust darauf, wollte einfach nur meine Ruhe haben. Trotzdem freute ich mich schon fast darauf, wieder rausfahren zu können. Die Feldlagerverordnung gestattete zwei Dosen Bier am Tag. Viele legten das an diesem Abend sehr großzügig aus. Niemanden kümmerte es. Immerhin hatten wir unsere Feuertaufe bestanden.

In der folgenden Nacht war mir eine Idee gekommen, und ich klopfte am nächsten Tag an Müs Container. Ich meldete mich ordnungsgemäß und militärisch bei ihm.

Was wollen Sie?, fragte er mich.

Ich weiß, dass Hilfsgüter zentral über die Bundeswehr organisiert werden, fing ich an. Aber dürfte ich trotzdem ein paar Briefe verschicken? Ich würde gerne um Spenden für Fußbälle und Trikots bitten.

Mü überlegte kurz. Meinetwegen, brummte er kurz und entließ mich wieder.

Ich machte mich gleich an die Arbeit. Und so schickte ich an diesem Tag Briefe an Adidas, Puma, Nike und alle anderen Sportartikelhersteller, die mir eingefallen waren. Wenn ich ein paar nützliche Spenden erhielt, könnte ich damit den Menschen draußen in den Dörfern eine Freude machen und vielleicht sogar den Zugang zu ihnen verbessern.

Die meisten hatten sich inzwischen eine Aufgabe gesucht, irgendeine Beschäftigung, die Spaß machte. Einige schliefen in jeder freien Minute. Andere fingen an, Bücher zu lesen oder spielten Karten. Viele schrieben Briefe oder führten Tagebuch. Vor kurzem hatte sich eine Gruppe gefunden, die zu jeder Zeit eifrig Schach spielte. Sie nahmen das klappbare Spielbrett sogar mit ins Polizeihauptquartier. Es wurden inzwischen richtige Wettkämpfe ausgetragen und um Geld gespielt. Ich nutzte die meisten freien Momente, um allein zu sein, mich zurückzuziehen. Schon in der Kaserne in Deutschland war ich heilfroh gewesen, abends die paar Kilometer nach Hause fahren zu können.

An einem der freien Tage erlebten wir abends unseren ersten Raketenalarm. Ab und zu wurde das Feldlager von den Aufständischen mit Raketen beschossen, die irgendwo im Umland gezündet wurden und meistens außerhalb des Lagers aufschlugen. Da unsere Container ungepanzert waren, mussten wir uns beim Ertönen der Sirene in eines der festen Gebäude gegenüber begeben. Während wir dort herumsaßen und auf Entwarnung warteten, kam mir in den Sinn, dass TJ während der nächsten Raumverantwortung Geburtstag hatte. Der Erste von uns, den es im Einsatz traf. Ich lagerte Kuchen im Kühlschrank, den mir meine Freundin geschickt hatte und von dem ich einen mit nach draußen nehmen wollte. Aber irgendetwas wollte ich noch tun. Schließlich war eine Geburtstagsfeier im Krieg nichts Alltägliches. Also setzte ich mich hin und zeichnete ein kleines Bild für ihn. Nur eine einfache Karikatur, nichts Besonderes. Ein Bild, das zu seiner Tätigkeit als Fahrer passte. Darauf ließ ich den Rest der Gruppe unterschreiben. Ich wollte meine positive Energie weitergeben.

Auf dem Weg in die nächste Raumverantwortung waren wir deutlich gelassener. Der India Zug hatte endlich seine Schützenpanzer bekommen. Große Stahlkolosse, die mit ihren Zwanzig-Millimeter-Kanonen Furchtbares anrichten konnten. Wir waren für diese Verstärkung sehr dankbar und freuten uns, sie dabeizuhaben. Ab sofort würden sich die Züge mit dem Dienst auf den Höhen 431 und 432 abwechseln. Diesmal waren wir noch nicht dran, aber ich freute mich nicht auf das erste Mal. Auf dem Weg zum Polizeihauptquartier durchfuhren wir ein Gebiet, das von breiten Reisfeldern gesäumt war. Hier waren rechts und links der Straße zwei kleine Dämme aufgeschüttet worden. Dazwischen floss das Wasser, das je nach Bedarf auf die Felder geleitet wurde. Die Landschaft war weiträumig einsehbar und ein Angriff über diese offenen Flächen unwahrscheinlich. Wir fuhren wieder an der Spitze der ganzen Kompanie. Hinter uns Nossi, dann Mü und Brandys Gruppe. Schließlich der India Zug mit den Schützenpanzern und der Rest. Wir waren gut drauf und zu Scherzen aufgelegt.

Plötzlich tauchte ein kleines Auto auf, das am rechten Straßenrand abgestellt war, genau an einem der beiden Wassergräben. Ich betrachtete misstrauisch die Szene, während wir langsam auf das Auto zurollten.

Ey, wisst ihr was, rief ich plötzlich aus heiterem Himmel. Auf den Feldern sehe ich keinen Menschen, niemanden, der zu dem Auto gehören könnte. Vielleicht ist da 'ne Bombe drin.

Ich äußerte diese Vermutung wirklich nicht mit vollem Ernst. Der Verdacht erschien zu offensichtlich und gleichzeitig zu absurd, dass uns nach so kurzer Zeit wieder etwas passieren sollte. Muli wollte kein Risiko eingehen.

TJ, fahr 'nen Bogen drumherum, damit wir dem Auto nicht zu nahekommen.

Als wir auf der Höhe des kleinen Autos waren, passierte es.

WAAAMMM.

Mit einem gewaltigen Knall wurde unser Fahrzeug zur Seite geschleudert. Die Bombe hatte am linken Straßenrand, gegenüber dem abgestellten Fahrzeug, gezündet. Die Räder des Dingos hoben kurz vom Boden ab. Krachend landeten sie wieder auf der Straße. Eine Staubwolke hüllte uns ein, es war nichts mehr zu sehen. Wir alle waren in heller Aufregung. Ich griff nach meinen Händen, tastete sofort meine Beine ab, strich mir durchs Gesicht.

Ich spürte nichts bis auf meinen wilden Herzschlag. Die Zeit blieb nicht stehen wie beim Anschlag auf der Westplatte.

Was war das, was war das, rief Mica und umklammerte die Griffe seiner Waffenanlage.

Muli brüllte TJ an. Los, fahr, durchbrechen, durchbrechen!

So hatten wir es gelernt. Bei einem Angriff Vollgas geben, weg aus der Gefahrenzone. Aber außer einem laut piependen Warnsignal passierte nichts. Der Dingo fuhr mit dem gleichen Tempo weiter geradeaus.

Ich kann nicht, ich kann nicht! TJs Stimme überschlug sich.

Wir rollten aus der Staubwolke heraus und fuhren weiter. Ich versuchte, mich zu beruhigen, meinen Puls herunterzuschrauben. Atmete so ruhig ich konnte. Ich blickte nach links zu Hardy. Die Seitenscheibe neben seinem Kopf hatte einen gewaltigen Sprung.

Bist du okay?, fragte ich.

Ja, unverletzt, entgegnete er knapp.

Mica?, fragte ich.

Jaja, alles okay, war seine Antwort.

Ich kniff Muli in die Schulter. Hinten alles in Ordnung.

Auch Muli beruhigte sich schnell, es wurde still im Fahrzeug, während wir langsam auf die große Brücke über den Kundus-Fluss zurollten. Diese war nur wenige hundert Meter vom Anschlagsort entfernt, afghanische Soldaten waren auf beiden Seiten postiert.

Was war eben mit dem Dingo?, wollte Muli wissen.

TJ erklärte es, hastig atmend. Auch seine Scheibe hatte einen Sprung, der sogar noch größer war als der bei Hardy.

Ich hatte einen Fehler in der elektronischen Gangschaltung. Ich konnte nicht hochschalten und konnte deshalb nicht schneller fahren.

Diese Dreckskerle, brüllte Muli, die ham uns in die Falle gelockt! Bei dem Auto ham wir die Bombe vermutet und gegenüber davon ham sie sie gezündet!

Wir hielten an.

Okay, Joe und Hardy, ihr sitzt ab und sichert das Flussufer.

Hardy war kreidebleich und sah mitgenommen aus. Er grinste nicht wie sonst und sein Mund stand offen. Er war auch beim ersten Sprengstoffanschlag von uns am nächsten dran gewesen. Eine Woche war seitdem vergangen. Wir gingen an eine Mauer mit guter Übersicht und setzten uns erst einmal ins Gras. Während wir unsere Augen in die Ferne richteten, verfolgten wir am Funkgerät das weitere Geschehen. Die restlichen Fahrzeuge waren erst stehengeblieben und dann rückwärtsgefahren. Um Abstand zur Gefahrenstelle zu gewinnen. Die Situation zu überblicken.

Mü, hier Muli. Ich habe keine Verletzten. Ich weiß nicht, wie groß die Schäden am Fahrzeug sind, aber ich beantrage einen Testschuss mit der Waffenanlage, damit ich weiß, ob sie noch funktioniert.

Mü lehnte den Antrag ab.

Wir sind allein hier vorne, sagte Muli gereizt.

Nossi schaltete sich ein. Mü, hier Nossi. Ich beantrage, zu Muli durchzubrechen, um ihn zu sichern.

Auch das lehnte Mü ab. Ihm schien das zu gefährlich zu sein. Inzwischen hatten die Schützenpanzer ihre Kanonen nach links und rechts gerichtet.

Ein Funkspruch. Hier Shorty, ich habe zwei Männer im Visier, die uns mit Ferngläsern beobachten.

Shorty war einer der Panzerkommandanten des India Zuges. Ein kleiner Mann mit klaren Augen und wachem Blick.

Sind Waffen zu erkennen?, wollte der Chef wissen.

Negativ, antwortete Shorty. Ich vermute, die haben die Bombe ausgelöst. Sie haben ganz klar ein Fernglas und ein Handy.

Der Panzer hatte eine gute Optik mit starker Vergrößerung.

Wenn das Ziel klar ist, fertigmachen zum Feuern, befahl der Chef über Funk.

Das Rohr hob sich. Ich freute mich darauf, dass diese mächtige Waffe gleich zwei Attentäter beseitigen würde.

Ha, denen zeigen wir's, rief ich trotzig. Doch nichts passierte.

Ein neuer Funkspruch von Shorty. Sie haben sich zurückgezogen, ich sehe sie nicht mehr.

Verdammt, schrie Hardy auf. Diese Scheißkerle.

Nossi wandte sich wieder an Mü. Ich beantrage noch mal, zu Muli durchzubrechen.

Abgelehnt, war Müs Antwort.

Da geschah etwas Unerwartetes. Ich hörte Nossi am Funkgerät.

Bitte wiederholen, ich habe den Funkspruch nicht verstanden.

Antrag abgelehnt, sagte Mü, diesmal lauter.

Eine Pause.

Hier Nossi, ich konnte Sie nicht verstehen, breche jetzt durch.

Mü funkte nicht mehr. Ob er ahnte, dass Nossi ihn an der Nase herumführte?

Der Transportpanzer von Nossi setzte sich in Bewegung, erreichte uns nach wenigen Augenblicken. Auch Muli schien die Gelegenheit nutzen zu wollen.

Über Funk meldete er: Achtung, ich gebe jetzt einen Probeschuss ab.

Plötzlich knallte es. Kein Geräusch wie ein Schuss, dafür war es zu leise. Mehr wie eine starke Metallfeder, die gegen irgendetwas schlug. Mica hatte versucht, mit dem Maschinengewehr zu schießen. Dann tauchte er durch die Luke auf das Dach hinaus.

Ich dachte mir doch, dass die Anlage etwas abbekommen hat, schimpfte er.

Waffenanlage ausgefallen, meldete Muli an Mü.

Im Polizeihauptquartier wurden wir diesmal sofort untersucht. TJ hatte sich den Arm geprellt, als sich durch die Explosion das Lenkrad ruckartig gedreht hatte. Wir anderen hatten nichts abbekommen. Das Fahrzeug war nicht mehr im besten Zustand, die Ladefläche hinten, wo unsere Rucksäcke und die Verpflegung gelegen hatten, war von Splittern durchsiebt.

Die haben unseren Cappuccino durchlöchert, verkündete Mica verärgert.

Immerhin durften wir am nächsten Tag noch einmal ins Feldlager fahren, um den Dingo prüfen zu lassen. Der Mechaniker in der Werkstatt war nicht begeistert, uns zu sehen.

Ihr schon wieder, begrüßte er uns überrascht. Er betrachtete den Schaden.

Is alles nicht so schlimm, murmelte er. Aber nachdem ihr neulich schon neue Scheiben bekommen habt, kriegt ihr jetzt die letzten, die ich auf Lager hab. Wenn ihr euch die wieder zerschießen lasst, müsst ihr auf Nachschub aus Deutschland warten. Und das dauert.

Die Arbeit der nächsten Zeit erfüllte mich nicht mit Schrecken. Abends ertappte ich mich manchmal bei dem Gedanken, ob ich nicht irgendwann anfangen würde, schlecht zu träumen. Oder zu zittern. Viele hatten von Kameraden berichtet, die nach heftigen Gefechten Probleme bekamen. Ich fühlte mich nach wie vor großartig. Alles ging erst mal seinen gewohnten Gang. Nach dem Anschlag auf den Zugführer von Hotel und den beiden Anschlägen auf uns wurden bald auch die anderen Züge angesprengt. Erst Foxtrott, dann auch India. Bald hatten fast alle schon einmal Bekanntschaft mit den hinterhältigen Straßenbomben gemacht. Niemand hatte es bisher allerdings zwei Mal erleben müssen. Und niemanden hatte es zu Fuß erwischt.

Es gab viel zu tun. Die Patrouillen in die Dörfer dehnten sich weiter aus. Einige Tage nach dem Bombenanschlag fuhren wir mitten auf die Westplatte. Marschierten von dort in die Dörfer im Tal, kehrten abends zur Westplatte zurück und lagerten zwischen den Fahrzeugen in der Wüste. Es war ein spartanisches Leben. Aber niemand murrte, wir hatten unseren Auftrag und führten ihn durch.

Am folgenden Morgen setzten wir unsere Fußpatrouille in ein anderes Dorf fort. Der Chef setzte den Golf Zug an die Spitze,

Muli ließ mich ganz vorne gehen. Mir machte es nach wie vor großen Spaß. Ich liebte diese Arbeit, begegnete gerne den Einheimischen. Der Ansatz des Chefs schien sich auszuzahlen. Meistens waren die Menschen in diesen Dörfern äußerst überrascht, uns zu sehen. Ich konnte in ihren Gesichtern lesen, dass sie noch nie einem westlichen Soldaten begegnet waren, nicht mit unserer Präsenz gerechnet hatten. Aber genau darum ging es dem Chef: Den Menschen zeigen, dass wir sie nicht sich selbst überließen. Den Aufständischen zeigen, dass wir in ihre Rückzugsgebiete vordrangen. Dort, wo wir nicht angegriffen wurden, hatten wir für die Kinder immer ein paar Packungen Kekse aus den Notrationen oder kleine Wasserflaschen dabei.

Aber die Kämpfe häuften sich mit der Zeit ebenfalls. Wir wurden selten während dieser Patrouillen angegriffen. Meistens an der Hauptstraße durch den Distrikt Chahar Darrah. Woche für Woche erwartete die Kompanie irgendein Gefecht, meist waren es nur kurze Scharmützel. Aber sie erinnerten uns daran, immer auf der Hut zu sein. Da wir nach wie vor nicht wussten, wie lange der Einsatz dauern sollte, richteten wir uns auf viele Monate ein.

So veränderten wir uns, einige mehr, andere weniger. Während bei den meisten die Haare und Bärte immer länger wurden, waren es bei anderen weniger offensichtliche Dinge. Ich saß immer öfter bei den Sprachmittlern oder den Amerikanern, anstatt meine freie Zeit mit den Jungs aus meiner Gruppe zu verbringen. Und ich fing an, im Polizeihauptquartier Sport zu treiben. Es waren nur wenige, die das hier draußen taten. Ich steckte mir Kopfhörer in die Ohren und drehte Runde um Runde im Innenhof. Vielleicht wollte ich mich so ein wenig verkriechen, meinen eigenen Rückzugsort schaffen. Manchmal spielten wir zusammen mit den Amerikanern Football oder Softball im Hof. Es war ein Ausgleich für die harte Arbeit, die wir taten. Stressbewältigung.

Ich fühlte mich gut dabei und beobachtete auch die anderen,

wie sie nach so einem Tag scherzten und entspannt zusammensaßen. Gefühle waren einfach zu verstehen. Schwierig zu verstehen war nur, was sie mit uns machten und warum wir das oft nicht merkten. Was unter der Oberfläche lag. Ich wollte verstehen, was all diese Gewalt in uns allen anrichtete. All die Kämpfe, die Bomben, die Feindseligkeit. Je mehr Gewalt sich in unserem Alltag offenbarte, umso gleichgültiger schienen wir sie wahrzunehmen. Was zunächst besonders oder einfach nur erschreckend war, wurde schnell Normalität. Wir nahmen es hin, weil uns nichts anderes übrig blieb. Weil wir kämpfen mussten. Weil es uns aufgezwungen wurde. Weil wir uns dafür entschieden hatten.

KILLBOX

Das Polizeihauptquartier als ein Zuhause zu bezeichnen, erschien mir fast schon makaber. Aber so war mein Empfinden. Es bot einen gewissen Schutz. Geborgenheit im Feindesland. Ich kehrte gerne hier hin zurück. Ankommen, die Schutzweste ablegen, hinsetzen, entspannen. Ein einfacher Rhythmus. Wir hatten uns in dem schimmelbefallenen Rohbau so gut es ging eingerichtet, hatten Poster an die Wände gehängt, improvisierte Möbel aus irgendwelchen Holzresten gebaut. Aber am meisten genoss ich es, in den kurzen Pausen nichts zu tun. Für ein oder zwei Stunden die Beine hochzulegen oder mit meinen amerikanischen Freunden über Belangloses wie die Vorzüge von Fußball gegenüber Baseball zu diskutieren. Nur ein paar Momente fern vom Krieg. Ich war froh, wenn unser Wachplan es erlaubte, die meisten Stunden der Nacht zu schlafen. Stiefel ausziehen, hinlegen, das harte Feldbett vergessen, Augen schließen, die Dunkelheit genießen.

An einem Nachmittag stürmte der Amerikaner Rico in unseren Schlafraum.

Come on, Joe, follow me, rief er und lachte laut.

Sein schelmisches Grinsen verriet, dass er irgendetwas im Schilde führte. Weil ich nur widerstrebend folgte, packte mich der stämmige kleine Kerl und hievte mich auf seine Schultern. Während er mich nach draußen wuchtete, bemerkte ich im Augenwinkel ein kleines Kinderplanschbecken, das mit Wasser gefüllt war. Als ich seine Absicht erkannte, war es schon beinahe zu spät. Wir rangelten einen Moment lang, und er erhielt Hilfe von einem zweiten Amerikaner. Als ich mit einem lauten Platsch ins Wasser flog, grölten die beiden triumphierend. Dann sprangen sie hinterher. Das kleine Planschbecken hatte ein Amerikaner

Baghlan, OP North: Ich mit meiner Ausrüstung, darunter Gewehr- und Pistolen-
magazine, Handgranate, Rauchgranate, Funkgerät usw.

Golf eins. Hinten (von links): Muli, Nossi, Pello, Wizo, Butch, Mica, TJ, Hardy, Russo. Vorne (von links): Simbo, Dolli, Joe, Jonny.

Das Polizeihauptquartier des Distrikts Chahar Darrah. Gut sichtbar ist der bemannte Wachturm.

Unser Schlafraum im Polizeihauptquartier – viel Schimmel, wenig Privatsphäre. Vorne rechts im Bild ist der Abluftschlauch der Klimaanlage zu sehen.

Gesperrte Straße wegen Bombenfund – die wartenden Menschen durch die Optik von Micas Dingo-Waffenanlage fotografiert.

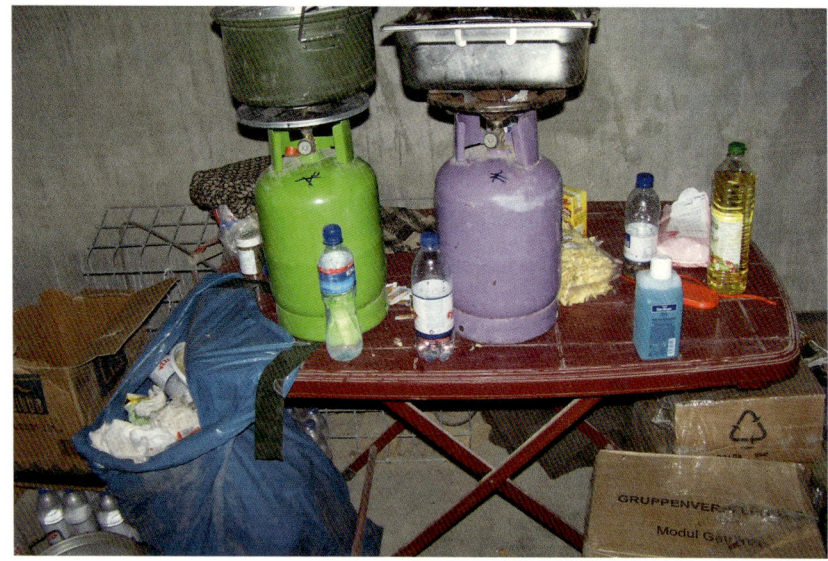

Behelfsküche im Polizeihauptquartier – hier haben wir unsere Notrationen
zubereitet.

Viehhütende Kinder bekamen Wasser durch die Transportpanzer-Besatzung von
Golf zwei, während wir mit den Dingos das CIMIC-Team auf den Hügel begleiteten.

Ich verschenke meinen Fußball und einen giftgrünen ISAF-Drachen an afghanische Kinder.

Fußpatrouille von der Westplatte ins Tal – ich vorneweg.

Im Moment der Bombenexplosion auf dem Friedhof drückt Joel auf den Auslöser. Die belgischen Kampfmittelbeseitiger werden von der Staubwolke verschluckt. Hinten rechts ist der zuvor angesprengte Dingo des Hotel Zuges zu erkennen.

Der von der Bombe zerstörte Jammer mit der herausgeschleuderten Ausrüstung, während Mü mit mir Kontakt aufnimmt.

Nach der Explosion: Muli ganz links bespricht das weitere Vorgehen mit den Belgiern, ich sichere das Friedhofsgelände.

Der Transportpanzer von Nossis Trupp. Von links: Russo, Butch, Dolli, Wizo, Jonny, Nossi und Kruschka.

Auch in unserer Stellung in Baghlan waren Hunde unser ständiger Begleiter.

Verkaufsbuden gegenüber des Polizeihauptquartiers. Im Laden mit den Melonen haben wir immer unsere Getränkedosen gekauft.

Jonny mit seinem MG4 während einer Patrouillenpause.

Schützenabwehrminen und selbst gebaute Sprengsätze, deren Verstecke uns von Dorfbewohnern nach der Operation Halmazag gezeigt wurden.

Zugang über eine improvisierte »Brücke« über den Schützengraben zur Höhe 432. Im Hintergrund sind die Ausläufer von Isa Khel zu sehen.

Mittagessen! Frische Melone vom Feld und Pulver-Rührei aus der Notration.

Höhe 432: Zwei Bauern mit Ochsengespann und Flug, durch die Optik des Maschinengewehrs aufgenommen.

Ausblick von Höhe 432 mit Parkplatz und Dixie-Toiletten – im Hintergrund die Berge und die davor liegende Westplatte.

Kiloweise Ausrüstung für eine Operation. Von links: Energieriegel, Rettungsseil, Rauchgranaten, Signalpistolenmunition, Reservemagazine, Gewehrgranaten und einiges mehr. Was noch fehlt: literweise Wasser.

Marschpause während einer Patrouille durch eine typische Dorfstraße.

Smokey, stolzer Besitzer eines neuen Puma-Shirts.

Ich beobachte die Umgebung während einer Patrouille.

Nossi im Gespräch mit einem Dorfbewohner.

Muli gibt Befehle in einer Gefechtssituation.

Operation Halmazag: Stellung von Brandys Gruppe in einer Gefechtspause.

Operation Halmazag: Dolli mit G36 und Wizo mit Panzerfaust 3.

Unser Wall nach vier Tagen Gefecht – mit Sandsäcken verstärkte Stellungen und das selbst gegrabene Schützenloch. Gegenüber die Baumreihe, von wo wir beschossen wurden.

Schnappschuss mit afghanischen Verbündeten am letzten Tag der Operation Halmazag. Hinten links unser Übersetzer, hinten rechts Muli.

Gedenken an die Gefallenen vom Karfreitag 2010 vor dem Wrack des in Isa Khel geborgenen Dingos.

von seiner Schwester mit der Post bekommen. Sie hatten Wasserkanister dabei, um es zu füllen. Und schließlich lagen wir bei fünfundvierzig Grad und schönstem Sonnenschein mitten in Afghanistan in diesem kleinen Planschbecken und genossen die Ruhe.

In der folgenden Nacht wurden wir ruppig geweckt. Irgendjemand stürmte herein und schüttelte an meinem Schlafsack, so dass ich vor Schreck fast aus meinem Feldbett fiel.

Alles aufstehen, rief er und verschwand in den nächsten Schlafraum.

Als ich die Augen aufschlug, stand Muli vor meinem Bett. Komm, wir müssen los!

Ich schaute mit zusammengekniffenen Augen auf die Uhr an meinem Handgelenk. Es war kurz nach elf Uhr abends. Wir hatten gerade eine knappe Stunde Schlaf hinter uns, nachdem wir von der letzten Wache an der Zufahrt zur Westplatte zurückgekehrt waren.

Mica schlug gerade die Augen auf. Haben wir Alarm?, fragte er mich mit zusammengepressten Lippen.

Keine Ahnung. Ich war hundemüde und wollte noch weiterschlafen.

Wehe, es ist nichts Wichtiges, brummte Hardy, sonst boxe ich jemanden um.

Umständlich bewegte ich meine Beine in Richtung Feldbettkante und zuckte zusammen, als meine Kniekehlen das kalte Bettgestell berührten. Ich sprang auf. Verdammt, dachte ich, immer dann, wenn wir mal schlafen können.

Während ich mir mühsam die Schnürsenkel meiner Kampfstiefel zuband, stürmte wieder jemand in den Raum. Es war Wizo.

Ey, ihr sollt euch beeilen, Mann.

Ich verließ als Erster den Raum, rannte den Flur hinunter und traf im Aufenthaltsraum auf Muli.

Wir müssen los, alle Männer in drei Minuten hier in den Nebenraum! Ich muss in den Gefechtsstand.

Als Muli in dem kleinen Nebenraum erschien, begann er sofort mit Kreide an die nackte Betonwand zu zeichnen, während sich nach und nach der Rest einfand.

Simbo, der seine Schutzweste schon angezogen hatte, Jonny mit Hardy, der hinter ihm hertrottete, immer noch den Schlaf in den Augen. Während Muli Striche und Linien an die Wand malte, füllte sich der Raum langsam. TJ und Wizo kamen in Begleitung von Nossi, dahinter Dolli, Butch und Russo, ein dickbäuchiger Belgier mit dichtem Bart und noch einige, die ich bisher nicht kannte.

Als Muli mit dem Bild an der Wand fertig war, trat er einen Schritt zurück und betrachtete sein Werk, als ob er prüfen wollte, dass alles an seinem Platz war. Er ging ein wenig zur Seite und gab den Blick auf die Wand frei. Auf die graublaue Betonwand mit ihren hellen Schimmelflecken hatte er den Grundriss eines Dorfes gemalt. Darin eine Straße, die fast gerade von links nach rechts verlief und am rechten Ende einen Knick nach unten machte, bevor sie am rechten Rand zu einer Brücke führte. Diese hatte Muli mit zwei Strichen oben und unten markiert. Um die Straße herum ein paar Schraffierungen, welche Gebäude darstellten, und ein paar einzelne eckige Kästchen, mit denen bestimmte Häuser hervorgehoben wurden.

Ich erkannte es sofort. Es war ein Dorf, dessen Namen wir nicht kannten, das aber an der Zufahrt nach Qara Yatim im Norden lag. Vielleicht war es eine Art Vorort oder Ausläufer. Jedenfalls waren wir dort schon einmal gewesen, um mit den Anwohnern zu sprechen. Weil die Belgier dort bereits mehrmals angegriffen worden waren, nannten wir den Bereich zwischen Dorf und Brücke das Hinterhaltgelände. Auf dem Weg vom Feldlager ins Polizeihauptquartier musste man zwangsläufig dort entlang, es gab keinen anderen benutzbaren Weg. Gestern hatten wir überraschend mitten auf der Straße bei der kleinen Siedlung angehalten. Muli wollte Informationen gewinnen. Ein Einheimischer um die dreißig war schüchtern gewesen, als würde er sich sehr fürchten. Ein paar Kinder hatten uns angebettelt, wir gaben ihnen Wasserflaschen und Kekse. Die älteren Männer, die auf Betonklötzen am Straßenrand saßen, waren ablehnend, als hätten sie gewollt, dass wir schnell wieder weiterfahren. Das Dorf lag keine drei Kilometer entfernt. Ich erinnerte mich, dass es dort sehr unübersichtlich und beengt war.

Versteht ihr mich, wandte sich Muli an den Belgier mit dem Bart.

Isch vestehe ein wenik Deutsch, sagte er und lachte, als ob er nicht genau wüsste, ob er es richtig gesagt hätte.

Okay, folgende Situation liegt vor, sagte Muli mit diesem ernsten Unterton, den er immer anschlug, wenn es wichtig wurde und man ihn nicht unterbrechen durfte. Ein Informant hat gemeldet, dass am östlichen Dorfrand, etwa hier, ein Sprengsatz versteckt wurde.

Er deutete mit dem Kreidestück auf die Straße, genau dort, wo das Dorf aufhörte und eine große freie, aber von Bäumen umgrenzte Fläche in Richtung Brücke anfing. Er malte einen Kreis um die Stelle.

Diese Information ist eine halbe Stunde alt und wurde von einer weiteren Quelle bestätigt. Wir haben eine Drohne über dem Gebiet, dort ist aber nichts erkennbar. Der Chef möchte, dass wir dorthin fahren und das überprüfen.

Jetzt, mitten in der Nacht?, warf Hardy ein.

Ich fand die Frage nicht ganz unberechtigt, zumal es schwer sein würde, einen Sprengsatz nachts überhaupt zu sehen. Außerdem war es in der Dunkelheit viel schwieriger, die Umgebung zu sichern.

Ja, jetzt sofort, antwortete Muli mit einem Tonfall, der keinen Widerspruch duldete. Der Chef will, dass wir die Situation vor Ort klären, bevor morgen der nächste Konvoi durchkommt. Dazu haben wir deutsche und belgische Kampfmittelbeseitiger und die Sanitäter dabei. Außerdem kommt ein Jammer mit.

Wie gehen wir vor?, fragte ein Oberfeldwebel, der sich als Kommandant des Jammers zu erkennen gab.

Dazu komme ich jetzt, sagte Muli. Wir fahren mit wenig Abstand und möglichst leise. Ich will vermeiden, dass man uns zu früh kommen sieht. Golf eins übernimmt die Sicherung, damit ihr Jungs arbeiten könnt.

Damit meinte er die Kampfmittelbeseitiger. Er deutete auf die Karte.

Wir halten in 150 Metern Abstand vor dem Ziel. Dann übernimmst du, Nossi, mit deinem Dingo die Sicherung in der Straße, die nach Qara Yatim im Norden führt. Du biegst ein, fährst aber auf keinen Fall weiter als nötig, gerade so, dass hinter dir noch durchgefahren werden kann. Russo, du machst mit deinem Transportpanzer die Straße nach Westen dicht. Wichtig ist, dass dort niemand durchkommt. Diesmal fahrt ihr nicht mit Russos Transportpanzer mit, sagte Muli dann noch, an Nossi gerichtet, sondern nehmt einen Dingo, den ihr von der zweiten Gruppe ausleiht. Das ist mit Brandy abgesprochen. Dadurch haben wir noch eine Waffenanlage auf dem Dach mehr, weil nicht alle absitzen werden. Reine Fahrtzeit zum Zielort etwa fünf Minuten. Sobald wir vor Ort sind, sitzen wir ab. Ich mit meinen Jungs übernehme die Sicherung zu Fuß.

Muli schaute zu den Kampfmittelbeseitigern.

Ihr geht im Abstand von 10 Metern dahinter, reicht euch das?

Kein Problem, brummte einer der Männer.

Okay, der Jammer fährt als Einziger mit nach vorne, direkt hinter euch. Wir gehen in zwei Teams rechts und links der Straße vor. Ich bin auf der linken Seite und nehm Mica mit, Joe, du gehst rechts mit Wizo. Die Kampfmittelbeseitiger dahinter bleiben in der Mitte der Straße. Leichte Bewaffnung, kein Maschinengewehr, keine Panzerfaust. Sobald wir angegriffen werden, möchte ich, dass ein Nebelkörper geworfen wird, das machst du, Joe. Wenn der Nebel liegt, weichen wir sofort nach hinten aus. Ich will dann so schnell es geht auf die Fahrzeuge und die Killbox verlassen.

Die Killbox war die Gefahrenzone, in der man sich unmittelbar nach Eröffnung des Gefechts befand, wenn es sich um einen Hinterhalt handelte und sich der Angriff des Feindes auf einen kleinen Raum beschränkte. Man musste also zusehen, rasch dort wegzukommen.

Alle nickten.

Dir ist klar, dass ich allein auf dem Fahrzeug bin, wenn ihr abgesessen seid, warf TJ plötzlich ein. Ich habe dann nicht mal jemanden für die Waffenanlage. Und die Türen sind auch nicht verschlossen, bis ihr wieder reinkommt.

Wir verstanden seine Sorge. Er stand zwar zwischen den übrigen Fahrzeugen, konnte aber in der Dunkelheit nicht sehen, wenn sich jemand dem Fahrzeug näherte. Es war ein scheiß Gefühl, nachts, mitten in feindlichem Gebiet, allein auf der Straße zu sein.

Wir passen auf dich auf, wir stehen mit unserem Dingo fast genau neben dir, versuchte Jonny ihn zu beruhigen.

So eine Scheiße, brummte TJ missmutig. Ihr müsst mit eurem neuen Dingo auch erst mal klarkommen.

Das lass mal unsere Sorge sein, konterte Nossi.

Muli wandte sich wieder an alle. Okay, Marschreihenfolge für die Fahrzeuge: Ich – Jammer – Kampfmittelbeseitiger belgisch, dann deutsch – Nossi – Sanis – Schließender Russo. Wenn wir etwas finden, übernehmen die Kampfmittelbeseitiger. Wir sichern dann den Bereich. Beim ersten Beschuss brechen wir ab und weichen sofort aus. Ihr Kampfmittelbeseitiger habt dann nichts anderes zu tun, als sofort aufs Fahrzeug aufzusitzen, damit wir den Feuerkampf übernehmen können. Ihr kennt unsere Verfahren nicht, und ich will nicht, dass es in der Dunkelheit zu Beschuss durch eigene Kräfte kommt. Und denkt dran, dass es einige Zeit dauert, die Fahrzeuge auf der engen Straße zu wenden. Noch irgendwelche Fragen?

Die meisten schüttelten den Kopf.

Weißlicht oder Infrarot?, meldete sich Mica.

Muli überlegte.

Die Frage war nicht unbedeutend. Wenn wir das Weißlicht der Laser-Lichtmodule an den Waffen nutzten, wären wir Hunderte von Metern weit zu sehen. Aber das Infrarotlicht funktionierte nur in Verbindung mit dem Nachtsichtgerät. Durch die Nachtoptik wurde die Welt in ein unscharfes Grün gehüllt. Keine zufriedenstellende Wirkung, wenn wir im Dunkeln nach einem möglicherweise kleinen Objekt suchten.

Wir müssen einen Sprengsatz finden, der vielleicht getarnt wurde, also Weißlicht, entschied Muli schließlich. Habt ihr alles verstanden?, fragte er die Belgier.

Nicken.

Gut, Waffen und Ausrüstung prüfen, Abmarschbereitschaft in 15 Minuten. Uhrenvergleich.

Check.

Alle verließen eilig den Raum. Ich ging noch einmal in den Schlafraum. um meine Ausrüstung umzustellen, denn ich würde nicht meine übliche Waffe tragen. Das bedeutete, alle Magazine in der Weste austauschen, zusätzlich noch ein paar Granaten einpacken, die ich mit meinem zweiten Gewehr verschießen konnte, und die Funktionsfähigkeit des G36 prüfen: Lampe und Laser, Verschluss und Abzug. Ein kurzer Blick durch die Optik. Alles funktionierte.

Über den sandigen Hof ging ich zum Fahrzeug. Dort waren Mica und TJ bereits damit beschäftigt, die Plane von unserer Waffenanlage zu nehmen. Die rote Beleuchtung im Inneren war eingeschaltet und warf einen schwachen Lichtschein durch die Fenster.

Als ich die Beifahrertür öffnete, um die Frequenzen am Funkgerät zu prüfen, fiel mir Mulis Schutzweste entgegen.

Verdammt, fluchte ich. Wieso kann er sie nicht ordentlich ablegen.

Ich stopfte sie wieder auf den Sitz und kletterte die Stufe zum Führerhaus hinauf. Mica lag quer über meinem und seinem Sitz hinten im Fahrzeug und tastete suchend mit der rechten Hand auf dem Boden herum.

Was machst du?

Dein komisches Vieh ist mir runtergefallen, nuschelte er undeutlich in den Sitz.

Meinst du Trüffel? Nicht im Ernst, raunte ich gereizt.

Jetzt reg dich ab, ich finde ihn schon, sagte Mica, als er wieder auftauchte. Ich hab dir schon ein paarmal gesagt, du sollst ihn vernünftig festmachen, mit 'nem Kabelbinder oder so.

Ich hatte ihn festgebunden, aber das muss irgendwie abgegangen sein, versuchte ich mich zu entschuldigen.

Jedenfalls finde ich ihn im Moment nicht, ich hab da jetzt keine Zeit für.

Inzwischen waren Wizo und Muli eingetroffen, wir waren startklar. TJ hatte schon das Nachtsichtgerät über die Augen geschoben. Er würde gleich im Dunkeln fahren müssen. Ich beneidete ihn nicht darum.

Es war kurz vor Mitternacht, als wir langsam durchs Tor rollten. Ein Fahrzeug nach dem anderen bog nach links auf die Hauptstraße. Ich versuchte, etwas im schwachen Schein der wenigen Lampen erkennen zu können. Die Straße schien menschenleer zu sein, sogar der Mond hatte sich versteckt, kein Stern blitzte am Himmel.

Was für eine verdammt dunkle Nacht, bemerkte ich laut.

Ja, aber vielleicht ist es nur wieder eine Luftblase und wir sind schnell wieder im Bett, sagte TJ.

Wir alle hatten keine allzu großen Erwartungen an die Nachrichten, die über Informanten aus dem Feldlager kamen. Zu häufig schon hatten sie sich als falsch herausgestellt.

TJ wich gekonnt den zahlreichen Schlaglöchern aus, was das Fahrzeug wie immer stark zum Schwanken brachte. Mica hatte es schon vor einiger Zeit aufgegeben, nachts die ganze Zeit durch die Nachtsichtoptik seiner Waffenanlage zu schauen. Zu groß war die Gefahr, sich bei einem Schlagloch ein blaues Auge zu ho-

215

len. Muli sah das zwar nicht gerne, aber in voller Fahrt war sowieso kaum etwas zu erkennen.

X minus zwo Minuten, sprach Muli ins Funkgerät, aber so, dass auch wir es hören konnten.

X minus zwo, wiederholte ich von hinten, um ihm zu melden, dass wir verstanden hatten.

X minus eins, rief Muli, diesmal noch etwas lauter.

X minus eins, gab ich zurück.

Keine Hektik. Ich atmete ruhig, blickte noch einmal nach draußen und hatte das Gefühl, es war noch dunkler geworden. Die Umrisse der Berge waren vom tiefen Schwarz des Himmels verschluckt worden. Der Straßenrand war nur noch zu erkennen, wenn ich mich sehr anstrengte. Ich klappte mein Nachtsichtgerät nach unten und nahm meine Waffe fester in die linke Hand. Es war beruhigend, nicht mit leeren Händen hier draußen sein zu müssen. Sich wehren zu können. Die Waffe in der Hand flößte mir Vertrauen ein, machte mich gelassen. Ich dachte daran, dass wir nachts noch nie Feindkontakt hatten. Auch heute war es unwahrscheinlich. Schließlich befanden wir uns sehr nahe am Polizeihauptquartier. Dem einzigen halbwegs sicheren Hafen mit seinen alten und grob errichteten Mauern und seinen Sandsäcken, mit seinem Beton und dem Schimmel, das Einzige, was wir hier draußen hatten.

Fertigmachen zum Absitzen!, brüllte Muli.

Mit der freien rechten Hand griff ich noch einmal an meine Taschen, prüfte, ob alles an seinem Platz war. Die Rauchgranate? Die Munition? Die Pistole? Routine. Als ich bei der Einfahrt in das Dorf ein wenig Licht bemerkte, klappte ich erleichtert mein Nachtsichtgerät wieder hoch. Ich spürte den Druck im Nacken, den das Gerät verursachte, weil es so weit vorne über die Stirn ragte und den Helm über das Gesicht zog.

TJ ließ den Dingo nur noch rollen. Durch die Frontscheibe waren die Umrisse der Häuser zu sehen, die links und rechts die Straße säumten. Es waren die gleichen alten Lehmhäuser, die es hier überall gab. Der Straße war etwa sechs Meter breit und gesäumt von zwei langen Mauern, die etwas höher als unser Fahrzeug waren. Die Wohnhäuser, die sich dazwischen gezwängt hatten, waren noch höher. Auf Höhe des ersten Stockwerks befanden sich Öffnungen, manche mit altmodischen Fensterrahmen aus Holz, manche nur als bloße Löcher im Lehm. Einige wenige schmale Gassen unterbrachen die Mauern dort, wo man anscheinend an weiter hinten liegende Häuser gelangen konnte. In guter Steinwurflänge, hinter einer kleinen Brücke, war ein kleiner Holzverschlag zu sehen, nicht größer als zwei Telefonzellen. Wahrscheinlich eines der kleinen Geschäfte, die man hier überall fand und die nachts meistens mit einem großen Brett verriegelt waren. TJ hielt den Dingo mit einem beherzten Tritt auf die Bremse an der linken Straßenseite an.

Absitzen!

Die Nacht empfing mich, als ich einen Stiefel auf das Trittbrett setzte. Die Luft hatte sich selbst jetzt immer noch nicht merkbar abgekühlt. Sofort kniete ich mich mit dem Rücken zum Fahrzeug hin, während hinter uns die anderen Fahrzeuge anhielten. Jetzt durchbrach unsere hektische Betriebsamkeit die Nacht. Ich sah mich um, wie ich es immer tat, um einen Überblick zu gewinnen. Ich konnte nichts sehen, was mir verdächtig erschien.

Muli stieg ebenfalls ab.

Ich sichere dich, sagte ich.

Nur aufeinander aufpassen reichte nicht. Man musste miteinander sprechen, um einen Überblick zu behalten. Das war sehr wichtig. Wir nannten es das kleine Kampfgespräch, und es half, die richtigen Dinge zur richtigen Zeit zu tun.

Dann ging es los. Muli und Mica postierten sich links, Wizo und ich an den rechten Straßenrand, etwa einen Meter von der Mauer entfernt, die die Straße begrenzte. Die Kampfmittelbeseitiger waren hinter uns. So bildeten wir einen Keil, der sich auf der Straße nach vorne bewegte, in Richtung Westen. Dort, wo irgendwann die große Brücke auftauchen würde, mit den afghanischen Soldaten. Ich drückte zweimal die Sprechtaste von meinem Funkgerät. Wir hatten dieses Signal vereinbart, um dem Gegenüber mitzuteilen, dass man bereit war, ohne den Funkkreis unnötig zu belegen. Es knackte zweimal kurz. Muli hatte verstanden.

Kampfmittelbeseitiger und Jammer marsch, gab Muli über Funk durch.

Ich schaute kurz nach links, um die Entfernung zu Muli und Mica einzuschätzen. Ein kurzer Blick zu Wizo, ein Nicken, und wir gingen langsam los. Nur die gedämpften Schritte im Sand waren in der Dunkelheit zu hören. Ich überlegte, ob ich diese Stille verdächtig finden sollte. Doch ich entschied mich, diesen Gedanken nicht weiter zu verfolgen, da es hier in der Dunkelheit meistens sehr still war.

Ist ja klar, mit der wenigen Elektrizität bleibt man nachts im Bett, dachte ich.

Nacheinander schalteten die anderen die Weißlichter an ihren Waffen ein und leuchteten in die Dunkelheit. Der Straßenzug wurde hier und da in ein blasses Licht getaucht, wenn einer der Lichtkegel an den Mauern entlangstreifte. Ich folgte Wizo, der seine Waffe schräg nach vorne richtete, während ich meine Hände am Funkgerät hatte.

Du vorne, ich rechts, raunte ich ihm zu.

Ich konzentrierte mich auf die Türen und Fenster und den Boden neben uns. Als wir die erste Öffnung zwischen zwei Mauerstücken fast erreicht hatten, hielt Wizo kurz an. Wir mussten jetzt die Gasse sichern, die sich hinter dem Durchbruch auftat. Dafür ging Wizo bis auf einen Meter an den Durchbruch heran. Ich bewegte mich mit einer schnellen Drehung an ihm vorbei nach rechts in die Öffnung, zeichnete mit der Mündung meiner Waffe ein Z in die Luft. So konnte ich mit meinem Weißlicht die gesamte Gasse abstreifen. Das Ganze dauerte vielleicht drei Sekunden und hatte mir einen Überblick verschafft.

Die Gasse war schmal, vielleicht etwas über einen Meter breit und ein paar Meter tief. An der rechten Wand sah ich ein Fenster, das fest mit einem grünen, vielleicht auch hellblauen Fensterladen verschlossen war. Als ich meine Waffe nach links schwenkte, erkannte ich kurz vor der Wand eine türgroße Öffnung, die sich in der Mauer befand. Der Schatten am Ende der Gasse verschluckte meinen Lichtschein und mir blieb nur die Hoffnung, dass sich dort nichts oder niemand befand, der uns gefährlich werden konnte. Ich hielt meine Waffe noch kurz nach oben. Dabei ließ ich den Druckschalter der Lampe in dem Augenblick los, als der Lichtstrahl die Mauerspitze erreichte. Ich wollte vermeiden, dass man den Lichtschein zu weit sehen konnte und das könnte passieren, wenn ich in den Himmel leuchtete. Wir gingen weiter.

Trotzdem hatte ich ein merkwürdiges Gefühl im Bauch. Das Licht hatte nicht gereicht, um die Lage in der Gasse sicher einschätzen zu können – ganz sicher wusste nun aber jeder, der sich dort versteckt hielt, wo ich war. Scheißjob, dachte ich. Genauso gut könnten wir uns Zielscheiben in Leuchtfarbe auf die Brust malen und laut: Hier bin ich!, rufen.

Langsam ging es weiter. Hinter uns war nur das leise Summen des Jammers zu hören, der in einigem Abstand hinter uns herfuhr. Der Boden vibrierte etwas, wenn er Gas gab. Da ich die Kampfmittelbeseitiger, die zwischen uns und dem Jammer liefen, weder sehen noch hören konnte, nahm ich an, dass sie den vereinbarten Abstand zu uns hielten.

Ein paar Meter weiter kamen wir zu der kleinen Brücke, die mitten im Dorf die Straße überspannte. Muli blieb stehen und hob die Hand, damit wir ebenfalls anhielten. Dann signalisierte er mir mit einer Armbewegung, dass er und ich den Culvert unter der Brücke überprüfen sollten. Ich verstand und drückte mit der linken Hand zweimal kurz die Sprechtaste an meinem Funkgerät.

Du sicherst, ich geh runter, flüsterte ich zu Wizo.

Wir hätten die Kampfmittelbeseitiger vorschicken können.

Aber erstens hätte das viel länger gedauert und zweitens konnten wir sie dann in der Dunkelheit nicht mehr richtig sichern, was ja unsere Aufgabe war. Sie gehörten nicht zum Team. Ich konnte bei ihnen nicht einschätzen, was sie wann tun würden. Außerdem kontrollierten wir die Unterführungen immer selbst. Muli hatte mal scherzhaft gesagt, die Profis seien dafür viel zu wertvoll.

Die Brücke hatte weder Geländer noch einen Pfosten. Die sandige Fahrbahn ging einfach weiter, nur dass rechts und links eine Böschung war, die etwa zwei Meter steil nach unten führte. Unten verlief eine schmale Rinne quer zur Fahrbahn, die sich nach wenigen Metern in einigen dichten Büschen verlief. Als ich von oben nichts erkennen konnte, begann ich die Böschung herunterzurutschen und spürte den bröckeligen Lehmboden unter meinen Füßen in kleinen Stücken wegbrechen. Ich kam auf halber Strecke nach unten sicher zum Stehen und schaltete das Weißlicht ein.

Der Culvert bestand aus einem Betonrohr. Das Rohr hatte einen Durchmesser von etwa einem Meter, man hätte also bequem reinkriechen und etwas hineinlegen können. Ein wenig Müll lag herum. Eine Plastiktüte, ein paar Dosen, noch irgendetwas aus Plastik, das wie ein kleiner Kanister aussah. Scheiße, dachte ich. Ein Kanister konnte alles Mögliche sein. Auch eine Bombe. Wie soll ich in dem Müll etwas sehen? Auch der Einblick ins Rohr war beschränkt, etwa zwanzig Zentimeter weit konnte ich hineinsehen. Also musste ich ganz nach unten. Ich atmete etwas schwerer und arbeitete mich langsam nach unten vor, um nicht auszurutschen. Auch Erschütterungen konnten Sprengsätze auslösen, also durfte ich nicht abrutschen. Wieder kullerten einige lose Brocken nach unten und blieben kurz vor dem Müllhaufen liegen. Den einen Fuß am Hang verankert, den anderen auf dem ebenen Boden der Wasserrinne, stand ich mit gespreizten Beinen da und bereitete mich darauf vor, jederzeit wieder nach oben zu hechten. Das Loch der Betonröhre war nun fast genau vor mir. Als ich mich mit dem Gesicht dem Haufen vor mir näherte, hörte ich ein leises Geräusch. Es klang wie ein Kratzen. So, als würde etwas auf Metall reiben. Mein Herz fing an, schneller zu schlagen. Ich umklammerte die Waffe mit meiner Hand, auch wenn mir mein Gewehr in dieser Situation nicht geholfen hätte. Ich hielt die Waffe in Richtung Müllhaufen und schaltete wieder das Licht ein. Es schien eine Ewigkeit zu dauern, bis der Lichtkegel aufgebaut war. Ich spürte meinen Herzschlag durch den Hals pulsieren und fühlte, wie sich die Muskeln in meinen Beinen verhärteten. Trocken schluckte ich herunter.

Plötzlich flog der kleine Plastikkanister zur Seite. Ich zuckte zusammen und geriet aus dem Gleichgewicht, taumelte und stürzte. Im Fallen sah ich plötzlich den Himmel über mir. Ich fiel krachend und schmerzhaft zu Boden und war eine Sekunde lang benommen.

Was ich schließlich im Schein der Halogenlampe sah, war nicht schön, aber beruhigend: eine Ratte, die sich aus dem Müllhaufen emporgewühlt hatte. Keck schaute sie mich an und verschwand dann in der Dunkelheit. Ich rappelte mich auf. Von der anderen Seite leuchtete Muli durch die Röhre.

Alles in Ordnung, fragte er leise.

Jaja, ich bin nur hingefallen, antwortete ich und schob den Müll mit dem Stiefel vorsichtig auseinander.

Ich war mir jetzt allerdings sicher, dass ich hier nichts finden würde. Ein kurzer Blick in die Röhre verschaffte mir Gewissheit.

Es ging weiter. Hinter der Überführung wartete die kleine hölzerne Verkaufsbude und dahinter eine Autowerkstatt, die aus einem alten Schuppen und zwei Rampen aus Zement oder Lehm bestand. Wenn wir hier tagsüber vorbeikamen, befand sich fast immer ein Auto auf der Rampe, und in dem Schuppen konnte man allerlei altes Werkzeug erkennen. Alte Männer saßen davor. Jetzt war alles grau und verschlossen. Wir waren schnell an der Verkaufsbude vorbei, sie war ohnehin nur ein besserer Verschlag, schnell zu überblicken.

Noch fünfzehn Meter bis zum Ziel, funkte Muli.

Ich konnte den Ortsausgang bereits erkennen. Dort würden wir nach der gemeldeten Bombe suchen. Der Jammer war bereits auf der Höhe der Werkstatt stehen geblieben, nur die Kampfmittelbeseitiger waren noch hinter uns.

Vorne Halt, brummte Muli ins Funkgerät.

Ich klappte das Nachtsichtgerät herunter und versuchte, es schärfer zu stellen. Nach wenigen Metern verschwamm alles in einem grünschwarzen Pixelbrei.

Hoffnungslos, dachte ich und klappte es mit der rechten Hand wieder nach oben, um in die Dunkelheit zu lauschen. Nichts.

Ich sah Wizo an, der den Kopf leicht schüttelte, weil er nichts gesehen oder gehört hatte.

In der Ferne konnte man schon den Lichtschein des nächsten Polizei-Checkpoints sehen. Dieser lag etwa 600 Meter entfernt an der großen Brücke, die den Kundus-Fluss überspannte und die Stadt mit diesem Distrikt verband. An einem leichten Knick der Straße, vielleicht 150 Meter vom Dorfrand entfernt, wusste ich eine Baumreihe, die aber nur schemenhaft zu erkennen war.

Dort könnten sich die vermuteten feindlichen Stellungen befinden, dort ist das Hinterhaltgelände, dachte ich. Aber würde sich der Feind ausgerechnet zwischen uns und den Polizei-Checkpoint begeben? Immerhin waren die Polizisten, obwohl wenig motiviert und ausgebildet, mit Maschinengewehren und Panzerabwehrraketen schwer bewaffnet. Die größere Gefahr ging wahrscheinlich vom Dorf selbst aus. Ich dachte an den dunklen Eingang in der Gasse und sah mich kurz nach hinten um.

Weiter marsch, knackte Mulis Stimme aus dem Funkgerät.

Ich stand auf und kniff Wizo als Zeichen zum Weitergehen in die linke Schulter.

Noch wenige Meter bis zum Dorfrand. Die Straße wurde ein wenig breiter und die Mauern, die sie hier immer noch begrenzten, liefen etwas nach rechts und links weg, so dass ein Trichter entstand, wenn man das Ganze von oben betrachten würde. Sie waren immer noch zu hoch, um darüber hinwegsehen zu können. Ein letztes Mal ging das Licht an, dann schalteten wir fast zeitgleich die Lampen aus.

Wizo, du schaltest das Licht nur ein, wenn ich es sage, flüsterte ich.

Verstanden, Digger, ist eh alles sinnlos hier, kam es von ihm zurück.

Rechts von uns begann ein abgeerntetes Kornfeld, die Stoppeln waren in der Dunkelheit zu erkennen. Ein flacher Graben setzte sich am Straßenrand fort, und trotz der Dunkelheit konnte ich sehen, dass sich auf den ersten Metern nichts darin befand. Ein wenig Wind wäre jetzt schön, dachte ich und atmete die schwere warme Luft ein.

Hier Joe, rechts klar, nichts zu sehen, funkte ich Muli an.

Keine Antwort.

Ich hörte auch keine Schritte hinter mir. Ich drehte kurz den Kopf und versuchte, etwas zu erkennen. Nichts. Nur Schwarz. Ich schaute wieder in meine Richtung.

Siehst du irgendwas?, flüsterte ich Wizo zu.

Negativ, Digger, meinte er knapp.

Plötzlich ein Geräusch. Irgendetwas Schnelles, Hektisches. Stiefel im Sand, Schritte.

Hier Muli, sofort alle fünf Meter zurück!

Ich stand eilig auf, kniff Wizo in die Schulter. Wir drehten uns fast gleichzeitig, eilig folgte er mir. Als wir kurz hinter dem letzten Mauerstück angekommen waren, blieben wir stehen und schauten in die Richtung, in der wir Muli vermuteten, aber nicht sehen konnten. Ich griff zu meinem Funkgerät, als ich schon ein Knacken aus dem Lautsprecher und seine Stimme hörte.

Hier Golf eins, es sind Säcke hier im Graben, die waren das letzte Mal definitiv noch nicht da. Es sieht so aus, als wollten sie irgendwas damit tarnen. Wir halten erst mal Abstand. Kampfmittelbeseitiger auf meine Höhe vorziehen, um sich das anzuse…

WAAAAAMMM.

Ein Knall zerriss die Dunkelheit. Ich wurde zur Seite geschleudert und lag der Länge nach auf dem Boden, die Beine in Richtung Straßenmitte. In meinem Ohr hörte ich nur noch ein lautes Piepen. Explosions-Tinnitus. Staub flog durch die Luft. Mein Kopf hing halb in dem flachen Graben neben der Straße. Mein Gewehr lag auf mir, und nur ganz leise hörte ich das dumpfe Rattern von automatischen Waffen. Das Pfeifen im Ohr war so stark, dass es sich sehr weit weg anhörte.

Kalaschnikow, dachte ich und öffnete blitzschnell die Augen, die ich im Moment der Explosion instinktiv geschlossen hatte. Schnaufen. Dass Wizo neben mir lag, konnte ich sofort sehen. Für mehr hatte ich keine Zeit. Als hätte man mir einen Pfropfen aus den Ohren gezogen, stürmte der Lärm mit einem Mal wieder lautstark auf mich ein.

Merde, merde, hörte ich das Fluchen der Belgier. Dann ihre Schritte. Sie rannten zurück, weg von uns.

Ich zögerte keine Sekunde und fasste beim Aufstehen an meine linke Brust, wo ich an der Weste die Rauchgranate eingehakt hatte. Zum Glück war sie bei meinem Sturz nicht abgefallen. Ich nahm sie in die rechte Hand, zog mit der linken den Splint und warf die Granate in Richtung Ortsrand, mitten auf die Straße. Dann bückte ich mich nach meiner Waffe und kniff Wizo.

Komm schon, los los los!, rief ich ihm zu.

Wir rannten ein paar Meter nach hinten. In unserem Rücken knallte es wieder, diesmal noch näher. Dieses Mal hatte die Mauer hinter uns die Druckwelle aufgefangen.

Die schießen mit RPG!, brüllte ich.

Es waren russische Panzerabwehrraketen. Wieder das Rattern von Handfeuerwaffen.

Ganz sicher Kalaschnikow, dachte ich. Dann drehten wir uns um, und ich versuchte, mir einen Überblick zu verschaffen. Wizo fing an zu schießen. Wegen der Nebelwand konnte ich nichts erkennen. Ich nahm meine Waffe hoch und schoss durch den Nebel. Dann riss ich den Kopf nach links und sah das Mündungsfeuer von zwei Gewehren, ein paar Meter von uns entfernt auf der anderen Straßenseite.

Muli und Mica, dachte ich, Gott sei Dank.

Für den Bruchteil einer Sekunde war ich erleichtert, dann brüllte ich hinüber zu Muli und Mica.

Keine Antwort.

Wieder brüllte ich.

Luftholen. Sie schienen mich in dem Lärm nicht zu hören. Egal, jeder weiß, was zu tun ist, wurde mir bewusst. Ich kniff Wizo in den Oberschenkel, um ihn nicht beim Schießen zu behindern. Er wusste sofort Bescheid und rannte mit mir ein paar Meter zurück.

Wir waren allein auf der Straße, die Kampfmittelbeseitiger mussten schon ausgewichen sein. Der Jammer stand einsam etwa dreißig Meter entfernt auf der Straße. Diese dreißig Meter mussten wir überbrücken, irgendwie hinter uns bringen, um wenigstens aus dem schlimmsten feindlichen Feuer herauszukommen. Es war die Killbox.

Wir liefen noch ein paar Schritte, dann drehten wir uns um und warfen uns auf den Boden. Wizo fing sofort an zu schießen. Die Nebelwand hatte sich etwas gelichtet, und ich konnte von jenseits des Feldes vor dem Dorfrand Mündungsfeuer erkennen. Eins, dann zwei. Jetzt waren es vier verschiedene Stellen, von denen die Mündungsblitze kamen. Eine rot-gelbe, tödliche Glut spritzte aus ihnen hervor und ich wusste, dass sie uns galt.

Ich visierte durch die Optik den blitzenden Punkt an, der am weitesten rechts lag. Als ich den Abzug mit dem Zeigefinger betätigte, fühlte ich den Druck, mit dem sich mein Gewehr in meine Schulter presste. Wieder und wieder drückte ich ab. Mit einem »Kling« flogen die Hülsen nach rechts weg, Ich schoss weiter. Ich wusste nicht, ob ich getroffen hatte, das war auf die Entfernung in der Dunkelheit unmöglich zu erkennen. Aber ich wehrte mich.

Wenigstens antwortete ich mit derselben todbringenden Botschaft, die sie auch zu uns sandten.

Ich fühlte, wie das Gewehr leichter wurde, je öfter ich abdrückte. Das Magazin leerte sich. Ich hielt kurz inne und sah nach links. Mica und Muli waren aufgestanden und rannten in unsere Richtung. Sie blieben auf der linken Straßenseite und warfen sich ein paar Meter hinter uns auf den Boden. Als sie anfingen zu schießen, holte ich einen weiteren Nebelkörper aus einer Tasche meiner Weste und warf ihn so weit ich konnte. Während sich die Nebelwand mit einem Zischen aufbaute, schoss ich weiter, bis ich nur noch ein Klicken hörte. Dann rannte ich hinter Wizo her und riss noch im Lauf das leergeschossene Magazin aus der Waffe. Ich überlegte nicht lange und warf es auf den Boden, zerrte ein neues Magazin aus meiner Weste und steckte es in mein Gewehr. Ich rannte ein paar Schritte weiter und hielt auf halber Strecke vor dem Jammer an. So genau konnte ich das nicht erkennen, weil es immer noch stockdunkel war.

Plötzlich der grelle Lichtblitz einer Panzerabwehrrakete aus einem der Häuser etwa zehn Meter vor mir, gleichzeitig ein ohrenbetäubender Knall. Verdammt, das Ding flog in meine Richtung. Ich warf mich hin.

Scheiße, wo ist Wizo?

Ich brüllte nach ihm.

Keine Antwort.

Ich versuchte, Muli und Mica zu erkennen, aber weder sah ich sie noch hörte ich, dass sie schossen.

Muli, Mica!, brüllte ich aus Leibeskräften.

Als keine Antwort kam, hob ich wieder den Kopf und stellte fest, dass auch von oberhalb der Mauer Mündungsfeuer kam.

Kontakt links!, brüllte Muli aus dem Funkgerät. Sie sind auf den Mauern! Vielleicht zehn Meter entfernt!

Schlagartig wurde mir bewusst, dass wir in der Falle saßen. Sie hatten uns erst jetzt in die eigentliche Killbox hineingedrängt.

Ich schoss wieder und wieder, bis das Magazin leer war. Beim

226

Aufladen bemerkte ich plötzlich das Funkgerät, aus dem Stimmen kamen. Mir war überhaupt nicht bewusst, dass ich immer noch mutterseelenallein auf der Straße war und auf mich geschossen wurde. Es knallte wieder, zischte an meinem Ohr, ich verstand kein Wort. Ich sah wieder hoch, die Schüsse schienen von überall zu kommen. Wieder zischte es. Schließlich konnte ich keine Einzelgeräusche mehr ausmachen, sondern hörte nur noch einen gewaltigen Donnerhall, unterbrochen von dumpfem und hellem Knall. Von überall schien es herzukommen, ich fühlte mich wie in einer Blase aus Donner und Blitz gefangen.

Scheiße, dachte ich.

Scheiße, brüllte ich.

Die Erde schien von einer Lawine aus Feuer und Staub erdrückt zu werden, den die einschlagenden Geschosse verursachten.

Husten. Keuchen.

Ich beschloss, wieder zu schießen. Ich zielte auf die nächstgelegene Mauer, von der ich eben noch einen Mündungsblitz gesehen hatte, und schoss ein paar Mal, konnte aber nichts erkennen. Plötzlich gab es wieder einen Lichtblitz, gefolgt von einem lauten Knall. Es war hinter mir. Ein heller Schein, der wie ein Komet aussah, raste von rechts nach links über die Straße. In seinem aufflackernden Licht konnte ich den Jammer sehen. Zwei Menschen standen und knieten rechts davon, dann war es wieder dunkel.

Man down.

Ich hörte es aus dem Funkgerät, unmittelbar, nachdem ich in Richtung Jammer laufen wollte. Ich weiß nicht mehr, warum ich ausgerechnet diese Nachricht mitbekam, aber die vorherigen nicht. Es war ein Belgier, das erkannte ich am Akzent.

Man down, wieder begleitet von einem kurzen Knacken aus dem Funkgerät.

Man down, Mann am Boden, ich fühlte nichts mehr.

Muli, schoss es mir durch den Kopf.

Auf einmal sah ich alles wie in Zeitlupe. Dumpfes Knallen, Hämmern und Pfeifen. Die Geschosse schienen so langsam an mir vorbeizufliegen, als ob ich nach ihnen greifen könnte. Ein Feuerschein raste im Zeitlupentempo an mir vorbei, und ich wusste, es war wieder eine Panzerabwehrrakete. Der Boden zitterte in langsamen Wellen, als sie einschlug. Ich konnte nichts tun, um diesen Zustand zu ändern, alles zog an mir vorbei, als hätte es nichts mit mir zu tun. Ich fühlte meinen Körper nicht.

Ein Geräusch rauschte durch mein Ohr, das nicht zu den anderen passte. Dunkelheit und immer wieder dieses Blitzen. Von vorne und von links. Sie schossen aus nächster Nähe. Es kam von den Mauern, oben aus den Häusern, vom Dorfrand, einfach überall her. Hier stand ich nun, mitten auf der Straße und sah dieses Höllenfeuer, diese Raserei. Wieder dieses merkwürdige Geräusch. Es drang schwach an mein Ohr.

Plötzlich riss mich etwas herum. Ich drehte mich und sah in Wizos Gesicht. Er hatte den Mund aufgerissen und schien irgendetwas zu rufen. Aber ich hörte ihn nicht.

Joe, los komm, wir müssen weg. Er schrie mich an.

Auf einmal war alles wie weggeblasen. Ich war wieder voll da.

Wir fingen an zu laufen, Wizo links von mir. Wir rannten auf den Jammer zu, der sich wie ein großer Klotz vor uns auftürmte. Noch wenige Meter. Mit einem lauten »Zing«, begleitet von einem Pfeifton, schlug es unmittelbar rechts vor mir in den Boden ein. Irgendwer hatte sich scheinbar auf mich eingeschossen, und ich rannte, so schnell ich konnte. Ich fühlte, dass Wizo neben mir war, zum Glück lief auch er noch. Wieder pfiff es neben mir. Der Jammer war greifbar nahe.

Dann stand auf einmal Muli vor mir.

Er war wie aus dem Nichts erschienen und hielt seine Waffe hoch. Wieder pfiff es an meinem Ohr. Er drückte ab. Ein Feuerstoß. Ich rannte genau auf den Feuerschein seiner Waffe zu.

Hat er mich nicht erkannt?, schoss es mir durch den Kopf.

Aber ich rannte weiter. Als ich ihn erreichte, schoss er immer noch. Da wurde mir klar, dass er nicht auf mich zielte. Ich drehte mich um, drückte ebenfalls ab. Das Pfeifen hatte aufgehört.

Ich hab ihn gesehen, rief er. Er hatte auf dich angelegt.

Haben wir einen Verletzten?, rief ich, während sich meine Stimme überschlug.

Ich bin rückwärts gestolpert und hingefallen, dabei habe ich einen Feuerstoß abgegeben. Muli berichtete das, als ob es das Normalste auf der Welt sei, nachts in einem Gefecht hinzufallen und dabei zu schießen.

Dann bin ich wieder aufgestanden und habe gesehen, dass sie von der linken Mauer auf uns schießen. Es waren höchstens fünf Meter. Ich wollte eine Handgranate über die Mauer werfen, habe aber eine Rauchgranate erwischt. So ein Scheiß. Als der Funkspruch kam, dachte ich, es hätte dich erwischt, weil ich nicht wusste, wo du warst, sagte Muli.

Mir gehts gut, schrie ich ihn an. Wo ist Mica?

Auf der anderen Seite vom Jammer.

Die Belgier?

Ich hab gesehen, dass die gleich nach dem ersten Schuss zurückgelaufen sind.

Auf einmal setzte sich der Jammer in Bewegung, fuhr einfach rückwärts. Es knallte fürchterlich.

Stopp!, brüllte ich.

Es war zwecklos, sie konnten mich nicht hören. Der Jammerfahrer war in den hinter ihm stehenden Dingo gefahren und hatte diesen noch ein Stück weiter in den nächsten Dingo geschoben. Drei gepanzerte Kolosse waren ineinander verkeilt.

Diese Idioten!, brüllte ich.

Immerhin hatte das Feuer aufgehört, ich konnte keine Blitze mehr sehen. Vielleicht hatte das Fahrzeugmanöver den Feind verwirrt, vielleicht war ihnen die Munition ausgegangen. Weiß der Geier, warum, jedenfalls war es nun ruhig.

Nossi meldete über Funk, er habe mehrere feindliche Schützen gesehen, sie hätten die nach Norden führende Straße überquert.

Die wollen den Sack zumachen und uns einkesseln! Einen hat Jonny mit dem Maschinengewehr erwischt, schloss er den Funkspruch ab.

Er hatte den Satz gerade beendet, als uns wieder die Geschosse um die Ohren flogen. Wizo und ich hatten uns hingekniet und schossen zurück, als sich eine Person mitten auf die Straße stellte und mit den Armen winkte. Dann lief sie langsam rückwärts, weg von uns, hin zum Feind.

Mica!, brüllten Muli und ich fast gleichzeitig, als wir begriffen, dass er den Jammer in seine Richtung dirigierte und damit direkt auf den Feind zulief. Ohne uns abzusprechen, preschten Muli, Wizo und ich vor, bis wir mit Mica auf einer Höhe waren, und schossen mit allem, was wir hatten, in Richtung des feindlichen Feuers.

Ich lade!, brüllte ich und ließ das leer geschossene Magazin auf die Straße fallen. Sofort schoss ich weiter.

Ich lade!, brüllte auch Muli, kurz darauf Wizo.

Ich lud eine 40-Millimeter-Granate und zielte in Richtung Dorfausgang die Straße hinunter.

Vorsicht, denk an die Splitter!, brüllte Muli.

Verstanden!, brüllte ich zurück.

Man musste aufpassen, wohin man die Dinger schoss. Mit einem dumpfen »Fump« schickte ich die Granate über die Straße. Ein starker Knall signalisierte mir den Aufprall, ich lud sofort nach.

Ich hab noch drei Magazine!

Verstanden, gab ich an Wizo zurück.

Ein Schreck. Wieder hörte ich das bekannte Pfeifen der Geschosse um uns herum. Verdammt, da war wieder einer nah dran!

Mica stand immer noch mitten auf der Straße und dirigierte die Fahrzeuge. Der Jammer war mit einem Krachen rückwärts gegen eine Hauswand gefahren, konnte dadurch aber vorwärts in die andere Richtung einschlagen. Er gab Gas und bewegte sich langsam von uns weg. Während der zweite Dingo noch wendete, stürzte Mica zu uns.

So eine Scheiße, brüllte er, wieso schießt der verdammte Jammer nicht?

Es stimmte, der Beifahrer des Jammers hatte ein schweres Maschinengewehr auf seinem Fahrzeug und hatte während des gesamten Gefechtes keinen einzigen Schuss abgegeben, sondern war unten im Fahrzeug in Deckung gegangen. Wir hechteten nach rechts in den Straßengraben. Die flache Senke war im Moment das Einzige, was uns in der Dunkelheit wenigstens ein wenig verbarg. Es knallte weiter. Wir hockten zu viert im hinteren Teil des flachen Grabens an der Hauswand und schnauften. Muli war am Funkgerät, er musste mit den anderen in Verbindung bleiben.

Ich hörte nicht hin. Mein Herz raste, ich konnte kaum atmen.

Wieder wechselte ich das Magazin.

Gib mir auch eins!, brüllte Wizo.

Mein Letztes, schrie ich, als ich es ihm gab. Wir müssen weg, raus aus der verdammten Killbox!, brüllte ich.

Ja, hast du noch eine Rauchgranate?, rief Mica mir zu.

Ich sah Wizo an, der zwischen uns war, und zeigte auf die Tasche links hinten an meiner Weste: Hol sie raus!

Das ist ein farbiger Rauchkörper für Hubschrauber!, rief Wizo.

Ich weiß, ich hab keinen anderen mehr, schrie ich ihn an.

Egal, es würde in der Dunkelheit kaum einen Unterschied machen.

Okay, du und Muli zuerst, schrie Mica mich an.

Ich kniff Muli in den Arm. Wir standen auf.

Achtung, und los!, brüllte Mica und warf den orangefarbenen Rauchkörper nach vorne.

Muli und ich rannten los und hörten, wie Wizo und Mica hinter uns anfingen zu schießen. Wir liefen neben den langsam rollenden Fahrzeugen her. Als wir unseren Dingo erreichten, blie-

231

ben wir stehen und drehten uns um. Mica und Wizo waren dicht hinter uns. Wir rissen die Türen auf und sprangen auf das Fahrzeug. Ich warf mein Gewehr hinein und stürzte auf den Sitz, nachdem Mica eingestiegen war. Er war sofort an der Waffenanlage und drehte sie in die Richtung, aus der wir gekommen waren.

TJs Stimme überschlug sich.

Ihr Penner, ich wollte euch da rausholen, kam aber nicht an den anderen Idioten vorbei. Ich hab keinen Bock, dass ihr da vorne draufgeht und ich hier hinten nichts machen kann.

Halt die Schnauze, wir müssen hier weg!, brüllte Muli.

TJ trat aufs Gas und setzte zurück, Muli funkte: Alle vorwärts marsch, Statusmeldung.

Wir fuhren mit Vollgas in Richtung Polizeihauptquartier. Das Fahrzeug schwankte.

Hier Russo, verstanden.

Hier Sanitäter, alles klar, hier Kampfmittelbeseitiger, sind hinten dran.

Dann eine zitternde Stimme. Hier Jammer, verstanden.

Hier Nossi, ich hab ein Problem, wir stehen noch hier. Meine Karre springt nicht an. So eine Scheiße, die schießen auf uns.

Dann war es still.

Hier Muli, was ist mit euch??

Keine Antwort. Dann hörten wir eine Explosion und mehrere Schüsse von hinten.

Warten, Stille.

Was ist da los?, fragte TJ.

Konzentrier dich auf die Straße, fuhr Muli ihn an.

Plötzlich gab es einen lauten Knall in unmittelbarer Nähe. Ich sah aus dem Fenster.

Beschuss von rechts, brüllte ich nach vorne.

Sie hatten gewartet, bis wir wegfuhren und sich auf die Lauer gelegt. Sie hatten das gut geplant. Es machte »Pling«, und ich wusste, dass sie uns irgendwo getroffen hatten. Mein Herz schlug mir bis zum Hals. Am Straßenrand waren mehrere grelle Lichtblitze zu sehen. Mica drehte die Waffenanlage mit einer hastigen Kurbelbewegung und schoss. Das Maschinengewehr ratterte unaufhörlich.

Hier Nossi, seid ihr schon weg?

Wir liegen unter Beschuss und brechen durch, antwortete Muli, was ist bei euch los?

Wir sind jetzt auch gerade dabei, das Fahrzeug zu wenden und … Verdammt, schieß Jonny, schieß!

Wir hörten das hämmernde Geräusch eines Maschinengewehrs über das Funkgerät.

Muli brüllte TJ an. Langsamer, wir müssen zurück!

Da hörte ich wieder Nossis Stimme.

So, hier Nossi, folgende Lage. Er versuchte, seine Stimme zu beruhigen, aber sie überschlug sich. Hardy hat die scheiß Karre abgewürgt. Verdammt. Wir fahren jetzt erst los. Scheiße. Die schießen immer noch auf uns. Eben ist Jonny durch die Oberluke raus, weil die Drecks-Waffenanlage ausgefallen ist. Er hat auf einen feindlichen Schützen geschossen, der nur ein paar Meter weit weg war. Dann kam eine Panzerabwehrrakete geflogen und hat uns nur knapp verfehlt. Scheiße, ich hab das Ding durchs Fenster gesehen. Aber jetzt rollen wir wieder.

Beeilt euch, rief Muli ins Funkgerät. Die lauern uns auf der ganzen Strecke auf, wir werden auch beschossen.

Ja, verstanden. Nossis Stimme hatte sich etwas beruhigt.

TJ gab noch mehr Gas und raste hinter den anderen her, weil der Abstand durch unser Warten sehr groß geworden war. Jetzt waren zwei Fahrzeuge allein hier draußen.

Für einen Moment dachte ich an Nossi und die Jungs hinter uns. Ich war froh, dass wir fuhren, aber wenn sie dort stehen geblieben wären, wenn das Fahrzeug nicht wieder angesprungen wäre, hätten wir sofort umkehren müssen. Ich wollte mir gar nicht vorstellen, was das bedeutet hätte.

Nossi meldete sich noch einmal über Funk.

Wir sind an euch dran, Ende.

Wenig später rollten wir durch das Tor des Polizeihauptquartiers. Im Hof warteten bereits vier Schützenpanzer mit laufendem Motor. Weil sie noch nicht losgefahren waren, vermutete ich, dass mir das Gefecht länger vorkam, als es tatsächlich gewesen war.

Als der Dingo endlich stand, rührte sich keiner von uns. In unsere Sitze gepresst, saßen wir einfach nur da und schauten auf den Boden. Unten lagen Patronenhülsen herum, die sich in unserer Ausrüstung verfangen hatten und während der Fahrt heruntergefallen waren. Dazu der braune Sand von unseren Stiefeln, Wasserflaschen, die beim hastigen Einsteigen aus den Staufächern gefallen waren. Darüber kreuz und quer unsere Waffen. Ich registrierte kaum etwas davon, starrte nur ins Leere.

Niemand sprach ein Wort.

Ich fühlte eine Kälte, wie ich sie noch niemals zuvor gespürt hatte. Sie kroch langsam meine Beine hoch und begann, meinen ganzen Körper zu ergreifen. Gänsehaut überall. Sie umklammerte meinen Oberkörper, schlang sich um meine Arme. Als sie meinen Hals erreichte, konnte ich kaum noch atmen. Feine Schweißtropfen liefen unter meiner Kleidung entlang zum Boden. Sie waren genauso kalt wie meine schmerzenden Ohren. Meine Hände zitterten nicht, so verkrampft waren sie. Für einen kurzen Moment war ich wie in Trance, hörte ein Rauschen, das so klang, als ob man nach einer Nacht in der Disco bei lauter Musik ins Freie trat. Meine Kehle war wie zugeschnürt.

Irgendwie schaffte ich es, den Kopf zu heben.

Wizo und Mica starrten vor sich hin. Ihre Augen bewegten sich nicht.

Mica schaffte es schließlich als Erster, die Stille zu durchbrechen. Ich habe mit einer Granate in den kleinen Kiosk geschossen, von dort hat jemand auf uns gefeuert. Ich glaube, der steht jetzt nicht mehr.

Er sah mich mit einem Blick an, den ich nicht deuten konnte.

Seine Augen waren weit aufgerissen. Sein Mund bewegte sich nicht beim Sprechen. Nach ein paar Sekunden veränderte sich der Ausdruck. Es sah so aus, als wollte er dagegen ankämpfen, dass sich sein Gesicht in eine Grimasse verwandelte. Ich konnte noch nicht erkennen, ob es eine lachende oder schreckliche Grimasse werden würde.

Plötzlich lachte er laut los. Wizo setzte ein, und nach einem kurzen Moment saßen wir drei wild lachend in unseren Sitzen. Es wurde immer stärker. Mica prustete und auch ich hielt mir den Bauch. Es war absurd. Ich konnte nicht sagen, warum wir so laut lachten. Aber es war ein befreiendes Lachen. Ein Lachen, das alles, was passiert war, wegfegte.

Muli unterbrach uns.

Was ist so komisch?, fragte er, als er an meine Tür trat.

Der Kiosk, versuchte Mica zu erklären, aber er bekam nicht mehr als diese Worte heraus. Wir konnten uns kaum beruhigen.

Los, runter mit euch, befahl Muli. Der Chef hat gefragt, ob wir noch in der Lage sind zu kämpfen. Ich kenne euch und hab ja gesagt. Deshalb müssen wir sofort aufmunitionieren und uns marschbereit machen. Wir gehen zurück dorthin.

Schlagartig wurde es wieder still.

Das ist nicht dein Ernst, meinte ich zu ihm und wusste doch, wie die Antwort lauten würde.

Los jetzt, wir müssen uns beeilen. Die Schützenpanzer fahren vor, wir hinterher, weil wir uns dort auskennen. Der Chef sitzt vorne beim ersten Panzer mit auf, wir sollen die Sicherung nach hinten übernehmen.

Der Plan erschien mir sinnvoll. Wir hatten noch nie gekniffen. Wenn wir sie packen wollten, dann jetzt. So waren wir. So hatten wir bisher alles heil überstanden. Und trotzdem fühlte ich mich schlecht. Ich wollte nicht noch einmal da hin. Nicht in dieser Nacht. Ich fühlte mich hundeelend.

Als ich mir im Lagerraum volle Magazine für meine Waffe besorgte und mein Gewehr überprüfte, musste ich die ganze Zeit daran denken, was mit uns gerade passiert war. Die Hilflosigkeit war am schlimmsten. Wir hatten nichts tun können. Sie hatten uns von allen Seiten angegriffen. Es war gut geplant worden. Die Dunkelheit hatte uns diesmal nicht geholfen. Bisher waren wir nachts immer überlegen gewesen. Aber heute hatten uns die Nachtsichtgeräte, die modernen Waffen, das Infrarotlicht nicht das Geringste genutzt.

Mir wurde schlecht. Ich konnte dieses Gefühl des Ausgeliefertseins nicht ertragen.

Als ich ins Freie taumelte, musste ich mich fast übergeben. Mein ganzer Körper zitterte. Ich sah in den tiefschwarzen Nachthimmel und schloss kurz die Augen. Ich fühlte nichts, aber mir war weiterhin zum Kotzen zumute. Der Versuch, tief durchzuatmen, endete darin, dass ich würgen musste. Eine unglaubliche Wut stieg in mir hoch, und ich wusste, das ging nicht nur mir so. Ich lief in den Schlafraum und holte eine neue Flasche Wasser. Ich trank den halben Liter in einem Zug aus und warf die Flasche auf den Boden.

Als ich wieder auf dem Dingo saß und meinen Helm schloss, kam die Angst.

Die Angst, dort wieder hinzumüssen. Die Angst, dass es vielleicht noch nicht zu Ende sein würde. Ich war wie in einem Kokon gefangen, der mir aber keinen Schutz bot, sondern mich unbeweglich und angreifbar machte. Eine Schildkröte auf dem Rücken, die mit den Beinen strampelte.

Die anderen waren ruhiger als sonst, kaum einer sagte etwas. Muli versuchte, die Situation zu lockern.

Die Panzer werden denen jetzt den Rest geben!

Es half nichts. Den Rest geben? Dass keiner von uns das Geringste abbekommen hatte, grenzte an ein Wunder, bei allem, was passiert war.

Meine Gedanken schwirrten ziellos umher. Ich versuchte mich auf meine Aufgabe zu konzentrieren. Um mich abzulenken, sah ich durchs Fenster in die Nacht hinaus.

Der Chef forderte Luftunterstützung an. Ein amerikanischer B1-Bomber kreiste über uns. Aber als wir in dem Dorf ankamen, passierte nichts weiter. Entweder waren die Feinde durch den Anblick der Panzer eingeschüchtert, oder sie hatten sich längst verzogen. Wir standen ein paar Minuten mit den Fahrzeugen auf der Straße herum, dann fuhren wir zurück.

Als ich später im Schlafraum auf mein Handy schaute, war dort ein Anruf in Abwesenheit verzeichnet. Es war die Nummer meiner Freundin. Die Anrufzeit war kurz vor zwölf gewesen. Ich rief sie an, obwohl ich wusste, wie teuer es war.

Ist alles in Ordnung mit dir?, waren ihre ersten Worte. Ich hatte um kurz vor zwölf ein schreckliches Gefühl, so als ob du in etwas ganz Schlimmem drinsteckst.

Während sie das sagte, versagte mir die Stimme. Schließlich fand ich doch noch einige Worte.

Sie schluchzte.

Ich schluckte. Ihre Unterstützung bedeutete mir so viel. Als wir uns verabschiedet hatten, ging ich ins Bett. Der Schein einer Kerze flackerte unruhig an der Decke entlang. Wir hatten sie aufgestellt, um nicht unnötig viel Licht zu machen, wenn der Rest schon schlief. Es war schlimm, wenn man keinen Schlaf fand, obwohl der Körper vollkommen ausgepowert war.

Was ist diese Nacht geschehen?, fragte ich mich. Es war schon einige Male knapp gewesen. Was war diesmal anders?

Mir fiel der Karfreitag wieder ein, an dem unsere Kameraden nicht so glimpflich davongekommen waren. Wie müssen sie sich gefühlt haben? Mir fiel die Hilflosigkeit wieder ein. Mir fiel ein, dass wir uns nicht einmal richtig hatten wehren können. Zu Statisten verdammt. Weil wir in einer engen Straße gefangen gewesen waren, weil es Durcheinander gegeben hatte, weil es zu viele von zu vielen Seiten waren.

Vermutlich rettete uns unser Zusammenhalt. Das viele Training, ohne das wir wahrscheinlich wie die Grashüpfer durcheinander und ins feindliche Feuer gesprungen wären. Ich dachte an Mica. Er hatte unglaublichen Mut bewiesen. Es fühlte sich gut an, mit solchen tapferen Männern zusammen zu sein, sich auf sie verlassen zu können. Auch wenn nicht alles hundertprozentig geklappt hatte, hatte doch jeder in meiner Gruppe gewusst, was er zu tun hatte. Aber es war so knapp gewesen.

Würden wir immer so ungeschoren davonkommen? Wir hatten heute Nacht das erste Mal unsere Überlegenheit eingebüßt. Ich spürte, wie nah wir dem Tod in dieser Nacht gekommen waren. Ich wurde wieder unruhig und spürte die Ursache:

Der Krieg war nun endgültig in unseren Köpfen angekommen.

HÖHE 432

Ein Knall. Der Aufprall war hart. Ich schlug heftig auf, das Gesicht im Staub. Meine Hände krallten sich in den Boden, Steine und Sand brannten in der aufgeschürften Haut. Ich rollte mich schwerfällig auf den Rücken, öffnete vorsichtig die Augen. Für einen Moment drehte sich der blaue Himmel über mir. Ich musste die Augen zusammenkneifen. Als ich die Hand vor das Gesicht hielt, rieselte mir feiner Dreck in die Nase. Ich musste niesen, hatte Schmerzen in der Brust. Zwischen meinen gespreizten Fingern konnte ich eine dunkelhäutige Hand erkennen, die nach mir griff.

Stimmen aus dem Hintergrund, Lachen.

Ich wollte aufstehen, griff nach der Hand, obwohl ich nicht wusste, wem sie gehörte. Schließlich zog ich mich mühsam daran hoch und blickte in ein grinsendes Gesicht. Die Übrigen ringsherum lachten.

Come on, let's go, rief der Mann, der mich angegrinst hatte, und schlug mir heftig auf die Schulter. Dann drückte er mir etwas in die Hand und rannte zu den anderen.

Ich brauchte einen Moment, um mich zu orientieren. Während ich den rauen Lederball warf, wurde mir wieder bewusst, wie er mich umgerannt hatte. Ich war unachtsam gewesen, hatte nicht aufgepasst. Da erwischte er mich und riss mich zu Boden.

Es war nicht das erste Mal, dass wir mit den Amerikanern Football spielten. In der Mittagssonne im Polizeihauptquartier. Aber diesmal würde ich wohl ein paar blaue Flecken mehr behalten als sonst. Ein paar Deutsche waren dabei, einige schauten zu. Es roch nach Männerschweiß. Sand wirbelte durch die Luft. Eine gute Abwechslung, Entspannung vom Alltag. Abschalten. Es war fairer und ehrlicher Sport. Niemand trug Blessuren davon, die nicht nach ein paar Tagen wieder verschwunden wären.

Nach der Rückkehr ins Feldlager stand ich unter der Dusche. Vollkommen regungslos ließ ich mich vom Strahl treffen, der den Duschkopf verließ und alle Gedanken aus meinem Kopf herauszuschwemmen schien.

Auf dem Weg zu meinem Container traf ich auf Jonny.

Hey, komm ma bitte mit, sagte er mit ernster Miene.

Ich folgte ihm. In seinem Container saß Kruschka auf seiner Kiste, das Gesicht tief in den Händen vergraben. Nossi war dort und auch Muli. Sie saßen Kruschka gegenüber auf dem Bett und sahen ihn schweigend an. Ich blieb in der Tür stehen, wartete auf eine Reaktion der anderen. Jonny ging zu Kruschka und setzte sich neben ihn. Dieser regte sich nicht. Doch dann konnte ich eine kleine Bewegung ausmachen. Seine Hände zitterten, fast unmerklich.

Nossi blickte auf, sah mich mit einem seltsamen Ausdruck an. Er schluckte. Es dauerte eine ganze Weile, bis er schließlich den Mund öffnete.

Dann sagte er mit vollkommen ruhiger Stimme: Kruschka hat einen Anruf aus Deutschland bekommen.

Er machte eine Pause, schien das Folgende nicht aussprechen zu wollen. Ich blickte ihn fragend an, wartete regungslos auf seine Worte. Nossi formte sie langsam und mit Bedacht.

Seine Tochter und ihre Mutter sind bei einem Autounfall ums Leben gekommen.

Stille.

Ich dachte nach und nickte. Etwas schwerfällig setzte ich mich neben Kruschka und legte meine Hand auf seine Schulter. Jonny tat das Gleiche. So saßen wir eine Weile schweigend da. Meine Gedanken kreisten um das eben Gehörte.

Kruschka war nicht mehr mit der Mutter seines Kindes zusammen. Sie dennoch auf so schreckliche Weise zu verlieren, war furchtbar. Dass seine Tochter ebenfalls tot war, schien unbegreiflich. Und in unserer Situation sicher eine der schlimmsten Nachrichten, die man sich vorstellen konnte. Bis zur nächsten Raumverantwortung waren es noch zwei Tage. Kruschka würde jetzt zu entscheiden haben, ob er nach Hause fliegen oder bei uns bleiben wollte.

Abends stieg ich auf das Holzdach über unseren Containern. Ich liebte die Stille unter dem Sternenhimmel. Für einen Moment saß ich da und betrachtete die dunkle Weite des Himmels. Dann nahm ich mein Handy. Während die Verbindung hergestellt wurde, behielt ich es in der Hand auf dem Schoß.

Erst als sich die vertraute Stimme meldete, nahm ich es ans Ohr und sagte das, was ich immer sagte. Mir geht es gut, ich vermisse dich, wie geht es dir? Die Worte verließen nach all den Monaten im Einsatz ganz automatisch meinen Mund.

Sie erzählte von ihrem Tag, der Arbeit, ihrer Angst vor der Führerscheinprüfung.

Ich sagte beiläufig, dass mir das letzte Gefecht immer noch schwer im Magen lag, und fing wieder an, in Einzelheiten davon zu berichten.

Ich will das nicht mehr hören, schoss es ihr bestimmend aus dem Mund. Und dann mit etwas weniger Schärfe. Bitte erzähl mir nichts mehr davon.

Ich war geschockt. Vielleicht noch geschockter, als ich es nach dem Gefecht in jener Nacht gewesen war. Zweifel und Unbehagen schlichen sich in meinen Kopf.

Was hat das zu bedeuten?, fragte ich.

Es reicht doch, dass ich nur hoffen kann, dass du irgendwann wiederkommst. Ihre Stimme schien zu zittern und war doch klar und deutlich. Aber mir das alles auch noch ständig anhören zu müssen …

Ich tus doch nur, weil ich es loswerden möchte und weil ich ehrlich zu dir sein will, unterbrach ich sie trotzig.

Dann wurde meine Stimme lauter. Weißt du, was einige hier ihrer Freundin erzählt haben? Dass sie in der Poststelle arbeiten und nichts passieren könne.

Das weiß ich doch, fing sie wieder an, diesmal ohne Zittern in der Stimme. Aber ich kann das im Moment nicht ertragen, erzähl mir, wie's dir geht, aber lass die Details bitte weg.

Nach einer Pause, in der ich nachdachte und doch zu keinem Ergebnis kam, schien sie das Thema wechseln zu wollen.

Ich liebe dich. Das weißt du. Und ich versuche, dich zu unterstützen. Aber bitte versteh mich auch.

Nach einer weiteren Pause wollte sie das Gespräch beenden.

So, ich muss jetzt Schluss machen, ich treff mich nachher noch mit ein paar Leuten.

Was für Leute?, wollte ich wissen.

Ein paar neue Freunde aus dem Nachbardorf. Hab ich zufällig kennengelernt. Du würdest sie mögen. Ich hab einfach keine Lust, den ganzen Abend hier herumzusitzen und allein zu sein.

Ich wollte etwas sagen, aber meine Stimme versagte.

Ein paar neue Freunde, wiederholte ich im Kopf. Das Gespräch war beendet und ich schlecht gelaunt.

Während ich auf dem Dach saß, dachte ich darüber nach, wie eifersüchtig es mich machte, dass sie sich mit anderen Menschen traf. Ich hatte ein Problem damit, diese Menschen nicht zu kennen. Es waren vollkommen Fremde für mich. Sie lebte ihr Leben einfach weiter, ohne mich. Sie schien gar kein Problem damit zu haben, dass ich nicht da war. Dass ich in diesem gefährlichen Einsatz war. Ich war wütend. Und das Schlimmste war, ich konnte nichts ändern. Ich konnte nicht mit ihr reden und ihr dabei in die Augen sehen. Ich konnte sie nicht in den Arm nehmen. Ich konnte mich nicht in den Arm nehmen lassen. Ich hatte keinen Einfluss darauf, was fünftausend Kilometer entfernt passierte. Ich schlug mit der Faust auf ein Holzbrett. Verdammt.

Kurz vor dem Kompanieantreten, mit dem zwei Tage später die nächste Raumverantwortung eingeläutet wurde, hatte Kruschka entschieden, nach Hause zu fliegen. Wir waren alle sehr bedrückt. Aber niemand von uns machte ihm einen Vorwurf. Wir bestärkten ihn darin, mit unserer Unterstützung und unseren Gedanken nach Hause zurückzukehren. Schließlich schrieben wir ihm einen Brief, der die Unterschriften von allen trug und ihn durch diese schwere Zeit begleiten sollte. Sein Fortgehen riss eine Lücke in unsere Gruppe. Wir mussten erst einmal damit leben. Beim Antreten wurde er offiziell verabschiedet.

Der Chef stand wieder einmal vor der Kompanie. Berichtete über die Gesamtlage, sprach von weiteren Plänen. Von einem sprach er nicht: Wann genau es wieder nach Hause gehen würde. Wir standen in der Sonne und hörten zu:

Ich bin sehr stolz auf unsere bisherige Leistung. Wir haben uns in unseren ersten Gefechten bewährt und vor allem behauptet. Natürlich gab es besonders am Anfang das, was schon Clausewitz als Friktionen bezeichnet hat. Aber das ist normal und ändert nichts an unserer guten Leistung. Auch unsere Präsenz abseits der Hauptstraßen trägt erste Früchte. Der Gegner hat versucht, uns zu treffen und zum Nachgeben zu zwingen. Das ist ihm nicht gelungen. Wir sind standhaft geblieben. Die Situation kehrt sich nun langsam um. Der Gegner gerät in die Defensive, tagsüber durch uns und nachts durch den Einsatz der Spezialkräfte. Und bald nehmen wir ihm nicht nur seine Ruhephasen, sondern auch seine Ruheräume. Dazu werden wir unseren Kontakt zu den Verantwortlichen in den Dörfern weiter intensivieren und ihnen Schritt für Schritt eine Alternative zu den Aufständischen zeigen. Eine realistische Alternative.

Der Chef sprach noch eine Weile über dieses Thema, bis er uns schließlich noch einmal aufhorchen ließ.

Wir waren bis zum heutigen Tag die erste von zwei Infanteriekompanien des Feldlagers, erklärte er. Nachdem die Kameraden unserer Schwesterkompanie nun ebenfalls in Kundus eingetroffen sind, werden wir ab Ende der Woche offiziell Teil des ersten aufgestellten Ausbildungs- und Schutzbataillons der Bundeswehr sein. Schon bald werden wir unsere Zusammenarbeit mit der afghanischen Armee intensivieren und Operationen im größeren Stil durchführen. Damit unterstehen wir nicht mehr dem Kommandeur des Feldlagers, sondern unserem eigenen Bataillonskommandeur, der direkt durch das deutsche Oberkommando in Mazar-e-Sharif geführt wird.

Ich konnte mir im Moment nichts unter einem Ausbildungs- und Schutzbataillon vorstellen. Aber ich war gespannt darauf, was sich an unserem Alltag ändern würde. Schließlich sagte der Chef noch etwas Wichtiges.

Ich weiß, fing er an, wie sehr es uns alle beschäftigt, wann es wieder nach Hause geht. Und es tut mir sehr leid, dass ich Ihnen diese Information noch nicht geben kann. Ich kann Ihnen noch nicht einmal sagen, warum die übergeordnete Führung diese Information noch nicht hat. Aber ich halte diesbezüglich engen Kontakt mit unserem Bataillonskommandeur. Und ich verspreche Ihnen, alles Menschenmögliche dafür zu tun, damit wir vor Weihnachten wieder zu Hause sind.

Das Letzte beruhigte uns sehr. Wir vertrauten unserem Chef und wussten, dass er es ehrlich meinte, auch wenn die Entscheidung letztendlich nicht bei ihm lag.

Am Nachmittag besuchte ich die Bekleidungskammer. Herr Ajmal saß an einem kleinen Tisch, auf dem sich eine Nähmaschine befand. Er arbeitete direkt in der Bekleidungskammer, wo wir unsere defekte Ausrüstung umtauschten, damit kleinere Arbeiten gleich von ihm erledigt werden konnten.

Salam aleikum, mein Freund, sagte ich höflich.

Er lächelte und wollte wissen, wie er mir helfen könne.

Sein Deutsch ist wirklich ausgezeichnet, dachte ich wie jedes Mal, wenn ich ihn traf. Dass er es sich selbst beigebracht hatte, beeindruckte mich dabei noch mehr. Ich erzählte ihm von meiner Idee.

Ich habe hier einen Entwurf für ein Klettabzeichen und würde dich bitten, es anzufertigen, sagte ich und sah ihn erwartungsvoll an.

Er betrachtete meine Zeichnung und nickte.

Wie schnell brauchst du das?, fragte er mich und gab mir zu verstehen, dass er viel zu tun hatte.

Wir sind jetzt erst mal eine Woche draußen, wenn du es bis danach schaffen könntest, wäre es toll, erklärte ich.

Normalerweise nicht, aber für dich mach ich es, versprach er und lächelte.

Abends saß ich noch mit Purzel in unserem Container. Wir sprachen angeregt über unsere Familien und die Herausforderungen, die sich aus dem Einsatz ergaben. Inzwischen schätzte ich die Gespräche mit ihm sehr. Er schaffte es auf wundervolle Art, mir ernsthaft zuzuhören und durch kleine Scherze trotzdem gute Laune zu verbreiten. Ich bereute es keine Sekunde, ihn als Wohnpartner zu haben.

Das Beschissenste ist die Entfernung nach Hause, brummte ich. Einfach hier zu sitzen und nichts tun zu können, wenn was passiert.

Stimmt, pflichtete er mir bei. Kruschka muss das mit seiner Tochter doppelt hart getroffen haben, meinte er.

Für unsere nächste Raumverantwortung wurde der Golf Zug auf den Höhen eingesetzt. Es war unvermeidlich gewesen, schließlich wechselten sich die Züge ab. Und obwohl ich schon viel über den schrecklich eintönigen Dienst auf den beiden Hügeln gehört hatte, kam mir nach den Erlebnissen der letzten Zeit eine kleine Pause von den Patrouillen und Gefechten gelegen. Brandys Gruppe Golf zwei sollte Höhe 431 besetzen. Wir wurden auf Höhe 432 geschickt und würden dort zusammen mit Mü unseren Dienst verrichten. Ich war darüber verwundert, aber Muli sagte, dass er vor Ort sein wolle, weil diese Höhe näher am Feind lag.

Vor der etwa fünfzehn Meter hohen Erhebung 432 befand sich

eine planierte Fläche, die von einem flachen Wall und Stacheldraht umgeben war und wo die Fahrzeuge abgestellt wurden. Dort befanden sich auch das Notstromaggregat und drei Dixie-Toiletten. Die einzigen Sanitäranlagen, wie sich bald herausstellte.

Die alte Besatzung beeilte sich, von diesem Sandkegel herunterzukommen, und wir schwitzten und fluchten bereits am ersten Tag, weil wir die ganze Ausrüstung den steilen Pfad hinaufschaffen mussten. Schon jetzt breiteten sich Ärger und Aggression in der Gruppe aus, weil jeder misstrauisch die anderen beobachtete. Jeder hatte Angst, mehr tragen zu müssen als der Rest. Simbo fluchte wie gewohnt.

Ich könnt kotzen, verfickte Scheiße, rief er, als er mir mit zwei Kartons voll mit Wasserflaschen entgegenstapfte.

Hardy und TJ schimpften ebenfalls.

Muli und Mü hatten sich von den Kameraden einweisen lassen, die wir ablösten, während wir das Gepäck schnaufend nach oben wuchteten. Als endlich alles oben war, machte Muli mit uns einen Rundgang für die erste Übersicht. Die Krone des Hügels war von Schützengräben durchzogen. An den Ecken befanden sich Stellungen, die mit dicken Balken und Sandsäcken abgedeckt waren. In der Mitte des Hügels lagen die Unterkünfte. In den Erdboden gegrabene Löcher mit Lehmwänden. Darüber Stahlträger mit mehreren Schichten Sandsäcken darauf als Dach. Im Inneren war es dunkel und stickig.

Mit jedem neuen Einsatzort schienen wir uns weiter zurückzuentwickeln. Nach dem komfortablen Feldlager hatten wir das schimmelige Polizeihauptquartier bezogen. Und jetzt waren wir hier gelandet: in einer schmutzigen sandfarbenen Einöde, inmitten des grünen Kundus-Tals. Ich musste sofort an die Schützengräben des Ersten Weltkrieges denken. Aber vermutlich war es unseren Urgroßvätern noch weitaus schlechter ergangen.

Die Unterkünfte waren eng. Schnell hatten sich kleine Gruppen gefunden, die gemeinsam untergebracht werden wollten.

Muli fragte mich, ob ich mit ihm in einem der Unterstände schlafen würde. Ich sagte gerne zu. Ab sofort erwartete uns das öde Besatzungsleben auf Höhe 432.

Schnell hielt die Langeweile Einzug. Noch schneller wurde unser Aufenthalt zur Belastung. Tagelang auf diesem schmalen Haufen Dreck gefangen zu sein. Gleichzeitig ständig wachsam sein zu müssen. Muli ermahnte uns immer wieder, die Augen offen zu halten und die Umgebung zu beobachten. Beobachten. Tag und Nacht. Tagsüber mit dem Fernglas, nachts mit dem Nachtsichtgerät. Vier Stellungen in den Ecken waren tagsüber immer besetzt. Nachts waren nur zwei Teams eingeteilt, die in der Mitte auf den Dächern der Unterkünfte saßen.

Ich hatte keine Ahnung, ob es irgendeinem Feind in den Sinn gekommen wäre, uns dort oben anzugreifen. Gegen einen gut getarnten Scharfschützen hätten wir sowieso nicht viel ausrichten können. Und niemand hätte Lust gehabt, sich eine Woche lang nur auf dem Boden kriechend fortzubewegen.

Inzwischen hatte sich vor allem in Nossis Trupp die Meinung durchgesetzt, dass wir einen Angriff nicht würden verhindern können. Wir würden es beim ersten Knall sowieso mitbekommen.

Muli dagegen setzte darauf, immer die Augen offen zu halten, jeden Baum, jeden Busch zu beobachten. Er kontrollierte uns oft. So gewann unser Trupp langsam den Eindruck, dass es die anderen leichter hatten als wir. Sie schienen uns sogar zu belächeln. Ich spürte die Zwickmühle deutlich, in der wir uns befanden. Einerseits konnte ich Muli verstehen, der nicht nur für uns verantwortlich war, sondern seine Arbeit gut machen wollte. Die anderen wollten das auch. Aber sie gingen es mit mehr Gelassenheit an.

Je länger der Einsatz dauerte, umso mehr traten Risse und Spalten zwischen uns auf.

247

Inzwischen war die Getreideernte vorbei. Die meisten Felder ringsum hatten ihre Farbe von Gelb zu Braun gewechselt, der Boden wurde wieder bearbeitet.

Der Gegner hat nun keinen Grund mehr, die Felder zu schonen, sagte Muli, der neben mir in der Stellung saß.

Zwei Bauern tauchten auf. Jeder brachte einen Ochsen mit, den er vor einen Holzpflug spannte. So begannen sie, die kleinen Parzellen in der Mittagshitze zu bearbeiten. Meter um Meter, Furche um Furche arbeiteten sie sich voran. Ich hatte den Eindruck, ein altes Gemälde zu betrachten und nicht im einundzwanzigsten Jahrhundert zu sein.

Schon am ersten Tag auf der Höhe brach nachmittags ein Sandsturm los. Es war eines dieser beeindruckenden Naturereignisse, die dieses Land in einem Augenblick so fremdartig werden ließen, dass ich mich wie auf einen anderen Planeten versetzt fühlte. Blitzartig wurde der Himmel blass und die Luft trüb. Ein starker Wind kam auf, der aber keine Erfrischung, sondern rauen Sand mit sich brachte. Er wirbelte den Bodenbelag auf, wie ein Bauer, der den Boden umgrub. Wenig später hatte der Sturm von allem Besitz ergriffen. Er wirbelte den Sand umher, fegte durch jede Ritze, blies mit voller Kraft den Staub durchs Tal. Das Schlimmste war, dass wir in den Stellungen ausharren mussten. Während der Sturm wütend tobte, waren wir nicht mehr in der Lage, mehr als ein paar Meter weit zu sehen. Trotzdem konnten wir uns nicht einfach verkriechen.

Wie immer flaute der Sandsturm so schnell ab, wie er gekommen war. Es kam mir fast wie Zauberei vor, geheimnisvoll und unerklärbar, wie sich dieses Land so schnell wandeln konnte. Als der Himmel wieder klarer wurde, mussten wir eine dicke Sandschicht von allem entfernen, was nicht dick eingepackt war.

Eine weitere Herausforderung waren unsere ungebetenen Hausgäste. Eines Morgens rannte TJ hysterisch zu mir, als ich gerade Wache hatte. Er war aufgeregt, konnte sich kaum beruhigen.

Alter, ich hab in meinem Feldbett gelegen und geschlafen. Plötzlich hab ich irgendwas gespürt. Als ich die Augen aufgemacht hab, lief 'ne Riesenratte auf mir herum, sprudelte es aus ihm heraus.

Er deutete mit den Händen eine Größe an, die ich kaum glauben konnte. Das Ungeziefer war ein großes Problem. Sobald wir länger als zwei Minuten in einer Stellung saßen, kamen sie aus ihren Löchern und wuselten auf der Suche nach Essbarem überall herum: Ratten, große schwarze und kleine braune Käfer und jede Menge Mäuse. Sie waren überall.

Wir hatten einen Vorratsraum, der mehr einer Erdhöhle glich und durch ein paar Holzbretter mit Regalen ergänzt worden war. Eine dicke, grüne Plane hing wie ein schwerer Vorhang davor. Dadurch blieb der Raum tagsüber ein wenig kühl. Aber im Inneren waren die Pappkartons mit den Notrationen nur lose gestapelt. Es gab keine andere Möglichkeit. Für die Mäuse und Ratten und alle anderen Tiere stellte die Pappe kein Hindernis dar. Selbst die Plastikverpackungen fraßen sie an. In jeder Ecke fanden wir kleine Erdlöcher und Gänge, von denen die aufdringlichen Nager Zugriff auf unsere Vorräte hatten. Es war wie bei einem Angriff der Aufständischen. Sie tauchten von allen Seiten aus dem Nichts auf, schlugen zu und verschwanden wieder. Talibanmäuse nannte Muli sie.

Am zweiten Tag befahl Mü uns, eine Bestandsaufnahme zu machen. Es stellte sich heraus, dass die meisten Notrationen Fraßspuren aufwiesen und unbrauchbar waren. Offenbar hatten unsere Vorgänger das nicht bemerkt. Mit den wenigen Mitteln, die wir hatten, versuchten wir ein paar Kisten zu improvisieren oder die Vorräte wenigstens so hoch wie möglich zu lagern.

Überhaupt erreichte unsere Kreativität während des Aufenthalts auf der Höhe neue Qualitäten. Mit Bastelarbeiten konnten wir die Zeit gut totschlagen, und so entstanden aus Hesco-Draht und ein paar Brettern gemütliche Sessel, Tische, Regale und Sonnenliegen. Jonny zimmerte eine einfache Duschkabine. Das Highlight war die verschließbare Tür aus Draht und einer dünnen Stoffbahn davor. Wenige Minuten Intimität.

Bereits nach zwei Tagen erreichte uns die Nachricht, dass wir länger als geplant in der Raumverantwortung bleiben sollten. Die andere Kompanie würde uns nicht fristgerecht ablösen können. Das brachte den Vorratsplan durcheinander. Nossi rationierte das Wasser.

Wenn wir durch einen Sprengsatz oder einen Angriff in der einzigen Zufahrtsstraße abgeschnitten werden, muss das Wasser reichen, bis es wieder Nachschub gibt, erklärte er.

Deshalb standen jedem von uns nur zwei Flaschen zum Waschen zur Verfügung. Für einen ganzen Tag waren drei Liter Wasser nicht viel. Das meiste wurde schon beim Zähneputzen verbraucht. Also gingen wir dazu über, uns nur noch das staubige Gesicht und die Achseln zu waschen. Nach kurzer Zeit stanken alle furchtbar.

Während die Bauern auf dem Feld vor uns ihre Ochsen antrieben, versuchten wir in den wachfreien Stunden neue Möglichkeiten zu finden, uns zu beschäftigen. Wir veranstalteten Wettbewerbe im Mäusefangen. Dachten uns ständig neue Fallen aus, mit denen wir den nervigen Nagern nachstellten. Hielten die Ergebnisse auf einer Strichliste fest.

Manchmal fielen irgendwo Schüsse, dann mussten wir in Gefechtsausrüstung in den heißen Stellungen hocken und abwarten. Abwarten, ob die Schüsse uns galten oder woher sie kamen, denn sehen konnten wir das nicht.

Für die Wachen waren wir in kleine Teams aufgeteilt worden, und so sahen wir die anderen nur noch zum Wachwechsel, weil wir uns in der Hitze des Tages meistens in die stickigen Schlafräume zurückzogen, die wenigstens etwas Schatten boten. Die Tage zogen sich wie Kaugummi hin.

Um ein wenig Abwechslung in unseren eintönigen Notrations-speiseplan zu bringen, fingen wir schon nach kurzer Zeit an, Nahrungsmittel auf den Feldern zu kaufen. Immer wenn ein paar Kinder aus den Dörfern vorbeikamen und versuchten, uns anzubetteln, gingen Nossi und ich herunter und machten ihnen begreiflich, was wir haben wollten. Ich hatte meine einfachen Dari-Kenntnisse verbessert und auch Nossi konnte sich mit dem einen oder anderen Satz behelfen. Den Rest ergänzten wir mit Englisch, wovon die Kinder aber nur ein paar Brocken verstanden. So machten wir deutlich, dass wir Melonen, Zwiebeln, Tomaten und Knoblauch haben wollten.

Über die Tage entwickelte sich ein richtiger Handel mit den Kindern, die uns nach erfolgreicher Lieferung dankbar die Dollarscheine abnahmen. Eine Melone oder ein paar Zwiebeln für einen Dollar war sicher eine gute Bezahlung. Natürlich wussten wir nicht, ob sie es für sich behalten konnten oder abgeben mussten oder ob sie die Früchte einfach auf den Feldern stahlen. Aber diese Waren mit Geld zu bezahlen, erschien uns als ein ehrlicher Handel.

Als wir einen jungen Mann nach Brot fragten, erklärte dieser, dass er das Brot nicht einmal selbst bezahlen könne. Äußerst misstrauisch gaben wir ihm einen Vorschuss und erwarteten eigentlich nicht, unsere Dollars jemals wiederzusehen. Umso größer war unsere Freude, als der junge Mann am nächsten Tag mit einer Plastiktüte unter dem Arm zurückkehrte. Wir freuten uns sehr darüber, dass unser Vertrauen nicht enttäuscht worden war. Ich drückte ihm einen zusätzlichen Dollarschein in die Hand und bedankte mich freundlich. Der Kontakt zu diesen Menschen machte mir großen Spaß.

Auch auf den Feldern ringsherum tat sich einiges. Die bereits gepflügten Äcker wurden von zahlreichen Füßen begangen. Unkraut und Grünzeug wurden vom Rand entfernt, Steine aufgesammelt und zusammengetragen.

Eigentlich wie bei uns, dachte ich. Nur langsamer und mit den Händen. Als der Boden genug bearbeitet worden war, wurden Pfähle auf den Feldern aufgestellt. Es wurden immer drei Stück verbunden und mit einem Haufen aus Ästen und Blättern bedeckt, der wie ein Vogelnest aussah. Dann kamen kleine Mädchen aus den Dörfern und setzten sich in dieses Nest. Die Felder waren voll von ihnen, es sah sehr merkwürdig aus. Erst dann fingen die Männer und Frauen an, die neue Saat auszubringen. Und immer wenn sich ein Vogel den Feldern näherte, machten die Mädchen ein wildes Geschrei und schwenkten bunte Tücher. Lebende Vogelscheuchen, kam es mir in den Sinn, und ich empfand Mitleid mit den armen Mädchen, die dort vom frühen Morgen bis zum späten Abend sitzen mussten, um die Saat zu beschützen.

Unsere Verpflegung bestand aus Notrationen, die wir mit den Feldfrüchten aufbesserten und mit viel Erfindungsreichtum zu äußerst interessanten Gerichten gestalteten. Kruschkas Fehlen machte sich jetzt besonders bemerkbar, der als gelernter Koch sicher das eine oder andere hätte zaubern können. Aber auch so entstanden interessante Zwiebelsoßen, Tomatenpfannen oder Knoblaucheintöpfe. Den kulinarischen Höhepunkt stellten die Melonen dar. Wir hatten hier oben einen kleinen Kühlschrank, der zusammen mit der Funkanlage über das Notstromaggregat betrieben wurde. Dort kühlten wir die Melonen einen ganzen Tag lang. Dass die Früchte meist unreif waren, störte uns nicht. Ich konnte mir jedenfalls keine größere Erfrischung vorstellen, als nach Tagen ohne Dusche, bei fünfundvierzig Grad im Schatten und inmitten dieser sandigen Einöde ein eiskaltes Stück Wassermelone zu genießen. Diesen Moment zelebrierten wir richtig, es war ein kleines gelb-schrumpeliges Schlaraffenland.

Joe, Joe!
Wizos Stimme ließ mich vom Feldbett hochschrecken, wo ich vor mich hin döste. Gab es Alarm? Hatte ich nur geträumt?

Digger, komm ma mit. Wizo war im Eingang erschienen und verschwand schon wieder.

Ich öffnete schläfrig die Augen und blinzelte ein paar Mal. Er hatte mich kurz zuvor abgelöst und ich mich gerade erst hingelegt. Träge raffte ich mich auf und schlüpfte in die Stiefel. Die Schnürsenkel machte ich inzwischen nur noch zu, wenn ich den Hügel heruntergehen wollte. Schläfrig schlurfte ich zu Wizo, den ich in einer Stellung auf der anderen Seite des Hügels fand. Er schien irgendetwas mit dem Fernglas zu beobachten.

Was 'n los, fragte ich und gähnte.

Sieh dir das mal an.

Er gab mir das Fernglas und deutete in die Richtung, in die ich schauen sollte.

Schlagartig war ich hellwach. Ich beobachtete scharf durch das Fernglas. Ich konnte ein Gehöft erkennen, das nicht sehr weit entfernt lag. Einige Menschen arbeiteten direkt daneben auf den Feldern. Vor der Eingangstür stand ein Mann und gestikulierte wild mit den Armen. Er war sehr zornig, fuchtelte herum und schien zu brüllen. Zu seinen Füßen lag ein Kind auf dem Boden. Erst als es den Kopf hob, erkannte ich, dass es ein kleines Mädchen war, vielleicht sieben oder acht Jahre alt. Es weinte bitterlich und hob die Hand. Der Mann trat mit seinen Sandalen zu und traf den Arm, den das Kind schützend über sich hielt. Er schien noch wütender zu werden, während das Kind langsam von ihm weg zu kriechen versuchte. Es hatte schon einige Meter hinter sich gebracht, als der Mann ein paar kleine Steine nahm und nach dem Kind warf. Er traf nicht. Dann aber hob er einen faustgroßen Stein auf und schleuderte ihn mit Wucht nach dem Mädchen. Er schlug in einer Staubwolke neben der Kleinen auf den Boden. Der Mann rannte hin und her, tobte und schrie. Wieder und wieder trat er nach dem Kind.

Ich hatte inzwischen nach meinem Gewehr gegriffen. Aber was sollte ich tun? Ich konnte ihn doch nicht einfach erschießen. Aber das Mädchen!

Ich blickte durch mein Zielfernrohr. Das Mädchen schien am Kopf zu bluten. Ich musste nachdenken. Sekunden für eine Entscheidung.

Als der Mann den nächsten Stein aufhob, hatte ich meinen Zeigefinger auf den Abzug gelegt. Langsam presste ich die Waffe in meine Schulter, atmete ruhig. Mit den Ellenbogen stützte ich mich auf den harten Boden und schloss das linke Auge.

Der Mann hob den Arm. Ich atmete vorsichtig ein und aus. Ohne zu ihm zu schauen, sprach ich Wizo an.

Wie schätzt du die Entfernung, sagte ich langsam.

Der Mann war noch einen Schritt auf das Mädchen zu gegangen und stand nun direkt über ihm. Keiner der Menschen, die auf den Feldern standen, schien helfen zu wollen. Sie schauten nicht einmal hin.

Der Mann holte mit einem Stein aus, der noch größer war als der erste. Grimmig bäumte er sich auf.

Sein Oberkörper befand sich genau in der Mitte des Fadenkreuzes von meinem Zielfernrohr.

Das Blinzeln meines Auges donnerte regelrecht durch meinen Kopf. Ich hielt die Waffe ruhig und fest und atmete aus.

Die Sonne stand hoch über uns, schien die Szene mit heißem Atem zu betrachten.

Mein Zeigefinger drückte behutsam gegen den Abzug. Dieser bewegte sich langsam und blieb nach wenigen Millimetern stehen. Dies war der letzte Widerstand, bevor der Schuss brechen konnte. Ein Schweißtropfen lief langsam meine Schläfe herunter und kitzelte mich.

Die Sekunden tropften dahin, während der Mann das Kind noch einmal anbrüllte.

Seine verzerrte Fratze verursachte Wut in mir. Sein Arm verharrte in der Luft, bereit, den gewaltigen Stein zu schleudern. Das kleine Mädchen blickte sich angsterfüllt in alle Richtungen um. Fast schien es mir, als würde das Kind hilfesuchend in meine Richtung sehen, als würde es mich für eine Sekunde anblicken.

Dreihundertvierzig Meter, sagte Wizo mit ruhiger Stimme. Ey, Digger, willst du den einfach erschießen?, fragte er.

Ich hielt kurz inne.

Immer weiter beugte sich der Mann über den zerbrechlichen kleinen Körper, bereit einen schrecklichen Schlag auszuführen. Seine Waden spannten sich, während dem Mädchen zu seinen Füßen die Tränen über die Wangen liefen.

Plötzlich jagte mir ein Schauer über den Rücken, ließ mich kurz erzittern. In dieser kleinen Ewigkeit schien ich die Angst des Mädchens zu spüren. Nahm die Kleine so unmittelbar wahr, als würde sie in meinen Armen liegen. Ihren zierlichen Körper mit den feinen Gesichtszügen, das abgenutzte Gewand, die staubigen Füße. Dieses Viertel einer Sekunde brachte mich innerlich zum Beben. Nach einem Wimpernschlag war ich wieder da. Mit scharfem Auge betrachtete ich die Szene durch mein Zielfernrohr.

Eine Idee.

Ich bewegte das Fadenkreuz vom Körper des Mannes weg und zielte auf die Hauswand, direkt neben ihm. Mein Finger hielt immer noch den Abzug fest. Plötzlich berührte mich etwas. Jemand legte die Hand auf meine linke Schulter. Drückte nicht fest zu, sondern schien mich sanft führen zu wollen.

Mit einem Reflex ließ ich den Abzug los.

Als ich den Kopf zur Seite drehte, erkannte ich Muli, der neben mir stand und mich ruhig ansah. Fast unmerklich schüttelte er den Kopf.

Für eine Sekunde sah ich ihn verständnislos an.

Als ich wieder durchs Zielfernrohr blickte, waren der Mann und das Mädchen verschwunden.

Muli setzte sich neben mich, sprach ganz gelassen und mit ruhiger Stimme.

Weißt du, wenn du auf jemanden schießt und es stellt sich aus irgendeinem Grund heraus, dass es doch kein Feind war, wirst du immer sagen, ich hätte den Befehl dazu gegeben. Wir sind hier in einem Kriegsgebiet. Und sollte irgendein Sesselfurzer meinen, uns dafür drankriegen zu wollen, regel ich das schon. Aber bedenke eines: Ich bringe dir so großes Vertrauen entgegen, weil ich weiß, dass du deinen Verstand benutzt. Deshalb wollte ich dich in der Gruppe haben. Wenn wir uns in die persönlichen Angelegenheiten dieser Menschen einmischen, geraten wir noch mehr zwischen die Fronten. Und lösen vielleicht eine Lawine aus, die wir nicht stoppen können. Bringen möglicherweise unsere ganze Arbeit in Gefahr. Selbst wenn wir danebenzielen, sagte er und lächelte mich an, als hätte er eben durch mein Zielfernrohr blicken können.

Nossi und Russo standen gebückt hinter den Dixie-Plastikhäuschen und waren mit irgendetwas beschäftigt. Als sie mich bemerkten, riefen sie mich herbei.

Guck dir das mal an, sagten sie. Das ham wir gerade hinter den Klos im Boden gefunden.

Als ich an die beiden herantrat, erblickte ich einen menschlichen Schädel und ein paar große Knochen.

Ein Knochen hat ein bisschen aus der Erde geschaut, da hab ich gegraben, berichtete Russo.

Ich wunderte mich nicht über diesen Anblick, sollen doch auch schon die russischen Soldaten hier ihre Stellungen gehabt haben. Und die waren mit den Aufständischen, aber auch mit der Bevölkerung nicht zimperlich umgegangen. Vielleicht war es aber auch ein russischer Soldat gewesen, der in der Hitze nicht rechtzeitig weggebracht werden konnte. Wir würden es wahrscheinlich nie erfahren. Später veranstalteten wir eine kleine Zeremonie und bestatteten die Knochen auf dem Hügel hinter den Toiletten.

Es war vielleicht vier Uhr morgens, und Simbo und ich hockten auf dem Dach der Schlafräume in einer flachen Sandsackstellung.

Ich hab elf Tage lang nicht geduscht, brummte ich.

Was, so lange sind wir schon auf diesem verfickten Hügel?, entgegnete er erstaunt. Es ist doch total lächerlich, dass die dafür keine Afghanen nehmen. Wir sind verdammte Fallschirmjäger, wir müssen die scheiß Aufständischen bekämpfen, sagte er trotzig.

Ich wollte ihm zustimmen, hielt dann aber für einen Moment inne. Ich war nach den aufregenden Ereignissen der letzten Zeit froh, dass es für uns endlich mal etwas ruhiger wurde. Der Dienst hier oben war beschissen, aber wir waren hier relativ sicher. Ich erschauderte, als ich an das schwere Gefecht in der Nacht dachte, als wir in den Hinterhalt geraten waren. Es hatte mir anschließend so schwer im Magen gelegen. Aber Simbo hatte recht. Wir waren gut ausgebildet. Es war Verschwendung, uns hier oben versauern zu lassen. Es wäre sinnvoller gewesen, diese Hügel von anderen Kräften bewachen zu lassen.

Hatte ich mich etwa schon so sehr an den Krieg gewöhnt, dass ich mir wünschte, diesen Adrenalinkick zu erleben, diesen Rausch des Kampfes? Wollte ich wieder dorthin, wo wir fast umgekommen waren? Vielleicht auch nur, um denen in den Arsch zu treten, die uns das angetan hatten? In diesem Moment wurde ich zornig. Ich war sehr wütend auf diese Leute.

Wir müssen denen zeigen, wer der Stärkere ist, presste ich hervor.

Bei meinem ersten Fallschirmsprung hatte ich meinen Ausbilder so lange bedrängt, bis ich als Erster springen durfte. Ich hatte panische Angst davor, hatte mich durch den wochenlangen Lehrgang gequält, wollte schließlich das alles nur noch irgendwie hinter mich bringen. Aber kurz vor dem ersten Fallschirmsprung, als es um die Auswahl der Türspringer ging, die für einige Minuten in der bereits geöffneten Tür des Flugzeugs stehen mussten, wollte ich um jeden Preis auf diese Position. Wollte diese Höhe, vor der ich so gewaltige Angst hatte, so nah wie möglich an mich heranlassen, um ihr zu begegnen. Trotz meiner panischen Angst. Warum verstand ich selbst nicht.

Ey, du hast ja Bob Marley, unterbrach Simbo meine Gedanken. Er spielte an meinem Handy herum, das ich hier draußen als Musikplayer benutzte.

Ja klar, der ist super. Ich wusste gar nicht, dass du auf so was stehst, war meine Antwort.

Er legte das Handy auf die Sandsäcke vor uns und lehnte sich mit dem Rücken gegen die hinteren.

Und während die Morgendämmerung einen neuen Tag ankündigte, tat ich es ihm gleich. Der breite, helle Streifen am Horizont wurde mit jeder ablaufenden Minute größer. Im ganzen Tal war kein Laut zu hören. Der Himmel hüllte sich langsam in ein klares Blau. Nur am Horizont verrieten die dunkelroten und gelben Streifen, dass die Sonne sich bald zeigen würde. In diesem Licht erschien mir die Landschaft gar nicht mehr so wüst und leer. Die Büsche leuchteten in der Morgendämmerung in einem satten Grün, und die Lehmhäuser von Isa Khel lagen vor uns friedlich im Schatten der wenigen Bäume.

Weder Simbo noch ich sprachen ein Wort. So konnten wir zwar den Fuß des Hügels nicht mehr beobachten. Aber wir dachten nicht daran, diese Magie des jungen Morgens mit Krieg in Verbindung zu bringen. Und während in den Büschen ein paar Vögel anfingen zu singen, war uns das auch egal. Dieser ganze Mist schien weit weg zu sein.

Simbo drückte auf eine Taste meines Handys und leise Musik ertönte. Ich stellte das Handy so laut es ging, verschränkte die Arme hinter dem Kopf und blickte in den Himmel. Vollkommene Entspannung und Harmonie breitete sich in mir aus. Ein Gefühl von Freiheit, das ich schon lange nicht mehr gespürt hatte. Und während der kraftvolle Bob Marley heiser aus meinem Handy erklang, konnte ich über uns tatsächlich einen Greifvogel sehen, der im Morgenlicht langsam seine Bahnen zog.

SHOW OF FORCE

Diesmal war es ein besonderer Genuss, ins Feldlager zurückzukommen. Nach den langen Tagen auf Höhe 432 erschien mir das enge und beschränkte Feldlager mit seinem bürokratischen Mikrokosmos wie das gelobte Land. Heiße Duschen, ein weiches Bett, frisch gekochtes Essen in der Kantine, saubere Wäsche.

Am Nachmittag nach unserer Rückkehr klopfte TJ an meinen Container.

Kannst du mal bitte mitkommen? Irgendwie fühlt sich inzwischen niemand mehr für das Fahrzeug zuständig, ich muss alles allein machen, brummte er genervt.

Ich hatte überhaupt keine Lust, aus meinem Bett aufzustehen. Ich wollte meine Ruhe haben, niemanden sehen oder sprechen. Und mit Sicherheit wurde uns an einem der freien Tage wieder ein geselliger Grillabend aufgebrummt.

Ich komm schon, maulte ich.

Mica saß mit unserem Maschinengewehr vor den Containern. Er war bereits geduscht, hatte sauber zur Seite frisierte Haare, wirkte schon wieder taufrisch. Jetzt war er eifrig dabei, die Fahrzeugwaffe zu reinigen. TJ und ich fuhren langsam und vorsichtig zur Instandsetzung, wo wir das Fahrzeug vom Schmutz befreiten.

Bei meinem späteren Besuch in der Bekleidungskammer begrüßte mich Herr Ajmal mit einem breiten Lächeln. Ich mochte diesen höflichen und zurückhaltenden Mann sehr und kam gerne vorbei, um mich mit ihm zu unterhalten. Er holte eine kleine Tüte hervor und legte den Inhalt auf den Tisch. Die neuen Klettabzeichen für die erste Gruppe gefielen mir ausgesprochen gut. Schwarz, mit weißer Schrift. Task Force Kundus war darauf zu lesen. Außerdem Golf eins und ein Motto, das ich für unsere Gruppe zutreffend fand: Lead the way, immer vorn.

Golf eins würde damit ein würdiges Erkennungszeichen erhalten. Ich war schon sehr auf das Urteil der anderen gespannt und hatte ebenfalls im Hinterkopf, der zweiten Gruppe vorzuschlagen, die Eins in unserem Abzeichen durch eine Zwei zu ersetzen und den Patch ebenfalls zu verwenden.

Am nächsten Tag wurden wir zum Kompanieantreten befohlen. Mal wieder. Unterbrechung unserer knappen Freizeit, Verlassen des gemütlichen Containers.

Was wollen die denn diesmal, brummte TJ.

Der Chef verkündete, dass gleich der Kommandeur aller deutschen Truppen in Afghanistan zu uns käme. Ein Tuscheln und Flüstern begann.

Der General, zischte es von links.

Was will der von uns, raunte es von rechts.

Wahrscheinlich leckt er uns erst den Arsch, weil wir so toll sind, und dann erzählt er uns, dass wir noch 'n Jahr in diesem Drecksland bleiben, Digger, brummte Wizo zynisch.

Ruhe jetzt, fuhr Mü dazwischen.

Wir standen gelangweilt in der prallen Sonne, bis der General nach ein paar Minuten endlich kam und der Chef uns stillstehen ließ. Er lächelte freundlich, hatte einen gepflegten weißen Schnurrbart und saubere goldene Rangabzeichen auf der Schulter. Wir standen ihm sauber aufgereiht und regungslos mit wuchernden Bärten und langen Haaren gegenüber.

Guten Tag, Männer, begann der Oberkommandierende zu sprechen. Ich habe Ihre Arbeit während der letzten Zeit genau verfolgt und muss sagen, dass ich sehr stolz auf Sie bin. Und ich weiß, dass Sie endlich wissen wollen, wann es wieder nach Hause geht. Deshalb bin ich heute persönlich gekommen.

Da ertönte ein ohrenbetäubender Lärm. Direkt hinter uns starteten zwei amerikanische Hubschrauber ihre Triebwerke. Die Rotoren fegten den Wind über den Platz und einigen fielen die Mützen vom Kopf.

Wir waren plötzlich in eine Sandwolke gehüllt.

Der General stand erst etwas verdutzt herum. Dann aber winkte er uns zu sich, signalisierte uns mit den Händen, einen großen Kreis um ihn zu bilden. Das beeindruckte mich sehr. Als wir alle eng um ihn herumstanden, fing er wieder an zu sprechen.

Ich muss Ihnen mitteilen, sagte er, dass Sie bis Mitte Januar werden hierbleiben müssen.

Ich konnte den Schockmoment in den Gesichtern der anderen sehen.

Er redete noch einige Minuten darüber, warum und wieso es so sein musste, aber ich hörte nicht mehr zu. Sieben Monate, schoss es mir durch den Kopf. Unsere Vorgänger-Kontingente waren jeweils nur vier Monate hier gewesen.

Auf dem Weg zurück zu den Containern ging ich beim Kompaniegeschäftszimmer vorbei, um ein paar Mails zu schreiben.

Du hast Post, fünf Pakete, sagte ein Soldat aus dem Geschäftszimmer ungläubig und reichte mir einen Zettel. Dazu noch einen Brief.

Auf dem Weg zur Poststelle fragte auch ich mich, wer mir so viele Pakete schickte. Aber die Frage war schnell geklärt, als ich die Absender auf den Paketscheinen erkannte. Puma und Nike stand darauf. Im Container half Purzel mir beim Auspacken.

Wow, das sind ja mindestens zwanzig Fußbälle!, rief er erstaunt aus, als wir die unförmigen Halbkugeln aus Leder herausholten.

Dazu gab es noch Trikots, Torwarthandschuhe, sogar Turnbeutel, die mit großen Logos bedruckt waren, und eine Ballpumpe zum Aufblasen.

Es waren auch Begleitschreiben dabei. Meine Laune hob sich, und ich freute mich sehr über die überwältigende Unterstützung aus Deutschland.

Wir sind nicht ganz vergessen, verkündete ich Muli kurze Zeit später, als ich ihm die Pakete zeigte.

Naja, oder du hast sie mit deinen Briefen zum Weinen gebracht, meinte er.

Ich pumpte einige der Bälle auf und gab sie an die zweite Gruppe weiter, damit auch sie etwas zum Verteilen hatten.

Wie sollen wir das denn noch alles aufs Auto kriegen, rief Mica bestürzt, als er den Container betrat

Als Letztes öffnete ich noch den Briefumschlag, der mir im Geschäftszimmer ausgehändigt worden war.

Sehr geehrter Herr Clair, (…)

Die Adidas Gruppe ist sich ihrer gesellschaftlichen Verantwortung als global tätiges Unternehmen bewusst. (…) Wir gehen Partnerschaften mit Unternehmen und Organisationen ein, die direkt oder indirekt zu einer nachhaltigen Entwicklung beitragen. (…) Wir sind hierbei unseren Förderrichtlinien als auch unserem dafür vorgesehenen Budget verpflichtet. Unser Kontingent für Sachspenden ist derzeit bereits (…) ausgeschöpft.

Ziemlich enttäuscht ließ ich den Brief auf den Tisch fallen. Ich konnte die freundliche, aber deutliche Absage nicht verstehen. Die hätten doch irgendwo noch ein paar Bälle haben müssen. Ich verstand nicht, warum sie sich so klar von uns distanzierten. War unser Einsatz denn nicht nachhaltig?

Puma hatte dem Paket einen Brief mit ähnlichem Inhalt beigelegt. Aber der schloss mit den Worten:

Dennoch haben wir uns entschlossen, Sie mit einem kleinen Paket zu unterstützen. Für Ihr Engagement bedanken wir uns (…).

Manchmal reichten ein paar Sätze aus, um tiefe Freude und Dankbarkeit zu erzeugen.

Nachts hatte ich noch nach Deutschland telefoniert, um die Neuigkeiten zur Einsatzdauer loszuwerden. Meine Freundin reagierte gefasst.

Das hab ich mir schon längst gedacht, sagte sie trocken. So lange, wie die euch keine Info gegeben haben.

Wir sprachen noch lange miteinander, ich hatte sogar das Gefühl, sie wollte mich trösten. Mir war es inzwischen egal, dass ich jeden Monat drei- bis vierhundert Euro Telefonkosten für die teuren Verbindungen aufbringen musste. Es war mir wichtig, so oft wie möglich ihre Stimme zu hören.

Nach einer unruhigen Nacht wachte ich früh auf. Purzel lag über mir im Stockbett und schlief meistens länger als ich. Ich genoss die Ruhe im Container und lag eine Weile auf der weichen Matratze. Meine Gedanken tanzten. Ich schrieb eine Textnachricht an meine Freundin und legte dann das Handy wieder zur Seite. Als ich langsam aufstand, öffnete Purzel schläfrig die Augen.

Was ist denn mit dir los, sonst schläfst du bis mittags, bemerkte ich grinsend.

Er gähnte.

Hast du von dem Erdbeben heute Nacht nichts mitbekommen?, wollte er wissen.

Wir hatten ein Erdbeben?, fragte ich erstaunt.

Ja, und ich bin davon wach geworden. Das Bett hat leicht gewackelt und ich hab erst gedacht, dass du dir einen runterholst, meinte er voller Überzeugung. Bis ich geschnallt habe, dass das ein Erdbeben ist, sind ein paar Minuten vergangen, in denen ich mich nicht getraut hab, dich zu stören.

Ich musste laut lachen. Du hast wirklich gedacht, dass ich mir einen runterhole?

Jetzt musste auch er lachen.

Stimmt, dafür haben wir ja eigentlich die sexy time eingerichtet, wo der andere nicht in den Container darf, deshalb war ich auch erst so verwundert. Aber dann dachte ich, naja, wenn ers grade braucht, sagte er grinsend.

Es war schön, mit Purzel reden zu können. Andere hätten vielleicht verlegen reagiert. Mit ihm war es entspannt, weil er völlig normal über völlig normale Dinge mit mir sprach.

Wie gehts deiner Freundin?, wollte er wissen.

Ach, es ist ein Auf und Ab, antwortete ich ein wenig betrübt. Sie hat diese neuen Freunde kennengelernt, und ich hab manchmal das Gefühl, dass sie nicht gerne mit mir telefoniert. Dann ist sie wieder total froh, mich zu sprechen.

Nimm dir das nicht so zu Herzen, erklärte Purzel. Für unsere Partner muss das alles so schwer sein, das können wir uns gar nicht vorstellen. Es ist doch gut, dass sie neue Leute kennenlernt, dann ist sie wenigstens abgelenkt. Ich rufe nicht so oft zu Hause an wie du, aber ich hab auch das Problem, dass meine Freundin manchmal gar nicht telefonieren will. Sie sind emotional mit der Situation überfordert. Wir hier können uns wenigstens ablenken und müssen nicht ständig an den Partner denken.

Abends saß ich mit Muli an der kleinen Bar im Lummerland, der Betreuungseinrichtung im Feldlager. Im Hintergrund lief leise Musik, einige Soldaten spielten Billard, andere saßen auf den abgewetzten Sofas und unterhielten sich. Vor Muli stand eine Dose Red Bull, ich hatte mir eine kühle Wasserflasche aus einem der Kühlschränke genommen.

Du lebst viel zu gesund, bemerkte Muli.

Ach, dafür schieb ich dich dann später durchs Altersheim, antwortete ich augenzwinkernd. Wir prosteten uns zu.

Auf Golf eins, sagte ich.

Auf gute Kameraden, sagte er.

Wir tranken einen Schluck.

Ist es nicht erstaunlich, begann ich zu erzählen, dass bisher niemand ernsthaft verletzt wurde?

Wir ham halt Glück. Muli sagte es beiläufig.

Ich glaube nicht an Glück, gab ich zu bedenken. Glück, Unglück, Gott, Schicksal. Unfug. Die haben ihren Allah, wir haben unseren Gott, wo ist der Unterschied?

Muli blickte mich interessiert, aber etwas verständnislos an.

Du weißt, dass ich nicht gläubig bin, erklärte er. Das ham sie uns in der DDR aberzogen. Dabei zwinkerte er mir zu und fuhr fort: Aber unsere christlichen Werte sind doch die Grundlage unserer Gesellschaft.

Ja, pflichtete ich ihm bei. Aber brauch ich 'n zweitausend Jahre altes Buch, um zu wissen, dass ich andere Menschen achten muss? Dass ich nur im Notfall Gewalt ausüben sollte? So was sagt mir doch mein gesunder Menschenverstand.

Er überlegte kurz.

Ja, aber dein Verstand ist von unserer Gesellschaft geprägt. Und die ist christlich.

Aber auch nur, solange die Menschen was zu meckern haben, fiel ich ihm ins Wort. Wenns den Leuten gut geht, interessiert sie Gott einen Scheiß. Wenn ich immer nur anfange zu beten, wenn ich in Not bin oder weil Weihnachten ist, kann ich es auch gleich sein lassen. Die Religion muss immer nur als Rechtfertigung herhalten. Schau dir die Welt doch an. Es geht immer nur um Macht. Und Kontrolle, von beiden Seiten. Die Bibel ist doch 'n gutes Beispiel. Zweitausend Jahre stille Post. Und zweitausend Jahre ham die konsequent alles rausgestrichen, was unbequem war. Und das, was übrig blieb, soll Gottes Wort sein? Der einzige Unterschied von Jesus und Mohammed zu den Tausenden anderen Wanderpredigern war, dass sie es geschafft haben, so viele Menschen zu überzeugen, sagte ich erregt.

Muli unterbrach mich. Wir führen doch gerade kein Gespräch über Sinn und Unsinn von Religion, sagte er beruhigend. Also, was ist wirklich los?

Ich atmete heftig, beruhigte mich nur langsam. Nach einer Weile fand ich meine Sprache wieder.

Ach, ich weiß auch nicht. Dieser Angriff neulich nachts, das schwere Gefecht. Ich hab versucht, mit meiner Freundin darüber zu reden. Aber sie will nichts mehr über die Kämpfe hören. Dabei wollte ich von Anfang an ehrlich sein und ihr alles erzählen, entgegnete ich trotzig.

Es entstand eine Pause, bevor Muli mir in die Augen sah.

Es ist verdammt schwer, die richtige Mischung zu finden, bemerkte er. Wenn du zu viel erzählst, ist es oft falsch; wenn du gar nichts erzählst, ist es auch nicht richtig. Überleg doch mal, was wir unseren Partnern zumuten. Die in der Regierung erzählen nicht, was im Einsatz abgeht, und sogar unsere eigene oberste Führung stößt offenbar an ihre Grenzen. Niemand sagt etwas Genaues oder Ehrliches. Alle ham Angst, einen auf den Deckel zu kriegen. Und wenn wir wieder nach Hause kommen, weiß keiner etwas mit uns anzufangen. Wir sind allein, haben nur die Kameraden, die das Gleiche erlebt haben. Wir sind ein geschlossener Kreis. Und einerseits grenzen wir diejenigen aus, die nicht das Gleiche erlebt haben, andererseits fordern wir Unterstützung. Das kann nur schwer gut gehen. Einer aus der zweiten Gruppe hat mir von den Problemen mit seiner Freundin erzählt. Ich glaub, die will mit ihm Schluss machen.

Muli trank einen Schluck und sah mich an. Er schien eine Weile zu brauchen, bevor er leise weitersprach.

Ich hab dir ja erzählt, dass meine Frau auch gerade im Einsatz ist. Drüben, in Mazar-e-Sharif. Ich muss jeden Tag so viel an sie denken. Sie ist mir so nah, viel näher als ihr euern Frauen seid. Aber ich kann auch nur mit ihr telefonieren. Und trotzdem hab ich großes Glück, weil sie die Probleme aus eigener Erfahrung kennt, wenn der Partner im Einsatz ist. Das ist schon 'n großer Vorteil.

Er machte eine Pause. In diesem Moment bekamen Mulis Augen einen seltsamen Ausdruck, so hatte ich ihn noch nie erlebt. Er holte tief Luft.

Aber du weißt ja, dass sie und ich in letzter Zeit große Probleme hatten. Wir sind beide nicht sicher, wie wir damit umgehen sollen. Das macht es noch viel schwerer für mich. Und trotzdem ist sie meine Frau.

Seine Stimme stockte wieder.

Ich habe sie geheiratet, weil ich sie über alles liebe. Ich kann nur einmal im Leben diese Verpflichtung eingehen. Dieses heilige Versprechen. Es gibt nur einmal die eine Frau im Leben. Und sie ist es.

Er sagte das mit bebender Stimme, umklammerte die Red-Bull-Dose, schien sie zerquetschen zu wollen. Sah mich fast hilflos an. Es war eine Seite, die ich gar nicht an ihm kannte. In diesem Moment wusste ich nicht, wie ich reagieren sollte. Wusste nicht, ob er erwartete, dass ich etwas erwiderte.

Ich fühl mich so wohl mit euch, begann Muli wieder. Seine Stimme hatte sich beruhigt. Ich hab meine Kameraden, ich liebe meine Arbeit. Aber sie ist meine Frau. Es gibt für mich nur die Treue zu meinem Land, zu meinen Kameraden und zu der Frau, die ich geheiratet habe.

Er sah mich energisch an. Nach einer Weile legte ich meine Hand auf seine Schulter und erhob meine Flasche.

Auf die Treue, sagte ich laut, und wir stießen mit Wasserflasche und Red-Bull-Dose darauf an.

Am nächsten Tag sollten wir Fahrzeuge aus Taloqan abholen und nach Kundus eskortieren. Nur die erste Gruppe und Mü wurden für die Taloqan-Fahrt eingeteilt, dazu ein Jammer. Das bedeutete zwei Stunden hin und zwei Stunden zurück, reine Fahrtzeit. Unsere Fahrzeuge ließen unseren freien Tag in einer Staubwolke zurück.

Nach der Rückkehr verkroch sich jeder in seinem Container, genoss die letzten freien Stunden vor der nächsten Raumverantwortung. Spätabends gab es wieder einen Raketenalarm. Raus aus dem Container, rüber in den Innenhof des Nachbargebäudes, warten. Ich lehnte an der Mauer und schloss die Augen. Als endlich die Entwarnung kam, fiel ich nur noch todmüde ins Bett.

Am nächsten Morgen fuhren wir in die nächste Raumverantwortung. Dünne Staubwolken hingen über dem Tal, einige Kinder trieben bereits ihre Herden auf die Felder. Während wir durch die Einfahrt fuhren, bemerkte Mica, dass ein Flügel des großen

Tores am Eingang fehlte. Er war einfach an die Außenmauer gelehnt worden.

Die Scharniere sind abgebrochen, meinte ein Soldat aus der Kompanie, die wir ablösen sollten. Keine Ahnung, wann das repariert wird.

Vom Polizeihauptquartier aus wurden wir direkt auf die Westplatte befohlen, um die Zufahrt nach oben und die kleine Brücke zu bewachen. Die Kameraden dort waren heilfroh, als wir sie endlich ablösten.

Der Morgen war ruhig und die Luft inzwischen klarer. Wir hatten einen guten Blick ins Tal. Der Transportpanzer von Nossis Trupp stand etwa zweihundert Meter von uns entfernt in die andere Richtung gedreht. Bereits nach kurzer Zeit schien ihnen das Herumsitzen im Panzer langweilig zu werden. Sie liefen auf dem Dach herum und warfen mit Steinen. Auch wir waren inzwischen deutlich gelassener geworden.

Muli verlangte, dass einer von uns auf dem Dach Wache hielt. Die anderen hatten die Schutzwesten ausgezogen und die Türen geöffnet. Hardy streckte die Beine über zwei Sitze aus und spielte mit Micas Gameboy. Muli und ich versuchten ein paar Kamele zu streicheln, die in unmittelbarer Nähe unseres Dingos herumstanden und erschreckt aufsprangen, als wir uns näherten.

Die Afghanen, die vorbeikamen, grüßten freundlich oder ignorierten uns einfach, man hatte sich an unsere ständige Anwesenheit hier oben gewöhnt.

Seit wir die Zufahrt zur Westplatte dauerhaft bewachten, waren immer wieder Hunde zu uns gekommen, die von Anfang an großes Zutrauen zeigten. Es waren keine sehr ansehnlichen Tiere, vermutlich waren sie alle krank, und sie erregten sofort unser Mitleid. Vielleicht lag es auch daran, dass sie einfach auf uns zukamen, keine Vorbehalte uns gegenüber kannten.

Ein besonders struppiger Hund mit grauem Fell und traurigen Augen hatte es Mica angetan. Das Tier ließ sich gerne von ihm streicheln, und Mica gab ihm eine unserer Notrationen und füllte Wasser in die Schale, nachdem der Hund sie begierig leergefressen hatte. Anstelle der Ohren besaß er nur noch kurze, unansehnliche Fransen. Auch der Schwanz war nur noch ein Stummel.

Die schneiden denen das ab, damit sie sich nicht dran verletzen können, erklärte Muli uns.

Wir waren fassungslos.

Mica schimpfte noch eine ganze Weile über diese Grausamkeit.

Na, hast du einen neuen Freund gefunden?, witzelte TJ.

Auf jeden Fall, und er ist auch viel hübscher als du, feixte Mica zurück.

Die Hunde erschienen, sobald wir ein paar Minuten dort oben standen, und legten sich zum Schlafen neben unser Fahrzeug. Ganz so, als ob sie wüssten, dass sie von uns nichts zu befürchten hatten. Aber sobald ein Afghane vorbeikam, fingen sie an zu kläffen und zu knurren. Sie waren unsere Alarmanlagen.

Während unserer Wachen auf der Westplatte wurden wir oft von zwei Jungen besucht. Sie hüteten eine große Herde Schafe und trieben sie auf der Suche nach ein paar kargen Grasbüscheln immer in unsere Nähe. Die Jungen waren vielleicht zwölf oder dreizehn Jahre alt und trugen abgerissene Gewänder. Anfangs waren sie noch schüchtern gewesen, hatten sich nur mit Argwohn genähert. Irgendwann trauten sie sich bis an unseren Dingo heran.

Wir gaben ihnen Wasser, später auch mal einen Schokoriegel. Und weil sie ständig rauchten, verteilten Hardy und Mica an sie Zigaretten.

Besser, die rauchen mal was Vernünftiges, als immer nur ihre Kamelhaare, hatte Hardy verkündet.

Den einen, der immer aufdringlich nach Zigaretten fragte, nannten wir Smokey. Den anderen, der zurückhaltend war und dessen Pupillen in zwei verschiedene Richtungen zeigten, Schieli.

Smokey und Schieli waren uns irgendwann richtig ans Herz gewachsen. Heute sollten sie etwas Besonderes erleben.

Ich sah sie schon von weitem, als sie ihre Herde langsam durch die Wüste in unsere Richtung trieben. Mittlerweile konnte ich schon viele Sätze sicher auf Dari formulieren und begrüßte sie freundlich. Nach der ersten Zigarette kramte ich aus einer Tasche zwei Trikots und einen Fußball hervor. Dazu noch ein Paar Torwarthandschuhe. Die Sachen waren nagelneu, und ich forderte sie auf, alles anzuprobieren. Während Mica und Muli laut lachen mussten, als sie die Shirts ein wenig unbeholfen anzogen, werde ich niemals den Ausdruck vergessen, den Smokey und Schieli dabei in den Augen hatten. Es war eine Mischung aus Erschrecken und nervöser Furcht.

Es dauerte einen Moment, ehe sie wieder zu lächeln begannen.

Habt ihr den Gesichtsausdruck gesehen, den die beiden hatten?, fragte ich, als sie wieder weg waren.

Ja, sagte Mica, ganz so, als ob sie sich fürchten würden.

Vielleicht dürfen sie gar keinen Kontakt zu uns haben und kriegen Ärger, wenn sie damit erwischt werden, meinte Muli nachdenklich.

Oder sie haben noch nie so etwas geschenkt bekommen und wussten nicht, wie sie reagieren sollen, rief Hardy, der die Mütze tief im Gesicht hatte und im Sitz lehnte.

Während der Nachtwachen auf der Westplatte oder dem Polizeihauptquartier konnten wir wieder Hubschrauber sehen, die über den Dörfern in der Luft standen. Spezialkräfte im Einsatz. Auch der Chef setzte seine Ankündigungen in die Tat um und intensivierte unsere Patrouillen. Wir näherten uns immer weiter den sogenannten heißen Zonen an. Dort, wo wir die Rückzugsorte der Aufständischen vermuteten. Dörfer, in denen wir mit einer großen Konzentration an Aufständischen rechneten. Isa Khel war so ein Dorf. Quatliam lag unmittelbar daneben, versteckt hinter einer dichten Waldung. Der Ort war deshalb von Höhe 432 aus nur zu erahnen. Zwischen den beiden Dörfern verlief die Straße, die auch zu den Höhen 431 und 432 führte.

Heute wollte der Chef bis zur Kreuzung zwischen den beiden Dörfern vorstoßen und die Straße bis dorthin von Sprengsätzen räumen. Dafür war der India Zug mit seinen Schützenpanzern eingeteilt worden, Golf eins sollte unterstützen.

Der Chef will, dass wir bis zur Kreuzung hinter dem India Zug bleiben. Dann überholen wir sie und sind das vorderste Element vor den Dörfern, erklärte Muli uns während der Einsatzbesprechung. Außerdem haben wir für drei Stunden einen amerikanischen Flieger in der Luft.

Es war wieder ungewöhnlich heiß an diesem Tag. Aufgrund der Nähe zum Feind nahmen wir wieder mehr Munition mit als sonst. Schon beim Marsch von Höhe 432 zur Kreuzung verbrauchten wir das meiste Wasser, mussten uns kurz vor dem Ziel bei den Panzern mit frischem versorgen. Sobald wir die Kreuzung überquert hatten, sollten die Kampfmittelbeseitiger die Straße absuchen.

Schon auf dem Weg dorthin war mir nicht ganz wohl. Ich weiß nicht, woher es kam, aber ich hatte ein merkwürdiges Gefühl im Bauch, das mich nicht mit der gleichen Motivation wie sonst an die Aufgabe herangehen ließ. Wir alle schienen nicht so konzentriert zu sein wie sonst.

Als wir die Straße überqueren sollten, bekamen Muli und Nossi Streit. Sie gifteten sich an, weil jeder eine andere Vorstellung vom sichersten Weg zu haben schien. Es ging um unsere Sicherheit, und ich spürte ganz deutlich, dass auch sie äußerst angespannt waren. Schließlich lagen wir unmittelbar vor der Kreuzung in Stellung. Alles schien ruhig zu sein. Aber hinter der Kreuzung stand ein verlassener Lastwagen.

Scheiße, der bringt den ganzen Zeitplan durcheinander, meinte Muli, der neben mir lag.

Sollen sie ihn doch einfach wegsprengen, empfahl Hardy und grinste.

Er hatte nicht ganz unrecht. Es war ein ganz einfaches Mittel, um uns aufzuhalten. Ein unscheinbarer Lastwagen am Straßenrand. Und keine Person in Sichtweite. Vermutlich war es Absicht gewesen.

Die wussten genau, dass wir jetzt eine Bombe vermuten und den Lastwagen erst ganz vorsichtig untersuchen müssen, brummte Nossi. Seid wachsam, befahl er.

Über zwei Stunden lagen wir dem Lastwagen in einem Straßengraben gegenüber. Die Sonne brannte.

Die Kampfmittelbeseitiger hatten ihre Arbeit weiter hinten begonnen und näherten sich zusammen mit einem Jammer langsam unserer Position. Es war eine mühsame Arbeit, nur mit dem Metalldetektor und einer Gartenharke bewaffnet.

Eine weitere Stunde verging. Wir warteten und schwitzten.

Als der Jammer nur noch dreißig Meter entfernt war, rannte plötzlich ein Afghane in unsere Richtung und fuchtelte mit den Armen herum.

Als wir ihm zu verstehen gaben, dass er sein Gewand hochheben sollte, zeigte er uns, keinen Sprengstoffgürtel zu tragen. Dann stürzte er in den Lastwagen und fuhr hastig davon.

Ich atmete auf.

Ey Digger, habt ihr gesehen, wie nervös der war?, rief Wizo amüsiert herüber.

Wenn der Lastwagen sein ganzer Besitz ist, hatte der wahrscheinlich gerade panische Angst um seine Existenz, raunte ich Muli zu.

Der Chef befahl uns, die Kreuzung in einem Bogen zu überqueren.

Wir mussten über einen breiten und sehr tiefen Graben springen, der mit trübem Wasser gefüllt war. Simbo, der die große Panzerfaust trug, stolperte und landete im Ufermatsch.

Verfickte Scheiße, ich könnt kotzen, schimpfte er laut.

Reiß dich zusammen und geh weiter, fuhr Nossi ihn ungeduldig an.

Hinter der Kreuzung befand sich eine kleine Ruine. Bunte Fähnchen kündeten daneben wieder von einer Begräbnisstätte. Diesmal waren die Gräber sogar von flachen Lehmmauern umgeben und dadurch klar erkennbar. Wir verteilten uns rechts und links neben der Ruine. Muli und ich fanden hinter einem flachen Mauerstück Deckung, nachdem wir einen Blick in die Friedhofsruine geworfen hatten.

Hier könnte man prima einen Sprengsatz verstecken, meinte ich beunruhigt.

Aber es war die einzige Deckungsmöglichkeit.

Wir lagen nun auf einem schmalen Wiesenstreifen, der wie ein Korridor vor Quatliam lag. Rechts und links wurde er von Baumreihen begrenzt. Das Dorf lag uns in hundert Metern Entfernung gegenüber. Misstrauisch beobachtete ich es durch mein Zielfernrohr. Die Kampfmittelbeseitiger waren schon dabei, die Kreuzung abzusuchen. Lautes Brummen verriet, dass einer der Schützenpanzer die Position wechselte.

Auf einmal erschien ein Bauer hinter uns auf der Kreuzung. Er musste aus Isa Khel gekommen sein, denn die anderen hinter uns hatten ihn erst im letzten Moment bemerkt. Er verließ die Hauptstraße und betrat einen schmalen Feldweg, der neben uns nach Quatliam führte, und trieb eine Kuh vor sich her.

Muli sprang auf und befahl ihm, anzuhalten. Dann fragte er ihn nach Aufständischen. Taliban, Taliban, rief Muli immer wieder und zeigte in Richtung Quatliam.

No Taliban, war die Antwort des Bauern, woraufhin Muli ihn weitergehen ließ.

Das ist scheiße, murmelte er. Der weiß jetzt genau, wo wir liegen, weil er unsere Stellungen von hinten gesehen hat.

Vielleicht war es wirklich nur 'n harmloser Bauer, flüsterte ich optimistisch.

Langsam trieb der Bauer die Kuh auf das Dorf zu. Er war ein sehr alter Mann mit langem grauen Bart. Die Sonne und die harte Arbeit hatten tiefe Furchen in sein braungebranntes Gesicht gegraben. Er hielt den dünnen Stock, mit dem er die Kuh trieb, in seinen zitternden Händen. Sein Gang wirkte gebrechlich, mühsam schleppte er seine Sandalen über den steinigen Weg. Ich hatte Mitleid mit ihm.

Das erste Gebäude des Dorfes lag auf der linken Seite. Eine hohe Mauer erstreckte sich rechts davon und bildete vor uns eine Barriere, die über die gesamte Wiese reichte.

Wie eine Festung, dachte ich, als der Bauer Quatliam fast erreicht hatte.

Die Sonne stand bereits tief am Horizont, und die Abenddämmerung versprach bald kühlere Luft. Die Kampfmittelbeseitiger schienen auf der Kreuzung fast fertig zu sein, und wir erwarteten den baldigen Rückmarsch.

Plötzlich ließ der Bauer die Kuh mitten auf dem Weg stehen. So schnell, wie er den Stock fallen ließ, schien er auch seine Gebrechlichkeit abzuschütteln und rannte hinter das Lehmgebäude. Es dauerte nur zwei Sekunden, da tauchte er wieder auf und setzte seinen Weg fort, als wäre nichts geschehen.

Muli schaute mich verdutzt an.

Dann sah ich wieder nach vorne. Auf der Mauer tauchte ein braunes Gewand auf. Es erschien urplötzlich und aus dem Nichts zu kommen. Nach dem Bruchteil einer Sekunde knallte es und ein Lichtblitz schoss uns entgegen.

Mit einer gewaltigen Explosion schlug eine Panzerabwehrrakete in der kleinen Friedhofsruine neben uns ein.

Es war das erste Mal gewesen, dass ich einen Feind vor dem ersten Schuss gesehen hatte.

Kontakt, Kontakt!, brüllten wir alle fast gleichzeitig.

Ich konnte nicht mehr erkennen, ob der gleiche Schütze noch mal auf uns schoss, aber es knallte wieder.

Gleich darauf hörte ich das bekannte Knattern einer Kalaschnikow. Dann waren es zwei. Sie kamen von verschiedenen Stellen entlang der Mauer, überall zuckte Mündungsfeuer auf.

Jetzt schienen die anderen richtig wütend zu werden. Nach

dem ersten Schuss waren Mica und Hardy in die Deckung der Gräber gesprungen. Hinter den niedrigen Lehmmauern konnten sie perfekt ihre Waffen in Stellung bringen. Nossis Trupp lag hinter zwei kleinen Hügeln auf der rechten Seite, Muli und ich waren immer noch an der Ruine. Während ich versuchte, etwas zu erkennen, schossen die anderen aus allen Rohren. Jonny und Mica ließen ihre Maschinengewehre singen. In kleinen Staubwolken schlugen die Geschosse am Haus und an der Mauer ein.

Da tauchte der alte Mann wieder auf. Er rannte weiter in das Dorf hinein. Plötzlich stürzte er zu Boden. Kurz darauf brach auch die Kuh zusammen. Sie waren wohl versehentlich von einer Maschinengewehrsalve getroffen worden.

Geschieht dem Verräter recht, dachte ich.

Dann spritzte Erde vor uns auf.

Der hat sich auf uns eingeschossen!, brüllte Muli.

In einem Reflex sprangen wir hinter die Ruine in Deckung. Der Feuerkampf ging weiter. Mit dem Zielfernrohr suchte ich nach dem Schützen. Plötzlich stieß Muli mich an.

Scheiße, ich hab eben mein Fernglas fallen gelassen. Das brauchen wir zurück!

Weniger der Wert war entscheidend als die Tatsache, dass ein Fernglas in den Händen der Aufständischen viel Unheil anrichten konnte.

Ich hols dir, rief ich und bereute gleich darauf meinen Entschluss.

Die Einschläge an der Lehmwand neben uns ließen Staub auf uns rieseln.

Ich habs verloren, ich hole es!, rief Muli und hielt mich zurück.

Ich sank zusammen. Mir fiel ein Stein vom Herzen. Als ich mich aufgemacht hatte, um das Ding zu holen, war ich fast panisch gewesen. Jetzt saß ich auf dem Boden und presste mich an die Mauer der Ruine. Ich wagte es nicht, den Kopf zu heben und in Richtung des Dorfes zu spähen.

Verdammt, was ist mit mir los, schoss es mir durch den Kopf.

Zögerlich schob ich meine Augen über den Rand der Deckung, als wieder Schüsse aufpeitschten. Sofort merkte ich, dass sie nicht Muli und mir galten, trotzdem sackte ich wieder zusammen. Wir waren viel weiter von dem Schützen entfernt als Mica, Hardy und Nossis Trupp, und ich war noch nie so froh darüber gewesen.

Scheiße, dachte ich. So eine Scheiße!

Die Salven krachten immer noch in dem Lehmgebäude gegenüber ein.

Simbo schrie: Panzerfaust klar!

Dann stand er auf, zielte und feuerte das gewaltige Projektil in Richtung Quatliam. Es krachte ohrenbetäubend. Kurz darauf schlug das Geschoss in das Lehmgebäude ein. Er hatte getroffen.

Muli funkte den Chef an. Wir sind hier zu weit vorne, die könnten uns rechts und links umgehen!

Er hatte recht. Wir bildeten im Moment eine Speerspitze in dem Gräberfeld und saßen dort auch erst einmal fest. Im Falle eines Angriffs über die Flanken wäre die Position nicht zu halten gewesen. Und wir kannten das Gelände nicht.

Ein Brummen. Plötzlich knallte es neben mir.

Als ich mich nach links drehte, sah ich, dass einer der Schützenpanzer weit nach vorne gefahren war. Er stand auf der Kreuzung und feuerte in Richtung Quatliam.

Hier Shorty, ich kleb an eurem Arsch und geb euch 'n bisschen Deckung.

Die vertraute Stimme klang für uns wie ein rettender Schutzengel. Währenddessen kam Muli zurückgekrochen und brüllte die anderen an.

Hört auf zu schießen!

Nach einem kurzen Moment schwiegen endlich die Waffen. Die Maschinengewehre qualmten, wir blickten uns vorsichtig um. Nichts war zu sehen. Plötzlich krachte es wieder. Aber das Geräusch kam von oben.

Der schon vor längerem angeforderte Kampfjet flog im Tiefflug über uns hinweg und stieg über dem Dorf steil in den Himmel. Show of Force bedeutete dieses Manöver. Diese Demonstration der Macht sollte den Feind einschüchtern.

Die Abenddämmerung war hereingebrochen, langsam verschwand das Licht des Tages. Nach ein paar Minuten wurde Muli vom Chef angefunkt.

Das Feldlager hat die Freigabe zum Luftangriff erteilt. Bitte geben Sie die Koordinaten durch.

Juhuu, schrien alle wie aus einem Mund.

Endlich kriegen die was auf die Fresse, grölte Hardy.

Aber es funktionierte nicht. Jedes Mal, wenn Muli die Position der Mauer durchgab, konnte sie nicht vom Piloten bestätigt werden.

Der Kampfjet kreiste über uns. Schließlich wurde der Chef ungeduldig: Verdammt, ich brauch jetzt 'ne Position, Ende.

Muli sprang auf: Ich markiere jetzt das Ziel mit dem Laser an meiner Waffe. Über Funk gab er die Information weiter.

Aber auch das schien nicht zu klappen. Immer, wenn er den Laser einschaltete, meldete der Pilot, dass er kein klares Ziel erkennen könne. Muli rannte vor die Ruine. Inzwischen war es fast dunkel.

Ich geh jetzt nach vorne!, rief er. Wer kommt mit?

Ich blieb wie angewurzelt sitzen. Ich konnte nicht aufstehen, schaffte es noch nicht einmal, ihm zuzurufen. Ich fühlte mich beschissen. Hitze und Kälte stiegen abwechselnd in mir hoch, mir wurde schlecht. Dann schaffte ich es irgendwie, mich aufzuraffen, erkannte Muli vor mir. Er stand auf der Wiese, etwa zehn Meter vor Nossis Stellung. Allein.

Dann schaltete er den Laser ein und markierte die Mauer.

Der Pilot bestätigte.

Über Funk brach der Chef den Einsatz des Fliegers ab.

Keine Freigabe zum Bombenabwurf, der Feind ist schon zu lange ruhig, meldete er.

Verdammt!, rief Hardy aus seiner Stellung auf dem Grab.

An diesem Abend saßen Muli, Hardy, TJ, Mica und ich hinter unserem Dingo auf dem Boden.

Sollen wir es wirklich machen?, fragte Muli in die Runde.

Naja, du hast immer gesagt, dass unser Fahrzeug unauffällig bleiben muss. Mica sah ihn fragend an.

Da meldete sich Hardy zu Wort. Ach los jetzt. Wir ham nichts zu verbergen.

Ich stand auf, hatte einen dicken schwarzen Edding in der Hand.

Kurze Zeit später hatte ich ein kleines Strichmännchen mit Turban und Kalaschnikow, eine Kuh, eine Bretterbude, wie Mica sie bei dem schlimmen Nachtgefecht zerstört hatte, und eine Straßenbombe hinten auf unser Fahrzeug gemalt. Hinter die Figuren machte ich dicke schwarze Striche. Bei der Bombe waren es zwei.

Wir verstecken uns nicht mehr, sagte TJ und grinste grimmig.

Am nächsten Morgen war mein linker Ellenbogen so dick wie eine Pampelmuse.

Ich rollte mich aus dem Schlafsack und ging in den Hof. Dort klopfte ich an die Tür der Sanitäter. Diese schienen nicht überrascht zu sein.

Schleimbeutelentzündung, lautete das knappe Urteil des Arztes, der mich untersuchte. Hatten Sie eine Wunde am Ellenbogen?, wollte er wissen.

Ich überlegte kurz. Einen Pickel, der ist aufgegangen. Aber der war winzig, beteuerte ich.

Das tut nichts zur Sache, klärte mich der Arzt auf. Es reicht schon eine kleine Wunde in der Haut. Die Bakterien in dieser unsauberen Umgebung besorgen dann den Rest.

Als ich mit einer Schlinge um den Arm zurück zum Schlafraum ging, begegnete mir Muli, der auf einem Müsliriegel herumkaute.

Was 'n mit dir los?, nuschelte er mit vollem Mund.

Ich erklärte es knapp. Schleimbeutelentzündung. Ich muss den Arm ruhigstellen und 'n Antibiotikum nehmen. Ich fall für ein paar Tage aus.

ZWANGSPAUSE

In den folgenden Tagen fuhr Golf eins ohne mich auf die West-platte, ich wurde stattdessen für die Wachen im Polizeihaupt-quartier eingeteilt. Für die Beobachtung vom Turm reichte ein Arm.

Und so kam es, dass die nächste große Fußpatrouille ohne mich stattfand. Ich genoss die Ruhe, obwohl mich mein dicker Ellenbogen schon ziemlich nervte. Dennoch war es ein ziemlich mieses Gefühl, mein Team allein rausfahren zu sehen.

Ich dachte immer noch über meine Reaktion während des Ge-fechtes vor Quatliam nach. Warum hatte ich mich nicht sofort aufraffen können, um Muli zu unterstützen? Warum war mir so schlecht geworden? Es war schließlich nur eines von vielen Ge-fechten gewesen, die wir schon erlebt hatten.

Während ich Zeit hatte, über meine Reaktion in der Ruine nachzudenken, plante der Chef eine Fußpatrouille an die Aus-läufer von Qara Yatim. Die Ortschaft, wo wir nachts vor ein paar Wochen in eine Falle gelockt worden waren und fast nicht mehr heil herausgekommen wären. Es sollte nur eine harmlose Ge-sprächsaufklärung stattfinden, der Chef wollte ein Gefühl für die Stimmung im Dorf erhalten. Weil ich ausfiel und wir wegen Kruschka sowieso unterbesetzt waren, sollte Golf zwei diesmal die Führung übernehmen. Brandys Gruppe freute sich auf die Aufgabe und bereitete sich mit Feuereifer darauf vor. Unsere Gruppe sollte auf der Hauptstraße bleiben und die Fahrzeuge be-wachen.

Ich ließ mich für eine Wachschicht während dieser Zeit ein-teilen, um mit dem Funkgerät auf dem Turm alles verfolgen zu können.

Der Morgen schien entspannt zu beginnen und das Wetter versprach einen kühleren Tag als sonst. Die Fahrzeuge hatten das Polizeihauptquartier schon früh verlassen, und die Bedingungen für eine Fußpatrouille schienen günstig. Auf der Straße war noch nicht viel los, die Händler gegenüber öffneten gerade erst ihre Bretterverschläge. Ich saß auf einem wackeligen Plastikstuhl und versuchte, durch den Dunst die Dörfer und Bäume in der Umgebung zu erspähen.

Doch es dauerte nicht lange, da hörte ich die ersten Schüsse. Sofort saß ich kerzengerade im Stuhl. Ich hatte Mühe, meine Aufmerksamkeit auch auf die anderen Seiten zu lenken, immer wieder zog es meinen Blick in die Richtung, aus der ein immer lauter werdender Gefechtslärm zu mir drang.

Ich konzentrierte mich auf das Funkgerät.

Hier Brandy, liege mit meiner Gruppe unter massivem Feindbeschuss.

Tak Tak Tak von Maschinengewehren. Ich hörte es aus dem Funkgerät und gleichzeitig in einiger Entfernung im Dorf.

Hier Brandy, wir wechseln die Position. Feind direkt voraus.

Ein Knall.

Hier Chef, Schützenpanzer auf der linken Seite vorrücken.

Brummen.

Hier Shorty, habe Feind im Visier.

Plötzlich stieg von irgendwoher Rauch auf. Ich saß schon längst nicht mehr auf meinem Stuhl, lief unruhig auf dem Turm hin und her. Das Funkgerät stand jetzt nicht mehr still.

Hier Brandy, sie ziehen sich langsam zurück, verteidigen aber jedes Haus verbissen.

Hier Chef, wir setzen nach!

Einzelne Schüsse.

Dann wieder eine Salve aus dem Maschinengewehr.

Ich konnte nicht heraushören, wer gerade geschossen hatte. Auf die Entfernung war das helle Tackern der Kalaschnikows nicht vom dumpfen Klang unserer Gewehre zu unterscheiden.

Mir lief ein eiskalter Schauer über den Rücken. Was war dort los? Wie ging es den Jungs?

Hier Nossi, wir haben ein Gebäude gestürmt, drinnen nur Zivilisten, keine Waffen. Wir mussten das Tor eintreten.

Die Schützenpanzer rumorten, immer wieder peitschten Gewehrsalven durch die Morgenluft.

Hier Chef, ich habe keine freie Sicht, die Mauer da vorne ist im Weg.

Hier Shorty, kein Problem. Ich regele das.

Dann hörte ich wieder lautes Brummen und Rumoren. Ein Schützenpanzer schien mit Vollgas in Bewegung zu sein. Nach kurzer Zeit Stille.

Hier Shorty, Problem gelöst, die Mauer ist weg.

Ausgezeichnet!, rief der Chef triumphierend ins Funkgerät.

Hier Brandy, wir treiben sie vor uns her.

Hier Chef, ausgezeichnet. Nach meiner Einschätzung sind es nur noch einhundertfünfzig Meter bis zur nächsten Freifläche. Dahinter beginnt das nächste Dorf. Alle nach Möglichkeit weiter vorrücken.

Ich traute meinen Ohren kaum. Offenbar hatten sie den Gegner vollkommen überrascht. Noch vor einigen Wochen konnten wir nicht einmal die Hauptstraße sicher befahren, waren sogar nachts überfallen worden. Und jetzt trafen wir diese Dreckskerle mitten ins Rückenmark.

WAAAM!

Eine Explosion. Sie war riesig. Durchbrach den Gefechtslärm und übertönte alles andere. Eine gewaltige Rauchsäule erschien über den Bäumen, über dem Dorf in der Ferne. Endlose Sekunden, in denen das Funkgerät still blieb. Was war geschehen? Ich wippte von einem Fuß auf den anderen, war völlig aufgelöst und kaute an den Fingernägeln. Gab es Verletzte? Waren die Jungs noch am Leben? Die Zeit verstrich. Wie paralysiert hielt ich den Hörer des Funkgeräts dicht an mein Ohr.

Nichts.

Stille.

Plötzlich ein Knacken.

Endlich! Ich zählte förmlich die Sekunden, bis ich wieder eine Stimme hörte.

Hier Brandy!

Seine Worte dröhnten schmerzhaft in meinen Ohren, denn ich hatte das Funkgerät so laut wie möglich gestellt. Hastig riss ich es vom Ohr weg. Dann hörte ich wieder Brandys atemlose Stimme.

Etwa hundertfünfzig Meter vor uns wollten die eine Bombe scharf machen. Mitten auf der Kreuzung. Es dauerte nur eine Sekunde, dann flog der Typ mitsamt der Bombe selbst in die Luft. Der Rest von ihm liegt immer noch da!

Ich war fassungslos. Der Afghane hatte sich beim Scharfmachen der Bombe selbst in die Luft gesprengt. Niemand von uns war getroffen worden.

Ein neuer Funkspruch: Hier Brandy, die versuchen, den Toten zu bergen.

Ich hörte die Schüsse der Gewehre, offenbar hatten die Jungs von Golf zwei die Feinde ins Visier genommen, die versuchten, den Toten da wegzuholen. Das Knallen und Rattern wurde immer schlimmer, das Gefecht schien seinen Höhepunkt erreicht zu haben. Zwischen dem Lärm und Rauch konnte ich eine Stimme vernehmen.

Hier Shorty, ich werde von einem Gebäude beschossen, in das die den Toten schleifen wollen. Die Kanone von meinem Schützenpanzer zeigt keine Wirkung in dem Lehm. Ich schieße MI-LAN.

Es rummste gewaltig.

Jubel im Funkgerät. Der Panzerabwehrflugkörper MILAN des Schützenpanzers hatte sein Ziel nicht verfehlt.

Hier Brandy, vor uns sind Kinder auf der Straße, ich wiederhole: Kinder auf der Straße.

Hier Chef, verstanden.

Hier Shorty, ich sehe sie auch, mehrere feindliche Schützen haben die aus den Häusern gezerrt. Die benutzen die Kinder als Schutzschild!

Mir stockte der Atem. Das war das Niederträchtigste, was man sich vorstellen konnte, diese unschuldigen Wesen als Schutzschild zu missbrauchen. Mir wurde schlecht bei dem Gedanken, es war so abartig.

Hier Chef, sofort das Feuer einstellen!

Er hatte es deutlich lauter als sonst ins Funkgerät gerufen. Nur noch vereinzelte Schüsse durchbrachen die Stille.

Es dauerte noch zwei Stunden, bis alle wieder im Polizeihauptquartier zurück waren. Durchgeschwitzt, abgekämpft, müde. Während Brandys Gruppe kaum still sitzen konnte und den gleichen Rausch nach dem Gefecht erlebte, den ich auch schon von uns kannte, blickte der Chef ernst drein und verschwand hinter einer Tür. Kurz nachdem er das Einstellen des Feuers befohlen hatte, um die Kinder nicht zu gefährden, hatte sich unser Bataillonskommandeur im Feldlager überraschend in den Funkverkehr eingeschaltet. Erst jetzt stellte sich heraus, dass nicht nur wir und der Gegner, sondern auch unsere Führung im Feldlager von dem schnellen Vormarsch vollkommen überrascht worden waren. Aber aufgrund der unklaren Lage hatte unser Kommandeur befohlen, nicht weiter vorzurücken.

Wir hatten eine große Chance. Die haben wir vertan. Das nächste Mal wird man uns nicht so einfach vorrücken lassen, kommentierte Muli die Ereignisse.

Beim Gedanken an das nächste Mal erschauderte ich.

Am Tag darauf kam der Sanitäter zu mir, der meinen Ellenbogen behandelt hatte. Ich saß auf meinem Feldbett.

Kannst du mal mitkommen?, fragte er mit ernstem Tonfall.

Was 'n los?, wollte ich wissen.

Wir ham da einen kleinen afghanischen Jungen, der von einer

Kettensäge verletzt wurde. Es ist grad kein Sprachmittler da. Kannst du mit dem sprechen?

Ich hatte keine Ahnung, woher er wusste, dass ich mit den Übersetzern zusammen trainierte, aber ich kam gerne mit, um mein Bestes zu versuchen.

Der kleine Junge saß auf einem Stuhl im Innenhof und weinte bitterlich. Er schien große Angst zu haben, obwohl ein alter Mann seine Hand hielt.

Das ist wohl sein Großvater, sagte der Sanitäter.

Ich begrüßte den alten Mann mit einem höflichen Salam, als ich näher kam. Dann wandte ich mich an den Jungen.

Keine Angst, brachte ich hervor. Ich war sehr nervös, schließlich konnte ich diese Sprache nicht gut. Aber ich lächelte den kleinen Jungen an. Dieser machte große Augen.

Wir sind Freunde, erklärte ich ihm. Wir wollen dir helfen.

Hardy saß im Innenhof und spielte Schach.

Hardy, kannst du mir mal bitte eins von den Trikots und 'nen Fußball holen?, bat ich ihn.

Der kleine Junge wurde von unserem Arzt behandelt und hatte nach kurzer Zeit einen dicken Verband um die Hand.

Ich erklärte dem alten Mann mit Mühe, dass er den Jungen in ein paar Tagen wieder zu uns bringen könne, um die Wunde reinigen und neu verbinden zu lassen. Als ich dem kleinen Kerl schließlich das Trikot und einen Fußball schenkte, strahlte er über beide Ohren. Der alte Mann verabschiedete sich sehr höflich und führte den kleinen Jungen hinaus.

In diesem Moment kam Shukoor mit Mü von einer Fahrzeugpatrouille zurück. Als er auf mich zukam, erzählte ich ihm stolz, dass sich das Training mit ihm auszahlte.

Ich habe den alten Mann erkannt, sagte er. Es ist der Älteste eines nahe gelegenen Dorfes.

Na, dann bin ich ja trotz meiner Zwangspause nicht völlig unnütz, sagte ich lachend zu ihm.

Die Aufregungen nahmen nicht ab. Während ich immer noch meinen Ellenbogen auskurierte, wurde Mü mit seinem Dingo auf dem Weg zur Westplatte angesprengt. Es passierte zwei Tage nach dem Gefecht in Qara Yatim. Der Gegner wollte uns zeigen, dass nichts, was wir taten, ohne Konsequenzen blieb. Die Hinterachse war beschädigt, aber das Fahrzeug noch fahrtüchtig. Nur Mü wirkte sichtlich mitgenommen.

Brandys Gruppe war in allgemeiner Hochstimmung. Sie waren die einzigen, die bisher von Sprengstoffanschlägen verschont geblieben waren, und hatten das schwere Gefecht in Qara Yatim bestanden und dem Gegner empfindliche Verluste zugefügt.

Trotzdem zeigte sich deutlich, dass auch die anderen Wege suchten, sich vom Kriegsalltag abzulenken. Inzwischen hatte sich in der Kompanie eine größer werdende Gruppe gefunden, die mit Begeisterung Poker spielte. Dabei wurde um Geldbeträge gespielt, die mit Fortlaufen des Einsatzes bedenklich höher wurden. Eine andere Gruppe hatte sich in Deutschland Gameboys bestellt. Was die meisten höchstens noch aus ihrer Kindheit kannten und von den älteren Kameraden belächelt wurde, erfreute sich draußen in Afghanistan zunehmender Beliebtheit.

Ich dagegen zog mich immer weiter von den Übrigen zurück, wollte während der freien Zeit einfach meine Ruhe haben. Also saß ich abends bei den Übersetzern oder bei den Amerikanern. Ich hatte dort gute neue Freunde gefunden. Sie sollten mein Team keinesfalls ersetzen. Ich brauchte aber diese Auszeiten.

Am Abend vor unserer Rückkehr ins Feldlager bereiteten mir die Amerikaner eine besondere Überraschung. Der kleine Rico führte mich zu einem der Männer, mit denen ich vor ein paar Wochen gemeinsam Musik gemacht hatte.

For our friendship, sagte dieser feierlich und übergab mir eine nagelneue Gitarre.

Er hatte sie extra in den USA für mich bestellt. Voller Dankbarkeit für diese Geste verstaute ich das schöne Instrument vorsichtig auf unserem Fahrzeug. Es fühlte sich gut an, mit so großartigen Menschen zusammenzuarbeiten.

Der erste Abend im Feldlager verlief turbulent. Die Gefechte der vergangenen Tage wurden lautstark weggefeiert, die Musik bis zum Anschlag aufgedreht. Fast die gesamte Kompanie war in Hochstimmung, jaulte und grölte. Schon nach kurzer Zeit taumelten die Ersten durch die Gänge. Laut Vorschrift durften pro Tag und nur nach Dienst zwei Dosen Bier getrunken werden. Aber schon seit einiger Zeit wurde diese Zwei-Dosen-Regelung in unserer Kompanie nicht mehr allzu ernst genommen. Es gab keine Trinkexzesse, obwohl der eine oder andere per Post von zu Hause mit hartem Alkohol versorgt wurde. Aber einige tranken trotzdem mehr, als ihnen guttat.

Bisher hatte der Chef uns gewähren lassen. Wahrscheinlich war er der Meinung, dass er uns Freiraum geben konnte, wenn wir im entscheidenden Moment präsent und konzentriert waren. Und in den letzten Wochen hatte die Kompanie viele entscheidende Momente erlebt. Brandys Gruppe war besonders wild am Feiern. Ich hatte volles Verständnis dafür, zog mich aber früh in meinen Container zurück. Ich war noch nie ein großer Alkoholtrinker gewesen, wurde deswegen von meinen Kameraden auch ab und zu schief angeschaut. Es war mir egal. Solange sie mich in Ruhe ließen, konnte ich damit gut umgehen.

Die Stille des Containers war wie eine Erlösung für mich. Mein dicker Ellenbogen schwoll inzwischen wieder ab und ich freute mich auf meine erste ruhige Nacht seit vielen Tagen. Purzel legte sich ebenfalls früh hin, und so schalteten wir bald das Licht aus.

Mitten in der Nacht flog die Tür auf. Mit einem gewaltigen Knall schlug sie gegen die Waffen, die dort an der Wand hingen.

Ich saß kerzengerade im Bett. Mein Herz schlug bis zum Hals und meine Augen waren weit aufgerissen. Ich hatte mich wahnsinnig erschreckt. Eine Reihe Gestalten rannte grölend in unseren Container. Nach wenigen Sekunden machten sie kehrt und alles war wieder vorbei. Für mich war es das allerdings nicht.

Ich hatte mich so sehr erschreckt, dass ich über eine Stunde hellwach im Bett lag. Sosehr ich mich auch bemühte, ich konnte die Augen nicht schließen. Ich versuchte es mit Musik, dann mit Lesen. Schließlich lag ich nur noch da und starrte an die Decke. Obwohl ich todmüde war, verging eine Ewigkeit, bis ich mich einigermaßen beruhigt hatte.

Als ich am frühen Morgen aufwachte, war ich immer noch stinksauer. Schlaftrunken dachte ich an die Nacht und versuchte mich an Einzelheiten zu erinnern. Einen der Eindringlinge hatte ich erkannt. Ich saß auf meinem Bett und dachte nach. Dann stand ich auf und ging auf den Flur. Unterwegs fand ich einen der Putzeimer, die wir für die Reinigung der Container benutzten. Ich ging in den Waschraum und schaltete das Wasser ein.

Als ich kurze Zeit später den Griff herunterdrückte, hoffte ich, dass die Containertür unverschlossen war. Ich betrat den halbdunklen Raum und schlich mich auf Zehenspitzen hinein. Das richtige Bett hatte ich schnell gefunden. Er rührte sich nicht, war aber sowieso als Langschläfer bekannt. Dann fackelte ich nicht lange. Ergriff den Eimer mit beiden Händen und schwang ihn herum. Mit einem großen Platsch landete das Wasser auf meinem Kameraden. Ich wartete nicht ab, bis er sich aufgerappelt hatte, sondern verließ den Raum.

Das Nachspiel dauerte um einiges länger. Er brauchte ein paar Stunden, um herauszubekommen, wer ihm diesen Streich gespielt hatte, und noch etwas länger, um das Bett wieder trocken zu bekommen. Schließlich stieß er so lange wüste Drohungen aus, sprach von Vergeltung und Abreibung, bis unser Zugführer von der Sache erfuhr. Nacheinander wurden wir in seinen Container gerufen.

Mü sah aus, als hätte er nicht die geringste Lust, sich mit so einer Sache zu beschäftigen, und schien seit einiger Zeit nicht gut geschlafen zu haben.

Seine Befragung war kurz. Ich machte mir nicht die Mühe, zu leugnen. Aber ich erklärte auch, warum ich das getan hatte:

Herr Oberleutnant, wir stehen fast jede Woche im Gefecht. Wir werden angesprengt, müssen draußen in diesem schimmeligen Drecksloch übernachten und hocken permanent aufeinander. Dieser Container hier ist der einzige Rückzugsort, den ich in sieben Monaten Einsatz habe. Die einzige Privatsphäre. Und dieser Rückzugsort ist mir heilig. Und dann kommt der daher, bloß weil er nachts nicht weiß, wohin mit seiner Energie, und nimmt mir diese Privatsphäre. Ich bin bei allem Möglichen tolerant. Aber da verstehe ich keinen Spaß.

Ich redete eindringlich und entschlossen. Ich war nicht bereit, mich auf eine Diskussion einzulassen, obwohl einige im Zug fanden, ich hätte deutlich überreagiert.

Einer der länger gedienten Mannschaftsdienstgrade meinte dagegen: Du hast einen höheren Dienstgrad als er. Vor zehn Jahren noch wäre der Typ in so 'ner Situation windelweich geprügelt worden.

Mü war anderer Meinung. Er schien die Sache schnell bereinigen zu wollen.

Wenn so etwas noch einmal passiert, fliegen Sie beide nach Hause, wegtreten.

Genauso gut hätte ich auch mit einer Wand reden können. Ich war immer noch sauer und hatte kaum bemerkt, wie blass Mü gewesen war.

Die nächste Raumverantwortung rückte schnell näher. Der Abmarsch aus dem Feldlager war erst für fünf Uhr dreißig vorgesehen, aber jede Uhrzeit, die ein Vorgesetzter ausgab, wurde von dem nächsten Untergebenen weiter nach vorne verschoben. Vermutlich hatte jeder in der Befehlskette Angst, zu spät zu kommen. Wenn also der Kompaniechef den Abmarsch um fünf Uhr dreißig befahl, ordnete der Zugführer fünf Uhr an und der Gruppenführer vier Uhr dreißig.

Also standen wir um halb vier Uhr auf und gingen verschlafen zu den Fahrzeugen. Wir sollten noch vor der Ablösung im Polizeihauptquartier ein kleines Dorf durchsuchen, das vor Isa Khel lag. Es war nicht Quatliam, an dessen Rand wir während der letzten Raumverantwortung den alten Mann und die Kuh erschossen hatten, sondern lag auf der anderen Seite. Angeblich wurde es von talibanfeindlichen Usbeken bewohnt. Weil dort aber ein Waffenversteck gemeldet worden war, sollten wir danach suchen.

In der Morgendämmerung näherten wir uns zusammen mit dem Hotel Zug. Auch zahlreiche afghanische Polizisten begleiteten uns. Diese sollten die Gehöfte als Erste durchsuchen, wir waren nur zur Absicherung dabei. Auf diese Weise sollte das Partnering immer stärker umgesetzt, die Polizei in die Eigenverantwortlichkeit geführt werden.

Der Morgen begann entspannt, wir waren nach dem Stress der letzten Tage gut drauf. Aber ich stellte auch fest, dass es mich zusehends Mühe kostete, den gemütlichen Container mit seiner Klimaanlage zu verlassen.

Eine Stunde später verteilte der Chef die beiden Züge schnell zwischen den Gebäuden des Dorfes. Ein vorher festgelegter Plan konnte reibungslos abgearbeitet werden. Wegen der Nähe zu Isa Khel und der Aussicht auf eines der feindlichen Waffenverstecke, die manchmal durch Sprengsätze gesichert wurden, gingen wir vorsichtig vor. Während die Polizei in die Innenbereiche der Gehöfte eindrang, sicherten wir sie ab, um dann hinter ihnen vorzustoßen. Dabei gingen wir langsam und überlegt vor, bezogen an den Türen Aufstellung, bevor wir diszipliniert in die Höfe eindrangen. Die Polizisten waren mit ihrer Suche so schnell fertig, dass wir annehmen mussten, sie hätten nur einmal den Kopf gedreht.

Also mussten wir die Gebäude einzeln durchsuchen. Die meisten Menschen waren geflohen, bevor wir das Dorf erreichten. Zu groß erschien ihnen die Gefahr, in etwas hineingezogen zu werden, und sie wollten Frauen und Kinder unseren Blicken entziehen.

Wie immer, wenn wir einen Hof betraten, stach uns sofort die bittere Armut ins Auge, die hier auf dem Land herrschte. Meistens lagen nur ein paar Schüsseln auf dem Boden herum, in den Zimmern fand sich meistens nur ein Teppich, vielleicht ein oder zwei Kissen, sonst nichts. Das machte die Suche leicht, bedrückte mich aber auch jedes Mal, wenn ich es sah.

Ein Hof war besonders geräumig. Die hohen Lehmwände schirmten ihn nach außen hin ab, und im Inneren befanden sich einige Nebengebäude, die voller Müll waren. Als wir den Hof gesichert hatten, begannen die Kampfmittelbeseitiger mit dem Metalldetektor zu suchen. Sie konzentrierten sich auf die Dreckhaufen, den Müll in den Schuppen, alles, was als Waffenversteck dienen konnte. Hardy und ich durchsuchten die Latrine, die eigentlich nur ein Loch im Boden war, und die Kochstelle. Dort hing ein kleiner Metalltopf ohne Inhalt.

Während der ganzen Zeit stand ein stämmiger Mann in weiten Gewändern im Innenhof. Seine Arme hatte er hinter dem Rücken verschränkt. Er schien hier zu wohnen, war vielleicht der Hausherr. Misstrauisch beobachtete er jeden unserer Schritte. Auch Muli hatte seine Blicke bemerkt. Er rief mich.

Habt ihr schon das Haus durchsucht?, wollte er wissen.

Ich hab gesehen, dass da schon jemand drin war, antwortete ich.

Aber es gab keine Meldung, ob es sauber ist?, fragte er.

Nein, ich hab nichts mitbekommen, erinnerte ich mich.

Der Übersetzer sollte den Mann fragen, ob alle aus dem Haus heraus seien. Dieser nickte eifrig mit dem Kopf.

Ich trat als Erster durch die Tür, Muli folgte mir. Wir gingen routiniert vor. Die Waffen und den Blick kontrolliert nach vorne gerichtet. Muli war dicht hinter mir. Wir drehten uns in die

Ecken, machten vorsichtige Schritte. Obwohl es unwahrscheinlich war, das etwas passierte, rechneten wir mit allem. Ich erreichte ein Treppenhaus. Die Wände waren kahl, der Weg eng.

Plötzlich hörte ich ein Rumpeln und Scheppern. Definitiv kein Geräusch, dass zufällig entstand. Jemand schien dort oben zu sein und sich eilig verstecken zu wollen. Ich blieb schlagartig stehen, deutete mit dem Finger nach oben.

Muli nickte.

Sofort ließ ich mein Gewehr los, schob es am Tragriemen auf den Rücken. Mit der Hand zog ich meine Pistole, entsicherte sie mit einer kurzen Bewegung und drehte mich langsam in das Treppenhaus. Vorsichtig spähte ich hinein. Die schmale Treppe wurde nur durch ein winziges Fenster erhellt. Beim Hinaufsteigen versuchte ich, keinen Lärm zu verursachen. Es wurde dunkler und ich setzte meine schwarze Schutzbrille ab.

Schritt für Schritt tasteten wir uns nach oben. Ich zog den Gehörschutz etwas weiter aus dem Ohr, um kein Geräusch zu verpassen, hielt dann wieder mit beiden Händen meine Waffe fest. Der Lehmboden dämpfte meine Schritte.

Leise spürte ich Mulis Atem im Nacken.

Die Treppe machte eine Kurve, und ich schob meinen Körper langsam herum, die Pistole vor der Brust und bereit, sie jeden Moment einzusetzen. Das schwarze Metall war das Einzige, was sich zwischen mir und dem dort oben verbarg. Immer wieder hielt ich inne, gespannt lauschend und angestrengt spähend. Als ich die oberste Stufe erreichte, stand ich neben einem Durchgang. Ein heller Raum lag dahinter, sonst war nichts zu sehen.

Ich gab Muli wieder ein Zeichen. Dann schob ich mich bis zum Türrahmen vor.

Wir standen in der stickigen Luft. Der Staub schwebte über dem Boden. Dort wo ein Lichtstrahl in eine Ecke fiel, ragte das Stroh aus dem Lehm der Mauer heraus.

Muli zählte von drei herunter und klappte einen Finger nach dem anderen ein.

Ich griff die Pistole fester, bereit, sofort abzudrücken. Ich tat nur das, wofür ich ausgebildet war, und dachte nicht nach.

Mulis letzter Finger klappte weg.

Ich betrat den Raum mit schnellen Schritten und vorgehaltener Waffe. Ich drehte mich in die erste Ecke, dann in die zweite. Muli folgte auf der anderen Seite.

Schließlich standen wir im Inneren und hielten unsere Waffen vor uns. Ich war voll konzentriert, bereit zu schießen. Mein Finger war am Abzug, presste sich behutsam gegen das kleine Metallstück. Dann atmete ich auf.

Ein kleiner Junge saß auf dem Boden und spielte mit einer Schüssel. Sie schepperte und klapperte, als er sie auf dem Boden herumschlug. Offenbar hatte der Rest der Familie das Haus so schnell verlassen, dass er zurückgeblieben war.

Ich steckte die Pistole ins Holster.

Muli schob den Jungen mit der Hand nach draußen und brachte ihn zu dem Mann. Dieser rief etwas, und von irgendwo draußen kam ein junges Mädchen und holte den Jungen. Sie trug ein buntes Tuch in der Hand. Der Mann übergab ihr den kleinen Jungen, nahm das Tuch und hängte es neben der Kochstelle an die Wand.

Inzwischen waren die Kampfmittelbeseitiger fertig und standen im Innenhof.

Hardy und ich postierten uns etwas abseits und behielten den Mann im Auge, wie Muli es befohlen hatte. Die Soldaten unterhielten sich kurz, einige rauchten eine Zigarette.

Plötzlich ein Knall. Es rummste gewaltig, der Boden erbebte.

Alle sahen sich erschrocken um. Dann hörten wir ein lautes Pfeifen.

Mörser!, schrie irgendjemand.

Alle Soldaten, die vorher in einer Traube im Hof gestanden hatten, sprangen hastig unter das nächste Dach. Es war die Kochstelle, die sich, von einer dünnen Strohmatte bedeckt, in einer Nische an der Außenmauer befand.

Der Topf flog in einem hohen Bogen in den Innenhof.

Ich konnte mich nicht bewegen, blieb wie angewurzelt stehen. Wenn der Mörser hier einschlägt, sind wir sowieso tot, schoss es mir durch den Kopf. Mörserfeuer bedeutete Untergang. Aber normalerweise knallte es nicht zuerst, sondern zuletzt, wenn mit Mörsern geschossen wurde.

Sekundenlang passierte nichts. Kein Geräusch, keine Stimme.

Unsere Blicke wanderten unsicher umher. Woher war der Knall gekommen? Für Sekunden wagte niemand, sich aufzurappeln.

Das Funkgerät knackte und quakte die erlösende Meldung. Ein Fahrzeug der anderen Kompanie war an der Zufahrt zu Höhe 431 auf eine Bombe gefahren. Es gab keine Verletzten.

Unter dem Strohdach rappelte sich langsam das Menschenknäuel wieder auf. Die Kampfmittelbeseitiger verließen rasch den Innenhof, um auch die restlichen Gehöfte zu durchsuchen. Muli schloss sich ihnen an.

Hardy und Joe, ihr bleibt hier und behaltet alles im Auge.

Einen Moment später waren wir mit dem Mann allein. Hardy setzte sich auf eine niedrige Mauer, öffnete den Helmriemen und trank einen Schluck Wasser.

Alter, scheiße, hat das gerade geknallt, bemerkte er grinsend.

Dann sah ich das bunte Tuch, das der Mann an die Wand gehängt hatte. Als die anderen überstürzt in Deckung gehechtet waren, musste es auf den Boden gefallen sein. Ich ging darauf zu und hob es vorsichtig auf. Es war rot und gelb und mit schönen Stickereien versehen. Der weiche Stoff verriet, wie kostbar es war. Im Augenwinkel erkannte ich, dass der Mann mich beobachtete. Ich ging auf ihn zu, lächelte freundlich.

Wir sind nur hier, um etwas zu suchen, und gehen dann wieder, erklärte ich auf Dari. Er musterte mich.

Deutsche? Er sagte nur dieses Wort auf Dari.

Ja, sagte ich und nickte.

Jetzt lächelte auch er.

EIN RIESENDING

Die Kompanie hatte das Feldlager verlassen, ich war allein zurückgeblieben. Keine Raumverantwortung. Der Chef hatte uns allen ein Geschenk gemacht, das für mich kein Geschenk war.

Ein paar Tage Urlaub hatte es höchstens am Anfang der Afghanistan-Einsätze gegeben. Die Soldaten waren für zwei oder drei Tage ins usbekische Termez geflogen, um einfach mal ohne Schutzweste herumlaufen zu können. Manche hatten dort auch einen Puff besucht. Aber diese Kurzurlaube wurden schon lange nicht mehr durchgeführt.

Der Chef hatte durchgesetzt, dass alle für zwei Tage nach Mazar-e-Sharif ins deutsche Hauptquartier durften. Also flog die gesamte Kompanie mit einer Transall dorthin. Von den Betreuungseinrichtungen im Hauptquartier hatten wir schon viel gehört. Kleine Geschäfte, verschiedene Bars und jeden Abend irgendwo eine Party. Das erschien uns wie eine andere Welt, noch viel mehr als das Feldlager in Kundus, wenn wir von einer Raumverantwortung zurückkehrten.

Für mich hätte dieser Ausflug keine Erholung bedeutet. Ich sprach mit Muli und durfte dann in Kundus bleiben, um meinen Arm zu schonen, der noch nicht ganz wiederhergestellt war. Ein Kamerad lag mit Grippe im Bett, er blieb ebenfalls. In den zwei Tagen begegneten wir uns nicht. Genau die Art von Erholung, die ich brauchte. Ruhe, Abgeschiedenheit, in der Intimität meines Containers allein sein. Ich genoss diese Rückzugsmöglichkeit, ging nur zum Essen hinaus, entspannte in der Einsamkeit.

Dann kamen die anderen zurück. Laut und lärmend, mit Geschichten über Alkohol und Party, selbstbedruckten Shirts und anderen Souvenirs.

Alter, war ich besoffen, berichtete Jonny nicht ohne Stolz in der Stimme.

Hast du überhaupt noch mitbekommen, dass wir über den Sicherheitszaun geklettert sind, hinter dem diese geheime Anlage lag?, wollte Nossi lachend wissen.

Ich kann mich nur verschwommen erinnern, meinte Jonny und gähnte.

Offenbar hatten sie ihren Spaß gehabt. Es war ihre Art, sich abzulenken. Ich fühlte mich auf einmal seltsam fremd zwischen ihnen, überlegte, warum ich mich so zurückzog. Und ob das Auswirkungen auf das Team hatte.

Kaum war die Kompanie wieder versammelt, ließ uns der Chef antreten, sprach über den Einsatz und die letzten beiden Tage.

Zunächst einmal freut es mich, dass wir alle heil aus Mazar-e-Sharif zurück sind, verkündete er.

Alle grinsten.

Ich weiß nicht, was jeder Einzelne von Ihnen angestellt hat, aber ich bin froh, dass Sie Ihre Taten so gut verschleiert haben, dass ich mich nicht wie vor kurzem bei allen drei Kommandeuren des Feldlagers melden musste. Aber wir haben hart gekämpft und ich verantworte mich gern für Sie …

Wieder grinsten alle, einige kicherten laut.

Und ich weiß ja, dass Sie alle Verbrecher sind.

Jetzt lachten alle laut.

Jetzt im Einsatz zeigte sich, dass wir zwar keine Kompanie waren, die immer streng nach Vorschrift vorging, aber trotzdem sehr gute Arbeit leistete. Die besondere Mischung aus Korpsgeist und individueller Stärke schien unser Erfolgsrezept zu sein. Vielleicht wog es deshalb nicht so schwer, dass ich versucht hatte, mich ein wenig von den anderen abzukapseln. Vielleicht forderte auch nur die hohe Arbeitsbelastung ihren Tribut.

Ich ließ meinen Blick verstohlen über meine Kameraden gleiten und fragte mich, welchen Eindruck wir mit unseren langen Bärten, wuchernden Haaren und der lockeren Art wohl auf den

Rest des Feldlagers ausübten. Wussten die überhaupt um unsere Arbeit, unsere Belastungen? Erst vor ein paar Stunden hatte Mü bekanntgegeben, dass ein junger Soldat im Feldlager geblitzt worden war und nun zweitausend Euro Strafe zahlen sollte. Die Höhe der Strafe wurde am Auslandszuschlag bemessen und sollte abschrecken. Ich fühlte mich wie in einer streng reglementierten, verqueren Welt gefangen, in der steuerfreie Zigaretten und die Pistole im Holster auf Anforderungszettel und die deutsche Straßenverkehrsordnung prallten. Lucky Luke trifft Alice im Feldlagerwunderland.

Der Tonfall des Chefs wurde wieder ernster.

Trotzdem liegen noch einige Aufgaben vor uns. Zusammen mit den Spezialkräften, die nachts in die Dörfer gehen und wichtige Führer der Aufständischen festnehmen, haben wir es geschafft, den Druck auf den Feind aufzubauen und aufrechtzuerhalten. Das Gefecht in Qara Yatim, das uns und den Feind sichtlich überrascht hat, zeigt, dass es uns gelingt, in sein Rückzugsgebiet vorzudringen. Während der nächsten Raumverantwortung hat der Kommandeur eine weitere große Operation in Qara Yatim geplant. Dort werden wir dann eng mit der anderen Infanteriekompanie und mit der afghanischen Armee zusammenarbeiten.

Während der Befehlsausgabe am Abend vor der besagten Raumverantwortung fiel mir Müs Gesichtsausdruck auf. Unser Zugführer wirkte angespannt und hatte tiefe Falten um den Mund. Sein junges Gesicht war müde und blass. Inzwischen sahen wir ihn kaum noch, er ließ sich nur noch zur Befehlsausgabe vor den Raumverantwortungen blicken. Die restliche Zeit schien er in seinem Container zu verbringen. Nach der Besprechung gingen wir in die milde Abendluft hinaus.

Das ist doch bescheuert, wetterte TJ. Als wir schon fast das ganze Dorf eingenommen hatten, ham sie uns zurückgepfiffen und jetzt soll'n wir da noch mal hin.

Und glaub ja nicht, dass die sich diesmal nicht vorbereitet haben, meinte Mica.

Das Telefonat mit meiner Freundin kurz darauf war so entspannt wie schon lange nicht mehr. Sie schien gelöst und freudig und bereitete mir damit ein gutes Gefühl. Ich brauchte diese Unterstützung.

Ich habe mir zwei Meerschweinchen gekauft, verkündete sie und hatte dabei so viel Fröhlichkeit in der Stimme, dass ich Gänsehaut bekam.

Sie sind total klein und süß, berichtete sie. Die eine hab ich Trude genannt, ich möchte, dass du den anderen Namen aussuchst.

Für einen Augenblick kehrte die Alltagsnormalität in meinen Kopf zurück. Ich fühlte mich wunderbar geborgen, aufgehoben, als Teil eines normalen zivilen Lebens. Ich stellte mir vor, wie meine Freundin mit den Meerschweinchen spielte oder sie einfach nur beobachtete. Ich wünschte mich an diesen Ort, der so unendlich weit von Afghanistan entfernt zu liegen schien, dass ich ein Raumschiff gebraucht hätte, um dorthin zu gelangen. Vor allem aber wischte sie mein Unbehagen beiseite, das in mir aufgekeimt war, als sie von ihrem neuen Freundeskreis erzählte. Es war mir plötzlich egal, dass ich diese Menschen nicht kannte. Wie ein Stromschlag im Kopf wurde mir auf einmal bewusst, wie eifersüchtig ich in der vergangenen Zeit gewesen war. Ich vertraute ihr völlig, tief in mir wusste ich, sie war mir treu. Aber mir war auch klar, dass ich diese Gedanken nicht verhindern konnte. Ein winziger Restzweifel, gegen den ich mich nicht wehren konnte und der durch die Belastungen des Einsatzes verstärkt wurde, wollte sich nicht vertreiben lassen. Doch über diese Gedanken verlor ich am Telefon kein Wort.

Ich möchte, dass sie Paula heißt, sagte ich leise.

Drei Tage Routine im Polizeihauptquartier, danach sollte die Operation nach Qara Yatim folgen. Es wurde eine Nachrichtensperre verhängt. Und die Vorgesetzten hatten uns eingeschärft, gegenüber niemandem auch nur ein Sterbenswort über die Operation zu verlieren.

Die drei Tage verbrachte ich in großer Anspannung. In jeder Ecke wurde gebastelt und präpariert. Keine unserer Operationen zuvor war so intensiv vorbereitet worden. Die Kampfmittelbeseitiger bauten Sprengrohre, um Hindernisse schnell beseitigen zu können, die Infanteristen reinigten ihre Waffen, die Sanitäter prüften ihre Tragen. Und wer sich sonst wenig um sein staubiges Gewehr kümmerte, war nun fleißig dabei, alles wieder in Schuss zu bringen. Die überall sichtbaren Vorbereitungen flößten mir jedoch kein Vertrauen ein. War es ein Anflug von Angst, den ich in Gedanken an das Bevorstehende spürte? Ich konnte mir selbst keine Antwort geben, wusste nur, wie mich dieses Gefühl im Bauch bedrückte.

Am Nachmittag des dritten Tages saßen wir mit der ganzen Gruppe zusammen, Golf eins war unter sich. Muli wies uns in die Planung ein, verteilte die Aufgaben.

Wir bleiben abseits der Straßen, die Gefahr wegen der Bomben ist zu hoch, berichtete er. Wir werden über die linke Seite in das Dorf gehen.

Er deutete auf eine Karte und malte Striche darauf.

Als Erste.

Dieser Satz überraschte mich nicht.

Muli fuhr fort: Dahinter folgt uns Mü mit Golf zwei, Brandys Gruppe. Anschließend kommen der Hotel und der Foxtrott Zug. India wird die Flanke abdecken, von der Stadt Kundus aus stößt die andere Infanteriekompanie in unsere Richtung vor, die afghanische Armee befindet sich rechts von uns, nachdem wir bis zur Mitte des Dorfes vorgerückt sind. Die Amerikaner werden kurz vor unserem Abmarsch das Nachbardorf Nar-i Sufi angreifen, damit alle Aufständischen beschäftigt sind.

Warum gehen wir wieder als Erste?

Hardy sprach das aus, was ich dachte, aber nicht formulierte, weil ich die Antwort kannte.

Wir gehen fast immer vor, wir haben die meiste Erfahrung, sagte Muli beschwichtigend.

Sein Lächeln ließ erkennen, wie überzeugt er von unseren Fähigkeiten war.

Weil wir am abgefucktesten von allen sind, war Simbos etwas treffendere Bemerkung.

Alle lachten laut und zustimmend.

Ich schmunzelte leise. Es schien, als würden wir den offensiven Grundsatz des Chefs immer mehr beherzigen, als würden wir trotz der beiden Bombenanschläge und der vielen Gefechte nach wie vor eine Motivation zeigen, die weit über ein normales Maß hinausging. Aber wie lange würde das gut gehen? Wie lange würden wir noch auf so günstige Umstände treffen, dass nichts passierte? Bisher hatte niemand diese Frage laut gestellt. Ob Hardy ernsthaft zweifelte oder doch nur einen zynischen Kommentar geben wollte, konnte ich an seinem Tonfall nicht erkennen.

Nossi schien etwas gespürt zu haben.

Hört mal, sagte er. Seine Stimme war ruhig und deutlich.

Muli und ich haben euch erklärt, wie unser Vorgehen hier sein wird. Ich darf euch das eigentlich gar nicht erzählen, aber es gibt Stimmen in der Kompanie, die sagen, dass der Chef übertreibt. Die interessieren uns aber erst mal nicht. Wir schauen nur auf uns selbst. Wenn jemand von euch will, dass wir einen Gang zurückschalten, dann machen wir das als Gruppe. Wir werden niemanden ausschließen, nur um weiterzumachen wie bisher.

Im Raum herrschte Stille.

Seine Ansprache schien alle überrascht zu haben. Wir schauten einander an.

Was denkst du?, fragte ich schließlich.

Nossi überlegte nicht lange.

Wenn die Kompanie nicht so gearbeitet hätte wie bisher, antwortete er, wären wir nicht so erfolgreich. Wir haben den Gegner unter Druck gesetzt, haben ihn in seinen Rückzugsraum gedrängt. Haben schon etliche von denen erwischt. Seit Jahren kann sich die Bundeswehr nur noch auf den Hauptstraßen bewegen, und wenn ein Vorstoß unternommen wird, endet es wie am Karfreitag mit drei Toten. Weil wir ständig in die Offensive gehen, sind wir so erfolgreich. Das ist die große Chance, die wir erarbeitet haben.

Er atmete tief ein.

Und schließlich sind wir als Gruppe so erfolgreich, weil wir gut zusammenarbeiten.

Muli und Russo nickten energisch.

In diesem Augenblick fühlte ich mich mitgerissen, überlegte für einen Moment nicht mehr, was alles passieren könnte. Ließ zu, dass mein ungutes Bauchgefühl von einer Woge der Begeisterung über unser tolles Team hinweggeschwemmt wurde.

Außerdem sind wir nicht immer vorne, beschwichtigte Muli. Jeder Zug hat seinen Bereich im Dorf, wir werden abwechselnd vorrücken. Aber wir werden die Ersten sein und am weitesten nach Norden marschieren. Mein Trupp geht vorne, gleich dahinter Nossi mit den anderen. Wer von euch geht als Erster?, fragte er.

Mit einem Schlag war meine Begeisterung verschwunden. Blitzartig schossen mir die Gedanken durch den Kopf. Würden sie gleich angreifen? Würden sie schon den Ersten in die Luft jagen oder lieber eine Lücke in die Kompanie reißen wollen? Wahrscheinlich greifen sie lieber den Ersten an, um uns nicht zu nah herankommen zu lassen … Meine Gedanken blockierten mich völlig. Ich war nicht in der Lage, auch nur ein Wort zu sprechen. Noch vor kurzem hatte ich diese Aufgabe voller Begeisterung übernommen. Noch vor kurzem war alles anders gewesen. Und jetzt konnte ich kein Wort herausbringen, konnte nur dasitzen und abwarten.

Ich mach das, sagte Mica endlich voller Entschlossenheit.

Ich fühlte mich erleichtert.

Du musst mir noch ein paar taktische Karten kopieren, sagte Muli später, als wir in der Abendsonne im Hof standen. Ich muss die nämlich an den Chef zurückgeben.

Ich nahm die farbigen Stifte, die er mir reichte.

Hast du den Steinhaufen gesehen?, fragte ich ihn.

Klar, hab ich. Die haben nach dem letzten Gefecht die Zufahrts-straße nach Norden blockiert. Diesmal werden wir sie nicht überraschen können. Die sind vorbereitet, haben ihre Stellungen ausgebaut und verstärkt. Qara Yatim wird uns nicht wieder so leicht in die Hände fallen wie das letzte Mal.

Er teilte mir das völlig unaufgeregt mit, zählte nur Tatsachen auf.

Die Straße wird voll mit Bomben sein, meinte er gelassen. Deshalb schickt uns der Chef als Erste. Wir ham die meiste Er-fahrung damit.

Muli wirkte auf mich entschlossener denn je. Er schien sich sogar darauf zu freuen, wieder in den Kampf zu gehen. Ich hatte große Ehrfurcht vor seiner Haltung. Er war fest entschlossen, diesen Einsatz voranzubringen, ihn nicht sinnlos zu beenden. Genau wie unser Chef wollte er Ergebnisse vorweisen. Niemand hätte seine ernsthaften Absichten bezweifelt. Doch dann sah er mich mit diesem seltsamen Blick an, den ich schon einmal an ihm bemerkt hatte.

Weißt du, sagte er leise, ich glaube, dass es diesmal jemanden erwischen wird. Wir hatten unsere Chance, in Qara Yatim auf-zuräumen. Aber weil wir zurückgepfiffen wurden, haben wir diese Chance vertan. Und jetzt überraschen wir den Gegner nicht mehr.

Am selben Abend noch bekamen wir Besuch aus dem Feld-lager. Der Kompaniefeldwebel, der sich nicht oft draußen blicken ließ, hatte Post und einen großen Grill dabei. Der Abend verlief heiter, alle schienen besonders gut gelaunt zu sein. Das Lachen der Kameraden hallte durch den Hof des Polizeihauptquartiers, jeder scherzte, jeder schien dabei der Lauteste sein zu wollen. Die Flammen warfen einen flackernden Lichtschein an die Wände und erhellten sporadisch die Gesichter der Soldaten. Die bevor-stehende Operation lag wie ein Schatten über uns und wurde für ein paar Minuten zur Seite geschoben. Als ich mit meinem Pappteller in der Schlange stand, um mein Steak zu empfangen, erschien mir diese Szene vollkommen unwirklich. Ich kam mir vor wie auf dem Weg zur Henkersmahlzeit.

Der nächste Tag verlief entspannt. Ein paar Stunden auf der Westplatte, Zufahrt und Brücke überwachen. Dann Rückkehr ins Polizeihauptquartier. Nach einer Weile war der ganze Trupp am Fahrzeug versammelt. Wir hatten eine Plane gespannt, um uns vor der Sonne zu schützen. Auf ein paar alten Paletten war unsere Ausrüstung ausgebreitet. Magazine überprüfen, Wassersäcke füllen, Verbandsmaterial bereitlegen. Nährstoffpulver in die Flaschen, Rauchgranaten an die Weste, Munitionsgurte neben das Maschinengewehr. Mit jedem Handgriff wurden die Rucksäcke schwerer.

Denkt dran, dass wir vielleicht mehrere Nächte in Qara Yatim bleiben werden, mahnte Muli.

Warum sprach er immer das aus, was mir am meisten Unbehagen bereitete? Ich wusste, was er ausdrücken wollte, trotzdem wäre es mir lieber gewesen, wenn es nicht offen gesagt wurde. Ich war ziemlich angespannt. Schließlich überlegten wir, ob wir noch Wechselkleidung in die ohnehin übervollen Rucksäcke stopfen sollten.

Wir werden am ersten Tag schon völlig durchgeschwitzt sein. Und die Nächte werden langsam kühler, immerhin haben wir September, meinte Mica.

Jaja, achtundzwanzig statt fünfunddreißig Grad in der Nacht, rief Hardy mit Sarkasmus in der Stimme.

Als ich die Amerikaner besuchte, fiel mir sofort ihre gute Laune auf. Ich hatte schon oft festgestellt, wie gelassen sie diesen schwierigen Situationen entgegensahen. Ich wusste immer noch nicht, ob es nur eine lachende Fassade war. Wenn es so war, spielten sie es verdammt überzeugend.

Hey, Joey, begrüßten sie mich freudig, there might be some

action tomorrow. Sie grinsten, während sie ihre Waffen überprüften.

Die Stunden flogen an mir vorbei. Bald würde es losgehen. Wieder am frühen Morgen, noch während der Dunkelheit. Den Gegner überraschen, dachte ich bitter.

Als es dunkel wurde, versuchte ich müde zu werden. Ich war voll mit Adrenalin. Noch niemals war ich vor einer Operation so beunruhigt gewesen. Die Zeit raste dahin, Minuten wurden zu Sekunden, während ich auf den Schlaf wartete, der sich nicht einstellen wollte. Ich wälzte mich hin und her, schwitzte, fror, kroch unter den Schlafsack, schälte mich wieder heraus. Schließlich schaffte ich es mit Kopfhörern und Musik, mich einigermaßen zu entspannen. Ich fiel in einen unruhigen Dämmerschlaf. Irgendwann schreckte ich auf. Ein Geräusch? Hatte ich den Wecker überhört? Eine Taschenlampe ging an, der Lichtstrahl wanderte hektisch durch den Raum. Ich wurde geblendet. Eine unbekannte Stimme in der Dunkelheit.

Die Operation wurde eben abgeblasen.

Was??

Ungläubig starrte ich in den Lichtkegel.

Alles abgesagt, rief die Stimme wieder und verschwand.

Ich sprang auf, stürmte durch den Flur vor den Containern. Als ich um eine Ecke bog, rannte ich beinahe Nossi um.

Was ist passiert?, keuchte ich atemlos.

Kannst dich wieder hinlegen, meinte er gelassen. Der Kommandeur hat die Operation abgesagt. Die afghanische Armee hat keine Freigabe für die Operation bekommen.

Kurze Zeit später lag ich wieder im Feldbett. Zwei Kompanien, unzählige Zusatzkräfte, drei Tage Vorbereitung. Alles zum Teufel. Ich sank auf die Jacke, die ich als Kissen benutzte. Enttäuschung machte sich in mir breit, als ich langsam in einen tiefen Schlaf fiel. Und Erleichterung.

Am nächsten Morgen dann die beunruhigende Nachricht: Der Zug Amerikaner, der mit uns hier im Polizeihauptquartier hauste, war am frühen Morgen für seinen Teil der Operation aufgebrochen. Seit Sonnenaufgang befanden sie sich in Nar-i-Sufi. Und kurze Zeit später hörten wir von dort die ersten Schüsse.

Wir ham die verdammt noch mal im Stich gelassen, wetterte Simbo, der in meine Richtung stapfte.

Wir wissen nicht, ob sie der Befehl nicht erreicht hat oder ob sie vielleicht trotzdem dahin wollten, versuchte ich zu beschwichtigen.

Scheißegal, Mann, die sind ohne uns los und werden sich in Zukunft zweimal überlegen, mit uns zusammenzuarbeiten, schimpfte Simbo weiter.

Welche Laus ist dir denn über die Leber gelaufen?, wollte ich wissen.

Alter, ich hab Scheißstress mit Nossi.

Sein Tonfall war immer noch scharf.

Das geht schon seit einiger Zeit so, fuhr er fort. Ich denke, er kann mich nicht leiden und lässt mich das auch spüren.

Simbo war richtig wütend und wirkte überfordert.

Er hat gesagt, dass er mich nach Hause schicken will.

Das war schlimm. Diese verdammten Dickköpfe, seufzte ich insgeheim. Simbo sprach offen aus, was er dachte. Aber bei einem Truppführer wie Nossi, der seine Autorität verteidigte, war Diplomatie eben angebrachter. Oder einfach mal still zu sein.

Ich werde Muli drauf ansprechen, versprach ich ihm schließlich.

Viel schlimmer als der Abbruch der Operation wog die Tatsache, dass am Vorabend die Fahrzeuge von der Zufahrt zur Westplatte abgezogen worden waren. Alle verfügbaren Kräfte sollten für Qara Yatim zur Verfügung stehen, und es standen keine Truppen mehr für diesen wichtigen Posten bereit. Kurz nachdem die Gruppe am Abend die kleine Brücke hinter sich gelassen hatte, flog sie in die Luft.

Aufständische hatten sie gesprengt, um unsere Bewegungen zu behindern. Dem Hotel Zug fiel nun die undankbare Aufgabe zu, diesen Posten am Morgen wieder als Erster zu besetzen. Kurz nachdem sie die zerstörte Brücke erreichten, hörten wir eine starke Explosion. Die Rauchsäule war im Polizeihauptquartier deutlich sichtbar. Ein Gruppenführer des Hotel Zuges wurde verletzt, weil neben der zerstörten Brücke auch noch ein Sprengsatz vergraben worden war. Er musste mit einem amerikanischen Hubschrauber ausgeflogen werden. Die Stimmung im Polizeihauptquartier kippte nun vollends. Selten hatte ich die ganze Kompanie so wütend erlebt.

Nicht nur, dass wir die Operation abgeblasen haben, jetzt sind auch noch monatelange Arbeit und die stundenlangen Wachen auf diesem Posten umsonst gewesen, schimpften fast alle.

Das einzige Positive war die schnelle Reaktion des Chefs. Binnen weniger Stunden wurde eine Panzerschnellbrücke über den Wasserlauf gelegt. Die Dankbarkeit der Einheimischen, die diese wichtige Straße auch benutzten, war eine große Genugtuung für uns. Sie bewies, dass wir hier wertvolle Arbeit verrichteten und unsere Hilfe bei den Menschen ankam.

Für den nächsten Tag plante der Chef eine Fußpatrouille nach Khalalzay, einem Nachbardorf von Qara Yatim, was wir als Ausgleich für die abgeblasene Operation interpretierten.

Er will nicht rumsitzen, sondern was machen, kommentierte Muli diese Entscheidung. Golf eins wird an der Spitze gehen, dahinter Hotel. India unterstützt mit den Schützenpanzern, aber die bleiben außerhalb des Dorfes. Als wir auf der Höhe 432 waren, ist der Foxtrott Zug kurz vor dem Dorf angegriffen worden. Diesmal will der Chef ins Dorf rein.

Während Muli erzählte, lief es mir abwechselnd heiß und kalt den Rücken hinunter. Dieses unangenehme Gefühl verbreitete sich in letzter Zeit immer öfter in mir. Ich versuchte es mit Lachen zu überdecken und starrte gleich darauf wieder auf den Boden. Als Muli die Reihenfolge bekanntgab, wurde mir noch heißer.

Wir gehen als Erste, dann Nossis Trupp, verkündete er. Wer geht vorne?

Ich war wieder nicht in der Lage, meinen Arm zu heben. Ich ärgerte mich über mich selbst und war doch total erleichtert, als sich Mica wieder bereit erklärte.

Okay, antwortete Muli, als würde er sich gar nicht wundern, dass es nicht mehr meine Hand war, die bei dieser Frage nach oben schnellte.

Joe, ich brauch dich in der Mitte, um die Verbindung zu Nossis Trupp zu halten. Ich will, dass du die Männer zusammenhältst, das kannst du gut.

Ich war unendlich froh darüber und fühlte mich auf einmal nicht mehr nutzlos oder schäbig, weil ich nicht vorne gehen wollte.

Als letzte Änderung gab Muli bekannt, dass Simbo nun in unseren Trupp eingegliedert wurde. Offenbar hatte er sich mit Nossi geeinigt, um die Situation nicht noch weiter eskalieren zu lassen. Das bedeutete, dass wir jetzt über das große Maschinengewehr verfügten. Nossi fehlten jetzt bereits zwei Männer. Aber weil Russo, Butch und Dolli bei den Fußpatrouillen nicht für die Fahrzeuge gebraucht wurden und dabei waren, fiel es im Moment nicht so ins Gewicht.

Es war noch dunkel, als wir am nächsten Tag aufbrachen. Der Chef wollte früh im Dorf Khalalzay sein, um den Gegner zu überraschen. Der Fußmarsch war angenehm, die aufgehende Sonne brannte nicht. Schnell ließen wir das Polizeihauptquartier hinter uns. Ein paar afghanische Polizisten begleiteten die Kompanie. Wir gingen einige Meter auf der Hauptstraße und bogen dann nach Norden ab.

Muli grinste Simbo an.

Ich finds ja gut, dass du jetzt bei uns bist. Aber ich will hier im Trupp nichts von deiner Ghettosprache hören, verstanden?

Wir können ja eine Fluchkasse für Simbo einführen, lachte Hardy. Fünfzig Cent pro Schimpfwort.

Auf halber Strecke befand sich ein einsames Gehöft, wie immer von einer hohen Mauer umgeben. Wir näherten uns mit Misstrauen, da nie klar war, was sich hinter den Mauern verbarg. Als wir den festungsartigen Komplex erreichten, scheuchten wir jedoch nur ein paar Hühner auf, die aufgeregt zwischen uns umherflatterten. Kein Mensch weit und breit. An dieser Stelle war der Foxtrott Zug beschossen worden, als wir uns das letzte Mal auf der Höhe 432 aufhielten. Den kurzen Halt nutzte der Chef, um sich zu orientieren, dann ging es im Dunst des Morgens weiter.

Der Hotel Zug übernahm zunächst die Führung, um uns später sichern zu können, wenn wir auf das Dorf vorstießen. Wir stolperten über kleine Wälle, mussten über ein paar Wassergräben springen und bewegten uns leise und vorsichtig an zierlichen Baumreihen entlang. Es war ein mühsamer Zickzack-Kurs, aber nur so konnten wir uns unerkannt nähern. Schließlich lag das Dorf still und friedlich vor uns. Der Hotel Zug war an der letzten Baumreihe in Stellung gegangen und beobachtete das Geschehen. Als wir an ihnen vorbeischlichen, hatten wir nur noch eine Freifläche zu überqueren, bevor wir die ersten Häuser erreichten. Ein bauchhohes Mohnfeld lag dazwischen, an dessen Rand eine niedrige Baumreihe Deckung versprach. Misstrauisch beobachtete ich die Umgebung durch mein Zielfernrohr. Endlich gab Muli den Befehl zum Vorrücken, und wir arbeiteten uns in einer langen Reihe Richtung Dorf vor. Vor den ersten Häusern standen ebenfalls ein paar Bäume, die die Sicht verdeckten, und als ich die schmalen Fenster der Häuser erblickte, die wie Schießscharten wirkten, wurde mir mulmig zumute. Mica und Muli verschwanden plötzlich in dem unübersichtlichen Gelände.

Plötzlich hielt TJ vor mir inne.

Was ist los?, fragte ich nervös.

Ich weiß nicht, aber vorne geht's nich weiter, erwiderte er, ohne sich umzudrehen.

Ich blickte mich unruhig um, konnte aber außer Mohnpflanzen links und den dichten Büschen rechts von mir nichts erkennen.

Da hörte ich Muli schreien.

Schieß, Mica, schieß!, brüllte er durch den Morgen.

Es knallte. Einmal, zweimal, noch ein paar Mal. Dann herrschte gespenstische Ruhe. Niemand bewegte sich.

Ich war wie gelähmt. Scheiße, dachte ich und konnte mich nicht bewegen. Es war das erste Mal, dass ich nicht wusste, was ich tun sollte. Dabei wäre es doch eigentlich klar gewesen. Hardy, Simbo, TJ und ich hätten auf Micas und Mulis Höhe einschwenken müssen, um neben ihnen in Position zu gehen. So hatten wir es bis zum Erbrechen geübt. So hatten wir es bisher immer gemacht. In einem Gefecht war es am wichtigsten, dass die trainierten Abläufe funktionierten. Aber jetzt war ich nicht dazu in der Lage.

Ich blickte mich unsicher um, war froh, dass auch Hardy, Simbo und TJ nicht reagiert hatten. Wähnte mich zwischen den Pflanzen in Sicherheit. Und wusste doch, dass es nicht so war.

Nossi hatte reagiert. Er schwenkte mit seinem Trupp ins Mohnfeld, nahm neben mir die Position ein, auf die wir hätten gehen müssen. Er ahnte offenbar, was los war, schimpfte ärgerlich und trieb Jonny, Butch, Dolli und Russo zur Eile an. Als sie zwischen den hohen Pflanzen hockten, wandte er sich an uns.

Ihr sichert nach rechts, schnauzte er.

Ich drehte mich um und fühlte mich beschissen. Dann gab es endlich Informationen von Muli.

Zwei Bewaffnete sind vorne aufgetaucht, Muli hat Mica befohlen, zu schießen, sagte TJ leise.

Nach ein paar Minuten Stille, in denen wir auf unseren Positionen verharrten, hörte ich wieder Nossis Stimme.

Mensch, Muli, schimpfte er. Wir müssen hier aus dem Mohnfeld raus. Also entweder vorwärts oder rückwärts!

Zum ersten Haus waren es nur noch wenige Meter. Als wir uns wieder in Bewegung setzten, konnte niemand sagen, ob Mica getroffen hatte. Schon verschwanden wir unter den hohen Bäumen, die an das Dorf grenzten. Hohe, abweisende Mauern empfingen uns im Schatten, und es war klar, dass wir uns an dem breiten Wassergraben, der sich vor uns auftat, nicht weiter bewegen konnten. Eine schmale Holztür befand sich auf der anderen Seite. Sie durchbrach die Mauer wie eine lockende Pforte. Es war riskant, aber die einzige Möglichkeit, ins Dorf zu kommen, wollten wir nicht den halben Weg zurückmarschieren. Weil wir ganz vorne waren, würden wir auch als Erste dort durch müssen.

Wir stellten uns an der Tür auf. Aus dem Hof drangen Kinderstimmen und das Gackern von Hühnern. Trügerischer Frieden. Die Spannung stieg, als mir eine frische Blutspur auffiel, die vom Wassergraben durch die Tür führte.

Simbo und Hardy, ihr geht mit dem Maschinengewehr am Graben in Stellung, befahl Muli.

Der Rest von uns hatte ebenfalls seine Positionen eingenommen.

Nossi hämmerte gegen die dünne Holztür. Jonny und Mica standen an der Mauer bereit, als sich eine dünne Stimme näherte.

Open the door, this is ISAF, brüllte Nossi und hämmerte wieder.

Es dauerte einen Moment, in dem wir nicht wussten, ob die Person auf der anderen Seite absichtlich so lange brauchte, um den Riegel zu öffnen. Als die Tür aufging, marschierten Mica, Jonny und Nossi in gebeugter Haltung und mit erhobenen Waffen hinein. Sofort drehten sie sich in verschiedene Richtungen, um den Innenhof zu sichern. Muli, TJ, Butch, Dolli und Russo folgten. Ich betrat den Hof als Letzter, weil meine lange Waffe zum Stürmen eines Gebäudes nicht geeignet war.

Im Inneren befand sich ein schmutziger Hof, in dem Müll und wenige Habseligkeiten auf dem Boden verstreut lagen. Ein aufgeregter Mann redete auf Muli ein und rannte unruhig hin und her. Ich überlegte, ob er dem Blutenden freiwillig oder durch

Zwang die Tür geöffnet hatte. Hinter uns erschienen Mü und Brandy und gleich darauf der Chef mit einer Gruppe Polizisten an der kleinen Tür. Die Afghanen sollten das Haus durchsuchen. Muli und Nossi führten den Chef in den nächsten Hof und verschwanden hinter einer Ecke. Der kleine Hof drohte durch die Masse der einflutenden Soldaten zu bersten.

Kurzerhand übernahm ich den Rest der Gruppe und teilte sie ein.

Russo, du übernimmst mit Dolli und Butch die Sicherung bei Muli, rief ich.

Er nickte und verschwand.

Gut, Mica und TJ, ihr geht ein Stück weiter, aber haltet Verbindung zu mir.

Dann rannte ich zu Simbo und Hardy, die immer noch mit Brandys Gruppe am Graben lagen.

Ich zog sie von ihrer Position ab und war wieder voll in meinem Element. Eine große Erleichterung überkam mich, als ich merkte, dass ich klar denken und handeln konnte. Offenbar kann ich Muli besser bei der Führung der Gruppe unterstützen, als vorneweg marschieren und schießen, dachte ich.

Der nächste Hof schien menschenleer. Der Mann, der vorhin noch aufgeregt herumgesprungen war, führte uns nun durchs Dorf. Offenbar hatte er inzwischen verstanden, dass wir nichts Böses vorhatten und uns nur vorübergehend im Dorf aufhalten würden. Vielleicht behielt er uns auch nur vorsichtshalber im Auge. Weil niemand die große Eingangstür öffnete, mussten wir sie eintreten. Gleich darauf marschierten wir demonstrativ entspannt, aber sehr vorsichtig in den Hof. Deckung geben, vorrücken, Deckung geben, nachrücken. Ein alter Mann kam aus dem Haus und blickte in unsere Waffen.

Meine Seite sicher!, rief Mica.

Sicher!, rief auch Jonny.

Hier auch sicher, tönte TJ, und wir senkten unsere Gewehre.

Der Mann, der uns führte, betrachtete misstrauisch die zer-

störte Tür. Aber als der Sprachmittler, der uns wie immer begleitete, erklärte, dass wir den Schaden ersetzen würden, schien er
beruhigt zu sein. Er hätte dafür ins Polizeihauptquartier kommen können, aber der Chef regelte es über den Verbindungsoffi-
zier an Ort und Stelle. Der alte Mann bekam dreißig Dollar, was
hier vermutlich für drei Türen reichte, und war zufrieden.

Als der Hotel Zug zu unserer Position aufgeschlossen hatte,
sollten wir weiter vorrücken. Auf dem Dorfplatz angelangt, nahmen wir eine ringförmige Position zur Sicherung der Umgebung
ein. Irgendwo weiter weg sprach der Chef mit ein paar Einheimischen. Viele Menschen hatten wir nicht getroffen. Hatten sie uns
kommen sehen? Oder waren sie erst verschwunden, als wir schon
ins Dorf einmarschierten? Diese Menschen blieben ein großes
Rätsel. Aber die deutliche Blutspur führte bis in die Moschee, die
nach einigen Diskussionen von den afghanischen Polizisten
durchsucht wurde. Ohne Ergebnis.

Plötzlich hörten wir Schüsse. Ich zuckte zusammen, hatte
schon wieder dieses widerliche Gefühl im Bauch. Ich versuchte,
Ruhe auszustrahlen, was mir einigermaßen gelang.

Simbo schien sich zu freuen. Er lag mit Hardy in einem Graben, der der Baumreihe am nächsten war.

Darf ich da reinhalten?, fragte er Muli, während er sich hinter
das Maschinengewehr legte.

Kannst du einen Feind erkennen?, wollte Muli wissen.

Simbo verneinte.

Nein, schärfte Muli ihm ein, die schießen nicht auf uns. Vielleicht haben die uns noch gar nicht entdeckt.

Er hatte recht. Als einer der Schützenpanzer vor dem Dorf
ebenfalls feuerte, wussten wir, dass die Aufständischen gar nicht
wahrgenommen hatten, wie dicht wir an sie herangerückt waren.

Ein taktischer Vorteil, erklärte Muli. Wir schießen erst, wenn
wir sie genau vor Augen haben, sonst geht die Überraschung verloren.

Ich war trotzdem nicht beruhigt und drückte mich an eine

Hauswand, obwohl das noch gefährlicher war. Wenn hier eine Panzerabwehrrakete einschlug, würde ich alles abbekommen.

Auf einmal knallte es laut. Dann schoss wieder der Schützenpanzer.

Hier Shorty, die ham eine tragbare, rückstoßfreie Kanone in Stellung gebracht und schießen auf mich!

Der Schuss ging daneben. Selbst für den Panzer war das eine gefährliche Situation. Die Gegner zeigten uns, dass wir sie wieder in ihrem Rückzugsraum erwischt hatten und ihnen das überhaupt nicht gefiel. Nachdem mehrere Schützenpanzer Salven abgefeuert hatten, wurde es still. Ein neuer Funkspruch durchbrach die Ruhe.

Hier Shorty, die werden ab jetzt keine Kanone mehr in Stellung bringen, Ende.

Langsam schien sich die Lage zu beruhigen. Nur Simbo fluchte in seinem Graben, weil er nicht schießen durfte.

Der Chef funkte uns an. Fertigmachen zum Abrücken, die Gespräche sind beendet.

Ich atmete durch, wollte hier nicht mehr verweilen. Aber erst im Polizeihauptquartier beruhigte ich mich wieder.

Als wir früh am nächsten Morgen zur Westplatte fuhren, um wieder für drei Stunden die Sicherung an der Brücke zu übernehmen, genoss ich den anbrechenden Tag.

Ich will die Wache um vier Uhr übernehmen, hatte ich auf der Hinfahrt verkündet.

Für mich war es die schönste Zeit am Tag. Der Moment, in dem die Sonne aufging und das Plateau noch nicht von Sand erfüllt war. Das Tal unter mir lag im staubigen Dunst verborgen. Hier oben dagegen war die Luft klar und der Morgen in seiner Stille und Schönheit überwältigend. Als ich durch die gepanzerte Dachluke unseres Dingos ins Freie kletterte, war gerade der erste hellblaue Streifen am Horizont erschienen. Bald mischte sich ein dunkler Rotton dazu. Ich lehnte mich zurück und ergab mich diesem umwerfenden friedlichen Augenblick. Die Ruhe der Wüste, der stille Morgen mit seinen am Himmel funkelnden Boten spendeten einen behaglichen Trost. Es schien, als wollte die Natur dem Menschen beweisen, dass jedem Tag ein neuer Anfang innewohnte. Irgendwie wollte ich nicht glauben, dass dieses in seiner rauen Schönheit so vielseitige Land keine Hoffnung haben sollte.

Sobald es heller wurde, konnte ich ohne Nachtsichtgerät den Friedhof überblicken. Die langen Schatten der Grabhügel verschwanden, je höher die Sonne stieg. Zwei neue Erdhaufen waren dazugekommen. Sie waren gleich groß und nicht besonders lang. Als es hell genug war, nahm ich das Fernglas in die Hand. Irgendetwas schien auf einem der Gräber zu liegen. Ein kleiner Fetzen, vielleicht eines der Tücher, mit dem hier die Gräber geschmückt wurden. Als ich das Fernglas schärfer stellte, hielt ich vor Schreck inne. Ungläubig starrte ich durch das Glas, während es mir eiskalt den Rücken herunterlief. Es dauerte einen Moment, bis ich mich aus meiner Starre lösen konnte. Ich kniff die Augen zusammen und schaute noch einmal gebannt hin. Im Licht des Morgens lagen die Grabhügel scheinbar friedlich da. Von nirgendwoher war ein Laut zu hören, niemand sah, was ich gerade entdeckt hatte. Wie vom Donner gerührt betrachtete ich den Gegenstand, der wie eine drohende Mahnung in unsere Richtung wies.

Hey, Wachwechsel.

Mica stieß mich von unten an und riss mich aus meinen Gedanken. Ich zog die Beine nach oben und setzte mich auf das Dach. Als Mica heraufkletterte, reichte ich ihm das Glas. Er gähnte und nahm es widerwillig, dann stieß ich ihn an und wies ihm die Richtung. Plötzlich war auch er hellwach.

Das gibt's doch nicht, rief er. Diese Dreckskerle.

Seine Augen funkelten.

Was 'n los bei euch?, wollte Muli wissen und stieß die Tür auf.

Auf dem Grab, sagte ich mit zusammengepressten Lippen. Ein Torwarthandschuh.

Am Abend saß ich nachdenklich auf meinem Feldbett im Polizeihauptquartier. Dämmerlicht erfüllte den Raum. TJ entdeckte mich und setzte sich dazu. Wir schwiegen. Irgendwann sah ich ihn an.

Mir will das nicht in den Kopf gehen, gestand ich. Einen Augenblick lang keimt Hoffnung auf, ich sehe etwas Schönes und freue mich, hier zu sein. Und im nächsten Augenblick, als würde jemand meine Gedanken lesen und mir einen Dämpfer verpassen wollen, passiert so eine Scheiße. Es ist zum Kotzen! Meinst du, die ham Smokey und Schieli getötet, weil sie unsere Geschenke angenommen haben?

Er sah mich an und schwieg.

Ich habe auch noch nie etwas so Widersprüchliches gesehen wie dieses Land, entgegnete er schließlich. So viel Leid, so viel Armut. Trotzdem immer wieder auch Schönes. Weißt du, was vorhin passiert ist? Ein Mann kam ins Polizeihauptquartier. Mit einer Schusswunde.

Ich horchte auf.

Er wollte, dass wir ihm helfen. Der Doc hat ihn versorgt und das Projektil aus dem Arm geholt. Das gleiche Kaliber, das wir benutzen. Angeblich ein Querschläger, berichtete TJ. Aber einer der Polizisten hat ihn wiedererkannt und als Taliban bezeichnet.

Also muss Mica das nächste Mal besser oder schlechter zielen, bemerkte ich mit ironischem Unterton.

Ach, die soll'n sich von mir aus alle zum Teufel scheren, brummte TJ.

Ich betrachtete sein Gesicht. Er wirkte müde. Ich erkannte die gleiche Anspannung, die auch ich spürte.

Du siehst nicht gut aus, sagte ich vorsichtig.

Fühl mich auch nicht so, antwortete er zögerlich. Und dazu hab ich auch noch so beschissene Zahnschmerzen. Die bringen mich noch um.

Alter, warum gehst du nicht zum Arzt?, wollte ich aufgeregt wissen.

Jetzt, wo Kruschka weg ist und Simbo bei uns? Wir sind sowieso zu wenig Leute, gab TJ zurück.

Ich machte mir Sorgen. Simbo hatte zu lange nichts von seinem Streit mit Nossi erzählt. TJ wirkte nervlich angeschlagen und hatte Zahnschmerzen, und mir bereiteten die Gefechte Probleme. Wie stand es um die anderen? Mica war zwar stiller geworden, machte aber weiter wie gewohnt seine Arbeit hervorragend. Und Simbo schien mit jedem Gefecht kampfeslustiger zu werden. Wir drifteten mehr und mehr auseinander, und ich fragte mich, was als Nächstes passieren würde.

Wenige Stunden später sprach mich ein Hauptfeldwebel an. Er war Gruppenführer im Foxtrott Zug und auf der Suche nach Muli.

Wir müssen gleich wieder raus, ihr sollt noch Munition empfangen, weil ihr heute geschossen habt, sagte er schnell.

So viel war das nicht, oder sollen wir wieder als Erste raus?

Sofort bereute ich meine Äußerung. Ich wusste nicht, ob es an meiner Müdigkeit lag, als sie mir unüberlegt herausrutschte. Aber es war undiplomatisch gewesen und die Reaktion entsprechend.

Na klar, schnaubte er ärgerlich. Ihr seid ja sowieso die coolen Kampfschweine hier!

Dann drehte er sich eilig um und ging.

Ich stand etwas verlassen in dem düsteren Flur herum und war wütend. Auf meinen Kommentar und auf die Antwort des Hauptfeldwebels. Man konnte vielen Menschen vorwerfen, dass sie sich in den Mittelpunkt spielen wollten. Aber in unserer Situation bedeutete das Lebensgefahr. Der Vorwurf, wir wollten uns nur aufspielen, ergab gar keinen Sinn!

Nossi hatte von der Spaltung berichtet, die sich nach und nach durch die Kompanie fraß. Der Graben zwischen denen, die die offensive Haltung des Chefs teilten, und denen, die lieber einen Gang herunterschalten wollten, wurde immer offensichtlicher. Würde der Chef seinen Kurs aufrechterhalten können, wenn etwas Ernstes passierte? Bisher gab ihm der Erfolg recht. Aber er würde seine Herangehensweise wohl kaum weiter durchsetzen können, wenn die Hälfte seiner Feldwebel gegen ihn arbeitete. Das schaffte selbst er nicht.

Als ich weiterging und auf Muli traf, kam dieser gerade aus der Lagebesprechung.

Wir müssen raus, zu Fuß. Alle.

Er verkündete es knapp. Ein paar Minuten später folgte in der beginnenden Dunkelheit der Nacht die genaue Einweisung.

Okay, alle da?, wollte Muli wissen.

Wir stimmten gähnend zu.

Also, fuhr Muli fort, der Feind hat auf unseren Vorstoß nach Khalalzay reagiert. Die haben wahrscheinlich eine Bombe in den Doppelculvert gelegt, der direkt vor der kleinen Brücke bei der Westplatte liegt. Einer der Jungs von Foxtrott hat es durch Zufall gesehen. Er hat Männer im Graben bei der Unterführung beobachtet und war sich nicht mal sicher, ob er das überhaupt melden sollte. Wir rücken aus. Der Chef will aber nicht, dass noch mal jemand in so eine Killbox gerät wie wir in dieser einen Nacht. Also geht die gesamte Kompanie raus, um das zu klären. Außerdem kann die Gruppe vom Foxtrott Zug nicht von der Westplatte runter, solange wir nicht wissen, ob's 'ne Bombe ist, denn die müssen da ja drüber. Der India Zug und Teile der anderen Züge werden auf der Straße bleiben. Wir werden mit dem gesamten Golf Zug rechts der Straße vorrücken, um die Räumarbeiten zu Fuß abzusichern. Mü bleibt im Polizeihauptquartier, der hat 'ne Erkältung oder so. Also muss ich den Zug führen. Nachtkampfbereitschaft herstellen, Abmarsch in zehn Minuten. Fragen? Wegtreten.

Als wir das dünne Metalltor des Polizeihauptquartiers durchschritten, empfing uns die Dunkelheit der Nacht.

Ich find das so zum Kotzen, maulte ich zu TJ, der vor mir ging. Immer diese Nachteinsätze!

Hast recht, antwortete er leise. Vor allem immer, wenn wir uns grad hinlegen wollen.

Ich sollte wieder die Verbindung zwischen den Trupps halten. Das war in dieser Situation eine enorm wichtige Aufgabe. Mir fiel Mulis Bemerkung über Mü während der Lagebesprechung wieder ein. Es hatte sich so angehört, als ob Mü nicht mit raus wollte. Hing es mit dem Eindruck zusammen, den ich in letzter Zeit von ihm hatte? Mit seinem blassen Gesicht?

Wir schwenkten nach Norden in die Felder, während die Fahrzeuge und Panzer auf der Straße langsam in Richtung Doppelculvert rollten. Das Polizeihauptquartier verschwand schnell hinter uns. Auf einem der Wachtürme waren Scharfschützen in Stellung gegangen.

Wir haben zwei Männer aufgeklärt, die euch beobachten, hörten wir nach einer Weile durch das Funkgerät. Sie sind bewaffnet.

Gleich darauf peitschte ein Schuss durch die Dunkelheit. Unsere Scharfschützen.

Wir versuchten uns den beiden Männern nach ihren Angaben zu nähern, aber diese bewegten sich ebenfalls. Als wir eine große Industrieruine erreichten, die noch aus russischer Zeit stammte, entwickelte sich ein regelrechtes Katz-und-Maus-Spiel. Die Nacht war pechschwarz. Selbst durch die Nachtsichtgeräte war eine Orientierung nur schwer möglich. Meine Gedanken wechselten zwischen der Sorge um einen Angriff und der Erkenntnis, dass uns die Männer vermutlich auch nicht sehen konnten. Aber auch wenn wir uns vorsichtig bewegten, verursachten wir, dreißig Männer mit Waffen und schwerer Ausrüstung, gehörigen Lärm. Während wir uns mühsam zwischen der Ruine und den Gräben ringsum hindurchschlängelten, waren die Fahrzeuge schon fast am Doppelculvert angekommen. Der Plan des Chefs geriet ins Wanken, denn eigentlich sollten wir den Schutz an deren Flanke sicherstellen, aber wir waren immer noch auf dem Weg in unseren befohlenen Bereich. Mittlerweile hatten wir die

Umfassungsmauer eines Feldes erreicht. Sie zu umgehen kostete wertvolle Minuten. Dann stießen wir auf eine Unterführung mit Abwasserrohr, die wir erst vorsichtig untersuchen mussten. Als wir in der Dunkelheit weiterstolperten, war erneut kostbare Zeit vergangen. Je länger die Fahrzeuge vor dem Doppelculvert auf uns warten mussten, umso mehr machten sie sich zur Zielscheibe. Ich klappte nervös mein Nachtsichtgerät hoch und runter, konnte mich aber kaum auf die Lichtverhältnisse einstellen.

An einer Schonung standen die Bäume wie Zinnsoldaten nebeneinander. Muli befahl uns zu halten. Während wir uns in alle Richtungen drehten und auf den Boden hockten, verschwand er mit Mica zwischen den Bäumen.

Nach ein paar Minuten zwängte sich Muli an einer anderen Stelle wieder aus dem knackenden Dickicht und kam gebückt auf mich zu.

Mica wartet weiter vorne, führe die Männer einzeln dorthin, wies er mich an.

Noch ehe ich fragen konnte, wohin genau ich laufen sollte und wie weit das Ziel entfernt lag, war Muli wieder zwischen dem Geäst verschwunden. Ich gab TJ und Jonny ein Zeichen und tapste los. Die jungen Bäume waren dünn und zierlich, trotzdem spannten sie einen Schirm der Dunkelheit über uns. Schon nach kurzer Zeit konnte ich den Pfad nur noch erahnen und stolperte wütend voran.

Ich hasste diese Nachteinsätze. Ich hasste es, nichts sehen zu können. Ich hasste es, wenn man mir nicht genau sagte, wohin ich zu gehen hatte, mich aber trotzdem losschickte. In diesem Moment fühlte ich mich überfordert und wünschte mich auf mein hartes, unbequemes Feldbett zurück. Ging ich überhaupt noch in die richtige Richtung? Wie weit waren wir noch von den Dörfern im Norden entfernt, die voller Feinde waren?

Plötzlich tauchten zwei Gestalten vor mir auf. Ich konnte sie im ersten Moment nicht genau erkennen, aber sie schienen bewaffnet zu sein. Ich blieb ruckartig stehen und hockte mich hin.

TJ und Jonny kämpften sich ein paar Meter hinter mir durchs Unterholz und blieben ebenfalls stehen, als ich ihnen ein Zeichen gab. Angestrengt versuchte ich etwas zu erkennen. Aber ich konnte nur undeutliche, schwarze Umrisse ausmachen. Zwei schemenhafte Flächen, schwarze Schatten zwischen den Ästen. Langsam hob ich mein Gewehr.

Los doch, bewegt euch ein bisschen, dachte ich. Damit ich euch erkennen kann.

Nichts passierte. Zum Glück blieben TJ und Jonny ruhig. Hatten sie die beiden auch gesehen? Ich wagte nicht, mich umzudrehen, um keinen Lärm zu machen. Bange Sekunden verstrichen, und ich fragte mich, ob ich beide auf einmal erwischen könnte, wenn es die zwei waren, die von den Scharfschützen gemeldet worden waren. Langsam drückte ich mein Gewehr in die Schulter, bereit, es abzufeuern. Plötzlich bewegte sich der Rechte. Langsam wendete er seinen Kopf und drehte sich nach links.

Wo bleiben die denn?, hörte ich ihn flüstern.

Erleichtert atmete ich auf. Noch nie war ich so froh gewesen, Worte in meiner eigenen Sprache zu hören. Es war Mica, der mit Muli gesprochen hatte. Irgendwie hatte ich den richtigen Weg gefunden.

Drei Mann von hinten, zischte ich durch die Dunkelheit.

Es dauerte noch einige Zeit, bis ich die ganze Gruppe durch die Schonung geführt hatte. Schließlich gingen wir an einer Ruine in Stellung, die sich hinter dem Wäldchen befand.

Da hinten irgendwo muss der Doppelculvert sein, sagte Muli und deutete in Richtung unseres Zielortes.

Endlich konnte ich durch das Nachtsichtgerät die Fahrzeuge erkennen. Sie standen mit laufendem Motor auf der Straße.

Auf einmal sackte Mica neben mir zusammen. Er lehnte zusammengekrümmt an einer flachen Lehmmauer und presste seine Hände auf den Bauch. Muli war schon bei ihm.

Was is los?, wollte ich wissen.

Mir is so schlecht, mein Magen … Alles dreht sich.

Selbst mit dem Rotlicht meiner Taschenlampe konnte ich sehen, dass es ihm beschissen ging.

Bring ihn zu den Fahrzeugen, befahl Muli.

Melde uns über Funk an, damit die nicht auf uns schießen, sagte ich eindringlich.

Dann zog ich Micas Arm über die Schulter und humpelte mit ihm los. Alter, was hast du denn gegessen?, flüsterte ich.

Keine Ahnung, aber geh bitte langsamer, keuchte er zurück.

Nach wenigen Schritten trennte uns nur noch ein schmales Baumwollfeld von den Fahrzeugen.

Hast du die Fahrzeuge erreicht?, funkte ich Muli an.

Ich komm nicht durch, wahrscheinlich unterdrückt der Jammer den Funkverkehr.

Ich setzte Mica auf dem Boden ab und gab mit dem Infrarotlicht meines Nachtsichtgeräts Signale in Richtung der Fahrzeuge. Dann half ich Mica auf, und wir verschwanden zwischen den Baumwollpflanzen. Einerseits war ich froh, endlich wieder in der Nähe der Fahrzeuge zu sein. Andererseits stellte ich mir vor, wie die Kameraden dort oben reagieren würden, wenn sie meine Signale nicht sahen und sich jemand durch die dichten Baumwollpflanzen an sie heranarbeitete. Bei jedem Schritt raschelte und knackte es. Schließlich erreichten wir eine Mauer und ich zischte immer wieder: Zwei Mann von rechts! durch die Dunkelheit.

Erleichtert stellte ich fest, dass sie mich bemerkt hatten. Die Heckklappe eines Schützenpanzers stand offen und erhellte die Straße mit schwachem roten Licht.

Zwei Kameraden eilten herbei, und gemeinsam wuchteten wir Mica über die Mauer. Dann ließ mich auf den neuesten Stand bringen.

Der Kampfmittelbeseitiger ist schon am Doppelculvert. Da drin liegt 'n Riesenei, meinte einer der Soldaten. Fünf Artilleriegranaten und ein Kanister mit Dünger, um die Bombe auszulösen. Wir sollen alle zweihundert Meter Abstand halten, bevor er mit der Räumung beginnt.

Wo ist denn der Doppelculvert?, wollte ich wissen. Ich konnte immer noch nichts erkennen.

Dreißig Meter vor uns. Wir setzen die Fahrzeuge jetzt zurück.

Ich geh zurück zu den anderen, meinte ich und machte mich auf den Weg zurück ins Baumwollfeld.

Oh Mann, stöhnte ich, als ich mich endlich wieder setzen konnte, und trank gierig einen Schluck Wasser.

Was für eine Bombe!, sagte Jonny, fast schon mit Bewunderung in der Stimme.

Jemand hatte ein langes Kabel verlegt, das vom Doppelculvert in einem Graben wegführte. Darüber hätten sie dann die Bombe gezündet. Es war wirklich ein Riesending. Fünf Artilleriegranaten hätten wahrscheinlich ausgereicht, um einen Schützenpanzer zu zerfetzen. Das war auch wohl ihre Absicht gewesen. Wir waren heilfroh, dass der Kamerad vom Foxtrott Zug so gut aufgepasst hatte.

Die Räumung verlief problemlos, dauerte aber ziemlich lange. Der Kampfmittelbeseitiger sprengte zuerst das lange Kabel durch. Dann holte er die Granaten einzeln aus dem Abwasserrohr unter der Straße.

Wenigstens ham die dadurch auch 'nen logistischen Schaden erlitten, bemerkte Nossi später. Schließlich besorgt man mal nicht eben so fünf 120-Millimeter-Granaten und versteckt sie unter 'ner Brücke.

Noch Tage später war Muli völlig aufgekratzt, weil wir nach der Aktion in Khalalzay auch noch die Bombe der Aufständischen gefunden hatten.

Das alles war enorm wichtig für uns, verkündete er. Was glaubt ihr, wie doof die geguckt ham? Erst geh'n wir in das Dorf rein und die verlier'n ihre rückstoßfreie Kanone. Und dann klauen wir denen auch noch die Riesenbombe, die sie aus Rache gelegt ham, einfach super!

Muli hatte richtig gute Laune. Diese wurde erst getrübt, als wir hörten, dass die Amerikaner uns um Unterstützung in Nar-i-Sufi baten. Wir sollten sie dort ablösen, damit der gewonnene Raum nicht verlorenging. Doch der Antrag wurde wegen fehlender Kapazitäten abgelehnt. Also zogen die Amerikaner ab und überließen das Dorf wieder den Aufständischen. Sie hatten dort in den vergangenen Tagen gekämpft, und wir fühlten uns erneut wie Verräter. Sie ließen es uns nicht spüren.

It wasn't your fault. Es war nicht eure Schuld.

FLORIAN

Mein Blick auf das Feldlager veränderte sich. Während ich vor kurzem noch froh gewesen war, seiner Enge zu entkommen, wenn es nach draußen ging, fühlte ich mich jetzt wie in einem Feriendorf, sobald wir wieder hereinkamen. Wie die meisten unserer Kompanie trug auch ich keine Waffe im Feldlager. Ich fühlte mich hier sehr sicher. Und da vom Koch bis zum Mechaniker jeder Soldat des Feldlagers wenigstens seine Pistole immer dabei hatte, war ein deutlicher Unterschied zu uns erkennbar.

Ich verkroch mich in meinem Container und ging nur zum Essen oder zum Sport nach draußen. Abends saß ich fast immer mit den Übersetzern in ihrem kleinen Gebäude zusammen. Es war gemütlich eingerichtet. Sogar einen kleinen Gebetsraum hatte man ihnen im Feldlager zur Verfügung gestellt. Das Häuschen sah aus wie eine Moschee. Wir sprachen nicht über Politik. Wir sprachen über die Familie, ihre Heimat, meine Heimat und wie unterschiedlich die Landschaften waren. Ich war sehr vorsichtig mit den Informationen, die ich preisgab. Aber trotzdem führten wir sehr herzliche und intensive Gespräche. Sie luden mich zum Essen ein und wollten sogar wissen, was ich gerne mochte.

Etwas Landestypisches, gab ich zur Antwort.

So kam ich eines Tages dazu, das erste Mal in meinem Leben Knochen zu essen. Rindsknochen, die so lange gekocht wurden, bis sie weich waren und man davon abbeißen konnte. Da sich mein Appetit nach den monatelangen Entbehrungen nicht geschmälert hatte, probierte ich das Fremdartige begeistert aus.

Als ich Stunden später ins Bett fiel, war ich ziemlich müde. Aber die Nacht sollte nur kurz werden.

Raketenalarm!, brüllte jemand und hämmerte gegen unsere Tür.

Der Weckruf war unnötig, denn wir alle hatten die Sirene gehört.

Schon wieder Raketenalarm, stöhnte Hardy, ich kotz gleich.

So 'ne Scheiße, wetterte TJ, der sich auf dem Flur vor den Containern seine Hose anzog.

Man müsste so 'nen Raketenalarm mal auf 'nem deutschen Bahnhof einführen, wo diese ganzen Deppen immer zu zweit oder zu dritt nebeneinandergehen. Was glaubst du, wie schnell die Gänge leer wären, grinste Purzel, mein Mitbewohner, der offenbar gute Laune hatte.

Wir gingen zügig in den Innenhof des gegenüberliegenden Gebäudes und suchten uns irgendwo einen Platz.

Als ob es hier sicherer wäre. Da hätten wir auch im Bett bleiben können, maulte Dolli.

Befehl ist nun mal Befehl, und hier ist unser Sammelbereich, versuchte ihn jemand zu belehren.

Ja, aber das ist ein schwachsinniger Befehl, gab Dolli gelangweilt zurück.

Wir hockten auf dem Boden, lehnten an den Wänden, saßen auf Kisten oder ein paar Plastikstühlen. Es war der 17. September. Am nächsten Tag sollten Parlamentswahlen in Afghanistan stattfinden. Ein großes Ereignis für das Land, Demokratie und Ordnung würden immer mehr Einzug halten. So hatte man es uns gesagt.

Zu blöd, dass wir nicht in der Raumverantwortung sind, bemerkte Mica. Jetzt werden die uns in unserer Freizeit wieder irgendwo einsetzen. Es geht ja jetzt schon los.

Die erlösende Entwarnung ließ fast zwei Stunden auf sich warten. Eine Explosion hatten wir nicht gehört. In der Dunkelheit trotteten wir zurück in unsere Container.

So was Lästiges, kommentierte Purzel den Raketenangriff entspannt. Er hatte seine gute Laune nicht verloren.

In der gleichen Nacht schreckte ich noch einmal aus dem Schlaf. Wieder ein Alarm.

Wir beeilten uns nicht, aus dem Bett zu steigen. Gelassen zog ich meine Trainingshose an und griff nach meinem Handy.

Dann kann ich wenigstens Tetris spielen, bemerkte ich knapp zu Purzel.

Der Flur vor den Containern füllte sich mit Kameraden, die ebenfalls nicht begeistert waren, zum zweiten Mal in dieser Nacht aus dem Schlaf gerissen worden zu sein. Es war fünf Uhr morgens und wir wankten noch ein wenig benommen in den Innenhof gegenüber. Wer bereits munter war, schimpfte lautstark.

Schon wieder so eine Scheiße, wetterte einer.

Ob die uns nun hier oder im Container treffen, meckerte ein anderer.

Echt, Hauptsache, wir können nicht durchschlafen, sagte ein Dritter.

Wir saßen dort, warteten wie üblich und wussten nichts mit uns anzufangen. Jemand hatte einen Laptop dabei und startete einen Film. Ein paar spielten mit ihren Gameboys. Während Purzel und ich anfingen, einige Ameisen mit Kartoffelchips zu füttern, fühlte ich mich wie auf einem Schulhof, auf dem Grüppchen gezwungenermaßen versuchten, die Zeit totzuschlagen.

Die Stunden vergingen, aber Entwarnung wurde nicht gegeben. Die Sonne ging auf, und viele lehnten bereits an den Wänden und schliefen. Der Flur, der an den Innenhof grenzte, hallte wider vom Schnarchen der Soldaten.

Diese Wixer wollten uns am Tag der Parlamentswahl beschäftigen, sinnierte Jonny vor sich hin.

Plötzlich ging ein Raunen durch die Wartenden. Getuschel, Rufe. Die Ersten sprangen auf, liefen ins Freie. Endlich erreichten auch uns die wenigen Informationen.

Wir wurden alarmiert!, rief jemand. Alle Züge sofort bei den Zugführern sammeln.

Mü lehnte kraftlos an einem Tisch in der Festung. Als das Gemurmel verebbte, richtete er sich mühsam auf.

Folgende Lage, begann er die Befehlsausgabe. In Baghlan, sechzig Kilometer südlich von uns, sind Kameraden der Task Force aus Mazar-e-Sharif in schwere Kämpfe verwickelt worden. Angeblich wurden an einem Vorposten ein Haufen einheimischer Milizen massakriert. Wir sollen sofort dorthin, um unsere Jungs zu unterstützen. In einer Stunde sind alle marschbereit. Wir brauchen Verpflegung und Wasser für drei Tage. Wegtreten.

Während wir die Fahrzeuge beluden, war immer noch Raketenalarm. Als wir zum Haupttor hinausfuhren, wirkte das Lager wie ausgestorben. Die Zurückgebliebenen saßen in den Schutzräumen. Ich habe das Lager nie wieder so gespenstisch erlebt.

Nach kurzer Zeit waren wir auf dem Weg nach Baghlan. Der deutsche Außenposten dort wurde OP North genannt. Dieser Observationspunkt befand sich auf einem verlassenen sowjetischen Militärgelände, mehr wussten wir darüber nicht. Die Kompanie bildete auf der asphaltierten Straße eine lange Schlange. Weil wir mit allen vier Zügen losfuhren, konnte unsere Schwesterkompanie in der Raumverantwortung im Chahar Darrah nicht mehr von uns verstärkt werden, solange wir in Baghlan waren. Wir waren hinter Foxtrott der zweite Zug in der Kolonne.

Kurz nachdem wir die Provinzgrenze hinter uns gelassen hatten, änderte sich die Landschaft schlagartig. Die weiten Wüstenebenen verschwanden und wichen engen Tälern, deren grüne Felder bis zu den schroffen Berghängen reichten. In der Mitte rauschte ein klarer Fluss dahin und begleitete die schmale Straße, die sich an die steilen Berge schmiegte. Sie verlief oberhalb der Täler, weshalb es auf der einen Seite steil nach oben und auf der anderen Seite steil nach unten führte. Ich saß rechts und fühlte mich unwohl, als ich aus dem Fenster schaute.

Immer wieder passierten wir Militärposten der afghanischen Armee. Zwei oder drei Soldaten, die in einer kleinen Hütte und umgeben von Sandsäcken ihren Dienst verrichteten. Ich stellte mir vor, wie sie ohne Funk und Fahrzeuge hier draußen wachten. Davor hatte ich Hochachtung. Ab und zu überholten wir ein Auto oder einen Lastwagen, manchmal kam uns ein vollbesetzter Bus entgegen und es wurde ziemlich eng auf der Straße. Einmal fuhren wir an einem nagelneuen BMW vorbei und schauten ungläubig aus dem Fenster.

Seht euch diese geile Landschaft an, verkündete ich, als ich mich endlich an den Anblick der steilen Abhänge gewöhnt hatte.

Na ja, geht so, maulte Hardy, der links nur ein paar Felswände betrachten konnte.

Stellt euch mal vor, ich würde hier ein Hotel aufmachen und Trekking anbieten, schwärmte ich beim Anblick der malerischen Täler.

Genau, sagte Mica verschmitzt. Und das nennst du dann: Zum tanzenden Taliban!

Oder noch besser, mischte Muli sich lachend ein, Eselmotel – Taliban bevorzugt.

Wir waren guter Stimmung, als uns ein Funkspruch erreichte.

Hier Mü. Der Chef hat gerade bekanntgegeben, dass es eine Anschlagswarnung für unsere Strecke gibt. Angeblich sind einhundertzwanzig Aufständische in Stellung gegangen und warten auf uns. Es gibt im Moment keine Luftunterstützung, weil alle Flugzeuge in ganz Afghanistan im Einsatz sind. Ende.

Die ham sich ja den passenden Tag ausgesucht, verkündete Muli.

Na ja, für mich ergibt das Sinn, bemerkte ich nachdenklich. Ich denke, die wollen uns gar nicht in eine große Schlacht verwickeln. Aber wenn überall ein bisschen geschossen wird, überlegen sich die Leute zweimal, zur Wahlurne zu gehen.

Plötzlich tauchte ein paar Meter vor uns ein schmaler Pfad zwischen den Felsen auf. Ich konnte im Augenwinkel noch den Kopf einer Kuh sehen, als TJ schon das Lenkrad herumriss und der unhandliche Dingo ins Schleudern geriet. Nach rechts hatten wir höchstens zwei oder drei Meter Platz, bevor es steil in den Abgrund ging. Schon hoben sich die linken Räder ein Stück und ich spürte, wie das schwerfällige Fahrzeug zu kippen begann. Ich stemmte meine rechte Hand gegen die Tür und hielt den Atem an. Mein Helm schlug gegen die Scheibe und mein Bein verlor den Kontakt zum Boden. Mica fiel auf mich und lag auf meinem Gesicht, während sich der Dingo weiter neigte.

Wir sind viel zu schnell, schoss es mir durch den Kopf.

Der Dingo kippte immer mehr, die Reifen hatten auf der linken Seite nun komplett die Bodenhaftung verloren. Auf einmal wurden wir in die entgegengesetzte Richtung geschleudert und mein Kopf stieß unsanft mit Mica zusammen. Der Dingo schaukelte noch ziemlich hin und her, stand aber wieder fest auf der Straße. Weil wir weiterfuhren, hatte ich keine Zeit zum Verschnaufen. Mein Herz raste immer noch vor Schreck, und ich schwitzte noch mehr als sonst.

TJ ist inzwischen ein verdammt guter Fahrer geworden, dachte ich anerkennend.

An den Berghängen, die auf der anderen Seite lagen, tauchten immer wieder kleine Dörfer auf. Selbst in Afghanistan hatte ich noch keine ärmlichere Ansammlung von Hütten gesehen. Die dürftigen Lehmbehausungen wirkten trotz des Sonnenscheins düster und abweisend, die meisten hatten nicht einmal eine Tür. Obwohl wir die Situation hier inzwischen kannten, war ich immer wieder fassungslos, welche Armut in diesem Land herrschte.

Schließlich kamen wir vom Gebirge in die flache Ebene. Die Straße nach Baghlan war immer noch asphaltiert und verlief auf einem erhöhten Damm. Wir näherten uns einem Culvert, wie über Funk von vorne gemeldet wurde. Als wir ankamen, konnte ich einen dünnen Baumstamm erkennen, der über einem Abwasserrohr lag.

Das sieht wie ein total klassischer Hinterhalt aus, rief ich Muli zu.

Ich hatte es nicht wirklich ernst gemeint, denn dafür erschien mir der dünne Stamm zu offensichtlich eine Falle zu sein. Aber Muli befahl TJ instinktiv, ordentlich Gas zu geben. Es holperte nur ein wenig, als wir über die notdürftige Brücke rasten.

Wenige Sekunden später knallte es gewaltig. Nossis Transportpanzer fuhr hinter uns, und er meldete sich über Funk.

Kontakt, wir sind angesprengt worden. Keine Ausfälle.

Noch ehe ich den Funkspruch richtig realisieren konnte, knallte es links und rechts des Fahrzeugs.

Kontakt!, brüllten Hardy und ich gleichzeitig.

Wir starrten aus dem Fenster und erkannten Mündungsfeuer, das in den Gräben und Buschgruppen, Mauern und Gehöften und einfach von überall her aufblitzte.

Das gibt's doch nicht, schoss es mir durch den Kopf.

Ein Haufen Funksprüche durchbrach die Hektik im Innenraum.

Wir werden beschossen! Angriff von links! Beschuss von rechts! Zwei Männer aufgeklärt, linke Seite, Entfernung einhundert!

Plötzlich übertönte der Chef das Durcheinander an Funksprüchen.

Ich befehle durchzubrechen. Die ganze Kompanie: Vollgas!

Mica kurbelte wie wild an der Waffenanlage herum. Ich kann nichts erkennen, brüllte er. Zu viel Staub!

Auf einmal spürte ich einen Schlag an meiner Tür. Dann noch einen. Und einen Dritten. Erschrocken griff ich mit der Hand ans Bein.

Wir wurden getroffen, rief ich erregt nach vorne. Keine Schäden erkennbar!

Mir schlug das Herz bis zum Hals. Ich merkte, dass sich ein Beschuss noch schlimmer anfühlte, wenn ich im Fahrzeug saß, da ich nirgends hinkonnte. Keine Mauer, hinter die ich kriechen, kein Graben, in den ich springen konnte. Es war ein furchtbares Gefühl der Hilflosigkeit.

Schließlich rasten wir aus der Gefechtszone heraus. Unsicher blickte ich durch die staubige Scheibe, versuchte, die Umgebung zu analysieren. Drohte noch Gefahr? Lauerten sie uns noch mal auf?

Endlich tauchte der OP North vor unseren Augen auf, und meine Angst und Anspannung fielen von mir ab. Der deutsche Außenposten in Baghlan befand sich auf ein paar Hügeln, auf denen wir Zelte und Funkmasten erkannten. Keine komfortablen Straßen, keine grünen Büsche und Bäume, wie sie im Feldlager in Kundus oder Mazar-e-Sharif zu finden waren.

Als die gesamte Kompanie endlich in dem staubigen Vorposten versammelt war, konnten wir die Gefechtsschäden begutachten. Die Angreifer hatten ganze Arbeit geleistet. An drei Fahrzeugen hingen die zerschossenen Reifen schlaff auf der Felge. Fast überall gab es Einschusslöcher und bei Nossis Transportpanzer Splitter in der hinteren Tür. Die Bombe hatte zum Glück erst knapp hinter dem Fahrzeug gezündet. In meiner Tür befand sich ein fingerdickes Loch in der Panzerung. Das Projektil steckte sogar noch drin. Insgesamt war die Sache sehr glimpflich verlaufen, aber der Feind hatte wieder einmal gezeigt, dass er uns unerwartet treffen konnte.

Bei der Einsatzbesprechung in Kundus hatten wir damit gerechnet, unsere Kameraden schnell unterstützen zu müssen. Stattdessen stellte sich heraus, dass sich die Lage wieder beruhigt hatte. Ein Vorposten mit Milizen war tatsächlich überrannt worden und die Eingreiftruppe aus Mazar-e-Sharif war in zum Teil schwere Gefechte verwickelt worden, als sie diesen Vorposten wieder freikämpften. Dafür hatten sie zwei Tage gebraucht, aber inzwischen war die Lage wieder unter Kontrolle. Aber weil diese Infanterieeinheiten aus Mazar-e-Sharif kurz vor dem Ende ihres Einsatzes standen und in einer Woche zurück nach Deutschland fliegen durften, sollten wir sie hier in Baghlan ablösen, um die verbliebenen Kameraden zu entlasten.

Der Golf Zug musste die Stellungen im OP North übernehmen. Der Chef fuhr mit den Zügen Foxtrott, Hotel und India zu einem entfernten Vorposten im Tal. Sie hielten einen kleinen Posten und bewachten eine gesprengte Brücke, die von unseren Pionieren durch eine unserer Panzerschnellbrücken ersetzt worden war.

Wir vom Golf Zug dagegen blieben auf den Hügeln, um den OP North zu bewachen. Solche kräftezehrenden Aktionen wären mit nur einer zusätzlichen Infanteriekompanie pro Feldlager überflüssig. Unsere Kameraden aus Mazar-e-Sharif in ihrem Zuständigkeitsbereich in Baghlan im Notfall zu unterstützen war selbstverständlich. Aber ihre Stellungen zu übernehmen, weil sonst die Übergabe an ihre Nachfolger nicht funktionierte, erschien mir vermeidbar. Da wir die Situation nicht ändern konnten und weil die Lage äußerst ruhig war, nutzten wir die Zeit, um diesen kargen Vorposten zu erkunden.

Die Hügel von Baghlan waren der staubigste Ort, den ich jemals erlebt hatte. Der Sand im Außenposten war so fein wie Zementpulver und nach kurzer Zeit in jedem noch so kleinen Spalt. Ein paar große Zelte standen herum, ein paar Dixie-Toiletten. Wenige Container. Trostlose Wüste. Neben den deutschen Soldaten waren hier auch eine Einheit der afghanischen Armee und einige amerikanische Special Forces untergebracht, von denen ich ein paar Kartons mit Notrationen bekam.

Es war hier noch trostloser als das Polizeihauptquartier bei Kundus. Denn dort war immer irgendetwas los. Hier waren die wenigen Einheiten auf dem großen Gelände weit verstreut, und wir kamen uns schnell verlassen vor. Über Funk bekamen wir mit, unter welchen Bedingungen die anderen Züge an der Brücke und dem kleinen Vorposten hausen mussten. Sie waren völlig ungeschützt in feindlichem Gebiet und konnten sich nur auf wenigen Metern bewegen.

Und so wechselten wir uns mit dem Wachdienst auf den Hügeln ab, standen oder saßen in den alten russischen Stellungen herum, beobachteten die einsamen Hügel ringsum und zählten die Stunden bis zur nächsten Pause. Natürlich war diese Aufgabe wichtig, aber wir stellten uns trotzdem die Frage, warum wir alle jetzt hier sein mussten. Mü bekamen wir in diesen Tagen immer weniger zu Gesicht.

Schon nach kurzer Zeit war uns so langweilig, dass wir uns gegenseitig auf die Nerven gingen. Muli wollte unbedingt in ein eigenes Zelt, weil er Simbos Schnarchen nicht ertrug. Nossi nervte ihn so lange mit dem Gedanken, dass tschetschenische Ausbilder unter den Aufständischen seien und ihn nachts überfallen könnten, dass Muli mich schließlich halb ernst, halb grinsend fragte, ob ich zu ihm ins Zelt ziehen wolle.

Die Züge Foxtrott, Hotel und India hatten währenddessen größere Herausforderungen zu meistern. Aus der Ferne konnten wir den Gefechtslärm mit bloßem Ohr ausmachen. Die Aufständischen hatten eine große russische Rakete auf die Stellung unserer Kameraden abgefeuert. Gleich darauf griffen sie im Dämmerlicht erneut von allen Seiten den kürzlich von unseren Kameraden aus Mazar-e-Sharif mühsam freigekämpften Vorposten an. Mit Sorge verfolgten wir die Ereignisse über das Funkgerät. Als der Kampf langsam abflaute, war ich unendlich froh, dass wir nicht zur Unterstützung gerufen worden waren. Unsere Kameraden hatten die Situation in diesem für uns unübersichtlichen und unbekannten Gelände unter Kontrolle. Das war eine starke Leistung.

Irgendwann schickte man uns unsere Schwesterkompanie aus Kundus zur Ablösung. Diese sollte noch deutlich länger hier bleiben als wir, was in Kundus für eine erhebliche Belastung der dort verbliebenen Kräfte sorgen sollte. Als wir nach sieben entbehrungsreichen Tagen ohne Zwischenfall ins Feldlager in Kundus zurückkehrten, hofften wir einfach nur, nie wieder an diesen staubigen und entlegenen Ort zu müssen …

Zurück im Feldlager blieben uns nur wenige Tage zur Erholung. Die nächste Raumverantwortung stand bevor und sollte uns wieder ins Polizeihauptquartier von Chahar Darrah führen. Kurz vorher ging TJ endlich zum Zahnarzt. Sein inzwischen vereiterter Backenzahn musste behandelt werden, und er fiel für die Raumverantwortung aus. Stattdessen durfte ich den Dingo fahren, was für mich eine wirklich willkommene Abwechslung darstellte. Ich konnte mich aufs Fahren und damit auf eine neue Aufgabe konzentrieren, die mich für ein paar Tage meine Unruhe vergessen ließ.

Noch mehr Abwechslung stellte sich ein, als wir kurz vor der Abfahrt noch Verstärkung erhielten, um die Lücke auszugleichen, die Kruschka und Simbo in Nossis Trupp hinterlassen hatten.

Na, ihr Pappnasen, schmetterte Pello uns fröhlich entgegen und warf seine Tasche in den Flur vor den Containern.

Pello war ein Angehöriger unserer Kompanie, hatte genau wie Nossi eine Spezialausbildung durchlaufen und war kurz vor uns schon einmal für vier Monate in Kundus gewesen. Seine Erfahrung war eine wertvolle Ergänzung für uns. Noch auffälliger war sein Charakter. Er hatte eine typische Berliner Schnauze und eigentlich immer gute Laune. Der sportbegeisterte Pello war im Gespräch nicht nur der Lauteste, sondern sagte immer ehrlich und gerade heraus, was er dachte.

Ick hab jehört, in Baghlan wars nüscht so toll, meinte er grinsend.

Tja, ich hab keine Ahnung, wer uns da wieder hingeschickt hat, brummte TJ missmutig.

Pello war nicht zu bremsen.

Ach, weest doch, wie's is, lachte er laut, Bomben und Orden fallen immer uff die Falschen. Also macht euch nüscht draus!

Wir alle waren der Meinung, dass er prima zu uns passte.

Die nächste Raumverantwortung verging schnell – vielleicht auch weil ich als Fahrer des Dingo eine neue, interessante Aufgabe hatte. Jedenfalls ergaben sich durch die Frontscheibe ganz andere Einblicke auf das Treiben auf der Straße als durch das schmale Seitenfenster.

Nach unserer Rückkehr aus der nächsten Raumverantwortung ins Feldlager war uns allen viel leichter ums Herz. Endlich lag der größte Teil des Einsatzes in Afghanistan hinter uns. Die Container sollten statt des Holzdaches eine Panzerung erhalten, damit wir sie während der Raketenangriffe nicht mehr zu verlassen brauchten, und Pello brachte mit seiner guten Laune frischen Wind in unseren Alltag. So schöpfte auch ich neue Zuversicht, dass unser Team die restliche Zeit gut hinter sich bringen würde. Neben Pello wurde unsere Kompanie noch durch einen Oberleutnant verstärkt, der gerade sein Studium beendet hatte und in unsere Kompanie versetzt wurde. Er war ein sympathischer, junger Mann und wurde zunächst in der Nähe des Chefs eingesetzt, weshalb wir ihn in der ersten Zeit nicht richtig wahrnahmen. Auf diese Weise hatte es im Laufe des Einsatzes schon einige Personalveränderungen gegeben. Einige waren gegangen, andere gekommen. Und den meisten Neuankömmlingen war dieser neugierige, aber unsichere Gesichtsausdruck zu eigen, den wir selbst am Anfang gezeigt hatten.

So begann der 7. Oktober als ein Tag wie jeder andere auch. Ich stimmte mich langsam auf meinen nahenden fünfundzwanzigsten Geburtstag ein und verbrachte den Morgen auf der Laufstrecke. Als ich schwitzend und keuchend zu den Containern zurückkehrte, fiel mir Muli auf, der ein merkwürdiges Gesicht machte und nervös vor den Containern auf und ab ging.

Hol mal bitte die anderen, sagte er mit ernster Miene und ohne mich zu begrüßen.

Ich beeilte mich.

Nach wenigen Augenblicken standen alle aus der Gruppe, die ich auf die Schnelle finden konnte, versammelt vor ihm.

Hört zu, Jungs, begann Muli langsam zu sprechen. Es gibt schlechte Nachrichten. Ich hab es gerade mitbekommen, bevor sie das Handynetz abgestellt haben, damit nichts zu früh nach Deutschland durchsickert.

Muli musterte jeden Einzelnen von uns. Ich hatte das Gefühl, dass er mir besonders lang in die Augen schaute. So als ob er mir zu verstehen geben wollte, nicht zu wissen, wie er das Folgende sagen sollte. Seine Lippen zitterten, als er den Mund öffnete.

Gerade eben ... Er hielt inne.

Alle Augenpaare waren auf ihn gerichtet, niemand bewegte sich. Jeder schien die bedrückende Spannung zu spüren, die in der Luft lag. Langsam fing Muli wieder an zu sprechen.

Gerade eben ist an der kleinen Brücke in Baghlan, wo die anderen Züge noch vor kurzem waren, Florian Pauli gefallen.

Mir stockte der Atem. Für einen kurzen Moment spürte ich einen stechenden Schmerz im Bauch. Dann fühlte ich nichts mehr. Taub und benommen stand ich da. Niemand sprach ein Wort. Einige schauten sich fassungslos und geschockt an, andere sahen betreten auf den Boden.

Florian war mehr als nur unser Kamerad gewesen. Er war ein Freund. Als Sanitäter hatte er fast alle von uns in der Versorgung von Verwundeten ausgebildet. Die ersten Monate in Afghanistan war er in unsere Kompanie integriert worden, um gemeinsam mit uns diesen Einsatz anzugehen. Als schließlich unsere Schwesterkompanie aus Deutschland hier eintraf, wurde er dort eingeteilt und fuhr gemeinsam mit ihnen zu unserer Ablösung nach Baghlan. Jederzeit bereit, mit seinen Händen ein Leben zu retten, war er durch die Hand eines Menschen getötet worden.

Wieder sah Muli mich an.

Ich öffnete schwerfällig den Mund.

Als ob er meine Frage vorausahnte, sagte er langsam: Es war ein Selbstmordattentäter. Er hatte um Hilfe gebeten und dann die Bombe gezündet.

Für Florian wurde ein kleiner Gedenkraum aufgebaut, wo sein Bild zusammen mit einem Kondolenzbuch auslag und wo jeder hingehen konnte, um von ihm Abschied zu nehmen.

Den ganzen Tag über riss die Schlange der Wartenden nicht ab. Den ganzen Tag über wagte ich es nicht, den Raum zu betreten. Ich fühlte mich, als wäre ein Teil von mir herausgerissen worden. Ein Teil, der niemals wieder zurückkehren würde. Ich war sicherlich nicht sein engster Freund gewesen. Andere hatten ihn viel besser gekannt. Aber niemals zuvor hatte ich so sehr das starke Band gespürt, das uns alle hier verband. Als Kameraden, als Freunde, als Menschen.

Als ich endlich den Mut fand, zu Florian zu gehen, war es bereits dunkel. Ein merkwürdiges Gefühl durchzog mich. Ich hatte die Dunkelheit immer gehasst, fühlte mich in ihrem Schatten nicht wohl. Jetzt schenkte sie mir die Geborgenheit, die ich brauchte. Von ihr umschlossen und geschützt, mit zitternden Knien und pochendem Herzen folgte ich ihr durch das Lager. In meinen Ohren rauschte es. Ganz so, als ob mein Kopf keinen klaren Empfang mehr hatte, schwamm ich durch die Nacht.

Zwanzig Meter vor dem Gedenkraum blieb ich noch einmal stehen und sammelte mich. Schließlich fasste ich mir ein Herz und ging mit langsamen Schritten weiter. Vor der kleinen, nach vorne offenen Holzhütte standen zwei Soldaten. Es war die Ehrenwache, die dort für Florian stand. Ein kleiner Stuhl stand daneben. Sonst war niemand da.

Die beiden Soldaten wurden von Fackelschein erleuchtet. Beim Näherkommen erkannte ich ihre Gesichter. Es waren ausgerechnet TJ und der neue Oberleutnant. Ich zögerte einen Augenblick. Zwei Unbekannte wären mir lieber gewesen. Aber ich war wegen Florian hier und trat schließlich schweigend vor die kleine Hütte. Sein Bild stand aufrecht auf einem weißen Tuch. Er lächelte. Unsere Fahne hinter dem Foto zeigte die Farben, für die Florian in dieses Land gekommen war und das ein Teil von ihm niemals wieder verlassen würde. Das Kondolenz-Buch lag aufgeschlagen davor. Sein lebloser, zerfetzter Körper befand sich in irgendeinem Kühlcontainer. Morgen würden wir ihn verabschieden, wenn sein Sarg zum Hubschrauber gefahren wurde und wir alle am Rand Spalier standen. Dieser Körper war nicht mehr von Bedeutung. Denn ich spürte, dass Florian trotzdem hier war.

Ich setzte mich auf den kleinen Stuhl und atmete tief ein. Dann griff ich nach der Gitarre, die ich den ganzen Weg hierher getragen hatte.

Es fiel mir nicht schwer zu beginnen. Während ich die leisen Akkorde spielte und anfing, dazu zu singen, war ich völlig allein vor seinem Foto. Eine tiefe Ergriffenheit umfing mich, ich fühlte erneut das starke Band der Kameradschaft. War von ihm gefangen und fühlte mich doch seltsam befreit. Als ich die letzten Akkorde spielte, saß ich noch einen Moment lang einfach nur da und blickte völlig in mich gekehrt das Foto an.

Ich empfand es irgendwie nicht als Heldenverehrung, dort zu sein. Er war nicht als Held gestorben, sondern weil er seine Pflicht erfüllte. Und die hatte er sich so wie wir alle selbst auferlegt.

Eine Träne lief über TJs Wange. Ich wünschte, ich hätte ihm das ersparen können, aber es war meine Art, mich von einem Kameraden zu verabschieden. Und letztendlich war es gut gewesen, dass TJ dort stand. Weil er als Freund für mich da war. Und jetzt über Florian wachte. Das gab mir ein gutes Gefühl.

Dann waren die letzten Akkorde verklungen.

Als ich aufstand, schien Florians Schatten von mir zu gleiten, mich loszulassen. Leise zu verschwinden.

Ich trat vor das Foto. Erwiderte sein Lächeln. Und salutierte.

VERLUSTE

Nachdem wir Florian mit einer Trauerfeier verabschiedet hatten, wurde sein Sarg zum Hubschrauber gefahren. Die Melodie des Trompeters begleitete ihn und mir wurde heiß und kalt zugleich. Viele Einheiten des Feldlagers hatten Abordnungen gestellt, um bis zum Landeplatz ein Spalier zu bilden. Wir standen rechts und links der Straße und hoben die rechte Hand zur Schläfe, als der Panzer mit dem Sarg vorbeirollte. Die vielen Tränen in den Gesichtern entließen Florian in die Erinnerung, die im Herzen weiterlebte, während Stimmen und Bilder in Vergessenheit gerieten.

Nach der Zeremonie zog ich mich in den dämmerigen Andachtsraum zurück. Leise summte die Klimaanlage in der Ecke. Ich saß auf einem bequemen Stuhl und betrachtete meine staubigen Stiefel. Sie waren abgenutzt.

Ich sollte sie umtauschen, dachte ich. Aber dann müsste ich die Neuen einlaufen. Von vorne anfangen.

Mein Blick wanderte durch den stillen Raum. Ein paar Stuhlreihen, sauber aufgestellt. Regale mit Büchern an der Wand. In einer Ecke ein Keyboard, in der Mitte ein großer Tisch. Er war mit einem bestickten Tuch geschmückt und wirkte unfertig für einen Altar. Ein dickes Buch lag darauf. Die provisorische Kapelle war weder festlich noch erhaben. Ein einfacher Raum in einem Feldlager.

Hier suchte ich manchmal Ruhe, um nachzudenken. Oder um einfach an nichts zu denken. Ich kam ganz sicher nicht wegen Gott hierher. Früher einmal, ja. Früher war ich oft zum Gottesdienst gegangen. Jede Woche. Hatte mich engagiert, in der Kirchenjugend, im Chor. War dort seit frühester Kindheit hineingewachsen. Doch jetzt, hier in diesem fremden Land, wusste ich nicht mehr, ob es meine Überzeugung oder die meiner Eltern war, die mich dorthin gebracht hatte. Dass ich den Gottesdienst nicht mehr besuchte, hatte nichts mit dem Einsatz zu tun. Ich hatte nicht wegen der Schrecken des Krieges meinen Glauben verloren. Ich zweifelte nicht an Gott, weil ich mir die altbekannte Frage stellte, warum es so viel Grausamkeit, so viel Ungerechtigkeit in der Welt gab und er das alles zuließ. Aber mit jedem Gebet, jeder Bitte kam es mir vor, als würde ich ein Stück meiner eigenen Verantwortung für die Geschehnisse um mich herum abgeben.

Ich war sicher, dass Glück und Unglück nur mehr Phrasen der Ohnmacht zu sein schienen. Aber es passierten einfach Dinge, auf die ich keinen Einfluss hatte. Und andere geschahen, weil ich eine Entscheidung traf. So wie die Entscheidung, auf Menschen zu schießen. Hier in Afghanistan fanden viele schwerwiegende Entscheidungen statt. In jedem Gefecht stellte sich die Frage nach Leben oder Tod. Jeder Augenblick war so intensiv, jeder Adrenalinschub schärfte meine Sinne aufs Äußerste. Und so erschien es mir inzwischen fast schon als normaler Vorgang, dass ich einen Menschen töten wollte, der versuchte, mich umzubringen. Es war eine Entscheidung, die ich getroffen hatte.

Das heftige Gefecht in der Nacht vor ein paar Wochen hätte mich eigentlich wütend machen müssen. Wütend auf diese Menschen, gegen die wir kämpfen mussten. Stattdessen spürte ich jetzt so etwas wie Verständnis. Sie waren Kämpfer, genauso wie wir. Natürlich waren sie hinterhältig, aber blieb ihnen beim Anblick unserer starken Waffen etwas anderes übrig? Sie glaubten an ihre Ziele, wir an unsere. Auch sie hatten viele Kameraden und Angehörige verloren. Letztendlich war es nicht kompliziert, wenn es um Leben und Tod ging. Ich wusste, der Mensch gegenüber wollte mich töten, und ich wollte ihn wiederum für diese Absicht töten. Diese direkte Konfrontation war befreiend. Sie wischte alle komplizierten Fragen beiseite. Worin also unterschieden wir uns von ihnen?

Ich war immer noch felsenfest davon überzeugt, dass wir uns für etwas einsetzten, was uns keinen unmittelbaren Vorteil brachte. Dass wir hier in diesem Land etwas Sinnvolles taten, weil wir die Menschen beschützten und ihnen eine bessere Zukunft ermöglichten, weil wir ihnen Frieden brachten. Frieden mit Waffengewalt, aber immerhin Frieden.

Aber wenn wir selbst keinen unmittelbaren Vorteil aus unserem Kampf zogen, worin lag die Gerechtigkeit dieses Krieges? Tatsächlich war das einzig Gerechte an der ganzen Sache, dass die Gewalt uns alle ereilte und keine Rücksicht auf eine Seite nahm.

Die nächste Raumverantwortung führte den Golf Zug wieder auf die Höhen südlich des Polizeihauptquartiers. Diesmal wurden wir mit unserer Gruppe auf der Höhe 431 eingesetzt. Mü befand sich zusammen mit Golf zwei auf Höhe 432. Ich hoffte auf einen ruhigen Aufenthalt, damit ich meinen Geburtstag feiern konnte. Kurz vor der Fahrt hierher hatte ich einen großen Vorrat an Rattengift besorgt. Die Biester sollten uns nicht noch einmal das Leben zur Hölle machen. Außerdem war Herr Ajmal mit den Klettabzeichen für meine Gruppe, die ich vor einer Weile bei ihm in Auftrag gegeben hatte, fertig. Bevor wir aus dem Feldlager abfuhren, hatte jeder seine Uniform damit geschmückt. Task Force Kundus – Golf eins – Lead the Way – Golf eins, immer vorn. Der von mir vorgeschlagene Wahlspruch charakterisierte unseren Anspruch sehr gut. Aber in letzter Zeit, wo die Gefechte immer heftiger geworden waren, kam es mir so vor, als würde ausgerechnet ich dagegen verstoßen.

Höhe 431 war etwas größer als die Nachbarhöhe und bot somit mehr Bewegungsfreiheit. Außerdem mussten wir von hier aus hauptsächlich die Zufahrt zu Höhe 432 überwachen, da diese erheblich näher an den gefährlichen Dörfern Isa Khel und Quatliam lag.

Schon nach kurzer Zeit entbrannte wieder ein heftiger Kampf mit den aufdringlichen, ungebetenen Nagetieren. Nebenbei vertrieben wir uns die Zeit mit Graben, um die Gefechtsstellungen zu verbessern oder die Hescos zu verstärken. Dabei stießen wir neben Skorpionen auch auf einen großen Haufen alter Munition, vermutlich russischer Herkunft. Und auf Tonkrüge, die zu Scherbenhaufen zusammengeschrumpft waren. Die Spuren menschlicher Benutzung dieser Hügel schienen weit in die Vergangenheit zurückzureichen, und wir würden wohl nur ein weiteres von zahlreichen Kapiteln in dieser Geschichte ausfüllen.

Da ich Golf zwei ebenfalls mit Rattengift ausgestattet hatte, veranstalteten wir diesmal einen Wettstreit zwischen den beiden Hügeln, bei dem es darum ging, mehr Nager zu erwischen als die anderen. Manch einer zeigte große Kreativität beim Anlegen der Fallen und Auslegen der Köder, und wir alle freuten uns über das makabre Ergebnis, wenn wir wieder ein paar der lästigen Plagegeister erwischt hatten. Die Ergebnisse wurden dann Tag für Tag über Funk ausgetauscht.

Als mein Geburtstag schließlich kurz bevorstand, erfuhren wir von einem Plan des Chefs. Dieser wollte erneut eine Operation nach Khalalzay durchführen. Während unseres letzten Vorstoßes in das kleine Dorf im Norden des Polizeihauptquartiers hatte es kaum Kontakt zu Einheimischen gegeben. Die meisten Einwohner waren vor unserer Ankunft aus dem Ort verschwunden, und ein verantwortlicher Dorfältester hatte sich nicht gezeigt. Außerdem gab es allen Grund zu der Annahme, dass sich in Khalalzay Aufständische und Waffenverstecke befanden, denn schließlich hatte man uns dort angegriffen.

Zunächst war das für mich kein Grund zur Beunruhigung, waren wir doch auf der Höhe eingesetzt und würden unbequeme, aber entspannte Tage vor uns haben.

Aber zwei Tage, bevor die Operation beginnen sollte, informierte Muli uns darüber, dass wir daran teilnehmen sollten. Zu meiner Überraschung brach allgemeiner Jubel aus.

Super, wir werden denen in den Arsch treten, verkündete Simbo.

Ja, Digger, so richtig in den Arsch, grinste Wizo.

Den anderen schien die Untätigkeit auf diesem einsamen Hügel viel lästiger zu sein, als ich gedacht hatte. Ich blieb still. Nossis Worte klangen in meinem Ohr: Wenn jemand von euch meint, dass es ihm zu viel wird, schalten wir einen Gang herunter, hatte er gesagt. War es mir inzwischen zu viel? War ich nicht mehr voll einsatzfähig? Gerade in Khalalzay hatte ich gezeigt, dass ich meine Stärken nach wie vor einbringen konnte. Die Männer zusammenhalten, Muli unterstützen. Grübelte ich einfach nur zu viel? Ich beneidete Simbo und Wizo. Sie machten ihre Arbeit, schimpften auch mal, aber schienen sich keine Sorgen zu machen. TJ war ebenso still wie ich. Auch er wirkte gestresst. Es war wohl unser Fluch. Mehr nachzudenken bedeutete offenbar, sich mehr Sorgen zu machen. Unsere Gruppe ließ sich in Macher und Grübler teilen. Wie sollte ich damit umgehen?

Am Ende gab Muli bekannt, dass wir wegen der Operation nach Khalalzay auf der Höhe abgelöst würden.

Wir?, fragte ich. Und Golf zwei auf Höhe 432?

Die kommen nicht mit, stellte Muli knapp fest.

Als ich abends schwitzend auf meinem Feldbett lag, sprach ich mit Muli darüber, was gerade mit dem Zug passierte.

Es gibt keinen Golf Zug mehr, sondern zwei Hälften, meinte ich nachdenklich und starrte an die Decke.

Es liegt an Mü, erklärte Muli ohne Umschweife. Seitdem er mit seinem Fahrzeug auf die Bombe gefahren ist, hat er sich sehr verändert.

Er redet inzwischen kaum noch, bemerkte ich. Nicht dass es mich stören würde, wenn er nichts sagt, fügte ich noch hinzu und grinste ein wenig.

Muli grinste auch, aber erwiderte dann leise: Das Ganze hat ihn ziemlich mitgenommen. Er hat zum Chef gesagt, dass er mit dem Golf Zug nicht mehr ganz vorne dabei sein möchte. Das bleibt aber unter uns, verstanden?

Natürlich, bekräftigte ich.

Wir schwiegen eine Weile. Dann sagte ich energisch: Weißt du, es ist völlig okay, wenn er Probleme hat. Aber er ist unser Zugführer. Und ich find's scheiße von ihm, dass er seine eigenen Gefühle auf den ganzen Zug überträgt. Schau dir Simbo an. Die meisten sind noch motivierter als am Anfang. Ich hab auch Schiss, aber ich zieh mit euch mit und arbeite nicht gegen euch.

Es war das erste Mal, dass ich offen über meine Angst sprach. Wie würde Muli reagieren?

Er blickte mich ernst an. Nach einer Pause erklärte er: Wir sind Fallschirmjäger. Das hier ist kein Hobby. Es ist ein ziemlich harter Job. Und es ist in Ordnung, Angst zu haben. Wir dürfen nur nicht zulassen, dass uns diese Angst über den Kopf wächst.

Im Moment habe ich genau diese Befürchtung, gestand ich leise.

Und als ob Muli genau in meinen Kopf blicken könnte, schloss er mit den Worten: Du grübelst zu viel. Mach einfach deine Arbeit. Und sorg dafür, dass ich meinen Kopf unten halte. Du weißt ja, dass ich das im Eifer des Gefechts manchmal vergesse.

Als ich am nächsten Morgen aufwachte, hatte ich eine Nacht mit wenig Schlaf hinter mir. Ein Anruf meiner Freundin, die mir freudestrahlend zum Geburtstag gratulierte, gab mir das gute Gefühl, nicht allein zu sein. Dafür war ich unendlich dankbar. Gut gelaunt kaufte ich bei den einheimischen Händlern am Feldrand ein paar Lebensmittel und bereitete ein besonderes Geburtstagsessen vor. Schon vor Tagen hatte ich in der Feldlagerküche Nudeln und einige andere Dinge besorgt, sogar Würstchen hatte ich auftreiben können, die ich mit unserer Kühlbox bis in den Kühlschrank auf der Höhe 431 transportierte. Außerdem gab es Schokocroissants, die mir meine Freundin geschickt hatte. Und eine große getrocknete Salami. Ich wollte den anderen eine besondere Freude bereiten und versuchte mich an der Zubereitung von Nudelsalat mit Würstchen, gefülltem afghanischen Fladenbrot und kaltem Hund. Diesen Schokoladenkuchen bastelte ich aus den Keksen und der Bitterschokolade in den Notrationen.

Der wackelige Plastiktisch, den ich in ein provisorisches Buffet verwandelt hatte, bog sich unter der Last des Essens. Es war eine schöne Feier, und wir lachten ausgelassen, während ich den Wachhabenden einen Teller mit Köstlichkeiten in die Sandsackstellungen brachte.

Bereits am Nachmittag wurden wir abgelöst und ins Polizeihauptquartier gefahren. Der Konvoi mit unserer Kurzzeitablösung näherte sich in einer großen Staubwolke. Unsere Ausrüstung war bereits vorbereitet, und die Übergabe verlief schnell.

Im Polizeihauptquartier erhielten wir eine Unterkunft, die noch provisorischer war als sonst, und richteten uns dort für die Nacht ein. Die gesamte Kompanie würde morgen auf den Beinen sein. Bis auf zwei Schützenpanzer, die an der Zufahrt zur Westplatte stehen mussten und Golf zwei auf Höhe 432 sollten alle an der Operation in Khalalzay teilnehmen. Muli hatte uns den Plan erklärt: Wir sollten am weitesten vorstoßen und Khalalzay nach Norden hin abriegeln. Der Foxtrott Zug besetzte den Westen, der Hotel Zug den Osten. Der India Zug mit den verbliebenen Schützenpanzern stand südlich und sollte die Flanke nach Nordwesten sichern. Aber während die übrigen Züge vollzählig in ihre befohlenen Bereiche ausrückten, hatten wir nur eine Gruppe zur Verfügung. Und niemand wusste, was uns im Norden erwartete. Während ich mir Kopfhörer in die Ohren steckte, um mich zu entspannen, tanzte das Kerzenlicht an der schimmeligen Decke des Schlafraumes und spiegelte meine Nervosität wider.

Wir marschierten noch früher als beim letzten Mal ab. Die Morgendämmerung war noch nicht einmal angebrochen, als wir uns in dem dunklen Hof des Hauptquartiers versammelten.

Wir dürfen dem Gegner keine Chance zum Reagieren geben, hatte Nossi erklärt.

Den Weg nach Khalalzay kannten wir bereits. Bis zum Ortsrand würde unsere Gruppe hinter den anderen Zügen laufen.

Erst im Dorf sollte die Aufteilung in die Bereiche beginnen. Plötzlich erwischte ich mich bei dem makabren Wunsch, dass vor uns zuerst geschossen würde und wir nicht weiter vorrücken könnten. Aber dieser Gedanke schwebte nur für den Bruchteil einer Sekunde in meinem Kopf, denn eigentlich war ich gut motiviert. Es war der Morgen nach meinem Geburtstag, der Einsatz würde nur noch drei Monate dauern, und dieses Land gefiel mir inzwischen richtig gut. Überall gab es vertraute Ecken, Gesichter, die ich wiedererkannte, oder Menschen, die ich neu kennenlernte. Die raue Landschaft war in ihrer Andersartigkeit wirklich reizvoll, und bisher hatten wir alles einigermaßen gut überstanden. So marschierte ich fast schon fröhlich hinter Muli her, während ich mit dem Zielfernrohr den Horizont absuchte. Der Chef hatte den neuen Oberleutnant unserer Gruppe zugeteilt. Er sollte nicht führen, aber uns unterstützen. Muli hatte ihn kurzerhand für das Tragen der Panzerfaust abkommandiert, was uns alle zum Schmunzeln brachte, denn der Neue hatte immerhin einen höheren Dienstgrad als Muli.

Simbo hatte das schwere Maschinengewehr geschultert und Hardy schleppte die Munition, und so stapften sie wacker hinter mir über die Gräben und Wälle. Wir rechneten mit Feindkontakt. Deshalb hatten wir so viel Munition und Wasser mitgenommen, wie wir tragen konnten. Jeder von uns transportierte einen Haufen gefüllter Reservemagazine und Wasserflaschen im Rucksack. Aber Hardys Rucksack mit den Gurten für das Maschinengewehr wog fünfundvierzig Kilo. Ihm stand die Anstrengung ins Gesicht geschrieben.

Ohne Zwischenfälle gelangten wir ins Dorf. Die Straßen waren still, nur einige Tiere meldeten sich hinter den hohen Lehmmauern. Jedes Mal, wenn wir frühmorgens ein Dorf betraten, lag eine unglaubliche Spannung in der Luft. Ständig rechneten wir damit, dass hinter einer Ecke jemand mit einer Waffe auf uns lauern könnte. Es war anstrengend, alle Winkel im Auge zu behalten, während wir der gewundenen, lehmigen Straße folgten.

Hinter einer Ecke wartete wirklich jemand auf uns. Aber sein überraschtes Gesicht verriet uns, dass er nicht mit uns gerechnet hatte. Nach einer kurzen Pause, in der er zu überlegen schien, was er von unserer Anwesenheit halten sollte, fing der Mann an zu lachen und kam auf uns zu.

Nachdem wir die Waffen gesenkt hatten, führte er uns durch kleine und große Tore, und ich wusste schnell nicht mehr, wo wir uns genau befanden. Auf jeden Fall schienen wir deutlich weiter vorgedrungen zu sein als das letzte Mal. Vorsichtig betraten wir einen Hof nach dem anderen, blieben ruhig und diszipliniert. Unsere Blicke und Waffen wanderten langsam in alle Richtungen. Sichern und Vorrücken. Sichern und wieder vorrücken. In einem großen Hof verteilten wir uns, und ich postierte mich mit Mica an einer Mauer. Um darüber hinwegsehen zu können, stiegen wir auf den Misthaufen davor. Als wir uns vorsichtig über die Mauerkrone schoben, hielt ich erschrocken inne. Die Sonne war inzwischen über dem Horizont erschienen und begann ihre hitzebringenden Strahlen auszubreiten. Unter mir gab der weiche Mist nach, vor mir eröffnete sich ein bedrückendes Bild. Ich blickte in eine große Anzahl verstörter Kinderaugen. Sie kauerten verängstigt auf dem Boden und blickten mich an. Ein Mann hockte hinter ihnen und stand langsam auf. Sein Gesicht verriet mir, dass er zornig war. Während er uns musterte, sprach er kein einziges Wort. Ich verband mein deutliches Kopfnicken mit einem freundlichen Salam aleikum. Als ob ich ihm gedroht hätte, nahm er das jüngste der Kinder auf den Arm, als wollte er es beschützen. Sein Gesicht war regungslos, doch seine Augen blitzten vor Zorn.

Keine Angst, sagte ich laut und langsam auf Dari. Wir sind nur hier, um etwas zu suchen, und gehen gleich wieder. Wir sind Freunde.

Sein Gesicht regte sich nicht. Aber er setzte das kleine Mädchen wieder auf den Boden, nahm daneben Platz und beobachtete uns weiter mit scharfem Blick. Auch die Kinder beobachteten uns mit weit aufgerissenen Augen, aber nicht mehr mit diesem Schrecken im Gesicht.

Kommt ihr mal rüber? Muli rief es.

Wir sollten in den nächsten Hof vorstoßen und schoben uns vorsichtig durch ein kleines Tor. Während über uns das Summen der Aufklärungsdrohne zu hören war, traten Mica und ich vor ein großes Wohnhaus.

Ein alter Mann trat heraus und sprach mit Muli und dem Sprachmittler. In diesem Dorf gebe es keine Taliban, und die Bewohner würden die Taliban auch nicht schätzen. Aber die Aufständischen kämen manchmal her, um die Bevölkerung zu bedrohen, berichtete der Mann. Deutsche Soldaten hätte er hier noch nie gesehen, meinte er. Und fügte verbittert hinzu, wenn die Taliban jede Woche kämen und die deutschen Soldaten nie, bliebe ihm gar nichts anderes übrig, als mit den Taliban zusammenzuarbeiten.

Über Funk erhielt Muli den Befehl, weiter in den Norden vorzurücken.

Mittlerweile hatten wir den Kern des Ortes verlassen und näherten uns einer dieser Schonungen, die hier überall zu finden waren. Irgendwo rechts und links am Dorfrand sollten sich die Züge Foxtrott und Hotel befinden, aber wir konnten niemanden ausmachen, da uns Mauern und Gebäude die Sicht versperrten.

Das ist das Beschissene am Häuserkampf, bemerkte Nossi, als ich ihn mit Sorge darauf aufmerksam machte.

Schließlich erreichten wir den nördlichen Rand des Dorfes, markiert von einer flachen Lehmmauer, die sich von links nach rechts hinter der Schonung erstreckte. Dort gingen wir in Stellung. Nossi verschwand mit seinem Trupp auf der linken Seite, während wir auf der rechten hinter der Mauer hockten. Eine große Ebene eröffnete dahinter den Blick auf das nächste Dorf. Ich schätzte, dass es zweihundert Meter freie Fläche waren. Am gegenüberliegenden Dorfrand standen ein paar Lehmgebäude neben einer dichten Baumreihe.

Plötzlich fielen Schüsse. Sie waren weit entfernt, und ich versuchte, ruhig zu bleiben. Der Foxtrott Zug lag unter Beschuss. Muli bestätigte es über Funk.

Joe, du übernimmst den Befehl über das Maschinengewehr. Ich will Simbo und Hardy rechts außen haben, rief Muli mir zu.

Ich gab die Befehle an die beiden weiter. Als ich mich gerade zur rechten Seite aufmachen wollte, knallte es.

Ein Schuss von vorne, oder?, fragte ich Mica betont langsam.

Ich wollte Gelassenheit ausstrahlen. Zum Glück hatte ich vor mir die Lehmmauer.

Ja, das war vor uns, antwortete Mica bestimmt.

Er hatte eine kleine Kamera auf seinem Helm montiert und schaltete sie ein. Eigentlich war uns das Filmen und Fotografieren verboten, aber hier draußen interessierte uns das nicht. Viele von uns hatten schon unzählige Fotos geschossen, wenn sich die Gelegenheit ergab, und auch ich hatte immer meinen kleinen Fotoapparat dabei. Es war uns wichtig, das Erlebte zu bewahren.

Ich bekam nicht mehr die Gelegenheit, meine Position zu wechseln. Der Foxtrott Zug stand im Feuerkampf, und jetzt begannen die Aufständischen auch, von Norden her auf uns zu schießen. Ich hörte das bekannte Knattern einer Kalaschnikow gegenüber an der Baumreihe.

Fuck, das ist vor uns, Alter!, rief Mica überrascht.

Da stimmten auch schon andere Waffen in den Beschuss ein, und zwischen den Gebäuden und Bäumen am Dorfrand gegenüber konnte ich das Aufblitzen des Mündungsfeuers erkennen. Die Geschosse flogen in nächster Nähe an uns vorbei. Das bekannte Pfeifen durchzog die Luft. Sie hatten uns genau erkannt. Sie wussten, wo wir uns befanden.

Beschuss voraus, Entfernung zweihundertfünfzig, brüllte Muli dazwischen.

Jonny und Simbo feuerten mit den Maschinengewehren. Eine graue Staubwolke hüllte die Mauerkrone ein, als auch die Gegner in den Reigen aus Wut und Vergeltung einstimmten. Die Luft war vom Knallen der Gewehre und Brüllen der Befehle erfüllt. Nach wenigen Sekunden verstummten die Waffen. Die Grenzen waren abgesteckt.

Ich hatte währenddessen regungslos an der Mauer gesessen und versucht, auf der anderen Seite etwas zu erkennen. Aufgewirbelter Staub hüllte uns immer noch ein und zeigte ihnen genau, wo sie uns finden würden. Sie dagegen blieben für uns unsichtbar.

Ich geh jetzt rüber zu Simbo!, rief ich Muli zu und robbte zu der befohlenen Position.

Vorsichtig lugte ich über die Mauerkrone. Für die nächsten Minuten blieb es drüben ruhig. Überlegten sie die nächsten Schritte? Wie würden diese aussehen? Wie viele waren es überhaupt? Wir hockten mitten unter der Sonne, nur von dieser flachen Mauer geschützt, und ich fragte mich, was das wohl für ein Tag werden würde.

Da setzte der Beschuss wieder ein. Ich zog den Kopf ein und fluchte innerlich. Mica schoss eine Gewehrgranate auf den Feind, und Simbo brachte das Maschinengewehr in Stellung.

Nicht schießen!, brüllte ich ihn an. Das ist unsere schwerste Waffe. Wenn wir sie ständig einsetzen, verspielen wir damit unseren Trumpf!

Aber irgendwas muss doch geschehen!, brüllte Simbo zurück, den ich bei dem Lärm kaum verstand.

Auf der Mauer spritzte der Lehm auf, wenn ein Geschoss einschlug. Ich blickte nach oben und suchte fieberhaft nach einem Loch oder einer Vertiefung in der Mauerkrone. Ich fand eine. Dort brachte ich meine Waffe in Stellung. Ich hockte hinter dem Gewehr und presste es in die Schulter. Mit dem rechten Auge suchte ich durch das Zielfernrohr die gegenüberliegende Seite ab. Das Haus! Ein paar Gestalten huschten dort entlang. Sie war nicht viel mehr als schwarze Umrisse, doch ich konnte deutlich ihre Waffen ausmachen.

An dem Gebäude, rechts von der Baumreihe!, rief ich den anderen zu.

Sie brachten ihre Waffen in Stellung.

Ich kann nichts erkennen, gab Muli zu verstehen.

Ich seh sie!, brüllte Mica.

Ein paar von uns fingen an zu schießen. Die Männer blickten auf und sprangen dann erschreckt zwischen die Mauerstücke. Einer stand weiter oben an die Wand gelehnt und blickte in unsere Richtung. Ich zielte sorgfältig. Presste die Waffe in die Schulter, bewegte den Finger ruhig über den Abzug. Fand den Druckpunkt und kontrollierte meine Atmung. Über uns lächelte die Sonne, als ich mein Gewehr abfeuerte.

Der Körper des Mannes zuckte deutlich, dann verschwand er in der Staubwolke, die mein Schuss ausgelöst hatte.

Als ich wieder etwas erkennen konnte, war er verschwunden. Ich blickte nur eine Sekunde durch das Zielfernrohr, als sie wieder anfingen, auf uns zu schießen. Ich hörte ein pfeifendes Geräusch, gleich darauf spritzte der Lehm neben mir auf. Ich stolperte und fiel nach hinten. Rappelte mich wieder auf, drängte mich an die Mauer. Den Kopf ließ ich unten. Neben mir gab Muli lautstark seine Befehle. Dann fing er an zu sprechen und konzentrierte sich auf das Funkgerät.

Er wird doch jetzt nicht aufstehen, schoss es mir durch den Kopf.

Muli streckte sich und versuchte beim Funken einen Ausblick zu bekommen. Währenddessen pfiff es über unseren Köpfen. Ich riss ihn an der Schulter herunter.

Alter, bleib unten!, schrie ich ihn an.

Er guckte erst verdutzt und fing dann an zu grinsen.

Siehst du, deshalb musst du auf mich aufpassen, verkündete er.

Kaum war der feindliche Geschosshagel verebbt, ging der Beschuss in weiter Ferne wieder los. Jetzt lag der Foxtrott Zug unter Feuer.

Die heizen uns ganz schön ein, bemerkte Muli.

Unsere Stellung hier an der Mauer ist scheiße. Viel zu offen und viel zu sichtbar, sagte ich und versuchte dabei wieder ruhig und gelassen zu wirken. Innerlich aber war ich aufgewühlt. Denn wir konnten hier nicht weg. Es war die einzige Möglichkeit, den Feind im Norden zu überwachen.

Der Beschuss flammte wieder auf, aber ich schaffte es nicht mehr, über den Rand der Mauer zu blicken. Stattdessen kümmerte ich mich um andere Dinge. Während die Sonne höher stieg, erinnerte ich die anderen unablässig daran, ausreichend zu trinken und sich beim Überwachen der Freifläche abzuwechseln. Aber sobald ein Schuss fiel, sackte ich gelähmt vor Angst hinter der Mauer zusammen.

Um sich doch noch einen Überblick zu verschaffen, robbte Muli irgendwann in die äußerste rechte Ecke der Mauer. Dort machte sie einen Knick und lief parallel zu uns wieder in Richtung Schonung. Er streckte den Kopf nach oben und blickte nach Norden. Plötzlich zerschlug ein einzelner Schuss die Stille. Als ich Muli ansah, erstarrte ich vor Schreck. Der Staub wirbelte noch durch die Luft, der Rest von uns hatte es nicht bemerkt. Mulis ausdruckslose, weit aufgerissenen Augen starrten mich an. Mir rutschte das Herz in die Hose. Fassungslos starrte ich in seine Richtung. Er hockte mir regungslos gegenüber. Die Sonne brannte unerbittlich auf den kleinen Flecken, der im Moment unsere einzige Zuflucht war. Aber für mich war diese Zuflucht zerbrochen. Ein Schuss hatte Muli um Haaresbreite verfehlt. Das Projektil war wenige Zentimeter neben seinem Kopf in die Mauer eingeschlagen. Der Lehm hatte das todbringende Geschoss für immer verschluckt. Noch immer starrten Muli und ich uns an.

Oh Mann, entwich es schließlich meinem Mund.

Oh Mann, echote Muli.

Der Feind hatte sich auf unsere Stellung eingeschossen und vereitelte mit gezielten Schüssen, dass wir uns über der Mauer einen Überblick verschafften.

Da muss irgendeiner weiter vorne in einem Graben sitzen, meinte Muli. Ich seh mal nach. Gebt mir Deckungsfeuer!

Ich blieb neben ihm sitzen und blickte ihn verständnislos an. Ich hätte die Sache lieber ausgesessen und wünschte, der Tag wäre schon vorbei.

Fürs Deckungsfeuer musst du mit deiner Waffe über die Mauer schießen!

Muli schaute mir vorwurfsvoll in die Augen. Ich ärgerte mich wahnsinnig, dass er es ansprechen musste, weil ich es nicht schaffte, mich zu bewegen. Als ob ich noch ein Rekrut wäre.

Er zählte bis drei, und wir alle gaben ein paar Schüsse ab, während er über den Rand der Mauer lugte. Ich schoss ein paar Löcher in die Luft und hatte dann eine Störung an der Waffe. Heilfroh, wieder in die scheinbare Sicherheit der Mauer flüchten zu können, sank ich in mir zusammen und überprüfte mein Gewehr. Der Verschluss klemmte ein wenig.

Während ich noch an der Waffe herumbastelte, wurde beim Foxtrott Zug wieder geschossen. Der Beschuss schien schlimm zu sein, es war ein fernes Grollen und Donnern, das erst nach Minuten wieder abflaute. Dann erreichte uns ein Funkspruch.

Wir haben einen Verwundeten.

Die Nachricht traf mich bis ins Mark. Ohne die Einzelheiten zu kennen, wurde mir schlagartig bewusst, dass dieser Tag anders war als die vorherigen. Ein Verwundeter, ein Verwundeter. Dieser Gedanke kreiste immer wieder durch meinen Kopf. Unsere Kompanie hatte so viel Glück gehabt. So viele Sprengstoffanschläge waren glimpflich verlaufen. Was war denn auf einmal los?, fragte ich mich. Erst Florian und jetzt das!

Unser erster Verwundeter durch einen Gewehrtreffer. Nach und nach kamen über Funk immer mehr Informationen. Bald wussten Muli und ich auch, um wen es sich handelte. Es war einer der Mannschaftsdienstgrade, der genau wie Pello direkt vor uns schon vier Monate Einsatz absolviert hatte und in einer Spezialverwendung gewesen war. Freiwillig hatte er seinen Aufenthalt verlängert, um uns zu verstärken. Er war einer der Besten in der Kompanie. Hatte sich eine vertrauensvolle Position erarbeitet. Dies war seine letzte Raumverantwortung vor dem Rückflug nach Deutschland.

Er ist schwer verletzt, schwebt in Lebensgefahr. Gleich kommt ein Hubschrauber rein, gab Muli erregt an mich weiter. Er wird so schnell wie möglich ausgeflogen.

Sofort informierte ich den Rest der Gruppe. Und bereute gleich darauf meine Entscheidung. Vielleicht wäre es besser gewesen, wenn sie nicht gewusst hätten, um wen es sich handelte und wie schwer er verletzt war. Es konnte sie ihre Konzentration kosten. Dann dachte ich daran, wie wenig ich selbst gerade bei der Sache war, und sah ein, dass es vermutlich keinen Unterschied machte.

Als die beiden Hubschrauber schließlich über uns kreisten, ging der Beschuss wieder mit unverminderter Stärke los. Einer der Helis sollte landen, der andere in der Luft sichern. Aber die Aufständischen versuchten nun mit allen Mitteln, ihn am Landen zu hindern. Schlagartig fiel mir der Karfreitag ein. Der Rettungshubschrauber war trotz des heftigen Beschusses gelandet und mit Glück nur leicht beschädigt worden.

Der erste Landeversuch schlug fehl. Die beiden Hubschrauber gingen wieder auf Abstand und kreisten in einiger Entfernung. Als einer der Hubschrauber unter starkem Deckungsfeuer des Foxtrott und India Zuges schließlich landen konnte, waren wir alle erleichtert, dass unser verwundeter Kamerad endlich ausgeflogen werden konnte. Die amerikanischen Hubschrauber drehten ab. Ich wagte es nicht, darüber nachzudenken, was wir ohne sie gemacht hätten. Was unserem Kameraden ohne sie passiert wäre.

Der Chef hat Artilleriefeuer angefordert!, rief Muli mit dem Funkgerät am Ohr.

Wir jubelten. Die Freude, in solch einer Situation wirkungsvolle Unterstützung zu bekommen, war unbeschreiblich. Als die mächtige Panzerhaubitze im Feldlager abgefeuert wurde, blieben uns nur wenige Sekunden, um zu hoffen, dass sie an die richtige Stelle schoss. Denn immerhin mussten die Kameraden im Lager über unsere Stellung hinwegschießen, um vor dem Foxtrott Zug den Feind zu treffen. Wir hörten die Geschosse heranfliegen. Und konnten sie am Himmel über uns sehen. Ein ohrenbetäubendes Heulen und Pfeifen begleitete ihren Flug. In einem großen Bogen zogen die beiden Granaten am Himmel ihre Bahn. Das Schauspiel war in seiner Gewaltigkeit schrecklich und wunderschön zugleich. Ehrfürchtig starrten wir nach oben.

Der Aufschlag war dumpf und unspektakulär. Der Feind sollte nur eingenebelt werden, weshalb die Granaten keine Sprengladung enthielten. Eine gewaltige, zwanzig Meter hohe Nebelwand erschien über den Baumwipfeln. Vor den Stellungen des Foxtrott Zuges wurde dem Feind komplett die Orientierung genommen. Und auch bei uns hörte der Beschuss schlagartig auf. Muli setzte sich neben mich.

Hör mal, sagte er mit gedämpfter Stimme, so dass ich meinen Gehörschutz ein Stück herausziehen musste. Ich hab grad 'ne Meldung über Funk bekommen. Unser Kamerad lag auf einem Hausdach, als es ihn erwischt hat. Wahrscheinlich ein feindlicher Scharfschütze. Unsere Leute sind dabei, den Funkverkehr von denen abzuhören. Es wird vermutet, dass die Aufständischen tschetschenische Ausbilder dabeihaben, die jetzt irgendwo hier im Dorf mit ihren Gewehren auf der Lauer liegen. Vielleicht ist auch vor unserer Stellung so ein Scharfschütze, weil hier irgendjemand immer mit gezielten, einzelnen Schüssen auf uns schießt.

Scheiße, sagte ich knapp.

Kurz darauf wurde erneut Artilleriefeuer angefordert. Diesmal sollten die feindlichen Stellungen beim Foxtrott Zug mit scharfen Sprenggranaten beschossen werden.

Foxtrott ist echt beschäftigt, rief TJ anerkennend.

Diesmal krachten die Artilleriegranaten mit ungeheurem Lärm

in die feindlichen Stellungen. Muli befand sich am Funkgerät, als sich sein Gesicht erhellte.

Die haben wieder was vom feindlichen Funk mitbekommen, rief er erfreut. Nach dem letzten Schuss der Panzerhaubitze ham die nur gehört, wie einer von denen ins Funkgerät gebrüllt hat: Überall sind Verletzte! Wir gehn hier alle drauf!

Der anschließende Jubel in der Gruppe war unbeschreiblich. Ich spürte eine innerliche Befreiung, die sich kaum in Worte fassen ließ. Erst viel später wurde mir bewusst, dass diese Meldung den Tod von vielen Menschen bedeutete. Aber war das nicht gerecht? Schließlich wollten sie uns töten. Wir hingegen waren nicht mit dieser Absicht hergekommen. Ich fühlte keine Reue, keine Trauer.

Nun versuchten wir, den einzelnen Schützen auszuspähen, der uns immer wieder gezielt aufs Korn nahm. Wir legten einen unserer Helme auf ein Gewehr und schoben das über die Mauer. Nichts geschah. Aber als Mica oder Muli wiederum selbst über die Mauer blickten, pfiff es sofort an ihren Köpfen vorbei. Mir wurde es langsam unheimlich.

Der muss nahe dran sein, sich irgendwo angeschlichen haben, bemerkte ich nervös.

Mittlerweile hatte die Mittagshitze ihren Höhepunkt erreicht. Ich schwitzte wie verrückt. Die Zunge klebte mir am Gaumen, und das Wasser ging langsam zur Neige.

Eine neue Meldung über Funk ließ mich noch unruhiger werden.

Der Feind bringt Mörser in Stellung, verkündete Muli. Die Meldung stammte wieder aus einem abgehörten Funkspruch.

Scheiße, Mörser!, rief ich erschreckt. Muli, wir haben hier absolut keine Deckung gegen Beschuss von oben!

Ich weiß, aber wir müssen die Stellung halten, sonst können die hier von Norden her einbrechen, gab er zu bedenken.

Aber auch Muli schien die Sache nicht geheuer zu sein. Noch war nichts passiert. Immer wieder flammte Gewehrfeuer auf, aber eine stärkere Explosion war nicht zu hören. Es war eine regelrechte Pattsituation. Der Einsatz von Artillerie oder Mörsern konnte jederzeit einen Ausschlag in die eine oder andere Richtung geben.

Ich brauch noch mal Deckungsfeuer!, rief Muli auf einmal, und wir schoben unsere Waffen über die Mauer.

Während die Gewehre meiner Kameraden lautstark Feuer spuckten, vernahm ich nur ein klägliches Klicken. Meine Waffe hatte schon wieder einen Defekt. Ärgerlich zog ich sie nach unten und begann, sie zu zerlegen.

Währenddessen hatte Muli über die abgewinkelte Mauer auf der rechten Seite geschaut. Er stürzte zurück und sackte auf den Boden.

Scheiße!, brüllte er aufgeregt. Die ham sich verdammt nah angeschlichen. Hinter der Mauer ist 'n scheiß Baumwollfeld. Da liegen welche von den Dreckskerlen drin. Sind nur ein paar Meter ...

Seine Stimme überschlug sich.

Ich brauch 'ne Handgranate!, brüllte Muli völlig aufgelöst. Schnell!

Ich zog meine Handgranate aus der Tasche und warf sie ihm zu. Dann betrachtete ich die Mauer. Das Feld dahinter musste sehr breit sein.

TJ, ich brauch 'ne Granate, mach schon!, rief ich hastig, als ich mich in seine Richtung drehte.

Als er sie mir hinhielt, robbte ich zu Muli. Die paar Meter waren schnell geschafft, und keuchend hockte ich vielleicht drei Meter von ihm entfernt an der Mauer. Ich zog den Sicherungssplint heraus und warf. Meine Handgranate flog in hohem Bogen über die Mauer. Instinktiv zog ich den Kopf ein. Aber was war bei Muli los? Er schleuderte etwas über die Mauer, und etwas anderes fiel zu seinen Füßen auf den Boden. Im selben Moment schmiss er sich mit dem ganzen Körper darauf und blieb liegen. Was war da los? Hatte er die Handgranate fallen lassen? Es dauerte nur ein paar Sekunden, und ich hörte einen dumpfen Knall. Erde flog über die Mauer und prasselte mir auf den Kopf. Ich blickte immer noch Muli an, hatte noch immer nicht begriffen, was eigentlich vor sich ging. Ich war vor Spannung gelähmt, konnte nicht atmen. Er sah mir in die Augen. Was war das? Verzweiflung? Ein Anflug von Selbstaufgabe? Hatte er sich verdammt noch mal auf die Handgranate geworfen, weil sie ihm beim Wurf aus der Hand geglitten war? Dann, ein zweiter Knall. Wieder flog Erde über die Mauer, diesmal begleitet von Pflanzenteilen. Die Granate war explodiert.

Als sich Muli langsam aufrappelte, tauchte unter ihm ein dunkler Handschuh auf. Ich sah erst ihn an und dann den Handschuh. Muli schüttelte sich die Erde von den Schultern. Der Handschuh, den er beim Wurf mit fortgeschleudert hatte, lag zu seinen Füßen. Wir lachten verunsichert. Was für ein Tag.

Wieder eröffnete irgendwo jemand das Feuer. Wahrscheinlich bei Foxtrott. Doch dann knallte es auch hinter uns. Verwirrt drehten wir uns um. Kam das aus dem Dorf? Noch einmal peitschten Schüsse auf.

Das ist 'ne Kalaschnikow!, brüllte Mica.

Es war wirklich hinter uns.

Das Funkgerät knackte. Muli verkündete die Meldung: Im Dorf kämpfen die Afghanen. Irgendwer hat dort das Feuer eröffnet.

Im gleichen Moment ertönte das dumpfe Grollen der Kanonen von unseren Schützenpanzern. Plötzlich flog eine Panzerabwehrrakete über unsere Köpfe. Sie war im Norden abgefeuert worden, aber schien über das ganze Dorf zu fliegen. Wir konnten nicht sagen, ob sie für uns oder für die Schützenpanzer bestimmt war. Aber die Meldungen, die über Funk hereinkamen, verhießen nichts Gutes.

Die ham einen Keil zwischen die Panzer und den Hotel Zug getrieben. Außerdem wird im Dorf gekämpft. Jetzt sind wir hier vorne abgeschnitten!, rief Muli erregt.

Das alles spielte sich hinter uns ab. Wir mussten jetzt also auf zwei Seiten aufpassen. Ich dachte daran, was passieren würde, wenn die afghanischen Polizisten aus Versehen auf uns schießen würden. Bei dem Gedanken wurde mir ganz schlecht.

Mittlerweile saßen wir hier bereits seit Stunden. Die drückende Hitze machte uns zu schaffen, uns ging langsam die Munition aus. Und die Kräfte ließen nach.

Der Chef hat die Notfallbereitschaft aus dem Feldlager gerufen, erklärte Muli nach einem Funkspruch. Die bringen uns Wasser und Munition. Und wir bekommen Luftunterstützung.

Es hörte sich wie eine Erlösung an. Schon kurze Zeit später raste ein Kampfjet über unsere Köpfe hinweg. Er überflog das Dorf und sollte dem Gegner zeigen, dass er auch Ernst machen konnte.

Nossi meldete sich über Funk.

Jonnys Maschinengewehr ist ausgefallen. Wir können den Defekt nicht beheben.

Ich schicke jemanden rüber, um die Munition zu holen, antwortete Muli.

Er schickte mich. Ich nahm mein Gewehr und robbte nach hinten. Wahrscheinlich war ich in der Grundausbildung das letzte Mal so flach auf dem Boden entlanggeglitten. Damals hatte mir mein Ausbilder in den Hintern getreten, wenn ich zu weit hoch kam. Aber jetzt zwang mich die Angst vor dem Beschuss ins Gras. Als ich mich durch die Schonung kämpfte, um zu Nossi zu kommen, war der Flieger gerade dabei, einen neuen Anflug zu starten. Im Schatten der Bäume konnte ich die anderen schon sehen, hielt aber einen Moment inne. Die Mauer war auf Nossis Seite deutlich höher, und Wizo stand auf einer Leiter, um darüber hinwegblicken zu können. Plötzlich raste der Flieger mit unbeschreiblichem Getöse im Tiefflug über uns hinweg. Ein markerschütternder Knall war zu hören. Ich kann mich nicht erinnern, jemals ein ähnlich lautes Geräusch gehört zu haben. Der Kampfjet zog steil nach oben und wackelte mit den Flügeln.

Wizo stürzte von der Leiter auf den Boden und schlug hart auf. Offensichtlich hatte der Pilot einen Angriff auf uns geflogen. Hatte er sich mit der Entfernung verschätzt? Vermutlich, sonst hätte er nicht mit den Flügeln gewackelt. Es war wie eine Entschuldigung. Als ich schließlich vorne war, war Nossis Trupp immer noch ein wenig benommen.

Alter, das war knapp, meinte Wizo. Der hat genau neben uns in den Boden geschossen. Wenn die Lehmmauer nicht gewesen wäre ...

Diese Lehmmauer umgab uns wie ein Schutzschild. Wir waren so nah am Gegner und konnten uns dahinter trotzdem ein wenig geborgen fühlen.

Als ich Jonnys Munition geschultert hatte, übergab ich ihm noch meine Pistole. Ansonsten hätte er mit dem kaputten Maschinengewehr keine Waffe mehr gehabt. Als ich zurück bei Muli war, erreichte uns auch die Unterstützung aus dem Feldlager. Endlich gab es Wasser, das wir uns allerdings selbst abholen sollten. Muli widersprach heftig.

Wir sind hier vorne eh schon so wenig, schimpfte er ins Funkgerät.

Schließlich einigte man sich. Wir holten den Nachschub an der hinteren Mauer ab. Dort, wo die Schonung begann.

Inzwischen hatte Muli mit dem Hotel Zug einen Plan ausgeheckt, um den einzelnen Schützen zu erwischen, den wir irgendwo in einer Senke vor uns vermuteten. Der Hotel Zug brachte die Granatmaschinenwaffe weiter hinten so in Stellung, dass sie mit den schweren Granaten am Dorf vorbei vor unsere Stellung schießen konnten. Über Funk korrigierten wir ihre Schüsse und nahmen so nach und nach alle Stellungen, wo wir den Schützen vermuteten, unter Feuer. Die Zusammenarbeit mit dem Hotel Zug funktionierte wunderbar. Offenbar war manchmal erst eine kritische Situation nötig, um wieder zueinanderzufinden.

Nach weiteren Kämpfen und heftigem Beschuss ging dieser

schreckliche Tag endlich zu Ende, und wir machten uns auf den Rückweg ins Polizeihauptquartier. Doch ich fühlte mich seltsam, und dieses Gefühl ließ mich nicht mehr los.

Als wir zurückmarschierten und über die Leiter kletterten, um die Schonung zu verlassen, während wir eine freie Fläche mit einer Nebelgranate verdecken wollten und die Ernte eines Bauern in Brand geriet, während Simbo und Hardy einen Befehl von Muli nicht befolgten, weil sie keine Kraft mehr hatten, und kurz vor dem Polizeihauptquartier ein Auto auf uns zuraste, in dem offenbar bewaffnete Männer saßen, geriet ich mit mir in einen tiefen Zwiespalt.

Das Feuer breitete sich aus und vernichtete die Ernte. Aber der Bauer bekam fünftausend Dollar Schadensersatz. Das Auto näherte sich, und wir hätten fast geschossen, aber der Fahrer drehte im letzten Moment um. Heute hatte es jemanden von uns erwischt, der in wenigen Tagen sowieso nach Hause geflogen wäre. Der freiwillig länger geblieben war und dafür fast mit seinem Leben bezahlt hätte.

Wie merkwürdig die Dinge manchmal waren. Wie wenig wir bestimmte Ereignisse beeinflussen konnten. Und trotzdem waren wir für all das, was geschah, verantwortlich.

Am Abend hielt uns das Adrenalin noch lange wach. Dieser unglaublich starke Kick, das absolut geile, positive Gefühl, das der Kampf in uns ausgelöst hatte, hielt viel länger an als sonst. Niemand kam zur Ruhe, alle berauschten sich an den Erlebnissen des Tages, saßen oder standen herum und grinsten, lachten, grölten. Eine so extreme Situation gemeinsam durchgestanden zu haben, verband uns viel stärker, als es die harten Stunden der Ausbildung jemals hätten schaffen können. Ein starkes Band, fast unauflösbar, hielt uns zusammen.

Erst später, als die Erregung langsam abklang, es im Innenhof des Polizeihauptquartiers stiller wurde und sich kleine Gruppen um das Lagerfeuer oder in dunklen Ecken sammelten, wandelte sich das Hochgefühl in blanke Sorge um den verletzten Kameraden. Wie ein Drogentrip, der den Kopf mit positiver Energie überschwemmt und später die Verzweiflung über die eigene Situation umso spürbarer werden lässt.

Wir hatten an diesem Tag Großartiges geleistet. Der Foxtrott Zug hielt die Stellung gegen einen starken Gegner, der Hotel Zug hatte uns wirkungsvoll unterstützt. Wir sicherten mit nur einer Gruppe die ganze nördliche Flanke des Dorfes, und India schaffte es, die Umzingelung der ganzen Kompanie zu verhindern.

Aber der Preis dafür war hoch. Einer von uns. Viele von ihnen. Wie soll man das Leben eines Menschen in einer solchen Situation bemessen? Welcher Verlust wog schwerer? Der Kamerad, dessen Lebensumstände zu Hause die gleichen waren wie meine eigenen? Der Feind, in dessen Land ich zur Unterstützung der Menschen gekommen und das für mich trotzdem so schwer zu verstehen war?

Vor Ort gab es immer Leid. Die Situation bot immer Schrecken. Wogen die vielen positiven Erfahrungen, die ich hier gesammelt hatte, diesen Schrecken auf? Lohnte es sich trotzdem, das ganze Elend zu ertragen?

Am Morgen nach der Operation in Khalalzay kehrten wir auf die Höhe 431 zurück. Wir hatten Post dabei, die gerade ins Polizeihauptquartier geliefert worden war. Der Kompaniefeldwebel hatte mir augenzwinkernd einen dicken, braunen Umschlag in die Hand gedrückt. Außerdem noch ein paar kleine Briefumschläge. In dem großen Umschlag steckte die aktuelle Ausgabe des Playboy. Ich freute mich riesig über diese Geste, denn sie war mit Wertschätzung verbunden. Am meisten freute ich mich aber über einen Brief von zu Hause. Meine kleinen Geschwister hatten mir wunderschöne Bilder gemalt, auf denen sie ihre Sehnsucht nach mir zum Ausdruck brachten. Ich hängte die feinen Zeichnungen an die groben Holzbalken in meiner Stellung. Ein gemütliches Haus, meine Geschwister, die mich an die Hand nahmen, ich mit einem wuchernden, riesigen Schnurrbart und ein kleiner orangefarbener Drache, der im Wind flatterte.

Das Funkgerät blieb am Vormittag still. Es war enttäuschend, dass Mü sich nicht nach unserem Befinden erkundigte. Von Golf zwei kamen später Stimmen, die uns zu verstehen gaben, wie unwohl sie sich bei dem Gedanken gefühlt hätten, uns dort im Gefecht zu wissen und gleichzeitig zum Abwarten auf der Höhe verdammt zu sein. Als sich Muli lautstark bei Mü über dessen offenkundiges Desinteresse beschwerte, lautete der einzige Kommentar des Zugführers: Ich hab doch den Funkverkehr mitgehört. Da brauchte ich doch nicht nachzufragen …

In den letzten Tagen, die wir noch auf der Höhe verbrachten, zeigte sich immer deutlicher, dass uns die Erlebnisse veränderten. Während uns Muli früher noch verboten hatte, tagsüber auf den Dächern der Stellungen herumzulaufen, weil wir Beschuss niemals ausschließen konnten, bewegten wir uns dort nun völlig offen. Manche lagen einfach nur herum und sonnten sich, andere übten den Nahkampf und benutzten die Sandsäcke wie eine Turnmatte. Auch ich genoss die ruhigen Tage hier oben. Standen sie doch im absoluten Kontrast zu den heftigen Kämpfen oder den Regeln im Feldlager. Wieder einmal hatte sich mein Blick verschoben.

Trotzdem feierten wir die Rückkehr ins Feldlager überschwänglich. Es gab wieder ein großes Grillfest, und obwohl ich mich freute, dass die Kompanie in Khalalzay wieder enger zusammengerückt war, zog ich es vor, mich früh in den Container zurückzuziehen.

Inzwischen war es Ende Oktober und die Tage wurden ganz langsam und fast unmerklich kühler. Immer noch brannte die Sonne unerbittlich, doch der feine Unterschied ließ uns bereits aufatmen.

Zehn Tage Feldlager. Eine so ausgiebige Pause hatten wir schon ewig nicht mehr erlebt. Natürlich mussten nach wie vor wichtige hohe Offiziere eskortiert, die Kampfmittelbeseitiger unterstützt oder entlegene Dörfer besucht werden. Aber es war trotzdem wie ein kleiner Urlaub.

Doch es dauerte nicht lange, da erhielten wir Kenntnis von den nächsten Plänen. Eine große Operation sollte stattfinden.

Wir werden wieder mit den Amerikanern und den Afghanen zusammenarbeiten, erklärte Muli. Außerdem sind Belgier dabei. Es geht nach Quatliam. Dieses Dorf, wo wir Bekanntschaft mit dem Alten und seiner Kuh gemacht haben. Und wo ich mein Fernglas verloren hatte. Wir werden wieder als Erste reingehen, verkündete er noch mit Stolz in der Stimme.

Bei dem Gedanken schauderte es mich. Quatliam, das Nachbardorf von Isa Khel. Das letzte Mal wurden wir schon vor dem Ortseingang angegriffen. Es würde wie ein Stich in ein Wespennest sein.

Die Vorbereitungsphase brachte für mich keine Entspannung mehr. Je näher der geplante Beginn der Operation rückte, umso mehr wuchsen meine Zweifel. Zwar gab ich mich äußerlich gelassen. Innerlich jedoch war ich zwischen der Verpflichtung meinem Team gegenüber und dem unguten Gefühl in meinem Bauch hin- und hergerissen.

Wir verbrachten die letzten Tage des Oktobers mit der Auswertung unserer Videos aus Khalalzay, dem Zusammenstellen der Ausrüstung und dem Reinigen der Waffen. Ich war mit meinem Gewehr in der Waffeninstandsetzung und hoffte auf eine Lösung des Problems mit dem Verschluss. Nach einem Tag Reparatur holte ich es wieder ab. Außerdem hatte ich mir von den Mechanikern ein Zielfernrohr ausgeliehen, das eigentlich zu einem Scharfschützengewehr gehörte, aber derzeit nicht gebraucht wurde. Ich versprach, gut darauf aufzupassen, und erhoffte mir von der starken Vergrößerung einen Vorteil. Zufällig ergab sich die Möglichkeit, mit ein paar Soldaten des Kommando Spezialkräfte auf die Schießbahn zu fahren, um das Gewehr mit dem neuen Zielfernrohr einzuschießen. Die beiden Komponenten mussten aufeinander eingestellt werden. Bei einer angeregten Unterhaltung erklärte einer der Kommandosoldaten, warum die Ausbildung der afghanischen Polizisten so schwierig war:

Das Problem ist, dass sie keine Schulbildung haben. Während wir schon als Kinder gelernt haben, über Stunden aufmerksam zu sein, schaffen die Afghanen das nicht. Sie sind zwar motiviert, aber nach zehn Minuten hören sie nicht mehr zu. Das Ganze hier wird noch Jahrzehnte dauern …

Ich dachte an die Vielzahl von Problemen, die sich daraus ergaben. Der mangelhafte Ausbildungsstand zusammen mit der schlechten Bezahlung ließ mich noch viel mehr Hochachtung vor der Arbeit der einheimischen Verbündeten verspüren. Die Polizisten und Soldaten schienen vor einer fast unlösbaren Aufgabe zu stehen, eine friedliche Zukunft für ihr Land zu bereiten.

OPERATION HALMAZAG

Es war der Morgen des 31. Oktober. Wir brachen wieder vor dem Morgengrauen auf. Und wieder mussten wir Stunden vor dem Sammelzeitpunkt an Höhe 432 aufstehen. Der Operationsplan sah vor, dass wir ins Dorf Quatliam marschierten und die uns zugewiesenen Stellungen hielten. Dort sollten wir so lange bleiben, bis unmittelbar vor dem Dorf, in der Nähe des kleinen Friedhofs, ein Vorposten errichtet werden konnte. Dieser Vorposten sollte für uns ein Fuß in der Tür sein, damit wir Zugang zu den Dörfern der Umgebung erhielten. Auf diese Weise äußerte sich der große Strategiewechsel zum ersten Mal sehr deutlich. Der Vorposten sollte später mit örtlichen Milizen besetzt werden. Ein hoher Umfassungswall aus Hescos würde einen tiefen Graben ergänzen, was den Posten äußerst robust machen sollte. Aber die Errichtung war aufwendig und würde eine große Baustelle verursachen. Gleichzeitig würden die Amerikaner eine Stellung vor Isa Khel beziehen und die dort vermuteten Feinde davon abhalten, uns in die Flanke zu fallen. Außerdem sollten örtliche Milizen den Feind im Süden der Provinz Chahar Darrah angreifen und ihn in unsere Richtung treiben. So würden die Aufständischen zum Kampf gezwungen oder müssten das Gebiet verlassen. Während die afghanische Armee, die wiederum durch belgische Soldaten angeleitet wurde, die westliche Hälfte des Dorfes sicherte, würden die Züge unserer Kompanie am östlichen Dorfrand bis zum Ende des Dorfes vorstoßen. Der Golf Zug sollte ab dem Dorfeingang die Spitze der Kompanie bilden. Golf eins würde ganz vorne gehen. Sobald das Dorf gesichert wäre, würden die Amerikaner die Straße, die parallel dazu verlief, von Sprengsätzen räumen. Schützenpanzer des India Zuges sollten sie dabei sichern. Unsere aus Baghlan zurückgekehrte Schwesterkompanie hatte den Auftrag, auf der Westplatte zu bleiben, um uns und das Tal von oben zu überwachen. Und schließlich sollten, so schnell es ging, Ratsversammlungen mit einheimischen Führern abgehalten werden, um die Lage und das weitere Vorgehen zu besprechen. Auf diese Weise wurden die zivilen Strukturen von Anfang an mit einbezogen. Den Menschen in Quatliam sollte in Aussicht gestellt werden, das Dorf an die Elektrizität anzuschließen und die Zufahrtsstraße zu asphaltieren.

Das Gesamtziel der Operation lautete, den Schutz der Bevölkerung und die Sicherheitslage um Kundus durch einen großen Schlag gegen die Aufständischen zu verbessern. Der Deckname der Operation, an der schließlich fünfhundert Soldaten beteiligt sein sollten, lautete Halmazag – was auf Dari »Blitz« bedeutet.

Als wir das Feld unterhalb der Höhe 432 erreichten, hatte sich die Fläche in der anbrechenden Morgendämmerung bereits in einen riesigen Parkplatz verwandelt. Wie aufwendig solch eine Operation war, merkte ich erst, als ich die Fahrzeuge sah, die zum Transport gebraucht wurden. Sie standen in langen Kolonnen auf dem planierten Acker und mussten während der ganzen Operation bewacht werden. Um dafür keine Infanteriekräfte zu binden, wurden die Höhen 431 und 432 von Kräften aus dem Feldlager besetzt.

Ich blickte in den schmalen Streifen, der den Morgen am Horizont ankündigte. Viele saßen auf dem Boden und hielten die Augen geschlossen, die Gewehre auf dem Schoß. Zwischen den Fahrzeugen standen kleine Gruppen und rauchten. Fast alle hatten ihre Schutzweste abgelegt. Die Atmosphäre war entspannt. Außer dem Dröhnen des nicht abreißenden Fahrzeugstroms deutete nichts auf eine riesige Operation mit allen verfügbaren Kräften hin. Wie würden die nächsten Tage ablaufen? Würden wir es überhaupt bis ins Dorf schaffen?

Wieder erwischte ich mich bei der Hoffnung, dass wir schon

auf dem Weg dorthin angegriffen würden und nicht weiter vorrücken konnten. Alles bliebe beim Alten, und wir könnten das Land in wenigen Monaten verlassen. War es überhaupt unsere Aufgabe, hier etwas zu verändern? All die Jahre über waren wir doch gut damit gefahren, die Aufständischen gewähren zu lassen. Klar, es hatte Verluste gegeben. Aber waren sie im Vergleich zu denen der Amerikaner und Briten nicht äußerst gering?

Dann blickte ich wieder in Richtung Isa Khel, wo seit Karfreitag immer noch das Wrack des Dingos lag. Gesprengt und verbrannt, aber trotzdem vorhanden. Wie ein eisernes Symbol unserer größten Niederlage.

Gestern Abend war Butch zu uns gekommen. Der sonst so schweigsame Brummbär hatte wild mit den Armen gestikuliert.

Wisst ihr, was gerade passiert ist?, meinte er aufgeregt. Da saß am Grillplatz so ein Typ. Der hat Geschichten erzählt, das glaubt ihr nicht. Dass er im Golf Zug ist und welche Gefechte er schon erlebt hat und dass er immer ganz vorne mit dabei ist. Ich hab den erzählen lassen und ihn irgendwann komisch angeschaut. Dann sagte ich ihm, dass ich aus dem Golf Zug komme und hab mein Abzeichen hochgehalten. Da hat er sich verpisst.

Ich blickte wieder zu den Kameraden, die auf dem Acker saßen und dem Beginn der Operation entgegenfieberten. Waren wir im Feldlager derartig bekannt? War es so außergewöhnlich, dass wir immer vorne dabei waren?

Was gemacht werden muss, muss gemacht werden, hatte TJ mal gesagt. Also würde ich auch diesmal wieder mitmarschieren. Würde an der Seite meiner Kameraden sein, die mir seit Monaten Familie und Freunde ersetzten. Zurück konnte ich jetzt sowieso nicht mehr. Als die Sonne aufging, setzte sich die Kompanie in Gang.

Die ersten Meter waren einfach. Aber je mehr wir uns dem Dorf Quatliam näherten, umso unbehaglicher wurde mir. Als die Kreuzung in Sicht kam, hinter der sich das kleine Gräberfeld befand, spürte ich ganz deutlich, dass auch der Rest von uns mit Beschuss rechnete. Ab hier würden wir ganz vorne gehen müssen. An der kleinen Ruine, zu deren Füßen die Gräber lagen, hielten wir an. Ich lehnte an der Mauer und beobachtete das Dorf durch mein neues Zielfernrohr.

Nichts zu sehen, meldete ich an Muli.

Als der Hotel und der Foxtrott Zug auf unserer Höhe waren, marschierten wir los. Es war der schwierigste Teil der Strecke und er kam gleich am Anfang. Zwischen der Friedhofsruine und den ersten Gebäuden gab es keine Deckung. Wir näherten uns über absolut freies Gelände und mir war nicht wohl dabei. Mein Herz hämmerte in der Brust, während ich hinter Mica und Muli her marschierte. Wie eine große Raupe bewegte sich die Kompanie schubweise vorwärts. Wenn wir vorne etwas langsamer gingen, weil wir gerade einen kleinen Graben als Deckung nutzen konnten, schoben uns die Hinteren weiter, weil sie gerade keine Deckungsmöglichkeit hatten. Umgekehrt entstand eine Lücke, wenn wir schneller marschierten und diejenigen hinter uns in der Nähe eines Strauches oder Loches verharrten. So liefen wir die wenigen hundert Meter bis zum Dorfrand.

Als wir endlich die breite Mauer erreichten, von der aus wir das letzte Mal beschossen worden waren, atmeten wir erleichtert auf. An dem Gebäude links war ganz deutlich das Loch zu erkennen, das Simbo mit der Panzerfaust aufgerissen hatte. Quatliam war erreicht, der Einsatz begann.

Wir bewegten uns neben der Straße, um möglichen Sprengsätzen zu entgehen, und blickten in menschenleere Hauseingänge. Eine drückende, geisterhafte Stimmung lag über dem Dorf. Hatten sich die Menschen verkrochen oder waren sie geflohen? Die Operation war im Vorfeld angekündigt worden. Sie wussten, dass wir kommen würden. Militärisch vielleicht unklug. Aber wir wollten den Menschen keine Angst einjagen.

An einer Kreuzung mussten wir die Hauptstraße überqueren. Es war gefährlich und dauerte lange. Mit jeder Verzögerung stieg das Risiko, angegriffen zu werden, bevor wir in den befohlenen Stellungen auf der anderen Seite des Ortes waren.

Mü dirigierte uns zwischen den Gebäuden und einem schmalen Flusslauf hindurch. Der Weg wurde immer enger und Muli meldete, dass wir nicht weiter vorwärts kämen. Doch Mü fand, wir sollten es versuchen, und so hangelte sich Muli an einem Baum entlang und verlor den Halt. Er stürzte in das graue Wasser und verschwand. Als er nach einer halben Sekunde wieder aus der trüben Brühe auftauchte, fluchte er laut. Er war bis auf die Unterhose nass, und es dauerte ein paar Minuten, bis sich unser Trupp neu sortiert hatte. Schließlich nahmen wir einen anderen Weg. Dadurch schob sich jetzt die zweite Gruppe vor uns, und wir waren nur noch an zweiter Stelle. Als wir endlich den Rand des Dorfes erreicht hatten und auf einem schmalen Weg weitergingen, der wie ein Damm zwischen zwei tiefen Gräben verlief, knallte es.

Zuerst waren wir verwirrt. Von wo aus wurden wir beschossen? Doch nach wenigen Sekunden war klar, dass der Feind in den Gehöften außerhalb des Dorfes auf uns gelauert hatte. Die Entfernung betrug vielleicht einige hundert Meter, und wir sprangen hinter den Damm in Deckung und schossen zurück. Zwischen ihren Stellungen und unseren lag die große Verbindungsstraße, auf der sich laut Plan die amerikanischen Kampfmittelbeseitiger vorarbeiten sollten. Aber so weit war es noch nicht.

Siehst du den Typen an der Hausecke?, brüllte Mica mich an.

Nein, aber ich versuche ihn aufzuklären!

Die Waffen spien wieder ihre tödliche Fracht aus, und über uns prasselten Geschosse in die Äste. Nach kurzer Zeit waren die Blätter voller Löcher und viele kleine Äste abgesplittert.

Die wollen es wohl wissen!, rief Muli, der ein paar Meter weiter lag und Befehle gab.

Wegen der zahlreichen Büsche konnte ich nur wenige Meter nach links und rechts sehen. Aber überall wurde geschossen. Ein

Maschinengewehr ratterte. Sofort wurde die Salve von den Gebäuden gegenüber beantwortet. Das dumpfe Donnern der Gewehrgranaten, das Tackern der Kalaschnikows und das Brüllen von Befehlen verwandelten die ruhige Ortschaft in ein Schlachtfeld. Eine Panzerabwehrrakete flog über uns hinweg und explodierte hinter uns zwischen den Bäumen.

Ich zog den Kopf ein, duckte mich, machte mich klein. Mein Herz schlug mir bis zum Hals. Da wurde es plötzlich ganz still. Nichts rührte sich mehr. Nach einer Weile wurden die Amerikaner in Marsch gesetzt. Die schweren Fahrzeuge rumpelten über die staubige Straße und hüllten ihre Umgebung in eine Sandwolke ein. Dahinter rasselten die Ketten unserer Schützenpanzer. Mit ihren Walzen und Sensoren suchten die Amerikaner die Straße nach Minen oder Sprengsätzen ab.

Waaam!

Mit einem alles durchdringenden Knall war eine Bombe explodiert. Ich starrte auf die vorderen Fahrzeuge. Aber da war nichts. Erst die langsam steigende Rauchsäule verriet den Anschlagsort.

Die ham einen Panzer erwischt!, brüllte TJ aufgeregt.

Und tatsächlich. Einer der Schützenpanzer stand, von uns aus kaum sichtbar, quer auf der Straße. Sie hatten uns getroffen. Obwohl die Kampfmittelbeseitiger vor dem Panzer die Straße abgesucht hatten. Wut stieg in mir auf. Wut, die mich motivierte. Ich lehnte mich weit über den Rand des Dammes und suchte fieberhaft nach Zielen. Aber niemand zeigte sich. Sie hatten den Kampf abgebrochen, um aus dem Hinterhalt die Bombe zu zünden.

Einfach 'ne scheiß Bombe draufschmeißen!, brüllte Mica ärgerlich.

Das machen sie nicht wegen der Gebäude, die ham Angst, da Zivilisten zu treffen. Wurde eben über Funk durchgegeben, kommentierte Muli enttäuscht.

Fuck, und wir müssen hier zusehen, wie wir klarkommen, schnaubte TJ.

Es stellte sich heraus, dass die Stahlplatten des Schützenpanzers intakt geblieben und die Insassen nur leicht verletzt waren. Aber der Panzer musste geborgen werden, er war nicht mehr einsatzbereit. Während die Stunden vergingen und die Gefechte immer wieder aufflammten, war ich einfach nur froh, in einem so tiefen Graben zu hocken. Ein Blätterdach schützte mich vor der Sonne. Als die Kämpfe auf dieser Seite des Dorfes endlich abflauten, konnten die Amerikaner die Straße bis zum vereinbarten Zielpunkt räumen. Nicht ohne zwei weitere Sprengsätze auszulösen. Ein weiterer Schützenpanzer wurde dabei beschädigt, der zu unserer Schwesterkompanie gehörte und den India Zug und die Amerikaner unterstützte.

Scheiße, die Schützenpanzer bekommen heute ordentlich was ab, presste Mica missmutig durch die Lippen.

Während über uns die Aufklärungsdrohne ihre Bahnen zog und das Geschehen beobachtete, näherten sich ein paar Einheimische unserer Position.

Haltet die sofort auf!, brüllte Muli energisch den anderen zu. Die dürfen hier nicht her!

Die Männer konnten erst mit vorgehaltener Waffe gestoppt werden. Der eilig herbeigerufene Sprachmittler erfuhr, dass sie ins nächste Dorf wollten.

So ein Blödsinn, schimpfte Nossi. Kein Afghane spaziert während so heftiger Kämpfe hier einfach rum. Die wollen unsere Stellung auskundschaften und herausbekommen, wo wir genau liegen!

Nachdem die Männer wieder im Dorf verschwunden waren, wies Muli unseren Zugführer darauf hin, dass unsere Rückseite völlig ungedeckt war. Niemand konnte sehen, was hinter der Schonung lauerte. Mü erwiderte Mulis Kommentar mit einem knappen Funkspruch, der zu verstehen gab, dass er die Situation nicht überblickt hatte. Als Muli mit Mica, TJ und Hardy in meinem Rücken zwischen den Bäumen verschwand, war ich froh, dass ich hierbleiben sollte, um die Verbindung zu Nossi zu halten. Den Graben wollte ich nämlich auf keinen Fall verlassen.

Meine Gefühlsregungen wurden mir langsam unheimlich. Wenn wir unter Beschuss lagen, dachte ich nur noch daran, wegzulaufen. Aber sobald dieser aufhörte, legte sich meine Panik schlagartig. Das Grübeln darüber begann mich zu zermürben. Von Anfang an war mir bewusst gewesen, dass ich im Einsatz sterben könnte. Das Risiko war selbst gewählt, auch wenn ich seine Tragweite vielleicht nicht vollständig verstanden hatte. Aber jetzt, nach all den schrecklichen Dingen, die wir erlebt und überlebt hatten, rückte der Flug nach Hause immer näher. Es kam mir unendlich sinnlos vor, wenn es jetzt noch passieren würde.

Binnen einer Stunde, in der ich mich einsam zu fühlen begann, erhielt ich den Befehl von Muli, die Rucksäcke zu nehmen und zum Rest des Trupps zu stoßen. In diesem Augenblick kam jedoch unser Bataillonskommandeur vorbei, der die Operation führte. Nachdem wir Quatliam eingenommen hatten, wollte er die Lage vor Ort einschätzen. Während wir hinter dem Damm in Deckung lagen, spazierte er mit seinen Offizieren oben auf und ab. Sie liefen direkt vor uns herum und versperrten die Sicht, bildeten aber auch ein leichtes Ziel. Vergeblich wies ich darauf hin. Dann zog ich den Kopf ein und widmete mich den Rucksäcken. Ich würde mehrmals laufen müssen, schließlich waren sie bis obenhin voll mit Munition. Langsam schleppte ich die Last in die Richtung, in die Muli mit dem Rest verschwunden war. Jetzt konnte ich auch die Schonung in Augenschein nehmen. Sie bestand aus kleinen Wällen, die mit dünnen jungen Bäumen bepflanzt war, und lag am südlichen Dorfrand.

Das ganze Areal bildete ein großes Hufeisen am südlichen Dorfrand und war vielleicht dreißig Meter breit und hundert Meter lang, aber durch den Bewuchs sehr unübersichtlich. An der östlichen Seite, wo ich eben noch gewesen war, lag Nossi mit seinem Trupp. Ganz im Süden mussten irgendwo Brandy mit Golf zwei und Mü sein, aber trotz der wenigen Meter konnte ich sie nicht sehen. Und im Westen suchte ich jetzt nach Muli.

Dort hatte jemand ein tiefes und breites Loch ausgehoben, in dem auch kleine Bäume wuchsen. Das Loch sah so aus, wie man es früher beim Torfstechen machte. Es hatte steile Wände und war etwa halb so groß wie ein Basketballfeld. Die Erde war direkt daneben aufgeschüttet worden und bildete einen kleinen Hügel. Ein tiefer Wassergraben trennte diesen Bereich von der restlichen Schonung. TJs Leiter lag wie eine Brücke darüber. Obwohl ich die anderen immer noch nicht sehen konnte und ein ungutes Gefühl hatte, schleppte ich meine schwere Last hinüber.

Hier sind wir!, hörte ich eine Stimme rufen.

Es war Mica, der auf dem kleinen Hügel lag. Ich kletterte die Böschung hinauf, die auf die Spitze des Hügels führte. Als ich den Wall erreichte, hinter dem die anderen liegen mussten, konnte ich kurz die Westplatte sehen und hielt einen Moment inne. Im gleichen Moment krachte es wieder. Das Gewehrfeuer, das irgendwo von vorne zu kommen schien, galt mir. Ich ließ die Rucksäcke fallen und warf mich auf den Boden.

So eine Scheiße!, brüllte ich.

Ruhe!, rief Muli von der anderen Seite des Walles. Noch haben die uns nicht aufgeklärt!

Jetzt schon, dachte ich und wagte es nicht, mich zu bewegen. Nach wenigen Sekunden hörte der Beschuss auf. Ich robbte auf dem Boden um den Wall herum. Er war nur wenige Meter breit. Dahinter lagen die anderen in einer flachen Senke. Ein weiterer Wall schützte sie nach vorne. Vor uns befand sich ein abgeerntetes Getreidefeld, hinter uns die Schonung. Wir waren in unserer Stellung in Quatliam angekommen.

Eigentlich hätte ich beruhigt aufatmen können. Wir waren ohne Verluste durch das ganze Dorf marschiert. Hatten unsere befohlene Stellung erreicht und brauchten nur noch abzuwarten, bis wir wieder gehen konnten. Doch schon flammten irgendwo die Kämpfe wieder auf. Im Hintergrund knallte und rummste es fortwährend. Aber es schien von verschiedenen Stellen zu kommen. Der Foxtrott und der Hotel Zug wurden offenbar wieder angegriffen. Das dumpfe Hämmern von den Kanonen der Schützenpanzer drang zu uns herüber. Und in der Ferne knallte es ebenfalls gewaltig. Waren das die Amerikaner in Isa Khel? Anscheinend wurde jetzt überall gekämpft. Warum hatten uns die Aufständischen erst ins Dorf gelassen und versuchten jetzt, uns wieder zu vertreiben? Hatten sie irgendetwas Besonderes vorbereitet? Selbstmordattentäter? Sprengsätze an den kleinen Wegen und Pfaden, die wir benutzen mussten? Ich fürchtete mich vor der Antwort.

Immer noch lag ich hinter dem Wall, der mich von den anderen trennte, als Muli zu mir gekrochen kam.

Wir werden hier hinten unsere Ausrüstung lagern. Auf der anderen Seite sind die Stellungen. Du gehst zu dem großen ausgehobenen Loch und tarnst dich. Dann versuchst du, einzelne Ziele aufzuklären und zu bekämpfen.

Das Loch sah irgendwie einladend aus. Es lag tief, war dicht bewachsen und bot Schutz. Ich suchte mir die Ecke, die den anderen am nächsten war, und legte mich auf die Böschung. Mit dem neuen Zielfernrohr konnte ich die Umgebung wunderbar beobachten. Uns gegenüber war eine Baumreihe. Vermutlich verlief dort ein Graben. Rechts standen große Säcke, die mit der Ernte gefüllt zu sein schienen, und auf der linken Seite des Feldes lagen hinter einer weiteren Schonung die ersten Gebäude des nächsten Dorfes. Hier würden wir kämpfen müssen. Das Areal war etwa so groß wie ein Fußballfeld. Gelb und braun und trostlos. In ein paar hundert Meter Entfernung begann die Westplatte. Oben konnte ich die Fahrzeuge unserer Schwesterkompanie erkennen.

Hoffentlich schießen die nicht versehentlich auf uns, kam mir in den Sinn. Und hoffentlich haben die afghanischen Soldaten das Dorf im Griff. Wir hatten die Gebäude bei unserem Durchmarsch nicht durchsuchen können.

Ich lag auf der Böschung und beobachtete. Ich hatte gerade noch ausreichend Schatten, um nicht in der prallen Sonne liegen zu müssen. Muli, Mica, Hardy, Simbo und TJ erging es da schlechter. Ich hörte sie über mir reden. Plötzlich fing der Beschuss wieder an. Aber diesmal auf unsere Stellung! Ich kroch ein wenig zurück. Die Aufständischen mussten in dem Graben liegen, der zweihundert Meter gegenüberlag. Hier unten fühlte ich mich geschützter. Es flößte mir Mut ein, allein und versteckt zu sein, nicht bei den anderen da oben liegen zu müssen. Als ich merkte, dass sie wohl auf Muli und den Rest schossen, schob ich mich vorsichtig nach vorne. Durch das Zielfernrohr erkannte ich einen Schatten. War es ein Kopf? Da, er bewegte sich. Ich atmete langsam ein und aus. Mein Herzschlag beruhigte sich. Ich zielte sorgfältig und suchte mit dem Finger den Abzug. Der Schatten befand sich genau in meinem Fadenkreuz.

Hoffentlich ist das Gewehr gut eingeschossen, flog es mir durch den Kopf.

Ich würde es gleich wissen. Mit den Füßen stemmte ich mich in den lockeren Boden, presste die Waffe in die Schulter und verfolgte die Bewegungen des Schattens. Er schien es nicht eilig zu haben, war sich wohl sicher, unentdeckt zu sein. Ich spannte meinen Körper an, brachte den Atem noch mehr zur Ruhe.

Und drückte ab.

Im gleichen Augenblick tauchte der Schatten im Graben unter.

Verdammt, fluchte ich innerlich. Ich war mir sicher, ihn nicht erwischt zu haben. Und ärgerte mich darüber.

Zum Nachdenken bekam ich keine Gelegenheit. Sie schossen wieder herüber. Aber diesmal erbitterter. Es hörte gar nicht auf. Plötzlich ratterte Simbos Maschinengewehr. Er antwortete, bis sich das Hin und Zurück zu einer bedrohlichen Symphonie verband, die alles andere übertönte. Da zischte es über meinem Kopf. Verwundert riss ich die Augen auf und sah, wie ein paar Äste abknickten. Löcher waren in die Blätter gerissen worden. In Panik rutschte ich die Böschung herunter und kauerte mich auf dem Boden des Erdlochs zusammen.

Scheiße, dachte ich. Scheiße!, brüllte ich. Scheiße, scheiße, scheiße!

War ich erkannt worden? Hatte mich mein Schuss verraten? Oder waren es Querschläger, die eigentlich Simbo galten? Ich machte mich so klein wie möglich. Mein Herz schlug wie wild, schien meinen Brustkorb sprengen zu wollen. Mein Mund war trocken, die Zunge klebrig. Erst als der Beschuss nach ein paar Minuten aufgehört hatte, reckte ich den Kopf wieder über den Rand des Loches. Es war still. Und im gleichen Augenblick flog meine Angst von mir, als wäre sie niemals da gewesen. Ich war völlig ruhig, fast vollständig entspannt. Aber ich wusste, dass es beim nächsten Schuss wieder losgehen würde. Ein Scheißgefühl.

Es war inzwischen später Nachmittag, als sich nach langem Herumsitzen zwei unserer Scharfschützen näherten.

Wir sollen die Stellung hier übernehmen, hat Muli gesagt. Du sollst nach oben zu den anderen.

Einerseits war ich irgendwie froh, nicht mehr alleine zu sein, andererseits wollte ich die Geborgenheit meiner kleinen Ecke nicht verlassen. Kriechend näherte ich mich dem Trupp von hinten. Nun lag auch ich in der Senke zwischen den beiden Wällen. Eigentlich war es eine nützliche Stellung, aber weil der Wall in unserem Rücken niedriger war, liefen wir Gefahr, getroffen zu werden, wenn auf Nossis Trupp geschossen wurde. Denn die lagen am anderen Rand der Schonung hinter uns und sicherten nach Osten ab. Dort, wo der Kampf am Vormittag angefangen hatte.

Okay, einer von uns hat sein Auge immer über dem Wall. Der Rest kann sich hier unten in der Senke ausruhen, befahl Muli.

Muli, der immer noch klatschnass von seinem unfreiwilligen Bad im Bach war, versuchte die ganze Zeit, seine Kleidung zu trocknen. Erst drehte er sich immer wieder, um sich auf allen Seiten von der Sonne bescheinen zu lassen. Aber er schwitzte zu stark, die Sachen wurden nicht trocken.

So ein Mist, schimpfte er gereizt.

Schließlich zog er Stiefel, Socken und Hose aus und legte sie hinter sich an den Wall. Nun lag er in einem merkwürdigen weißen Schlüpfer auf dem Boden und hatte oben herum seine Schutzweste an.

Alter, wie siehst du denn aus!, rief Mica prustend.

Und was ist das für ein Schlüpfer?, setzte Hardy nach.

Die gibt es im Fünferpack im Kaufhaus in Jena. Das sind original Ostschlüpfer, die sind super bequem, erklärte Muli voller Stolz.

Eine Sekunde lang schauten wir ihn verständnislos an. Dann brachen wir in ein lautstarkes Gelächter aus. Mit seiner Unterhose und der Kampfausrüstung sah er einfach zu komisch aus.

Wir wurden von Gewehrfeuer unterbrochen.

Abschnitt drei, brüllte Muli. Im Graben, Entfernung hundertachtzig!

Muli nahm seine Waffe in die Hand und zielte. Und so lag er mit seiner weißen Unterhose an der Böschung und schoss auf den Feind.

In unser Gewehrfeuer mischten sich Salven fremder Waffen. Erst nach einiger Zeit merkten wir, dass es von rechts kam.

Die Afghanen unterstützen uns!, brüllte Muli erleichtert.

Unsere Verbündeten von der afghanischen Armee mussten endlich am Dorfrand in Stellung gegangen sein. Sie lagen ein großes Stück rechts von uns, aber nahmen nun auch den Gegner auf der gegenüberliegenden Seite unter Beschuss. Wir waren hier nicht mehr völlig allein.

Mit dem anbrechenden Abend machte sich nun auch die Gewissheit breit, über Nacht bleiben zu müssen. Das Gelände im Norden, wo der Vorposten gebaut werden sollte, war vorbereitet, aber der Aufbau hatte noch nicht begonnen. Als die Sonne langsam auf den Horizont niedersank, war ich mir schon fast sicher, dass der Abend ruhig verlaufen würde.

Doch genau in diesem Moment begannen die Aufständischen wieder auf uns zu schießen. Das auffällige Tackern der Kalaschnikows flammte auf. Sofort zog ich den Kopf hinter den Wall zurück. Krampfhaft versuchte ich, Ruhe zu bewahren. Dabei hätte ich innerlich fast zerspringen können.

Wir teilen die Baumreihe in Abschnitte ein, brüllte Muli seine Anweisungen. Linker Abschnitt, Mitte und rechter Abschnitt! Sie schießen jetzt aus dem linken Abschnitt, Feuer frei!

Mica und TJ arbeiteten wild mit ihren Gewehren. Zielen und schießen, nachladen, wieder zielen. Simbo durfte nicht feuern, um Munition für das Maschinengewehr zu sparen.

So ein Dreck!, rief er genervt.

Langsam stellte sich die Dämmerung ein, und mit der nahenden Dunkelheit wurde es auch auf dem Schlachtfeld ruhig. Der Kampf hatte mit Unterbrechungen den ganzen Tag gedauert. Er kostete unendlich viel Kraft. So viel Energie, die der Körper mit Marschieren, Kämpfen und Denken verbrauchte. Je höher der Adrenalinspiegel stieg, umso schneller schien sich mein Magen zu leeren. Ich hatte Hunger. Die anderen ebenfalls. Aber als Muli den Zugführer anfunkte, wann denn die Fahrzeuge mit der Verpflegung ins Dorf gefahren würden, wiegelte Mü ab.

Wegen der Kämpfe unmöglich, berichtete er. Zu gefährlich, wir müssen erst die Lage morgen abwarten, Mü Ende.

Als wir am Vorabend die Rucksäcke packten, hatten wir mit heftigem Feindkontakt wie in Khalalzay gerechnet und fast nur Wasser und jede Menge Munition mitgenommen. Die Notrationen hatten in den schweren Rucksäcken keinen Platz mehr gehabt. Jetzt standen wir ohne Essen da. Während Muli in die Schonung kroch, um sich mit Nossi zu beraten, durchsuchte ich noch einmal gründlich meinen Rucksack. Ich probierte immer, irgendetwas in Reserve zu haben und fand eine Tafel Bitterschokolade und eine Packung Kekse, dazu noch eine Hauptmahlzeit.

Als die Sonne schließlich ganz hinter den Bergen in der Ferne verschwunden war, lagen wir auf dem Rücken und knabberten Kekse. Die Hauptmahlzeit war vegetarisch. Wir reichten sie herum und schaufelten den Inhalt mit der einzigen Plastikgabel, die ich dabei hatte, abwechselnd aus der Verpackung. Das Essen war kalt und passte nicht zur bitteren Schokolade. Aber für den Augenblick waren wir halbwegs satt.

Ist doch ganz nett hier, witzelte Hardy und grinste.

Als Muli zurückkehrte, war es stockdunkel.

Wir müssen diese Stellung halten, berichtete er. Nossi sichert hinter uns in die andere Richtung, auf dieser Seite ist aber auch der Foxtrott Zug. Der Hotel Zug schützt weiter nördlich die Baustelle für den Vorposten. Und Brandy und Mü riegeln das Dorf in Richtung Süden ab.

Zum Schluss fertigten wir noch einen Wachplan an und machten uns für die Nacht bereit.

Geht sparsam mit den Batterien um, schärfte Muli uns ein.

Wir rollten uns irgendwie zwischen den Rucksäcken zusammen und lagen unter den wenigen Schlafsäcken, die wir dabei hatten, eng aneinander. Dieser endlos scheinende Tag, der lange vor dem Morgengrauen begonnen hatte, war schließlich zu Ende.

Irgendwann schreckte ich hoch. Ein lauter Knall hatte mich aus dem Schlaf gerissen. Was war geschehen? Niemand hatte uns alarmiert, keine Gewehrschüsse drangen durch die Dunkelheit, dafür wurde es plötzlich taghell. Eine leuchtende weiße Kugel schwebte über uns und hüllte die Umgebung in gleißendes Licht.

In Deckung, rief Muli, alle auf den Boden!

Die Panzerhaubitze im Feldlager schoss Leuchtgranaten über das Dorf, um den Gegner zu stören. Im Moment störte sie aber unseren Schlaf. Wir legten uns flach hin, damit wir nicht aufgeklärt werden konnten. Als die leuchtende Kugel auf dem Boden aufschlug, wurden wir wieder von der Dunkelheit verschluckt.

Mitten in der Nacht rüttelte Mica an meiner Schulter und erinnerte mich daran, dass ich gleich mit der Wache dran wäre. Mir war kalt und ich zitterte. Offenbar hatte langsam der Wetterumschwung eingesetzt. Während es tagsüber noch brütend warm war, kühlte sich die Luft in der Nacht schon spürbar ab. Ich hatte keine Lust, unter dem Schlafsack hervorzukriechen. Mica musste mich nochmals anstoßen. Ich schlüpfte in die Stiefel, die ich zum Trocknen neben meinen Rucksack gestellt hatte. Muli und ich bildeten ein Team für die Wache. Als wir schließlich bequem auf der Wallkrone saßen, betrachtete ich den dunklen Himmel.

Ich wusste nicht, was ich sagen sollte. Ihm gestehen, wie sehr ich unter der Situation litt? Der ständige Beschuss, die andauernde Gefahr?

Das hier wird ganz schön heftig, sagte Muli, was in mir keine Beruhigung auslöste. Aber wir sind jetzt schon so weit gekommen, wir haben so ein phantastisches Team, fügte er hinzu. Wir werden auch das hier meistern.

Es war gut, Muli um mich zu haben. Er war für mich längst mehr als nur ein Kamerad. Und auch die anderen, so sehr sie mich auch nerven konnten, hatten in meinem Herzen einen Platz eingenommen, der mehr wog, als es eine Familie tun konnte. Wir waren eine Kampfgemeinschaft. Und wir standen Seite an Seite. Umso mehr machte es mir zu schaffen, was im Moment mit mir los war. Ich hatte große Angst, sie zu enttäuschen.

Der nächste Morgen brachte die Hoffnung mit sich, dass wir bald unsere Fahrzeuge und damit die Verpflegung ins Dorf bekämen. Aber wir hatten die letzte Müdigkeit noch nicht ganz aus den Gliedern geschüttelt, da hörten wir irgendwo bereits den ersten Schuss.

Was glaubt ihr, wann es bei uns losgeht?, rief Mica gelassen in die Runde.

Während ich mich noch fragte, woher er diese unglaubliche Ruhe nahm, beantwortete er die Frage selbst.

Gestern ham sie ungefähr um zehn angefangen, auf diese Stellung hier zu schießen. Vielleicht ist es heute wieder so.

Muli, der ein paar Meter weiter auf dem Boden hockte und

eine Zahnbürste im Mund hatte, nuschelte: Wir können ja 'ne Wette draus machen. Ich tippe auf zehn Uhr dreißig.

Ich sag elf, warf Hardy eifrig dazwischen.

Dann nehm ich neun Uhr fünfundvierzig, meinte ich.

Gibst du mir mal dein Klopapier?, fragte Simbo und verschwand damit zwischen den Bäumen.

Wir aßen die letzten Kekse und saßen auf dem Boden, als wir weit entfernt Schüsse hörten.

Das sind wieder die Amis, rief Muli erfreut.

Aber das Glücksgefühl hielt nur kurz an.

Kontakt!, brüllte Simbo, der gerade zurückgekommen war, als sie anfingen, uns zu beschießen. Vielleicht waren wir zu unbekümmert gewesen und waren mit den Köpfen über dem Wall erschienen. Vielleicht hatten sie aber ohnehin vorgehabt, jetzt anzugreifen. Es geschah fast zur gleichen Zeit wie gestern, und wir alle hatten mit unserer Wette nah dran gelegen.

Mica lag ganz links und beobachtete mit dem Fernglas die gegenüberliegende Baumreihe. TJ lag daneben und schoss. Simbo bettelte immer wieder darum, mit dem Maschinengewehr schießen zu dürfen, und Hardy lud gerade eine Gewehrgranate nach. Muli hatte das Funkgerät am Ohr, und ich konnte mich vor Schreck nicht rühren und saß zusammengesackt in der Mitte des Grabens und hoffte, dass alles schnell vorbeiging. Ich war nicht in der Lage, meine Waffe zu greifen. Konnte ich mich etwa nur noch um das Essen kümmern? Das war sicher auch sehr wichtig, ich unterstützte die anderen gerne. Aber mir reichte das nicht. Ich schämte mich.

Als der erste Angriff vorbei war, betrachteten wir die Umgebung. Der Staub wirbelte noch durch die Luft und deutete die Stellen an, wo Gewehre abgefeuert worden waren. So erhielten wir einen guten Überblick, wo sich die Aufständischen versteckten.

Es war der zweite Tag in Quatliam. Und der erste Tag im November.

In der Ferne rumorte der Pionierpanzer, mit dessen großer Schaufel der Schutzgraben an der Baustelle ausgehoben wurde. Auch die Schützenpanzer waren unterwegs. Immer wieder durchbrach Gewehrfeuer das tiefe Brummen der Panzermotoren. Manchmal nur einzelne Schüsse, oft ganze Salven. Was war dort los? Der ganze Westteil des Dorfes war für uns nicht einsehbar. Wir fühlten uns hier, am Ende des Dorfes, wie der Wurmfortsatz dieses großen Organismus, den unsere Kompanie bildete. Trotzdem war unsere Stellung sehr wichtig. Wenn der Feind hier durchbrach, konnte er den anderen Zügen in den Rücken fallen.

Dumpfe Schläge erschütterten das Dorf.

Was ist da los?, wollte TJ wissen.

Die schießen mit Mörsern, erklärte Muli.

Und wirklich. Die Aufständischen hatten Mörser in Stellung gebracht und beschossen damit die Baustelle unseres Vorpostens in der Nähe des kleinen Friedhofs.

Was für 'n Glück, dass die nicht auf uns schießen, sagte ich und betrachtete unseren schutzlosen Graben. Die anderen Züge hatten sich wenigstens in Gebäuden verschanzt. Wir saßen als Einzige im Freien.

Die dumpfen Schläge gingen weiter, und der Funkverkehr verriet, dass man versuchte, die Mörserstellung aufzuklären. Die Feinde hatten sich zwischen den Häusern versteckt. Das war sehr geschickt. Obwohl ihr Standort ungefähr ermittelt werden konnte, durfte mit der Panzerhaubitze nicht dorthin geschossen werden.

Diese Idioten, ey, wetterte Hardy. Wenn die irgendjemanden von uns mit dem Scheiß-Mörser erwischen ...

Die Aufständischen gaben uns nicht viel Zeit, darüber nachzudenken. Brandys Gruppe stand im Feuerkampf. Das Knallen der Waffen klang bedrohlich nahe.

Die stehen fünfzig Meter vor meiner Stellung, meldete er aufgeregt über Funk.

In diesem Moment schien auch Nossis Trupp zu schießen. Wir hörten die Waffen ganz deutlich hinter uns. Da krachte es heftig. Eine Panzerabwehrrakete schlug vor uns auf dem Acker ein.

Scheiße, die schießen auf Nossi und treffen uns!, brüllte TJ.

Wir warfen uns auf den Boden. Die Rakete war von hinten über unsere Köpfe geflogen und vor uns explodiert. In diesem Augenblick ging das bekannte Tackern der Kalaschnikows direkt vor uns wieder los. Sofort sprang Mica zu seinem Gewehr. Er kniete an dem Wall und schoss zurück. Simbo schmiss sich hinter das Maschinengewehr und drückte ab. Der Munitionsgurt verschwand rasend schnell in der Waffe. Hardy unterstütze ihn und schleppte neue Munition aus dem Rucksack heran. Da schepperte es wieder.

Panzerabwehrrakete!, brüllte Muli und duckte sich.

Ich drückte meinen Oberkörper an den Wall. Ich konnte einfach nicht den Kopf heben, so sehr ich es auch versuchte. Das Tosen und Donnern der Waffen kam von allen Seiten. Es durchdrang jeden Winkel und zermalmte die Luft. Eine Symphonie des Todes, vor der es kein Entrinnen gab. Regungslos kauerte ich da, fühlte mich von allem Guten im Leben verlassen.

Dort wo die feindlichen Geschosse aufschlugen, spritzte die Erde auf. Viele kleine Fontänen umgaben uns. Ich hörte Muli brüllen.

Feuer in der Stellung! In Deckung, sofort alle in Deckung!

Er sprang nach hinten und lag mir gegenüber auf dem Boden des Grabens. Als ich meinen Kopf hob, sah ich die Erde aufspritzen. Aber nicht nur auf der Wallkrone vor uns, nein, auch hinter und neben uns. Sogar an den Wallseiten im Graben hagelten die Geschosse nieder, und überall zischte es über unseren Köpfen. Es knallte wieder. Dann noch mal. Und während ich mir ernsthaft die Frage stellte, wann es uns erwischen würde, presste ich mein Gesicht in den Sand, krallte die Hände in die Erde und hoffte nur, dass es bald vorbei wäre. Die Welt um mich herum verschwamm, und für ein paar Sekunden erschien es mir, als würde ich das Leben um mich gar nicht mehr wahrnehmen. Wieder und wieder spritzte die Erde auf. Entfernte Schüsse, nahe Schüsse. Überall nur Verderben.

Plötzlich hörten wir eine entfernte Stimme aus einem Lautsprecher, und der Beschuss hörte schlagartig auf. Ein Muezzin fing an zu singen und rief die Aufständischen zum Gebet. Es gelang mir nur langsam, wieder einen klaren Gedanken zu fassen. Auch als ich es schon wieder wagte, den Kopf zu heben, klammerte ich mich an den Erdboden, als wäre er ein guter Freund in der Not. Als Infanterist lebten wir immer in der Nähe des Bodens, und hier in dem Graben konnten wir uns sowieso kaum aufrichten. Wir aßen auf dem Boden, wir schissen auf dem Boden und wir suchten Deckung auf dem Boden.

Langsam rappelten wir uns wieder auf. Während Muli vorsichtig über den Wall lugte, kratzten Mica und TJ neben sich an der Böschung. Ein ganzer Haufen Geschosse fiel heraus. Tödliche Grüße unserer Feinde.

Alter, was war das denn?, fragte TJ mit zitternder Stimme.

Die ham es von allen Seiten gleichzeitig versucht, analysierte Muli. Auch seine Stimme bebte.

Ich konnte den Mund nicht öffnen, konnte mich nicht bewegen. Sah nur starr geradeaus, auf die Bäume mit den durchlöcherten Blättern. Scheiße.

Nossi und Brandy meldeten sich fast gleichzeitig über den Funk.

Alter, was war da denn gerade los? Nossi schnappte nach Luft.

Ich glaub, die wollten es echt wissen, berichtete Brandy erregt. Die sind auf zwanzig Meter an meine Stellungen herangekommen. Ein paar von meinen Jungs mussten nach hinten ausweichen und die ham von oben auf uns geschossen. Das war ein verdammtes Sturmabwehrschießen!

Deshalb ham die bis in unsere Stellung hineingeschossen, stammelte Muli.

Ich dachte daran, dass wir eigentlich in Brandys Stellung gelegen hätten, wäre Muli nicht ins Wasser gefallen und wir dadurch beim Anmarsch hinter Brandys Gruppe geraten.

Der Gesang des Muezzins verstummte. Ich hatte mich noch nicht wieder ganz gesammelt, als es erneut knallte.

Jetzt reicht's!, brüllte Mica und stürzte zu seiner Waffe.

TJ und Simbo schossen wie wild, Mica feuerte eine Gewehrgranate, die an der Baumreihe dumpf explodierte.

Als sie nach weiteren bangen Minuten endgültig aufhörten, auf uns zu schießen, zählten wir die verbliebene Munition. Es war nicht mehr viel.

Wir ham den Sperrbestand erreicht, berichtete Mica.

Das bedeutete, dass wir nur noch so viel Munition hatten, wie wir für Notfälle übrig behalten sollten.

Muli verschwand, um sich mit dem Zugführer zu beraten. Als er nach einer halben Stunde wieder auftauchte, blickte er sehr ernst drein.

Der hat überhaupt nichts mehr gesagt, berichtete er. Ich hab mit Nossi und Brandy einen Plan gemacht. Wir müssen diese Position auf jeden Fall halten. Unter keinen Umständen dürfen sie hier durchkommen, sonst sind die jeweils anderen Seiten der Schonung am Arsch. Und dann ham sie auch die Kompanie. Das Gleiche gilt für Nossi und Brandy.

Wir nickten stumm. Ich dachte an Mü. Endlich glaubte ich zu verstehen, was mit ihm los war. Es schien ihm wie mir zu ergehen. Mit dem Unterschied, dass ich nicht für dreißig Männer verantwortlich war. Aber wenn der Schrecken erst Besitz von dir ergriffen hat, findest du nur schwer wieder einen Weg heraus.

Als gegen Nachmittag wieder auf uns geschossen wurde, feuerten wir nicht gleich.

Lasst die ihre Munition verschießen, riet Muli. Wir schießen erst, wenn sie näher kommen.

Außerdem schien ein Scharfschütze der afghanischen Armee etwas im Visier zu haben. Er schoss alle paar Minuten auf eines der Gebäude, die wir in der Ferne sahen.

Wir kamen nicht zum Durchatmen. Genau wie in Khalalzay gab es einen einzelnen Schützen, der immer wieder äußerst präzise auf uns schoss. Über Funk forderte Muli Artilleriefeuer auf die Position an, bei der wir den Schützen an der Baumreihe vermuteten. Die Salve mit der Haubitze wurde freigegeben. Wir hockten in unserem Graben und freuten uns wie die Schneekönige.

Das Ziel ist keine zweihundert Meter von uns entfernt, schätzte Muli. Hoffentlich schießen die genau.

Wir konnten den Abschuss nicht hören. Aber wenige Sekunden, nachdem dieser über Funk bestätigt worden war, heulten zwei Granaten mit solchem Lärm heran, dass wir uns die Ohren zuhielten. Wie zwei graue Hexen rasten sie durch die Luft und schlugen schließlich an der Baumreihe in den Boden. Der Knall war gigantisch. Der Boden unter unseren Füßen vibrierte. Wir brachen in Jubel aus. Endlich.

Nur wenige Minuten später erhielten wir die Nachricht, dass die Belgier einen Luftangriff angefordert hatten. Offenbar hatten sie von ihrer Stellung aus etwas beobachtet, das uns entgangen war. Der Donnerhall am Himmel kündigte den amerikanischen Kampfjet lange an, bevor wir ihn sehen konnten. Noch niemand von uns hatte einen Bombenabwurf miterlebt. Innerlich freute ich mich darauf und hoffte, dass viele Aufständische erwischt würden. Mit lautem Heulen rasten die Bomben der Erde entgegen. Der Jet verschwand am Himmel und die gewaltige Explosion erschütterte uns. Wir lagen im Graben und klatschten laut Beifall.

Es lebe die Air Force!, schrien wir vor Freude.

Parallel zu den schleppenden Bauarbeiten an dem Vorposten, die immer wieder unterbrochen werden mussten, weil die Baustelle unter Mörserbeschuss stand, lud der Kommandeur alle einheimischen Führer der Umgebung ein, um mit ihnen das weitere Vorgehen zu besprechen. Sie berichteten, dass es bisher keine zivilen Opfer gegeben hatte, was eine gute Nachricht war. Außerdem waren inzwischen Meldungen eingetroffen, dass schon einige Feinde während der Kampfhandlungen getötet worden waren. Ich empfand es als äußerst sinnvoll, dass die Einheimischen unmittelbar mit einbezogen wurden. Es sollte ein Zeichen sein, dass wir diese gewaltigen Anstrengungen letztendlich auch für sie auf uns nahmen.

Abends konnten uns von anderen Zügen endlich ein paar Notrationen gebracht werden. Wir hatten jetzt seit zwei Tagen fast nichts gegessen. Zur Nachtwache fand ich mich wieder mit Muli auf dem Wall ein.

Wie kannst du so gelassen sein, bei all dem Schlimmen um uns herum?, fragte ich.

Weißt du, erzählte er mit ernstem Gesichtsausdruck, nur ein kompletter Idiot nimmt an, dass im Leben keine Schwierigkeiten auf uns warten. Das Problem der meisten Menschen ist, dass sie in ihrer rosaroten Plüschwelt leben. Alles Negative um sich herum blenden sie aus, solange es nicht den eigenen Vorgarten betrifft. Aber wenn dann mal was Schlimmes passiert, sind sie damit überfordert. Und das zeigt mir, dass es vielen Menschen zu Hause zu gut geht. Weil sie den Überfluss und die Sicherheit nicht zu schätzen wissen.

Im Schlafsack dachte ich noch lange über diese Worte nach. Wie leicht meckerten und nörgelten wir an allem herum. Besonders an unserem eigenen Leben. Aber lag es nicht in unserer eigenen Hand, etwas daraus zu machen? Ich war hier. Hier in Afghanistan. War das mein Weg, etwas aus mir zu machen?

Warum war ich hierhergekommen? Ich dachte an meine Motivation vor dem Einsatz. Ich hatte mich richtig darauf gefreut, wollte wissen, wie es ist, eingesetzt zu werden. Mich in meinem Beruf weiterzuentwickeln.

Und jetzt?

Hatte ich mich weiterentwickelt? Hatte ich einen Zugang zu den Widersprüchen, die sich mir immer wieder offenbarten? In Deutschland war es mir wie den meisten Menschen ergangen:

Das Ganze hier war weit weg, nicht greifbar, unverständlich. Hatte es sich mir jetzt erschlossen, nachdem ich all das am eigenen Leib erlebte? Die faszinierende Schönheit dieses Landes, den Schrecken des Krieges? Schon oft wurde berichtet, wie Soldaten im Krieg verrohten. Und auch hier konnte ich etwas Ähnliches beobachten, wenn meine Kameraden geringschätzig über die Einheimischen sprachen. Sie abwertend »Kuddel« nannten. Oder wenn ihre Witze immer derber wurden, je länger wir hier waren. Was war mit mir? Ich konnte darauf im Moment keine eindeutige Antwort geben. Vermutlich musste dafür noch Zeit verstreichen. Ein paar Monate vielleicht. Oder ein paar Jahre.

Aber wahrscheinlich hatte mich dieses Land bereits jetzt stärker verändert, als es mir bewusst war. Es würde sich erst vollständig zeigen, wenn ich wieder zu Hause war. Aber auf welche Weise?

Würde ich Nacht für Nacht schweißnass aufwachen? Oder gab es eine Möglichkeit, all das zu verarbeiten, was in dieser Zeit mit Druck auf mich einprasselte? Als ich an die Intensität dieser Einflüsse dachte, kamen mir sieben Monate gar nicht mehr so lang vor …

Jedenfalls war es noch nicht so weit. Noch war ich hier. Und noch musste ich diese Zeit irgendwie hinter mich bringen.

Seit vorgestern Mittag hatten wir uns fast nur auf dem Boden kriechend fortbewegt, und langsam fing mein Rücken an zu schmerzen. Der Helm drückte und die Weste lastete schwer auf den Schultern. Meine Kleidung war vollkommen durchgeschwitzt. Der feine Staub verklumpte an den Knien und Ellenbogen, und mein Gesicht juckte. An ausreichend Schlaf war nicht zu denken gewesen. Hier unter freiem Himmel hielt uns nachts das Beleuchtungsfeuer der Artillerie wach. Und wenn ich endlich einschlief, wurde ich schon bald wieder geweckt, weil ich Wache halten musste. Noch immer waren unsere Fahrzeuge nicht zu uns vorgestoßen, und wir hatten nach wie vor zu wenig Schlafsäcke.

Wie gern hätte ich mich während der Wache auf dem Wall in meinen eingewickelt. Aber ich überließ ihn Mica, bis ich mich selbst wieder hinlegen konnte.

Ein Blick in die Gesichter der anderen deutete mir am Morgen an, wie auch ich inzwischen aussehen musste. Nach drei Tagen im Staub, auf der Erde. Es war der dritte Tag in Quatliam. Und der zweite Tag im November.

Wir schlossen wieder Wetten ab, wann sie wohl angreifen würden. Bei dem Gedanken erschauderte ich bis ins Mark. Es war gestern so verdammt knapp gewesen. Wir waren am Sperrbestand, hatten fast die gesamte Munition verschossen. Wenn die Aufständischen wüssten, dass sie nur noch ein- oder zweimal angreifen müssten ...

Der Angriff erfolgte um die gleiche Zeit wie gestern. Durch die Gewohnheit abgestumpft, machten Hardy und Simbo sich nicht einmal mehr die Mühe, die Stiefel zu schnüren. Die beiden lagen hinter dem Maschinengewehr und schienen richtig entspannt zu sein. Sie warteten auf Mulis Feuerbefehl. Mica lag ganz links und beobachtete wieder alles durch das Fernglas. Ich zog automatisch den Kopf ein und kauerte am Wall. Die Geschosse schlugen vor uns am Wall ein, und auch bei Brandys Gruppe war Gefechtslärm zu hören.

Wie leicht ist es, die Pflicht zu erfüllen, wenn es nichts kostet, dachte ich beschämt.

Dieser Einsatz hatte schon viel gekostet. Viel Kraft, viel Schweiß, aber auch viel Überwindung. Ich hatte die Entscheidung getroffen, ihn bis zu Ende zu gehen. Aber meine Entscheidung war nur etwas wert, wenn ich sie auch umsetzte. Ich griff langsam nach meiner Waffe, war immer noch zögerlich. Und hob doch langsam den Kopf. Der Beschuss war nicht mehr so stark. Als ich mein Gewehr in die Schulter presste und mit dem Zielfernrohr auf das Mündungsfeuer an der Baumreihe zielte, hatte ich immer noch große Angst. Aber zu dieser Angst gesellte sich die Abscheu dagegen, hilflos und untätig zu sein. Hatte ich das nicht schon in jener

Nacht erlebt, als wir in den Hinterhalt geraten waren? Ich würde dieses Gefühl der Ohnmacht nur vermeiden können, wenn ich ihr aktiv entgegentrat. Und schließlich hatte ich genau das meinen Rekruten immer gesagt. Dass jeder in der Lage war, an Herausforderungen zu wachsen. Jetzt musste ich das umsetzen, was ich ihnen immer hatte beibringen wollen. Die größte Herausforderung meines Lebens. Als mein Zeigefinger das Metall des Abzugs berührte, schlug mein Herz schon ein wenig langsamer. Und als ich abdrückte, hörte ich nur ein lautes Klicken.

Störung an der Waffe!, brüllte ich zu Muli, rutschte wieder nach unten und prüfte mein Gewehr.

Als der Beschuss aufhörte, näherte sich der Chef von hinten. Er wollte sich wie jeden Tag ein Bild von unserer Lage machen. Er nahm dafür die gefährlichen Wege zwischen den weit auseinanderliegenden Stellungen der Züge auf sich, um zu sehen, wie es seinen Männern ging. Als Muli ihm die Situation schilderte und zeigte, wo sich der Feind versteckt hielt, knallte es gewaltig, direkt vor unserer Stellung. Der Boden zitterte, während wir verschreckt in Deckung gingen.

Alle waren in das Gespräch vertieft gewesen, niemand hatte auf den Abschuss geachtet, aber wäre die Panzerabwehrrakete nur zwei Meter höher geflogen, wäre sie genau in unserer Stellung explodiert. Wir wären mit einem Schlag alle tot gewesen. Jetzt zeugten nur ein Krater und eine dünne Rauchsäule davon, dass uns der Wall gerettet hatte.

Mittags aßen wir von den Notrationen, die wir gestern bekommen hatten. Kaltes Gemüsechili und Panzerkekse. Weil wir die einzige Plastikgabel nicht wiederfanden, aßen wir es mit den Fingern. Im Hintergrund ratterte und knallte es immer wieder. Die Baustelle wurde wieder mit Mörsern beschossen. Die Amerikaner in Isa Khel standen wieder im Gefecht, und der Foxtrott und der Hotel Zug lieferten sich heftige Kämpfe mit den Aufständischen.

Muli schickte mich zu den Belgiern rüber, um deren Lage zu

erkunden. Als ich zwischen den Baumreihen verschwunden war, hörte ich hinter mir Schüsse. Über Funk fragte ich Muli, ob ich zurückkommen sollte. Ich war froh, als er mich weiter zu den Belgiern schickte.

Die Stellungen der afghanischen Soldaten lagen nordwestlich von uns am Dorfrand. Sie hockten gelassen auf dem Boden, unterhielten sich und scherzten. Ich wurde freudig begrüßt. Das Fahrzeug der Belgier konnte ich sofort sehen. Sie hockten entspannt in den Sitzen, hatten die Türen geöffnet und betrachteten den Monitor der Waffenanlage auf dem Dach. Über Funk hatte ich mitbekommen, dass Muli wieder Artilleriefeuer beantragt hatte. Weil die Belgier und Afghanen fast im rechten Winkel zu unserer eigenen Stellung lagen, hatten sie einen guten Überblick über den Graben, der sich an der Baumreihe gegenüber von uns befand. Sie berichteten, dass man die Feinde über den Zoom der Waffenanlage manchmal sehen konnte, wenn sie den Kopf weit herausstreckten. Gestern hätten wir durch unseren Beschuss schon zwei erwischt, erwähnten sie anerkennend. Als der Abschuss der Artillerie gemeldet wurde, blickte ich gespannt auf den Bildschirm. Als die erste Granate mit lautem Krachen aufschlug, zitterte der Boden. Auf dem Bildschirm war nur noch eine große Staubwolke erkennbar.

Yeah, fucking amazing, jubelten die Belgier mit ihrem französischen Akzent und klatschten in die Hände.

Doch als sich der Staub wieder verzog, konnten wir auf dem Bildschirm noch etwas erkennen. Ein Kopf tauchte aus dem Graben auf, dann eine Schulter. Schließlich konnte ich den Oberkörper eines Mannes sehen, der den rechten Arm ausstreckte. Er krümmte sich und verzog das Gesicht. Er schien starke Schmerzen zu haben, als er sich hin und her wand. Plötzlich tauchte ein zweiter Kopf auf. Ein bärtiger Mann hatte den Verwundeten an den Schultern gepackt und wollte ihn fortschleppen. In diesem Moment schnellte mit einem lauten Pfeifen die zweite Granate heran. Die beiden Männer blickten nach oben, als ob sie das gewaltige Geschoss auf sich zurasen sahen. Oder als ob sie sich an den Himmel wandten. So standen sie für den Bruchteil einer Sekunde regungslos in diesem Graben, der eine im Arm des anderen, und starrten nach oben. Mir wurde bewusst, was gleich passieren würde, aber ich fühlte nichts. Es war ihre Entscheidung gewesen, gegen uns zu kämpfen, und solche Dinge geschahen nun mal im Krieg. Als das zweite Geschoss mit brutaler Gewalt aufschlug, blieb nur eine Staubwolke auf dem Bildschirm zurück.

Auch heute wurde wieder eine Versammlung mit den einheimischen Führern abgehalten. Muli teilte uns nach meiner Rückkehr mit, dass sogar der Dorfälteste von Isa Khel daran teilnahm. Zunächst kam es mir ein wenig absurd vor, den Führer dieses Dorfes einzuladen. Des Dorfes, wo am Karfreitag all die schrecklichen Dinge passiert waren. Aber vielleicht war genau das die einzige Möglichkeit, die unterschiedlichen Interessen all dieser Clans und Dorfgemeinschaften zu berücksichtigen. Die einzige Möglichkeit, unsere Feinde auf unsere Seite zu ziehen. Denn wenn wir einmal aus diesem Land abzogen, würden sie immer noch hier sein.

Auch diese Besprechung ergab, dass es bisher keine zivilen Opfer gegeben hatte, obwohl wir wussten, dass in Quatliam noch Menschen in ihren Hütten/Häusern ausharrten. Denn nicht alle waren vor Beginn der Kämpfe geflohen.

Nach meiner Rückkehr in unsere Stellung fing ich an zu graben. Das heftige feindliche Feuer, dem wir gestern ausgesetzt waren, hatte gezeigt, wie schutzlos wir hier lagen. Die beiden flachen Wälle mit dem seichten Graben dazwischen, der nun schon seit Tagen unser Zuhause war, erschien mir einfach nicht sicher genug. Ich begann, ein breites und tiefes Loch auszuheben und verteilte die Erde rechts und links davon. Es dauerte mehrere Stunden, und weil ich nicht im Stehen arbeiten konnte, schmerzte die gebückte Haltung im Rücken. Aber so hatte ich wenigstens eine Beschäftigung und konnte zusätzlich unsere Lage verbessern. Die anderen belächelten mich. Als ich auch links an Micas

Stellung mit dem Graben anfing, wollte jeder am liebsten in so einem Loch stehen, um ein wenig mehr verborgen zu sein. Niemals hätte ich gedacht, dass ich nach meiner Grundausbildung noch mal dazu kommen würde, ein Schützenloch auszuheben. Aber dieser Kampf hier war anders als unsere gesamten Erfahrungen in den letzten Monaten.

Wir wurden den ganzen Tag über immer wieder angegriffen. Das ganze Dorf lag unter ständigem Beschuss. So etwas hatte noch keiner hier erlebt. Die Aufständischen setzten ihre ganze Kraft ein, um uns wieder von hier zu vertreiben. Kämpften verbissen und mit aller Härte, und wir konnten ihnen nur auf die gleiche Weise antworten. Hockten Tag für Tag in unseren Stellungen und erwarteten den Feind, der immer wieder angriff. Bekämpften sie mit Artillerie und Flugzeugen, Panzern und Scharfschützen und schließlich auch mit Kampfhubschraubern, die uns von den Amerikanern geschickt wurden.

Mulis Vorschlag, Tarnfächer anzulegen, gefiel mir besonders gut. Die handwerklichen Aufgaben vertrieben mir über den Tag die Zeit und sorgten dafür, dass ich von meinen Sorgen abgelenkt war.

Material fand ich zwischen den Bäumen in Hülle und Fülle. Allerdings musste ich in der Schonung langsam aufpassen, wo ich hintrat. Ein ganzer Zug hinterließ dort sichtbare Spuren, und in den kleinen Gräben zwischen den dünnen Bäumen lagen überall kleine Stapel aus Toilettenpapier.

Die Tarnfächer waren Gebilde aus Ästen und Blättern, Zweigen und Gräsern. Wir stellten sie auf die Spitze des Walles und hofften so, das Vorfeld beobachten zu können und dabei den Blicken der Angreifer zu entgehen. Wir fügten die selbstgebastelten Gebilde so gut es ging in die Struktur des Walles ein und verbesserten unsere Stellung immer mehr. Da wir auch ein paar leere Sandsäcke dabei hatten, konnten wir den zur Seite hin offenen Wall sogar noch stärker befestigen.

Gegen Abend erreichte uns noch ein Funkspruch. Es gab Informationen, die darauf hindeuteten, dass ein Selbstmordattentäter in Quatliam eingesetzt werden sollte. Während ich etwas zynisch überlegte, ob wir ab sofort jeden Zivilisten erschießen müssten, der auf uns zugerannt kam, stieß ich Mica an, der sich schon hingelegt hatte.

Wir ham 'ne Attentäterwarnung, berichtete ich.

Er brummte nur, drehte sich um und schlief weiter.

Als der Tag sich schließlich dem Ende neigte und ich unser Werk betrachtete, war ich heilfroh, dass die Dunkelheit hereinbrach. Sie versprach Ruhe und wenigstens etwas Entspannung.

Ein Funkspruch ließ uns noch einmal aufhorchen.

Hier Mü, wir können jetzt unsere Fahrzeuge in die Dorfmitte holen. Schickt jemanden rüber, Ende.

Endlich eine gute Nachricht! TJ und Hardy gingen zügig los und verschwanden bald hinter den Bäumen. Zusammen mit den vier anderen von Nossis Trupp und Brandys Gruppe mussten sie den ganzen Weg zur Höhe 432 zurücklaufen. Und weil die Baustelle trotz der einbrechenden Dunkelheit immer noch unter Beschuss stand, waren sie aufgehalten worden. Als die beiden nach Stunden schwer beladen in die Stellung zurückkehrten, weitere Rucksäcke, Schlafsäcke und Verpflegung schleppend, war TJ mit Mica auch noch mit der Nachtwache dran. Er schimpfte noch eine ganze Weile vor sich hin.

Ich hatte mich schon fast damit abgefunden, noch lange hier bleiben zu müssen. Eine seltsame Mischung aus Angst und Gleichgültigkeit gegenüber der Situation machte sich in mir breit. Erst ein heftiger Knall riss mich aus meinen Gedanken. Ein greller Lichtblitz beleuchtete das große Loch neben unseren Stellungen. Zur Absicherung hatten Mica und Muli dort einen Bodenleuchtkörper aufgestellt. Dabei handelte es sich um eine Phosphorflamme, die durch einen Stolperdraht ausgelöst werden konnte. So wollten wir verhindern, dass uns nachts jemand in den Rücken fiel. Schließlich hatten ein paar Männer aus dem Dorf schon einmal versucht, unsere Stellung auszukundschaften.

Nun erhellte die ausgelöste Flamme die Dunkelheit und machte ein kleines Stück der Schonung fast taghell. Wir griffen nach unseren Waffen und stürzten an den Rand des breiten Loches. Dann krochen wir vorsichtig weiter und versuchten, in dem grellen Licht einen Überblick zu bekommen. Nichts war zu sehen. Kein Geräusch zu hören. Auch als die Flamme langsam ausbrannte, erkannten wir nichts. Wir spähten angestrengt in die sich wieder ausbreitende Dunkelheit. Dann glitten wir über die Böschung in das Loch hinab und lauschten angestrengt. Nichts. Wir tasteten uns zwischen den Bäumen durch. Jeder Schritt war unendlich langsam, jede Bewegung sehr vorsichtig. Wir mussten höllisch aufpassen, nicht zwischen den Ästen zu stolpern. Ich schaltete mein Nachtsichtgerät ein und bewegte mich achtsam durch die grün schimmernde, verschwommene Umgebung. Als wir den ausgebrannten Bodenleuchtkörper erreichten, raschelte es vor uns. Wir hielten inne und lauschten. Nichts geschah. Mein Atem war das Einzige, was die Stille durchbrach, und ich schloss kurz die Augen, um besser hören zu können. Als ich sie wieder öffnete, bewegte sich ein Schatten langsam auf uns zu. Auch Muli schien ihn bemerkt zu haben, denn er hob vorsichtig seine Waffe und zielte. Ich wagte nicht, mich zu bewegen, blickte nur gebannt in das Unterholz. Mein Herz pochte, meine Hände schwitzten. Der Schatten näherte sich vorsichtig. Auf einmal machte er einen Satz. Er sprang auf uns zu, und ich wäre fast gestolpert. Dann hörte ich ein lautes Knurren und er war verschwunden.

Erleichtert blickten Muli und ich uns an.

Scheiß Köter, entfuhr es ihm.

Als der nächste Morgen anbrach, blieben alle, die keine Wache hatten, erschöpft in ihren Schlafsäcken liegen. Müde und angespannt quälte ich mich aus dem Schlafsack. Ein Blick in den Himmel verriet, dass sich das Wetter wohl bald ändern würde. Er wirkte blass und die Sonne verschwand hinter einem grauen Dunstschleier. Ich zog den Schlafsack über den Kopf und versuchte, weiterzuschlafen. Als mich Mica schließlich durch einen Tritt weckte, war es halb elf.

Gleich geht's wieder los, bemerkte er zynisch.

Es war der vierte Tag in Quatliam und der dritte Tag im November.

Meine Kleidung stank fürchterlich. Und als ich das gleiche Shirt wie vorgestern anzog, musste ich mich kurz dazu überwinden, es über den Kopf zu streifen. Meine Füße waren weiß und schrumpelig vom Schweiß. Die Stiefel trockneten kaum noch, der Sand war inzwischen in jeder Tasche, in jedem Kleidungsstück, innen und außen und im Rucksack. Die Socken, die am schlimmsten stanken, vergrub ich in einer Ecke. Die übrigen lagen über dem Rucksack, um zu trocknen. Den Kameraden erging es nicht besser. Wir wirkten wie ein verschmutzter, lehmiger Klumpen mit strähnigen Haaren und dunklen Rändern unter den Augen.

Der erste Angriff erfolgte tatsächlich wieder um die gleiche Zeit. Es war verrückt und beängstigend zugleich. Auch heute schossen sie sehr präzise. Als die Erde oben auf dem Wall wieder zu spritzen begann, rutschte ich in eines der Löcher, die ich gegraben hatte. Es fühlte sich an wie in einem Kokon. Rechts von mir kämpfte Simbo mit einer Störung an seinem Maschinengewehr. Hardy wollte gerade eine Gewehrgranate abfeuern, als er zu Simbo stürzte und mir sein Gewehr in die Hand drückte.

Hier, schieß du für mich!, brüllte er.

Zögerlich griff ich nach der Waffe und schob meinen Kopf vorsichtig über den Rand des Walls.

Joe, du schießt in Bereich zwei, Mica in Bereich eins, Feuer, befahl Muli lautstark.

Ich hob den Kopf noch etwas weiter, und mein Herz begann wieder in der Brust zu hämmern.

Scheiße, dachte ich und drückte die Waffe eilig in die Schulter. Obwohl ich Schritt für Schritt entschlossener wurde, wollte ich es einfach nur hinter mich bringen. Ich zielte auf den Graben und drückte ab. Dann schoss ich noch einige Male mit dem Gewehr, bis es klickte. Eine Störung an der Waffe. Im gleichen Augenblick erfüllte wieder das bekannte Pfeifen die Luft. Die Geschosse schwirrten an unseren Köpfen vorbei, und ich hastete in das Loch zurück.

Kopf runter, schrie ich Simbo und Hardy an.

Schließlich lagen wir wieder unten auf dem Boden, während über uns die Geschosse einschlugen. Doch da hörten wir plötzlich auch ein anderes Geräusch. Ein dumpfer Knall. Dann noch einer.

Da schießt ein Schützenpanzer!, brüllte Muli erfreut.

Wir hatten schon wieder Grund zum Jubeln. Über Funk hörten wir die entspannte Stimme von Freddy, einem der Schützenpanzerkommandanten des India Zuges.

Ich dachte, ihr könnt hier hinten ein wenig Unterstützung gebrauchen, sagte er entschlossen.

Er war vor Nossis Stellung herumgefahren und stand jetzt irgendwo zwischen den Stellungen vom Foxtrott Zug und Brandy. Von dort schoss er auf den Graben und die Baumreihe. Das dumpfe Hämmern der Bordkanone erfüllte mich mit einem Glücksgefühl. Er war wie ein rettender Schutzengel zu uns gekommen. Aber nach einigen weiteren Schüssen knallte es laut.

Hier Freddy, die schießen mit Panzerabwehrraketen auf mich.

Es folgte ein Einschlag, dann noch einer. Banges Warten. Hatten sie ihn erwischt? Der Kampf war wieder in aller Heftigkeit entbrannt. Freddy musste sich ein Stück zurückziehen, und der Beschuss auf unsere Stellung ging wieder los.

Erst viel später erfuhren wir, dass Freddys Schützenpanzer von Süden und Osten her gleichzeitig mit Panzerabwehrraketen beschossen worden war und er sich mit der Bordkanone und einem kleinen Maschinengewehr zu beiden Seiten verteidigte, während er versuchte, dem feindlichen Feuer auszuweichen. Es war so knapp geworden, dass der Chef sich schon sicher war, den Schützenpanzer mit der gesamten Besatzung verloren zu haben. Unser Schutzengel war haarscharf der Vernichtung entgangen.

Um ihn zu entlasten, schossen wir auf eines der Gebäude im Süden, von wo immer wieder Mündungsfeuer aufblitzte. Nach mehreren Gewehrgranaten und ein paar Salven mit dem Maschinengewehr brannte es. Aber auch wir wurden beschossen. Die Feinde versuchten es wieder mit allen Mitteln. Der Funk vermittelte kein gutes Bild.

Das Polizeihauptquartier wird auch angegriffen!, rief Muli erschreckt.

Die Aufständischen hatten offenbar eine große Offensive gestartet, um eine Entscheidung herbeizuführen. Während starkes Gewehrfeuer aus Richtung des Foxtrott und Hotel Zuges erklang, ging der Kampf bei uns unvermindert weiter.

Es war wie ein Befreiungsschlag, als ein Kampfjet im Tiefflug über das Dorf raste, um den Gegner einzuschüchtern. Beim zweiten Anflug warf er seine todbringende Ladung ab. Es waren wieder die Belgier gewesen, die den Abwurf angefordert hatten. Muli verlangte für unseren Bereich über Funk Artilleriefeuer. Als die Haubitze ihre gewaltigen Granaten zu uns schickte, hoffte ich, dass es wieder möglichst viele von denen erwischte. So wie gestern in dem Graben.

Die erste Granate heulte heran. Sie flog zu weit und traf ein Feld, das hinter dem Graben mit der Baumreihe lag und in Flammen aufging. Als die zweite Granate heranraste, explodierte sie mit lautem Knall. Als wir die Köpfe wieder hoben, konnten wir keinen Aufschlag erkennen. Wo war der Treffer gelandet? Eine Rauchsäule über dem Dorf im Süden bestätigte, dass der zweite Schuss nun zu kurz gewesen war. Und die Häuser der geflohenen Einwohner getroffen hatte.

Als der Gefechtslärm endlich leiser wurde und ich mich wieder aus meinem tiefen Loch traute, brauchte mein Herzschlag diesmal eine ganze Weile, um sich wieder zu beruhigen.

Der Nachmittag verlief wesentlich ruhiger. Aber immer wieder wurde irgendwo geschossen. Als wir gegen Abend müde und abgekämpft unser Essen aßen, begutachteten wir unsere Waffen.

Munition war genug da, seit wir aus den Fahrzeugen Nachschub geholt hatten und auch vom Rest der Kompanie versorgt worden waren. Aber die Gewehre waren in keinem guten Zustand. Mein Gewehr hatte schon ein paar Mal Störungen gehabt, und auch Hardys Waffe war vorhin ausgefallen. Muli hatte Probleme mit dem Verschluss und nur noch Simbo und Mica hatten bei sich nichts festgestellt. Langsam ging die Operation hier an unsere Substanz. Mental und was die Ausrüstung betraf. Wann würde das hier endlich ein Ende haben?

Während der Nachtwache saß ich wieder mit Muli dick angezogen auf dem Wall. Das Feld gegenüber brannte immer noch und erhellte die Dunkelheit.

Findest du es sinnlos, was wir hier machen?, fragte ich ihn.

Er schaute verdutzt und überlegte einen Moment lang.

Weißt du, fing er an und kratzte sich am Kopf, ich will als Soldat ernst genommen werden. Er machte eine Pause.

Es bringt doch nichts, wenn wir zu Hause schief angeschaut werden, weil wir in diesen Einsatz gehen. Wie sollen wir stolz auf unsere Arbeit sein, wenn unser eigenes Land nicht weiß, wie es mit uns umgehen soll? Weißt du, erklärte er, ich sitze hier in Afghanistan, weil ich etwas tue, an das ich glaube. Es ist doch scheißegal, ob das hier richtig oder falsch ist, weil das sowieso niemand sagen kann. Vielleicht wurde dieser Krieg aus den falschen Gründen begonnen. Aber inzwischen haben wir die Chance, hier ernsthaft etwas zu verändern. Das zählt, und nicht etwas, was vor zehn Jahren mal schiefgegangen ist. Ich bringe mich mit vollem Einsatz und mit meinem Leben dafür ein, weil ich davon überzeugt bin.

Und kannst dabei draufgehen, ergänzte ich.

Und kann dabei draufgehen, wiederholte er mit Nachdruck. Aber weißt du, fast alle Menschen sterben einsam, hustend und keuchend und unter Schmerzen. Florians Tod kam schnell. Er war umgeben von Freunden. Und dabei tat er etwas, von dem er überzeugt war. Das finde ich sehr tröstlich.

Und dann fügte Muli fast beiläufig hinzu: Ich wünsche mir auch ein schnelles Sterben …

Als ich später allein in meinem Schlafsack lag, dachte ich darüber nach, was wir hier versuchten. Dieses Land war so anders als unseres. Konnten wir mit unseren Wertvorstellungen überhaupt für ein sicheres Umfeld sorgen?

Wir als Soldaten versuchten hier etwas und hatten doch keine richtige Idee, was dieser Versuch bedeutete. Ich hatte mir eingebildet, einfache Antworten zu bekommen. Aber die wesentlichen Dinge waren kompliziert, weil so viele Menschen daran beteiligt waren. Vielleicht bestand das Problem darin, dass es niemand schaffte, auf die komplizierten Fragen einfache Antworten zu geben. Wenigstens wusste ich jetzt, dass ich diesen eingeschlagenen Weg zu Ende gehen wollte. Auch wenn ich nicht alle Fragen beantworten konnte, die sich daraus ergaben. Aber ich musste eine Entscheidung treffen. Nur das war jetzt wichtig.

Als mich Hardy am nächsten Morgen weckte, wollte ich nicht aufstehen, schließlich lag ich noch nicht sehr lange im Schlafsack. Aber er rüttelte an meiner Schulter, bis ich nachgab.

Was 'n los?, wollte ich wissen.

Da vorne bei dem brennenden Gebäude ist ein feindlicher Beobachter. Ich hab ihn mit dem Fernglas erkannt. Er hat 'n Funkgerät oder so was und 'n Fernglas.

Ich kam ruckartig hoch. Schlüpfte in meine Stiefel und kroch neben Hardy an den Wall.

Gib mir mal das Fernglas, sagte ich leise und bewegte mich vorsichtig.

Tatsächlich, eines der Nachbargebäude hatte einen turmartigen Aufbau. Dort stand ein Mann, halb verdeckt, und sah sich vorsichtig um. Ein Gewehr lehnte neben ihm an der Wand, und er sagte etwas in ein Handy oder Funkgerät. Vielleicht wollte er Zielangaben für einen Mörser durchgeben.

Etwas musste geschehen. Als ich nach meiner Waffe griff, spürte ich plötzlich eine Wut in mir aufsteigen. Wut auf diese Menschen, Wut auf die ganze, beschissene Situation. Wut darauf, dass wir in den letzten Tagen nur wie Hunde am Boden kriechen konnten. Wut darauf, dass die da drüben die ganze Zeit versuchten, uns alle umzubringen. Mit der Wut stieg auch die Entschlossenheit in mir. Entschlossenheit, meine Waffe fest zu packen. Als ich meinen Körper vorsichtig und langsam ganz nach oben auf den Wall schob, legte Hardy sich neben mich. Von hier oben aus konnte ich den Mann gut erkennen. Aber plötzlich verschwand er.

Scheiße, presste ich durch die Lippen.

Ohne uns abzusprechen, blieben wir einfach liegen. Bewegten uns nicht und beobachteten. Hardy mit dem Fernglas und ich mit dem Zielfernrohr. Als Hardy nach einer Stunde schließlich in seinem Schlafsack verschwand, blieb ich allein auf dem Wall liegen. Innerlich war ich wütend auf mich selbst. Darauf, mich in den letzten Tagen verkrochen zu haben. Versagt zu haben. Jetzt war ich fest entschlossen, es denen heimzuzahlen. Auch deshalb waren wir schließlich hier in diesem Dorf. Um etwas von dem zurückzuholen, was unsere Vorgänger am Karfreitag hier verloren hatten. Sie sollten nicht umsonst gefallen sein. Und schließlich lag dort immer noch der Rest ihres Dingos. Drüben, in Isa Khel. Nach einer Weile kam Muli zu mir und meinte, dass ich aufpassen soll. Hier oben könnte ich nicht ewig liegen bleiben, schließlich würden sie wieder anfangen zu schießen.

Als ich eine Stunde später eine leichte Windböe im Gesicht spürte und meinen schmutzigen Ärmel zur Seite schob, um auf die Uhr zu sehen, war der Mann plötzlich wieder da. Blickte durch ein Fernglas und sprach in sein Funkgerät.

Als ich mein linkes Auge schloss, um durch das Zielfernrohr sehen zu können, schien es mir fast so, als würde er mich ansehen. Zwei Männer, die sich gegenüberlagen und einander betrachteten. Aber hatte er mich wirklich erkannt? Vielleicht kam es mir auch nur so vor. Während ich mich langsam nach vorne schob, um die Waffe noch stärker in die Schulter zu pressen, während ich mich mit den Füßen abstützte und den Finger langsam zum Abzug bewegte, schien die Welt um mich herum für einen kurzen Augenblick anzuhalten. Ich fürchtete mich nicht. Ein letztes Mal kniff ich das sandige Auge zusammen und spürte mit dem Finger den Abzug. Als ich ihn langsam nach hinten bewegte, fühlte ich den letzten Widerstand, bevor der Schuss brach. Bevor die Waffe abgefeuert wurde, bevor das tödliche Geschoss das dunkle Rohr verließ. Noch konnte ich davon ablassen. Aber ich wollte nicht. Ich war fest dazu entschlossen.

Gleich würde ich abdrücken. Konnte ihm mit einem Schuss das Leben wegnehmen. Nur ein Druck mit dem Finger, dem so große Macht innewohnte. Alles, was er jemals getan hatte, alles, was er noch tun könnte, wäre vorbei. Es war der vierte Tag im November, als ich abdrückte.

Es wurde Mittag, und niemand hatte bisher angegriffen. Ich war so an das tägliche Tosen und Dröhnen der Waffen gewöhnt, dass ich beinahe eine Leere spürte. Aber als ich an die Schrecken der letzten Tage, das Bangen im Dreck und an meine höllische Angst dachte, verging dieser Gedanke schnell.

Über Funk gab es eine neue Lagemitteilung: Der afghanische Geheimdienst meldet, dass alle Aufständischen im ganzen südlichen Chahar Darrah tot, geflohen oder übergelaufen sind.

Ich hatte mitgehört und fühlte mich merkwürdig. Befreit, aber auch ungewohnt, ja verändert. Die letzten Tage hatten in mir ihren unauslöschbaren Eindruck hinterlassen. Jetzt schien ich mit der Ruhe überfordert zu sein. Isa Khel, Quatliam und die anderen Dörfer waren voller Feinde gewesen. Waren sie wirklich alle weg? Sollte es tatsächlich vorbei sein?

Als Muli die Meldung bekanntgab, brachen wir in den größten Jubel aller Zeiten aus. Dieser Einsatz war geprägt von Extremen, aber etwas Großartigeres hatte ich noch nie erlebt. Dieses unbeschreibliche Glücksgefühl, das uns vollkommen vereinnahmte. Der Jubel, der Rausch des Adrenalins im Kopf. Die Welt war wunderbar. Auf einmal tauchten zwischen den Gebäuden im Süden die einheimischen Milizen auf, die ihre Arme mit gelbem Klebeband markiert hatten und in den letzten Tagen Stück für Stück in unsere Richtung marschiert waren. Sie schwenkten ihre Gewehre über dem Kopf.

Wir standen auf. Zum ersten Mal seit vier Tagen standen wir unter der Sonne auf der Krone des Walls.

Wir haben es geschafft!, schrie TJ überglücklich.

Wir lachten laut und lagen uns in den schmutzigen Armen. Es war vorbei.

Den ganzen nächsten Tag und die nächste Nacht mussten wir noch dort draußen verbringen. Auf einmal freute ich mich sogar auf den Muezzin, dessen Gesang die dauerhafte Ruhe durchbrach und nicht bloß eine Gefechtspause bedeutete. Erst am sechsten Tag wurden wir aus unserer Stellung ausgelöst. Dafür kamen Kräfte aus Mazar-e-Sharif, und wir verstanden das als gerechten Ausgleich für unsere unglückselige Fahrt nach Baghlan.

Aber das Wichtigste passierte noch vorher. Unser Chef sorgte dafür, dass die Amerikaner den ausgebrannten Dingo bargen, der seit Karfreitag in Isa Khel lag. Im Gegenzug schleppten wir ein zerstörtes amerikanisches Gefechtsfahrzeug zum Vorposten, das die Amerikaner vor einigen Monaten bei Quatliam im Gefecht verloren hatten. Der Bau des Vorpostens war endlich so weit fertig, dass er benutzt werden konnte. Und die beiden zerstörten Fahrzeuge wurden in einer kleinen Zeremonie wieder an ihre jeweiligen Streitkräfte übergeben. Unser Chef hatte auch veranlasst, dass ein altes Laken mit den Namen der am Karfreitag Gefallenen zwischen den Wracks aufgehängt wurde. Diesen mutigen Männern widmeten wir den Erfolg der Operation Halmazag.

Das Bedeutsamste war die Tatsache, dass es uns tatsächlich gelungen war, standzuhalten. Dort, wo die deutschen Soldaten seit 2001 ständig zurückweichen mussten, wo sie nach und nach immer mehr Terrain aufgegeben, wo sich die deutsche Armee in den letzten Jahren nach Gefechten jedes Mal zurückgezogen hatte, weil die Truppen nicht ausreichten, war es in einer gewaltigen gemeinsamen Anstrengung gelungen, den Gegner zu bezwingen und ihn aus einem seiner wichtigsten Rückzugsgebiete zu vertreiben. Wir hatten sie niedergekämpft. Ich hatte tatsächlich das Gefühl, dass sich der Einsatz einer langen Reihe deutscher Soldaten, die seit 2001 hier ihren schwierigen Dienst verrichteten, endlich gelohnt hatte.

Natürlich dauerte es einige Zeit, bis auch ich das Ergebnis etwas nüchterner bewertete. Wer konnte schon wissen, ob die Aufständischen nicht im nächsten Frühling wieder erstarkt zurückschlagen würden. Wer konnte wissen, ob die Milizen, die zu uns übergelaufen waren, nicht wieder ihre Meinung ändern würden. Aber dieser Sieg war ein Zeichen. Ein Zeichen an alle Menschen, die hier lebten, dass wir wirklich dafür kämpften, ihr Leben und ihre Sicherheit zu verbessern. Ein Zeichen für die Menschen zu Hause, dass wir hier tatsächlich etwas verändern konnten. Ein Zeichen für mich, dass ich es durchstehen konnte. Und das war für den Augenblick unanfechtbar gelungen. Unser Chef hatte mit seiner offensiven Auffassung recht behalten.

Als wir am Morgen des sechsten Tages endlich unsere Stellungen verlassen durften, begann es tatsächlich zu regnen. So als ob der Himmel unseren Sieg bekräftigen und die Veränderung mit einläuten wollte, öffnete er seine Schleusen. Wir genossen die Erfrischung von oben, stellten uns mitten hinein und jauchzten vor Vergnügen.

Als wir uns für den Abmarsch aufstellten, band ich eine große schwarz-rot-goldene Fahne um meinen Rucksack, die ich vor Beginn der Operation Halmazag in ein kleines Fach gesteckt hatte. Muli meinte, ich solle nach ganz hinten gehen, weil Mü das bestimmt nicht gerne sähe. Mir war das egal. Sollte er doch reden. Dahinter steckte sicher kein rein patriotischer Gedanke. Ich konnte es mir später nur mit dem unglaublichen Hochgefühl erklären, das uns wie ein Rausch erfasst hatte. Ich war stolz und wollte allen zeigen, wo wir herkamen. Aber weil die Stellung des Golf Zugs am weitesten im Süden lag und mein Trupp mit Muli als Letzter marschieren sollte, war ich der Letzte an der Operation beteiligte deutsche Soldat, der das Dorf verließ. Und die schwarz-rot-goldene Fahne das Letzte, was man von uns sehen konnte.

Als wir die kleine Schonung verließen, passierte etwas Unglaubliches. Nachdem wir monatelang durch leer wirkende Dörfer marschiert waren, auf dem Land kaum eine Frau zu Gesicht bekommen und die Eltern ihre Kinder stets in die Häuser geschoben hatten, standen die zurückgekehrten Einwohner von Quatliam jetzt an der Straße, in den Eingängen und Höfen. Männer, Frauen und Kinder winkten uns zu, lachten und reichten uns Brot. Niemals wieder habe ich eine schönere Geste erlebt. Diese bitterarmen Menschen, die in der Vergangenheit so viel erduldet hatten, zeigten uns ihre Dankbarkeit mit voller, aufrichtiger Begeisterung. So viele lachende Kinder, so viele glückliche Menschen.

Noch niemals zuvor hatte ich solche Klarheit wie in diesem Augenblick gespürt. Die ganzen Fragen, die Unsicherheit, die Zweifel der vergangenen Zeit wurden von einer Woge des Lachens fortgespült.

Noch während des Abmarschs dachte ich über meine Situation nach. Wir waren dort, um zu kämpfen. Wir wurden gedrillt, auf Menschen zu schießen. So wurde es uns gesagt, und genau so ist es gekommen. Wird sich wirklich etwas verändert haben, wenn ich dieses Dorf jetzt verließ? Hatte sich meine Wahrnehmung und damit meine Sichtweise gewandelt? Was werde ich sagen, wenn ich wieder zu Hause bin? Werde ich erzählen können, was uns widerfahren ist, nachdem das oft so schwierig war? Wird es überhaupt jemanden geben, der bereit ist zuzuhören? Viele meiner Freunde sagten schon vor dem Einsatz, dass sie nicht verstanden, warum ich das tat. Und wenn mich jemand fragen würde, ob es all das wert war, all das Leid und die Mühe, den Schweiß und die Angst, ohne zu wissen, ob sich wirklich etwas in diesem Land verändern würde? Dann würde ich vielleicht immer noch nicht wissen, was ich ehrlich antworten soll.

Natürlich habe ich einen Eid geleistet. Aber ich habe es vor allem für den Kameraden neben mir getan. Und weil ich der Meinung war, dass es in diesem Land Menschen gibt, die Unterstützung verdienen. Ich tat es, damit die Menschen in Quatliam zum ersten Mal seit Jahren wieder friedlich schlafen gehen konnten.

Vielleicht erscheint es manchen falsch, was wir hier taten oder aus welchen Gründen. Vielleicht mussten wir uns selbst und anderen etwas beweisen. Vielleicht konnten wir manchmal nur reagieren. Vielleicht kämpften wir einfach nur gegen das Leid an, mit dem wir täglich konfrontiert wurden. Und vielleicht gelang uns das nicht immer. Weil Krieg immer von wenigen beschlossen, aber auf den Schultern vieler ausgetragen wird.

Aber das einzig Wichtige für mich ist, dass ich eine Entscheidung traf und bereit war, bis zum Ende dazu zu stehen. Das begleitet mich.

Und wenn ich dieses Dorf jetzt verlasse, wird vermutlich alles wieder wie vorher sein. Und trotzdem wird sich alles verändert haben. Aber es sind diese vier Tage im November, die den Unterschied bedeuten.

EPILOG

Mit unerträglicher Hitze, wirbelnden Sandstürmen und großen Entbehrungen hatte unser Einsatz begonnen. Umgeben von dieser fremdartig grausamen, aber doch faszinierenden Kultur wurden wir von Sprengstoffanschlägen und zahlreichen schweren Gefechten geprägt. Die Angst, die ich während des nächtlichen Hinterhalts in der Killbox erstmals spürte und die in den vier Tagen im November während der Operation Halmazag ihren intensiven Höhepunkt erreichte, blieb in den folgenden Monaten mein Begleiter.

Dennoch wirkte lange das Gefühl in mir nach, unmittelbar und greifbar zu einer kleinen Veränderung in diesem großen und unübersichtlichen Land beizutragen. Zwar mussten wir in anderen Gegenden noch einige kritische Situationen meistern, aber seit der Operation Halmazag wurden wir im südlichen Chahar Darrah kein einziges Mal mehr angegriffen. Stattdessen gingen wir in all die Dörfer, die seit Jahren kein ISAF Soldat mehr betreten hatte. Unter unserem Schutz wurden wertvolle Kontakte geknüpft und zahlreiche versteckte Sprengsätze gefunden. In einem Dorf allein acht Stück an einem Tag, die wir ohne die Hilfe der dankbaren Dorfbewohner nicht gefunden hätten. Und unsere Arbeit wirkt fort, bis heute hat sich die Lage dort spürbar verbessert.

Letztendlich spielt es keine Rolle, wie anfechtbar meine Beweggründe waren, in den Einsatz zu gehen. Was zählt ist, eine Entscheidung zu treffen, sie mit aller Konsequenz zu verfolgen und trotzdem einen kritischen Blick zu bewahren.

So kam ich zu der Erkenntnis, dass es sich immer lohnt, für etwas zu kämpfen, von dem ich überzeugt bin. Auch wenn ich dafür zunächst gegen meine eigenen Ängste kämpfen musste. In den drei weiteren Monaten nach der Operation Halmazag und bis zu meiner Rückkehr nach Deutschland im Januar 2011 änderte sich meine Sichtweise auf dieses lähmende Gefühl. Angst begleitet uns ein Leben lang. Nicht immer können wir mit ihr umgehen. Aber wenn wir durchschauen, was sie mit uns anstellt, können wir lernen, mit ihr zu leben. Ich musste in diesem Einsatz viel dazulernen.

Bis heute wurden Zehntausende deutsche Soldaten mit den Farben Schwarz, Rot und Gold in die Einsätze geschickt. Und bis heute fällt es vielen jungen Männern und Frauen schwer, über ihre Erlebnisse zu sprechen. Aber wir leben in einem Land, das seit kurzem wieder Kriegsveteranen hervorgebracht hat. Und jeder hat eine eigene Geschichte zu erzählen. Dabei kann es sich um schreckliche Erlebnisse wie Gefechte, verletzte Kameraden und schwerwiegende Traumata handeln.

Doch auf der anderen Seite sind diese Einsätze für viele auch mit positiven Erinnerungen verbunden, so wie in Afghanistan. Die vielen interessanten Personen, die überwältigende Schönheit dieses wilden Landes und die Dankbarkeit der Menschen, die sich manchmal im Übermaß zeigt und es wert ist, den Blick für die positiven Erinnerungen zu schärfen. Für mich war der Besuch von Bundeskanzlerin Angela Merkel in Kundus kurz vor Weihnachten noch ein besonderes Highlight, weil ich im Speisesaal für Verwirrung sorgte, als ich für ein Erinnerungsfoto gegen jede Regel meinen Arm um sie legte und die Szene sogar in den deutschen Abendnachrichten gezeigt wurde.

Alle Eindrücke haben immer viele Facetten. Und hinter jedem Erlebnis steckt eine Geschichte. Dies hier soll die Geschichte meiner Eindrücke sein. Mit diesem Buch möchte ich eine Brücke schlagen, zwischen den Bürgern, die dienen, und den Bürgern, die daheim bleiben.

Meinen Kameraden möchte ich meinen besonderen Dank aussprechen. Denn ohne sie hätte ich diesen Einsatz nicht unbeschadet überstanden.

Als Erstes möchte ich Muli danken. Du warst für mich ein Mentor und bist ein Freund, der immer einen besonderen Platz in meinem Herzen einnehmen wird. Ich wünsche Dir, trotz schlechter Aussichten noch lange bei der Bundeswehr bleiben zu können. Du hättest es verdient!

Ich gedenke Hardy, der nach all unseren wahnsinnigen Erlebnissen in Afghanistan bei einem tragischen Autounfall in Deutschland ums Leben kam.

Ich danke dem ganzen Team von Golf eins. Nossi, Mica, TJ, Jonny, Butch, Dolli, Wizo, Russo, Simbo, Kruschka, Hardy und Pello. Ihr habt Euch auf unterschiedlichste Weise zu dieser tollen Einheit ergänzt.

Aber auch dem Rest des Golf Zuges. Nur gemeinsam konnten wir diese Zeit bewältigen.

Ich danke dem Chef, der es stets schaffte, Umsicht und Wagemut in eine perfekte Balance zu bringen und so den Erfolg unserer Kompanie ermöglichte.

Mein Dank gilt besonders auch den Zügen Hotel und Foxtrott. Auch Ihr hattet zahlreiche schwierige Situationen zu meistern, und nur als Einheit konnten wir die uns gestellten Herausforderungen schaffen.

Und Tim, dessen Schultergelenk während des schweren Gefechts in Khalalzay zerfetzte, als er angeschossen wurde. Alles Gute für Dich!

Und natürlich den Panzergrenadieren des India Zuges, die uns auch über die in diesem Buch geschilderten Szenen hinaus mehr als einmal das Leben gerettet haben. Ihr seid als Fremde gekommen und als Brüder gegangen.

Außerdem danke ich unseren amerikanischen und belgischen Kameraden für die wirkungsvolle Unterstützung und tolle Freundschaft: Rico, Dano, Colin und allen anderen.

Schließlich danke ich noch dem Team vom Econ Verlag für die Chance, dieses Buch zu verwirklichen. Ich schulde meinen Dank insbesondere meiner Lektorin Silvie Horch und ihrer Unterstützerin Anne Heuer, die mich auf intensive Weise gefordert und gefördert haben, dieses Buch zu dem zu machen, was es am Ende geworden ist.

Israelische Soldaten
brechen ihr Schweigen

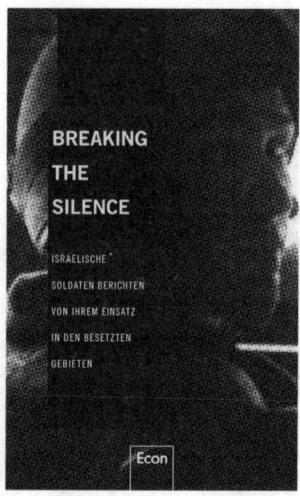

Breaking the Silence (Hrsg.)
Israelische Soldaten berichten von ihrem Einsatz in den besetzten Gebieten
416 Seiten mit s/w-Abbildungen und farbigen Karten
Hardcover mit Schutzumschlag
€ [D] 19,99 · € [A] 20,60
ISBN 978-3-430-20147-6

In diesem Buch berichten Veteranen der israelischen Armee von Schikanen und
Übergriffen gegenüber der palästinensischen Bevölkerung, die sie gesehen oder
selbst begangen haben. Ein schockierendes Dokument über das Vorgehen der
israelischen Armee und die Realität in den besetzten Gebieten.

»Ein wichtiges Buch« *Avi Primor*

»Ein extrem wichtiger Beitrag, um die Ereignisse
im Nahen Osten besser zu verstehen.«
Financial Times Deutschland

Econ

Altersarmut durch private Vorsorge

Holger Balodis / Dagmar Hühne · **Die Vorsorgelüge**
Wie Politik und private Rentenversicherungen uns in die Altersarmut treiben
272 Seiten, Klappenbroschur
€ [D] 18,00 · € [A] 18,50
ISBN 978-3-430-20142-1

Private Altersvorsorge muss sein, so das Mantra der Politik. Doch schützen
Versicherungen wie Riester, Rürup und Co. wirklich vor Altersarmut?
Holger Balodis und Dagmar Hühne decken auf, dass private Altersvorsorge
für mehr als 80 Prozent der Beitragszahler ein Verlustgeschäft ist.
Die großen Profiteure sind die Versicherungen und der entlastete Staat.
Ein Augen öffnendes, empörendes Buch, das alle künftigen Rentner
dieses Landes interessieren muss.

Econ

Achim Wohlgethan

Endstation Kabul

Als deutscher Soldat in Afghanistan – ein Insiderbericht

ISBN 978-3-548-37277-8
www.ullstein-buchverlage.de

Wie fühlt es sich an, als deutscher Soldat in den Straßen von Kabul zu patrouillieren? Wie reagiert man, wenn plötzlich ein Kind mit einer Waffe vor einem steht? Und wie geht man als Soldat mit der ständigen Bedrohung um? In seinem Erfahrungsbericht gewährt der Fallschirmjäger Achim Wohlgethan erstmals einen ungeschönten Einblick in den Afghanistan-Einsatz der Bundeswehr. Ein packendes und längst fälliges Buch, das die Diskussion um die gefährliche Auslandsmission der Bundeswehr auf eine neue Basis gestellt hat.

»Ein brisantes, schockierendes Buch, es rüttelt auf, weil deutlich wird, welchen Risiken die Bundeswehrsoldaten ausgesetzt sind. Zudem besticht es durch klare Sprache und durch Authentizität.«
Stuttgarter Nachrichten

ullstein

US331